錢穆先生全集

錢穆先生全集

〔新校本〕

朱子新學案

第二冊

九州出版社

目次

朱子新學案　第一冊

壹之二

朱子新學案　第二冊

貳之一

貳之二

貳之三

貳之四

貳之五

朱子新學案　第三冊

叁之一

叄之二

叄之三

叄之四

肆

朱子新學案　第四册

伍之一

朱子新學案　第五冊

朱子新學案　第二冊

朱子論性

朱子之論心性，亦猶其論理氣。其論性，上承伊川「性即理也」一語，自宇宙界落實到人文界。如是而後其理氣兩分之說始見完足，學者當兼觀焉，庶可以窺朱子立義之大全。

語類云：

伊川「性即理也」，自孔孟後無人見得到此，亦是從古無人敢如此道。（五九）

伊川說話，如今看來，中間寧無小小不同，只是大綱統體說得極善。如「性即理也」一語，直

自孔子後惟是伊川說得盡。這一句，便是千萬世說性之根基。（九三）

又曰：

伊川「性即理也」四字，顚撲不破。其後諸公只聽得便說，故多有差處。（五九）

如今人說性，多如佛老說別有一件物事在那裏，至玄至妙。一向說開去，便入虛無寂滅。吾儒論性卻不然。程子云「性即理也」，此言極無病。（五）

性是就人物上說，天道是陰陽五行。（二八）

譬如一條長連底物事。其流行者即天道，人得之者為性。乾之「元亨利貞」，天道也。人得之則為仁義禮智之性。（二八）

論語「性與天道」章集注有云：

性者，人所受之天理。天道者，天理自然之本體。其實一理也。

此皆闡發伊川「性即理也」一語之旨，而言之簡淨扼要，可謂通天人之際而一之。

語類又曰：

性只是理。萬理之總名。此理亦只是天地間公共之理，稟得來便為我所有。天之所命，如朝廷指揮差除人去做官。性如官職，官便有職事。（一一七）

古代儒家多言道，宋儒始重言理。「天命之謂性，率性之謂道」，此言性道合一。語類此條，則言性理合一。人物稟賦得此公共之理以為性，綜合此人物所稟賦之各別之性，即成為天地公共之理。謂「性」謂「萬理之總名」者，性可散為萬，理則合為一。就天地言，只可曰一理，不可曰一性。朱子承伊川說而發揮益臻細密具如此。

文集卷七十四孟子綱領有云：

性之為體，正以仁義禮智之未發者而言，不但為視聽作用之本而已也。明乎此，則吾之所謂性者，彼佛氏固未嘗得窺其彷彿，而何足以亂吾之眞哉。

此辨儒釋言性之異，語詳禪學篇。謂仁義禮智之未發為性之體，是即謂性即理也。

問：「橫渠謂『所不能無感者謂性』，性只是理，安能感，恐此言只可名心否？」曰：「橫渠此言雖未親切，然亦有箇模樣。蓋感固是心，然所以感者，亦是此心中有此理，方能感。理便是性，但將此句要來解性，便未端的。」（九九）

問：「橫渠言『物所不能無感謂性』，此語如何？」曰：「有此性，自是因物有感。見於君臣父子日用事物當然處，皆感也。所謂『感而遂通』是也。」（九九）

此一辨極重要。理不能言感而性則有感，因性已落形氣中也。心無感便不見理，朱子謂「亦是心中有此理方能感」，心中有此理者即是性。如水流濕，火就燥，此即是性，亦即是理。惟言水火燥濕，都已落形氣中。此仍當兼看理氣篇。

陳安卿問：「理有能然、必然、當然、自然。」答曰：「此意甚備。且要見得所當然，是要切處。若果得不容已處，即自可默會矣。」（文集卷五七答陳安卿）

人之言理，每曰自然、必然、能然，此乃事物之理如此。至於人道，更必要見得所當然，始是要切處，所謂義也。果是當然之理見得於吾心有不容已，此即見「感」之即性矣。人能從性見理，此尤是要切中之要切。

問「由太虛」云云。曰：「本只是一箇太虛，漸漸細分說得密耳。且太虛便是這四者之總體，而不雜乎四者而言。『由氣化有道之名』，氣化是那陰陽造化、寒暑晝夜、雨露霜雪、山川木石、金水火土皆是。只這箇便是那太虛，只是便雜卻氣化說。雖雜氣化，而實不離乎太虛。未說到人物各具當然之理處。」問：「太虛便是太極圖上面底圓圈，氣化便是圓圈裏陰靜陽動否？」曰：「然。」又曰：「『合虛與氣有性之名』，有這氣，道理便隨在裏面。無此氣，則道理無安頓處。如水中月，須是有此水，方映得那天上月。若無此水，終無此月也。心之知覺，又是那氣之虛靈底，聰明視聽作為運用，皆是有這知覺方運用得這道理。所以橫渠說：『「人能弘道」，是心能盡性。「非道弘人」，是性不知檢心。』又邵子曰：『心者，性之郛郭。』此等語，皆秦漢以下人道不到。」又問：「人與鳥獸固有知覺，但知覺有通塞；草木亦有知覺否？」曰：「亦有。如一盆花，得些水澆灌，便敷榮。若摧抑他，便枯悴。謂之無知覺可乎？周茂叔窗前草不除去，云『與自家意思一般』，便是有知覺。只是鳥獸底知覺不如人底，草木底知覺又不如鳥獸底。又如大黃喫着便會瀉，附子喫着便會熱，只是他知覺只從這一路去。」又問：「腐敗之物亦有否？」曰：「亦有。如火燒成灰，將來泡湯喫，也燥苦。」因笑曰：「頃信州諸公正說草木無性，今夜又說草木無心矣。」（六〇）

此條沈僩錄，乃朱子晚年語，可謂是朱子說理說性說心之總匯，學者所當細玩。因釋橫渠語，旁引康節，將性與理與心之義界，其相通處，及各別處，詳細發揮。而伊川「性即理」與象山「心即理」之意見，其間得失亦從而見。理必安頓在氣上，無此氣，則理無安頓處。心亦屬氣，心必有知覺，故理亦由此知覺來運用，性亦以此知覺為郛郭也。因此又說到人有知覺，鳥獸草木亦同有知覺，甚至大黃附子以及一切腐敗之物亦有知覺。人與鳥獸草木，即可因其知覺而見性。大黃附子以及一切腐敗之物，則是因有性而推論其亦有知覺也。謂性有知覺，即是說性必有感。在此氣化之中，人物相互間各有感，即是各有知覺，各有性，亦即是各有一相互共通之理。由上向下說，則是有理後有性，而有相互間知與感之心。由下向上說，則是因其有感有知有心，而見其各自之性與其共通之理。然不能謂宇宙大自然由心與感來，只能說宇宙大自然由理與氣來。而究極推論，則又理在氣先。「信州諸公」，乃言象山陸學。既言「草木無性」，因亦必言「草木無心」。故只言「心即理」，更不必格物窮理也。其實草木亦有感，即是有性亦有心，亦即是草木各有性，各有理也。

論性須知有感，有不容已，故言性必及氣。然明道則曰「才說性時便已不是性」，伊川又曰「性即理」，此兩說極費分疏。朱子極推伊川「性即理也」之說，然理字性字終是有界分，不可混一言之。今擇錄語類數則涉及關於此方面之分疏者，以見朱子立說之本末。

問：「近思錄中說性，似有兩種，何也？」曰：「此說往往人都錯看了。才說性，便有不是。

人性本善而已，才墮入氣質中，便薰染得不好了。雖薰染得不好，然本性卻依舊在此，全在學者着力。今人卻言有『本性』，又有『氣質之性』，此大害理。」（九五）

此條金去僞乙未所聞，朱子年四十六。謂本善之性墮入氣質中便薰染得不好，此似不必再有「氣質之性」之一名。不必把性分作兩截看，此乃朱子較早時之說法。語類又曰：

「人生而靜」，靜者固其性。然只有「生」字，便帶卻氣質了。但「生」字以上又不容說，蓋此道理未有形見處。故今才說性，便須帶着氣質，無能懸空說得性者。「繼之者善」，本是說造化發育之功。明道此處，卻是就人性發用處說，如孟子所謂「乃若其情則可以為善」之類是也。伊川所言「極本窮源之性」，乃是對「氣質之性」而言。言其氣質雖善惡不同，然極本窮源而論之，則性未嘗不善也。（九五）

此條程端蒙錄，又見文集卷四十五答王子合書，蓋端蒙錄此書以入其所聞語錄中也。答子合書當在朱子五十八至六十之三年間，上距金去僞錄一條已十二至十五年矣。朱子此時所分疏，顯與以前有不同。曰「才說性，便須帶着氣質，無能懸空說得性者」，下語明確堅定。然則凡言性，皆是言氣質之性也。謂伊川言「極本窮源之性」乃是對「氣質之性」而言，此亦以兩性對言，然言意間顯以氣質之性為主，與金去偽錄一條大不同。似是朱子較早時，並不欲確認「氣質之性」一語，至是乃意態大變。

問「人生而靜以上不容說」一段，曰：

「人生而靜以上」，即是人物未生時，只可謂之理，說性未得。此所謂「在天曰命」也。「纔說性時便已不是性」者，言纔謂之性，便是人生以後，此理已墮在形氣之中，不全是性之本體矣。故曰「便已不是性也」。此所謂「在人曰性」也。大抵人有此形氣，則是此理始具於形氣之中而謂之性。纔是說性，便已涉乎有生而兼乎氣質，不得為性之本體也。然性之本體亦未嘗雜。要人就此上面見得其本體元未嘗離，亦未嘗雜耳。（九五）

此條董銖錄丙辰朱子年六十七以後所聞，較之前引答王子合書，又後七年至九年。至是朱子之說又變。謂：「人物未生時，只可謂之理，說性未得。」又曰：「人有此形氣，此理始具於形氣中而謂之性。」蓋至是始為性字理字確定界分。理是上一截，性是下一截。若作如此分別，則伊川「性即理也」一語應有問題，而明道「便已不是性」一語亦嫌未當。故朱子說之曰：「不全是性之本體。」性之本體則是理，但非可謂性即是理。故朱子又說之曰：「要人就此上面見得其本體元未嘗離，亦未嘗雜。」至是，朱子雖仍迴護明道伊川之兩說，然已自標己見，較之二程舊說，有釋回增美之功。

語類又一條云：

須是箇氣質，方說得箇性字。若「人生而靜以上」，只說得箇天道，下性字不得。所以子貢曰：「夫子之言性與天道，不可得而聞也。」所謂「天命之謂性者」，是就人身中指出這箇是天命之性，不雜氣稟而言爾。若「才說性時」，則便是夾氣稟而言。所以「說性時便已不是性」也。（九五）

此條沈僩錄戊午朱子年六十九以後所聞，可謂是朱子對此問題之晚年定論。云「須是箇氣質方說得箇性字」，是凡說性時，皆是說氣質之性也。惟「天命之性」不雜氣質，此即伊川「性即理」之說。才說性時，則便是夾氣稟而言，此明道所以謂「才說性時便已不是性」。如此分疏，最為圓融。是朱子晚年新得，與二程舊說可以溶為一體，不見有水乳之分矣。讀朱子書難處在此。若不分年逐字以求，則不見其用心之所在，與其進展之所至也。舉此一例，可概其餘。

問：「先生說『太極有是性則有陰陽五行』云云，此說性是如何？」曰：「想是某舊說，近思量又不然。此『性』字為稟於天者言。若太極只當說理，自是移易不得。易言『一陰一陽之謂道』，『繼之者』則謂之『善』，至『成之者』方謂之『性』。此謂天所賦於人物，人物所受

於天者也。」（九四）

此條徐寓錄庚戌以後所聞，庚戌朱子年六十一，此條未定在何年，要之亦朱子晚年說。謂「太極只當說理」，性則為人物之稟於天者，兩字移易不得。是只可謂此理自天賦之人物，人物受之以為性，始得也。

問：「『繼之者善，成之者性』，何以分繼善成性為四截？」曰：「繼、成屬氣，善、性屬理。性已兼理氣，善則專指理。」又曰：「理受於太極，氣受於二氣五行。」（九四）

此條潘植錄，在癸丑朱子六十四歲時，與上條可互發。曰「性已兼理氣」，較伊川「性即理」之說為細密。

文集卷六十一答林德久有曰：

非氣無形，無形則性善無所賦。故凡言性者，皆因氣質而言，但其中自有所賦之理爾。

此書前云「間為福州官學作一說」，蓋指福州州學經史閣記，在慶元乙卯九月，朱子年六十六，此書當在同年。謂「凡言性者皆因氣質」，實乃向來言性之通說。離卻氣質無性可言，此乃直抒己見，更不為二程說性語作分疏。惟伊川「性即理」一語，朱子仍所推尊，而曰「但其中自有所賦之理」，則仍與伊川語有別。

又文集卷六十一答嚴時亨有云：

氣質是陰陽五行所為，性即太極之全體。但論氣質之性，則此全體墮在氣質之中耳，非別有一性也。

太極全體，即兼包有陰陽五行。惟只言陰陽五行，則僅是氣質，言太極則指理，而氣質亦不在外。文集卷五十八答徐子融有云：

氣質之性，只是此性墮在氣質之中，故隨氣質而自為一性，正周子所謂「各一其性」者。向使原無本然之性，則此氣質之性又從何處得來。

其答嚴時亨又曰：

「人生而靜」，是未發時，「以上」即是人物未生之時，不可謂性。才謂之性，便是人生以後，此理墮在形氣之中，不全是性之本體矣。然其本體又未嘗外此，要人即此而見得其不雜於此者耳。易大傳言「繼善」，是指未生之前，孟子言「性善」，是指已生之後。雖曰已生，然其本體初不相雜也。

此謂本然之性雖墮在形氣中，而仍不雜乎形氣，與上引董銖錄一條大意相同。時亨再問，答書有曰：「禮書近方略成綱目。」禮書始修在丙辰，則答時亨書正與董銖錄同時。本原之性，乃指此理未墮入氣質以前言。氣質之性，乃指此理已墮入氣質以後言。此理未墮入氣質以前，淨潔空闊，無可指說推究，然必謂之至善無惡。若謂此時便已有善有惡，則是天道中便已兼涵有善惡。人之求善避惡，為善去惡，豈不早已違背了天道。但要滅去氣質專講一理，則如滅去了形而下專來求形而上，此又無從說起，其下梢必流為釋氏之虛寂。而專從氣上講，則氣質中顯然有善有惡，不能說即此便是至善。而且一氣流行之中，又有層次階段，方其專在氣之階段時，一陰一陽，尚不能遽說有惡。待其漸次轉入形與質之階段，便是朱子所說氣到此已是渣滓麄濁者去生人物，那時便薰染得不好。那能仍說至善無惡。朱子又說：「人便是一小天地」，就天地一氣流行中可以尋出理，猶之在人之氣質之性中可以尋出其本原之性之至善無惡來。此為朱子理氣兩分及理先氣後說之必然應有之推論也。

文集卷四十六答劉叔文有云：

未有此氣，已有此性。雖其方在氣中，然氣自氣，性自性，亦自不相夾雜。

此則純據伊川「性即理也」之說。若細加區別，應云未有此氣，已有此理，不得便云已有此性。抑且朱子亦不常言未有氣已有理，乃屬必欲為理氣分先後時始言之。此書云云，似屬一時之辭，未可專據。

語類又云：

萬物稟受，莫非至善者性。率性而行，各得其分者道。（六二）

又曰：

「天命之謂性」，是專言理。雖氣亦包在其中，然說理意較多。若云兼言氣，便說「率性之謂道」不去。如太極，雖不離乎陰陽，而亦不雜乎陰陽。（六二）

如此言之，語瑩無病，而發揮伊川「性即理也」之語亦更允愜。故讀朱子書，據文集有時轉不如據語類，此亦其一例。

語類又曰：

孟子性善，是「論性不論氣」。荀、揚異說，是論氣則昧了性。（五九）

明道既云便不得謂之性，伊川承之，乃有「性即理也」之語，朱子則祧明道，宗伊川，兼理氣而言之，而論性始臻於圓密也。

又曰：

「論性不論氣不備，論氣不論性不明。」蓋本然之性只是至善。然不以氣質而論之，則莫知其有昏明開塞、剛柔強弱，故有所不備。徒論氣質之性，而不自本原言之，則雖知有昏明開塞、剛柔強弱之不同，而不知至善之源未嘗有異，故其論有所不明。須是合性與氣觀之然後盡。蓋性即氣，氣即性也。（五九）

所謂昏明開塞、剛柔強弱，皆本於氣而論性也。從本原之性言，則性同惟一。從氣質之性言，則性異多差。朱子既主理氣兩分，其言性自當有至善之性與氣質之性之別。惟似朱子初則偏主前說，後乃轉申下義。

文集卷六十一答嚴時亨有曰：

「生之謂性」一章，論人與物性之異，固由氣稟之不同，但究其所以然者，卻是因其氣稟之不同而所賦之理固亦有異，故孟子分別犬之性、牛之性、人之性有不同者，「人之所以異於禽獸」一章亦是如此。程先生有一處有「隙中日光」之論，最為親切，更須詳味。於同中識其所異，異中見其所同，然後聖賢之言，通貫反覆，都不相礙。若只據一偏，各說道理，則互相逃閃，終身間隔，無復會通之時矣。

恪守明道「便不得謂之性」一語，則性宜無異，異者只是氣質。朱子則謂「氣稟不同而所賦之理亦有異」，此雖仍遵明道，而實於明道、伊川之說皆有轉進，使其說通貫都不相礙，此朱子言性之有進於二程處也。然此已是朱子晚年之說。文集卷三十九答徐元聘有曰：

人物之性，本無不同，而氣稟則不能無異。來諭云胡子知言正如此說，然性只是理，恐難如此分裂。只是隨氣質所賦之不同，故或有所蔽而不能明耳，理則初無二也。性同氣異，只此四字包含無限道理，幸試思之。

其答胡廣仲有曰：「知言說性不一處，愈使人不能無疑。」此則皆其初說。朱子答范伯崇悉數知言議論病處六七條，與疑義同，獨不及說性不一處。答劉子澄書，亦言知言數大節目差誤，亦不及說性不一。此皆其對初年說有追正甚明。文集卷五十八答徐子融有曰：

天之生物，其理固無差別，但人物所稟形氣不同，故其心有明暗之殊，而性有全不全之異。

又答嚴時亨另一書曰：

五行太極，便與生之謂性相似。以為同，則同中有異。以為異，則未嘗不同。

性與理則太極，五行與生皆氣質也。統體一太極，物物一太極，故五行各一其性，而人性與犬性、牛性有不同，此皆墮入氣質而理亦有異也。文續集卷十答李孝述繼善問目有曰：

橫渠先生亦說：「人有近物之性，物有近人之性者，如貓相乳之類。」溫公集中亦說有一貓如此而加異焉，此其賦性之近人而或過之，但為形所拘耳，亦可悲也。

此處指出物性相異，主要皆據氣而言。與其所謂性自性氣自氣之說顯不同。文集卷五十九答余方叔有云：

天之生物，有有血氣知覺者，人獸是也。有無血氣知覺而但有生氣者，草木是也。有生氣已絕，而但有形質臭味者，枯槁是也。是雖其分之殊，而其理則未嘗不同。但以其分之殊，則其理之在是者不能不異。故人為最靈而備有五常之性，禽獸則昏而不能備。草木枯槁，則又并與其知覺者而亡焉。但其所以為是物之理，則未嘗不具耳。若如所謂纔無生氣便無此理，則是天下乃有無性之物，而理之在天下，乃有空闕不滿之處也，而可乎？

此書言物皆有性，天下無無性之物，則並不限於生之謂性。而物之形體千差萬別，所賦之性，所得之理，自亦不得而同。此即答黃商伯書所謂「論萬物之一原則理同而氣異，論萬物之異體則氣猶相近而理絕不同」也。伊川「性即理也」之說，主要在論其同，故曰「動物有知，植物無知，其性自異，但賦形於天地，其理則一」。今朱子之說，則重在論其異，此乃朱子於伊川「性即理」一語之轉進處。上引答徐子融書，即在此答余方叔書之後。答徐書云：「伊川先生言『性即理』，此一句自古無人敢如此道。」又曰：「向使元無本然之性，則此氣質之性又從何處得來。」此遵守伊川之說則然。自朱子己意自有與伊川分別處，此兩書皆已在朱子晚年。答徐又一書云：「今年一病幾不可支，老境如此無足怪」，可證。

然論氣質之性雖曰有異而不一，仍不當忽其一理同原處。語類又曰：

韓退之說性，只將仁義禮智來說，便是識見高處。但所論卻少了一「氣」字。惟周子太極圖卻有氣質底意思。程子之論，又自太極圖中見出來也。（一三七）

韓退之只將仁義禮智說性，是能在人性與物性之同中求異，又能於人與人性之異中求同，故朱子贊其識見之高。然少說了一氣字，則亦是論性不備也。又曰：

汪端明嘗言：「二程之學非全資於周先生者。」蓋通書人多忽略，不曾考究。今觀通書，皆是發明太極，書雖不多，而統紀已盡。二程蓋得其傳，但二程之業廣耳。（九三）

又曰：

須兼性與氣說方盡。此論蓋自濂溪太極言陰陽五行有不齊處，二程因其說推出「氣質之性」

來。使程子生在周子之前，未必能發明到此。（五九）
孔子謂「性相近也，習相遠也」，孟子辨告子「生之謂性」，亦是說氣質之性。近世被濂溪拈掇出來，而横渠、二程始有氣質之性之說。（五九）
氣質之說始於張、程，某以為極有功於聖門，有補於後學。（四）

蓋朱子論宇宙本體理氣兩分，其說實本之濂溪太極圖說，又旁通之於横渠之正蒙，以及明道性氣之辨，與夫伊川「性即理也」之語，而綜合會通以創成其一家之體系。此處點出張、程言氣質之性乃由濂溪之啟迪，此層實極重要。若專從氣質之性一面加以發揮，將不見其本原。專言本原之性，又嫌於空虛，欠著落。朱子以濂溪太極圖安放在張、程說性之前，而後張、程說性之義始為明顯圓滿。論其實際，張、程之說實是導源於濂溪也。惟横渠所言氣質之性，其淵源自濂溪者，較之二程為尤顯。朱子門人有「横渠論氣質之性卻分曉，明道『生之謂性』一章卻難曉」之問。可見張、程同言氣質之性，而兩家實有不同。

語類有云：

横渠言：凡物莫不有是性，由通蔽開塞，所以有人物之別。而卒謂塞者牢不可開，厚者可以開而開之也難，薄者開之也易。（四）

蓋氣質之性，人物所同。義理之性，人物始別。橫渠通蔽開塞之辨，兼人與物言之，二程言性，則較偏於人之一面。故橫渠於本原義理之性一邊論其來歷，更為明顯，尤為朱子所著重闡說也。

語類又曰：

天下無無性之物。蓋有此物則有此性。無此物則無此性。（四）

人物之生，天賦之以此理，未嘗不同。但人物之稟受自有異。如一江水，你將杓去取，只得一杓。將椀去取，只得一椀。至於一桶一缸，各自隨器量不同，故理亦隨以異。（四）水無有不清，傾放白椀中是一般色，及放黑椀中又是一般色，放青椀中又是一般色。如隙中之日，隙之長短大小自是不同，然卻只是此日。（四）

故曰：

性最難說，要說同亦得，要說異亦得。（四）

孟、荀以下，多就人言性，至張、程乃兼人與物言，而橫渠言之尤晰。言性而擴大及於宇宙統體，其端則實由濂溪太極圖啟之。

語類又云：

先生於大學或問因謂「以其理而言之，則萬物一原，固無人物貴賤之殊。以其氣而言之，則得其正者通者為人，得其偏且塞者為物。是以或貴或賤，而有所不能齊」者，蓋以此也。然其氣雖有不齊，而得之以有生者，在人物莫不皆有理。雖有所謂同，而得之以為性者，人則獨異於物。故為知覺為運動者，此氣也。為仁義為禮智者，此理也。知覺運動，人能之，物亦能之。而仁義禮智，則物固有之，而豈能全之乎？集注則亦以為「以氣言之，則知覺運動人物若不異。以理言之，則仁義禮智之稟，非物之所能全也」。（此某生呈，朱子批云：「論得甚分明。」）

（四）

又曰：

氣相近，如知寒煖，識飢飽，好生惡死，趨利避害，人與物都一般。理不同，如蜂蟻之君臣，只是他義上有一點子明。虎狼之父子，只是他仁上有一點子明。其他更推不去。恰似鏡子，其他處都暗了，中間只有一兩點子光。大凡物事，稟得一邊重，便占了其他底。如慈愛底人少斷

制，斷制之人多殘忍。蓋仁多便遮了義，義多便遮了仁。（四）

問：「五行均得太極否？」曰：「均。」問：「人具五行，物只得一行。」曰：「物亦具五行，只是得五行之偏者耳。」（四）

此皆朱子承橫渠，以氣質之通蔽開塞辨性之說。

問：「物物具一太極，則是理無不全也。」曰：「謂之全亦可，謂之偏亦可。以理言之，則無不全。以氣言之，則不能無偏。」（四）

天命之性非有偏全。如日月之光，若在露地，則盡見之。若在蔀屋之下，有所蔽塞，有見有不見。昏濁者是氣，昏濁了故自蔽塞。然在人則蔽塞有可通之理。至於禽獸，亦是此性，只被他形體所拘，生得蔽隔之甚，無可通處。至於虎狼之仁，豺獺之祭，蜂蟻之義，卻只通這些子。至於獼猴，形狀類人，便最靈於他物，只不會說話而已。到得夷狄，便在人與禽獸之間，所以終難改。（四）

又曰：

問：「草木如何？」曰：「草木之氣又別，他都無知了。」（四）

一草一木，皆天地和平之氣。（四）

徐子融以書問：「枯槁之中有性有氣，故附子熱，大黃寒，此性是氣質之性。」陳才卿謂即是本然之性。先生曰：「子融認知覺為性，故以此為氣質之性。性即是理，有性即有氣。是他稟得許多氣，故亦只有許多理。」（四）

問：「枯槁瓦礫如何有理？」曰：「且如大黃附子，亦是枯槁。然大黃不可為附子，附子不可為大黃。」（四）

問：「枯槁之物亦有性。」曰：「是他合下有此理。故云天下無性外之物。」（四）

未有此氣，已有此性。氣有不存而性卻常在。（四）

又見文集卷四十六答劉叔文。

又曰：

性非氣質則無所寄，氣非天性則無所成。（四）

此處論性先氣而有，即是理先氣後之說之引伸也。然在朱子晚年，則不云性先氣後，辨已在前。

生之理謂性。（五）

性只是此理。（五）

性是合當底。（五）

性則純是善底。（五）

性只是合如此底，只是理，非有箇物事。若是有底物事，則既有善，亦必有惡。惟其無此物，只是理，故無不善。（五）

性是天生成許多道理。（五）

性是許多理散在處為性。（五）

此皆解釋「性即理」一語。

又云：

問橫渠「合虛與氣有性之名」。曰：「惟五峯發明得兩句好：『非性無物，非氣無形。』」（六〇）

虛只是說理。（六〇）

「非性無物」，實是非理無物也。性只是生之理，非有此理，則不得生此物。此物之生，則必具生此物之理，此理是即性也。

僧問佛：「如何是性？」曰：「耳能聞，目能見。」他便把這箇作性。不知這箇禽獸皆知。人所以異者，以其有仁義禮智。（五七）

釋氏云：「作用是性。」問：「如何是作用？」云：「在眼曰見，在耳曰聞。在鼻辨香，在口談論。在手執捉，在足運奔。徧現具該沙界，收攝在一微塵。」此是說其與禽獸同者耳。（五七）

認作用是性，則枯槁瓦礫都在性外。若謂枯槁瓦礫亦有作用，則同人性於枯槁瓦礫。抑且作用各不同，作用後面必具有理，此釋氏認作用是性之所以為未當也。

問：「孟子『天下之言性也則故而已矣』，『故』是如何？」曰：「『故』是箇已發見了底物事，便分明易見。集注謂：『故者，是已然之迹也。』」（五七）

文集卷四十六答黃商伯有曰：

不容說處即性之本體。如水則只是水，別著一字不得。至謂之善，則性之發，如水之下矣。

語類又云：

性是箇糊塗不分明底物事，且只就那「故」上說，「故」卻是實有痕迹底。「故」有兩件，如水之有順利者，又有逆行者。畢竟順利底是善，逆行底是惡。所以說「行其所無事」。又說「惡於鑿」。鑿則是那逆行底。（五七）

「利」是不假人為而自然者。如水之就下，是其性本就下，只得順他。若激之在山，是不順其性，而以人為之也。（五七）

性有作用，亦有趨向。順其性則利而為善，逆其性則害而為惡。就其本原言，理無不善，性無不善。及其落實到氣質上，則相互之間，不能有順無逆，故亦有善有惡也。

又曰：

孟子道性善，性無形容處，故說其發出來底。（五九）

仁卻無形影，既發後方喚做愛。愛卻有形影。程子曰：「因其惻隱，知其有仁。」因其外面發出來底，便知是性在裏面。（二〇）

孟子說性，乃是於發處見其善。（五七）

未發是性，已發是善。（五五）

若無已發之善，何以見此性。若無未發之性，何以有此善。故性只從已發之迹推來。人若無善，則人生將絕，物若無理，則物亦不存在。

文集卷七十四孟子綱領有云：

性之為體，正以仁義禮智之未發者而言，不但為視聽作用之本而已也。明乎此，則吾之所謂性者，彼佛氏固未嘗得窺其彷彿，而何足以亂吾之眞哉。

以仁義禮智之未發言性，故曰性善。若以視聽作用言性，則是專以氣言，然氣之後面必有理。視聽作用亦各有理。若專言氣，不言理，則性只是一作用，一存在，既不辨善惡，亦不論趨向，此非儒家之言性。

問：「伊川謂：『「天下之言性，則故而已矣」，則，語助也。』如何？」曰：「『則』字不可做語助看了，『則』有不足之意。天下之言性者，止說得『故』而已矣。『故』有所以然之意。順其所以然，則不失其本性矣。水性就下，順而導之，水之性也。摶而躍之，固可使之在山矣，然非水之本性。」（五七）

此條辨別極細。朱子常戒人談高說玄，懸空尋求，其論心性尤然。孟子謂言性者止說得一「故」字，「故」即已然，即發見處，然亦有其所以然。如言水有順流，有逆行，有可使之在山，此皆其發處，亦「故」也。若不推求其所以然，即據此發處說之，則不見水之本性。如荀子言性惡，亦是只就其已發可見之迹言，而不深求其所以然。朱子教人格物，必窮至乎極。止說得發處可見者，則非其極。

孟子「滕文公」章集注云：

性者，人所稟於天以生之理也。渾然至善，未嘗有惡。人與堯舜，初無少異。但衆人汩於私欲而失之，堯舜則無私欲之蔽，而能充其性爾。故孟子道性善，必稱堯舜以實之，欲人知仁義不假外求，聖人可學而至，而不懈於用力也。

問集注云云。曰：「孟子七篇論性處，只此一處已說得盡，須是日日認一過，只是要熟。」（五五）

文集卷五十二答李叔文有云：

向來所說性善，只是且要人識得本來固有，原無少欠，做到聖人，方是恰好。纔不到此，即是自棄。故孟子引成覸、顏淵、公明儀之言，要得人人立得此志，勇猛向前，如服瞑眩之藥以除深痼之病，直是不可悠悠耳。

此處發揮孟子性善論，亦即上引集注之意。着語無多，而平實透切。若照伊川「性即理」一義發揮，則有此物必有此性，有此性必有此理，推而至於草木枯槁，實距孟子性善原義已遠。

文集卷五十八答陳器之問玉山講義書有云：

性是太極渾然之體，本不可以名字言。但其中含具萬理，而綱理之大者有四，故命之曰仁義禮智。孔門未嘗備言，至孟子而始備言之。蓋至孟子時，異端蠭起，往往以性為不善，孟子思有以明之，但曰渾然全體，則恐其如無星之秤、無寸之尺，終不足以曉天下。於是別而言之，界為四破，而四端之說於是而立。蓋四端之未發也，雖寂然不動，而其中自有條理，自有間架，不是儱侗都無一物。所以外邊纔感，中間便應。如赤子入井之事感，則仁之理便應，而惻隱之心於是乎形。如過廟過朝之事感，則禮之理便應，而恭敬之心於是乎形。蓋由其中間衆理渾具，各各分明，故外邊所遇，隨感而應。所以四端之發，各有面貌之不同。是以孟子析而為四以示學者，使知渾然全體之中，而粲然有條若此，則性之善可知矣。然四端之未發也，所謂渾然全體，無聲臭之可言，無形象之可見，何以知其粲然有條如此？蓋是理之可驗，乃依然就他發處驗得。凡物必有本根，性之理雖無形，而端的之發最可驗。故由其惻隱，所以必知其有仁。由其羞惡，所以必知其有義。由其恭敬，所以必知其有禮。由其是非，所以必知其有智。使其本無是理於內，則何以有是端於外？由其有是端於外，所以必知有是理於內而不可誣也。故孟子言：「乃若其情則可以為善矣，乃所謂善也。」是則孟子之言性善，蓋亦遡其情而逆知之耳。仁義禮智既知得界限分曉，又須知四者之中，仁義是箇對立底關鍵。禮則仁之著，智則義之藏。猶春夏秋冬雖為四時，然春夏皆陽之屬，秋冬皆陰之屬也。故曰：「立天之道曰陰與陽，立地之道曰柔與剛，立人之道曰仁與義。」是知天地之道不兩則不能以立。故端雖有四，而立之者則兩耳。仁義雖對立而成兩，然仁實貫通乎四者之中。蓋偏言則一事，專言則包四者。故仁者仁之本體，禮者仁之節文，義者仁之斷制，智者仁之分別。猶春夏秋冬雖不同，而同出乎春。春則春之生也，夏則春之長也，秋則春之成也，冬則春之藏也。自四而兩，自兩而一，則統之有宗，會之有元矣。故曰「五行一陰陽，陰陽一太極」，是天地之理固然也。仁包四端，而智居四端之末者，蓋冬者藏也，所以始萬物而終萬物者也。智有藏之義焉，有終始之義焉，則惻隱、羞惡、恭敬三者，皆有可為之事，而智則無事可為，但分別其為是為非爾，是以謂之藏也。又惻隱、羞惡、恭敬皆是一面底道理，而是非則有兩面，既別其所是，又別其所非，是終始萬物之象。故仁為四端之首，而智則能成始能成終。猶元氣雖四德之長，然元不生於元而生於貞。蓋由天地之化，不翕聚則不能發散，理固然也。仁智交際之間，乃萬化之機軸。此理循環不窮，脗合無間，程子所謂「動靜無端，陰陽無始」者此也。

本書可分上下兩截。自「孟子之言性善蓋亦遡其情而逆知之耳」以上為前一截，專就孟子言四端發揮性善之義。自「仁義禮智既知得界限分曉」以下為後一截，乃根據周易與濂溪太極圖說發揮人之心性與天地大化之體之合一。伊川「性即理」之說，如是闡釋，始為涵括明盡。此書當與論理氣、論太極、論仁諸章合讀，乃見朱子思想體系之圓密，及其條理之明析也。

文集卷六十一答林德久有云：

昨在玉山學中與諸生說話，當時無人劇論，說得不痛快。歸來偶與一朋友說，因其未喻，反復曉譬，卻說得詳盡。因并兩次所言，錄以報之，試取一觀，或有助於思索。

此朋友即指陳器之。事在慶元元年乙卯，朱子年六十六，亦晚年之說，故能如是涵括暢盡也。又答林德久有云：

熹常愛韓子說「所以為性者五」，「而今之言性者，皆雜佛老而言之」。如吾儒之言，則性之本體便只是仁義禮智之實。如老佛之言，則先有箇虛空底性後，方旋生此四者出來。不然，亦說性是一箇虛空底物，裏面包得四者。今人又纔見說四者為性之體，便疑實有此四塊之物磊塊其間，皆是錯看了也。須知性之為體，不離此四者，而四者又非有形象方所可撮可摩也。但於渾然一理之中，識得箇意思情狀，似有界限，而實亦非有墻壁遮欄分別處也。然此處極難言，故孟子亦只於發處言之。不是本體中元來有此，如何用處發得此物出來？但本體無著摸處，故只可於用處看，便省力耳。

又一書云：

界限之說，亦是要見得五者之在性中，各有體段，要得分辨不雜。不可說未感時都無分別，感物後方有分別也。觀程先生「冲漠無朕」一段可見矣。

此亦皆在乙卯。此下當再摘錄朱子縱論孔孟以下諸家論性之說。

「性相近」以氣質言，「性善」以理言。（四七）

「性相近」是氣質之性。本然之性一般，無相近。程子曰：「性與聖不可一概論。」（四七）

「性相近」是通善惡智愚說，「上智下愚」是就中摘出懸絕者說。（四七）

問：「孔子言性與天道不可得而聞，而孟子教人乃開口便說性善，是如何？」曰：「孟子亦只是大概說性善，至於性之所以善處也說得少。須是如說『一陰一陽之謂道，繼之者善也，成之者性也』處，方是說性與天道爾。」（二八）

也是性、天道只在文章中，然聖人教人也不恁地，子貢當時不曾恁地說。如「天命之謂性」，便是分明指那性。「大哉乾元，萬物資始」，便是說天道。「一陰一陽之謂道，繼之者善也，成之者性也」，便是性與天道。只是不迎頭便恁地說。（二八）

此處分別孔、孟言性不同，又分別孔孟與中庸、易傳言性之遞進遞變，語扼要而中肯。朱子雖不言中庸、易傳晚出，然據其所辨，亦可知論孟易庸之先後矣。又若專就人之一般言，則孟子之言已足。若兼說其中有懸絕者，則必如孔子所言始允。若推而言之至於天道，則必如易傳、中庸所言。張、程言「性即理」，實自易、庸說下，故為孟子所未及。朱子之推尊濂溪太極圖說，則正為其能兼包孔孟與易、庸為一，即合天人而一體言之也。

問：「集注『上智下愚』章，先生與程子說，未理會得合處。」曰：「便是莫要只管求其合，且看聖人所說之意。聖人所言各有地頭。孔子說『相近』，至『不移』便定是不移了。人之氣質，實是有如此者，如何必說道變得，所以謂之『下愚』。而其所以至此下愚者是怎生？這便是氣質之性。孔子說得都渾成。伊川那一段卻只說到七分，不說到底。孟子卻只說得性善。其所言地頭各自不同。正如今喫茶相似，有喫得盡底，有喫得多底少底。必要去牽合，便成穿鑿去。」（四七）

既分性有義理、氣質之辨，則就氣質言性，其中自有相懸絕者，宜可有上智下愚之不移。伊川之說，謂雖強戾如商辛，亦有可移之理。朱子謂其只說到七分，不說到底，乃謂其僅得七分之理，未達十分之理也。惟以飲茶為喻，僅謂有飲得盡底，又有多飲少飲底，其說可謂微而婉矣。

問：「集注謂『氣質相近之中，又有一定而不可易者。』復舉程子『無不可移』之說，似不合。」曰：「且看孔子說底，如今卻自有不移底人。如堯舜之不可為桀紂，桀紂之不可使為堯舜。夫子說底只如此。伊川卻又推其說，須知其異而不害其為同。」因說氣化有不可曉之事，但終未理會得透，不能無疑。（四七）

此兩條皆錢木之記，丁巳所聞，朱子年六十八。此時朱子明從孔子而違伊川，曰「須知其異而不害其為同」，是亦婉言之也。語類又云：

習與性成而至於相遠，則固有不移之理。然人性本善，雖至惡之人，一日而能從善，則為一日之善人，夫豈有終不可移之理。當從伊川之說，所謂「雖強戾如商辛之人，亦有可移之理」是也。（四七）

此條周謨記，己亥以後所聞，朱子年五十，其時尚主從伊川。年過六十，始決依孔子。如此之例尚多。要見朱子不輕違二程，然六十以後，明背二程者亦頗不少，此乃朱子學與年進。而凡有背於二程者，則必婉言之，故後人亦多不深察也。

問：「或言人自不移耳，此說如何？」曰：「此亦未是。有一般下愚底人，直有不可移者。」問：「『雖愚必明』，又是如何？」曰：「那箇是做甚次第工夫。『人一能之，己百之。人十能之，己千之。』」（四七）

此條金去僞記，乙未所聞，朱子年四十六。「人自不移」，即伊川之說也。朱子當時已不主依伊川違論語。或人又據中庸「雖愚必明」為問，朱子卻以「那箇是做甚次第工夫」答之。此是工夫雖難，但有此理，難望必有此事。孟子道性善，亦謂聖人可學而至，然朱子卻力言聖人難為。是二十年來，朱子於論語此章亦屢變其說。最後朱子既自為之說，而仍存伊川說未遽擯棄，以備後人之抉擇，故曰「氣化有不可曉之事，終未理會得透，不能無疑」，此見朱子立言之慎。

語類又曰：

孟子說「才」，皆是指其資質可以為善處。伊川所謂「才稟於氣，氣清則才清，氣濁則才濁」，此與孟子說才小異，而語意尤密，不可不考。退之論才之品有三，性之品有五，其說勝荀揚諸公多矣。說性之品，便以仁義禮智言之，此尤當理。說才之品，若如此推究，則有千百種之多，姑言其大概如此，正是氣質之說，但少一箇氣字耳。伊川謂「論氣不論性不明，論性不論氣不備」，正謂如此。如性習遠近之類，不以氣質言之不可。正是二程先生發出此理。濂溪論太極，便有此意。漢魏以來，忽生文中子，已不多得。至唐有退之，所至尤高。大抵義理之在天地間，初無泯滅。今世無人曉此道理，他時必有曉得底人。（五九）

又曰：

告子只是認氣為性，見得性有不善，須拗他方善。（五九）

告子「無善無不善」之說最無狀。他就此無善無惡之名渾然無所分別。雖為惡為罪總不妨。（五九）

胡五峯言性無善無惡，朱子亦力非之，見知言疑義，別詳朱子論五峯篇。

明儒王浚川，承羅整菴理氣之辨而辨性氣，其言曰：

朱子答蔡季通云：「人之有生，性與氣合而已。即其已合而析言之，則性主於理而無形，氣主於形而有質。」即此數言，猶是二之也。夫人具形氣而後性出焉，今曰「性與氣合」，是性別是一物，不從氣出，有生之後，來相附合耳。此理然乎？人有生氣則性存，無生氣則性滅，不可離而論。如無耳目心，則視聽與思尚能存乎？

今按，性是生之理，不可謂生即是性。人生必有死，然生之理則人類之所共，不隨每一人之死而俱滅。又且氣有變而理亦變，然可謂天地間只有此常變之氣，而不復有不變之理乎？故理與氣可以合言，亦可離言。性與氣亦然。在天曰理，在人曰性，此亦可以合言，可以離言。浚川知其一，不知其二，較之整菴所辨，所失益遠。

浚川又曰：

朱子謂本然之性超乎形氣之外，其實自佛氏本性靈覺而來。大抵性與氣離而二之，必不可得。

今按，謂心是靈覺，是生氣，則可。謂性是靈覺，是生氣，則不可。整菴分辨心性與儒釋極為精確。其言曰：

佛氏明以知覺為性，始終不知性之為理。

又曰：

天性之眞，乃其本體。明覺自然，乃其妙用。天性正於受生之初，明覺發於既生之後。有體必有用，而不可以用為體。

又曰：

知能乃人心之妙用，愛敬乃人心之天理。能思者心，所思而得者性之理。

又曰：

人心之神，即陰陽不測之神。但神之在陰陽者，則萬古如一。在人心者，則與生死相為存亡。

其辨明析，可即以折浚川。惟整菴辨心性則得，辨理氣則失。浚川又兼失之。

浚川又曰：

離氣言性，則性無處所，與虛同歸。離性論氣，則氣非生動，與死同塗。是性之與氣，可以相有，而不可以相離。

又曰：

聖人之性，皆此心虛靈所具，而為七情所自發，亦不離乎氣。

此兩條皆是。蓋浚川主理與氣、性與心必合而言之，而不復認有當離而言之者，是其失也。

浚川又曰：

若曰性即是理，則無感無動無應，一死局耳。

此說承曹月川而來。朱子言理，必頓放在氣上。而言氣，則又言生言神言心言覺，烏有死局之疑。若依浚川說而推致於極，則必有如梨洲之說，謂天地之間只有氣，更無理，又曰「盈天地只一心」。此乃循陸王「心即理」之說而擴伸及於宇宙界，無奈其終使人有不安之感也。

然浚川並不主陸王，其立論乃一本之橫渠，有橫渠理氣辨，其略曰：

張子曰：「太虛不能無氣，氣不能不聚而為萬物，萬物不能不散而為太虛。」「氣之為物，散入無形，適得吾體。聚而有象，不失吾常。聚亦吾體，散亦吾體，知死之不亡者，可與言性矣。」橫渠此論，闡造化之祕，明人性之源，而朱子乃論而非之，曰：「性者，理而已矣，不可以聚散言。氣雖有存亡，而性之在氣外者，不以氣之聚散為存亡。」此即佛氏所謂四大之外別有眞性，豈非謬悠之論乎？朱子又曰：「氣之已散者，既散而無有矣，其根於理而日生者，則固浩然而無窮。」此言窺測造化不盡。氣游於虛，理生於氣，氣雖有散，仍在兩間，不能滅。理根於氣，不能獨存。今為之改曰：「氣之已散者，既歸於太虛之體矣，其絪縕相感而日生者，則固浩然而無窮。」

又曰：

天內外皆氣，物虛實皆氣。虛受乎氣，非能生氣。理載於氣，非能始氣。世儒謂理能生氣，即老氏「道生天地」矣。謂理可離氣而論，是形性不相待而立，即佛氏以山河大地為病，而別有所謂眞性矣。可乎不可乎？

如浚川上之所論，則宜乎有梨洲天地之間只有氣更無理之說矣。朱子於理氣，於心性，既合言之，又必離言之。其參造化，取濂溪之「太極」，不取橫渠之「太虛」，均已分別詳於諸篇，此不贅辨。

凡研究朱子之言義理，固必參究及於陸王相反之一面。然尚有承朱反陸，而微變朱子之說者，在明儒中如曹月川、羅整菴、王浚川、黃泰泉、李谷平。凡其為說，梨洲明儒學案皆收在諸儒學案中。下至晚明，有王船山，不主陸王，而於朱子亦有糾議。凡此皆當折衷歸一，以求定論。本書特隨拈數例，略見指要，未能一一詳伸，讀者自為研尋焉可也。

又明儒黃石齋極以宋儒言氣質之性為非，謂性上着不得纖毫氣質，而深取朱子之言性。其榕壇問業有云：

問：「紫陽云：知性即窮理之事，窮理便向外去。」某云：「紫陽學問，得力在此。自濂溪以來，都說性是空虛，人受以生耳。紫陽始於此處討出二五合撰，事事物物皆從此出。如曉得事事物物皆稟於天，自然盡得心量。盡得心量，自然性靈無遺。」

此條卻得，并附錄焉。

朱子論命

「性」、「命」常連言，性既分「氣質」與「義理」兩言之，則命亦宜然。語類云：

命之一字，如「天命謂性」之命，是言所稟之理也。「性也，有命焉」之命，是言所稟之分有多寡厚薄之不同也。（四）

命之正者出於理，命之變者出於氣質，要之皆天所賦予。（四）

問：「『天命謂性』之命與『死生有命』之命不同，何也？」曰：「『死生有命』之命，是帶氣言之。氣便有稟得多少厚薄之不同。『天命謂性』之命，是純乎理言之。然天之所命，畢竟皆不離乎氣。」（四）

問：「命字有專以理言者，有專以氣言者。」曰：「也都相離不得。蓋天非氣，無以命於人。人非氣，無以受天所命。」（四）

問：「先生說：『命有兩種：一種是貧富貴賤、死生壽夭，一種是清濁偏正、智愚賢不肖；一

種屬氣，一種屬理。』兩種皆似屬氣。蓋智愚賢不肖、清濁偏正亦氣之為也。」曰：「固然。性則是命之理而已。」（四）

言性本即是命，惟偏於理者謂之性。言命雖即寓性，而多偏氣言。即言氣質之性，即不純於理也。

問「莫之致而至者命也」。曰：「命有兩般。『得之不得曰有命』，自是一樣。『天命之謂性』，又自是一樣。雖是兩樣，卻只是一箇命。」又曰：「天便如君，命便如命令，性便如職事條貫。君命這箇人去做這箇職事，其俸祿有厚薄，歲月有遠近，無非是命。且如『舜禹益相去久遠』，是命之在外者。『其子之賢不肖』，是命之在內者。聖人窮理盡性以至於命，便能贊化育。堯之子不肖，他便不傳與子，傳與舜。本是箇不好底意思，卻被他一轉轉得好。」（五八）

命亦可轉，即是贊化育也。又曰：

「不能自強，則聽天所命。修德行仁，則天命在我。」今之為國者，論為治，則曰：不消做十分底事，只隨風俗做便得，不必須欲如堯舜三代，只恁地做，天下也治。為學者則曰：做人也不須做到孔孟，十分事且做得一二分也得。盡是這樣苟且見識，所謂「聽天所命」者也。（五

六）

凡不肯努力做到十分，以為只做一二分即得者，此皆所謂聽天由命。皆不能自強，善盡其在我也。如此則命純在天，在我便不能贊化育。

或問「命」字之義。曰：「命有兩般。有以氣言者，厚薄清濁之稟不同是也。如所謂『道之將行將廢，命也』，『得之不得，曰有命』是也。有以理言者，天道流行，付而在人，則為仁義禮智之性，如所謂『五十而知天命』，『天命之謂性』是也。二者皆天所付與，故皆曰命。」又問：「孟子謂『性也，有命焉』，此『性』所指謂何？」曰：「此『性』字指氣質而言，如『性相近』之類。此『命』字卻合理與氣而言。蓋五者之欲，固是人性，然有命分。既不可謂我性之所有而必求得之，又不可謂我分可以得而必極其欲。如貧賤不能如願，此固分也。富貴之極，可以無所不為，然亦有限制裁節，又當安之於理。如紂之酒池肉林，卻是富貴之極，而不知限節之意。若以其分言之，固無不可為，但道理卻恁地不得。今人只說得一邊，不知合而言之，未嘗不同也。『命也，有性焉』，此『命』字專指氣而言，此『性』字卻指理而言。如舜遇瞽瞍，固是所遇氣數，然舜惟盡事親之道，期於底豫，此所謂盡性。大凡清濁厚薄之稟皆命也，所造之有淺有深，所遇之有應有不應，皆由厚薄清濁之分不同。且如『聖人之於天道』，如堯舜則性之，湯武則身之，禹則『入聖域而不優』，此是合下所禀有清濁，而所造有深淺不同。『仁之於父子』，如舜之遇瞽瞍，『義之於君臣』，如文王在羑里，孔子不得位。『禮之於賓主』，如子敖以孟子為簡。『智之於賢者』，如晏嬰智矣而不知孔子。此是合下來所禀有厚薄，而所遇有應不應。但其命雖如此，又有性焉，故當盡性。大抵孟子此語，是各就其所重言之，所以伸此而抑彼。張子所謂『養則付命於天，道則責成於己』是也。然又自要看得活，道理不是死底物，在人自着力也。」（六一）

聲色安逸之欲，亦人性中所有，然如貧賤不能如願：

不成無後也要恁地，所以說「有命焉」。（六一）

但有富貴之極，若可以無所不為，如紂之酒池肉林，然此亦有限節，斷不可盡。故朱子分析言之曰：「此性字指氣質言，此命字合理與氣而言。」不可盡，則當有限制裁節也。又如仁義禮智，亦性中所有，然如舜遇瞽瞍，文王遇紂，見囚於羑里。孔子遇魯哀公、衛靈公而不得其位。遇晏嬰，雖賢智，卻不知孔子之聖。此皆命也。然命上雖有限制，仍當自盡己性。故朱子又析言之，曰：「此命字專指氣而言，此性字卻指理而言」也。然則謂人當做到十分，不當聽天由命，亦指理言。要而言之，人當自盡於理而已。

孟子集注云：

愚聞之師曰：「此二條者，皆性之所有而命於天者也。然世之人以前五者為性，雖有不得而必欲求之。以後五者為命，一有不至，則不復致力。故孟子各就其重處言之，以伸此而抑彼也。張子所謂『養則付命於天，道則責成於己』，其言約而盡矣。」

性雖命於天，然既稟賦在身，則是在己在內，故當勉求其盡。命則有不在己而在外者，故有不得，不當必欲求之。如紂之富貴，可以為酒池肉林，疑若無復限之者，然「五色令人目盲，五聲令人耳聾」，「金玉滿堂，莫之能守，富貴而驕，自貽其咎」，在內在外，仍各有限。在氣有欲，在性有理，此命字乃兼氣與理言，故須自知裁節，不論一時可得與不可得，不能皆如願以逞。故君子於此，有所不願也。要之性與命各皆有理，一之於理則得，不一之於理則失矣。

集注又一條云：

愚按：所稟者厚而清，則其仁之於父子也至，義之於君臣也盡，禮之於賓主也恭，智之於賢否也哲，聖人之於天道也無不脗合，而純亦不已焉。薄而濁則反是。是皆所謂命也。

此條以性亦由於命，所稟厚而清，則能盡而極其至。所稟薄而濁，則否。故人雖欲自盡其性，仍有命為之限。如堯、舜、禹、湯、武所造亦各不同。惟自人言之，則惟有自盡其性而已。此引語類上一條為董銖記，丙辰以後所聞，乃朱子年六十七以後。論孟集注成在丁酉，相距十九年以上。惟細玩兩處語義，實相一致，惟文字有詳略，語類此條下附注謂「仁之於父子以下與集注不同，讀者詳之」，其實無不同也。集注自成書後屢有改動，或此處亦經改了，則不可知。

語類又曰：

君子之所急在先義。語義則命在其中。如「行一不義、殺一不辜而得天下，不為」，此只說義。若不恤義，惟命是恃，則命可以有得，雖萬鍾，有不辨禮義而受之矣。義有可取，如為養親，於義合取而有不得，則當歸之命爾。如「澤無水，困」，則不可以有為，只得「致命遂志」，然後付之命可也。（四五）

義有不得，義不可為，是命也。然君子所盡則仍在義，自盡於義，做到十分，此外則由命，其實仍不是由命，只盡其在我耳。故曰「致命遂志」也。因曰：

只看義理如何，都不問那命。雖使前面做得去，若義去不得，也只不做。所謂「殺一不辜，行一不義，而得天下，有所不為」。若中人之情，則見前面做不得了方休，方委之於命。此固賢於世之貪冒無恥者，然實未能無求之之心也。聖人更不問命，只看義如何。（三四）

又曰：

聖人不自言命。凡言命者，皆為衆人言也。「道之將行也與，命也」，為公伯寮愬子路言也。「天生德於予」，亦是門人促之使行，謂可以速矣，故有是說。「不知命，無以為君子」，亦是對衆人言。（四四）

聖人自盡於義，故不言命。為衆人言命，亦欲勉衆人之自盡於義也。故曰：

到無可奈何處始言命。聖人「用之則行，舍之則藏」，未嘗到那無可奈何處須說命。如一等人不知有命，又一等人知有命，猶自去計較。中人以上便安於命。到得聖人便不消得言命。（三四）

常人「用之則行」乃所願，「舍之則藏」非所欲，是自家命恁地，不得已，不奈何。聖人無不

得已底意思。用我便行，舍我便藏，無不奈何底意思，何消更言命。（三四）

但聖人雖不消言命，畢竟還是有命。連天地生一箇聖人也由命。故說：

天地那裏說我特地要生箇聖賢出來。也只是氣數到那裏，恰相湊着，所以生出聖賢。及至生出，則若天之有意焉耳。（四）

問：「孟子道性善，不曾說氣稟。」曰：「是孟子不曾思量到這裏。」問：「氣稟是偶然否？」曰：「是。偶然相值着，非是有安排等待。」（五五）

是偶然，非有安排等待，故曰天地不是特地要生箇聖賢。

問「天縱之將聖」。曰：「天放縱聖人做得恁地，不去限量它。」問：「如此，愚不肖是天限量之乎？」曰：「看氣象，亦似天限量它一般。如這道理，聖人知得盡得，愚不肖要增進一分不得，硬拘定在這裏。」（三六）

氣數湊來，或為聖賢之稟受，或為愚不肖之稟受，此亦是偶然，非天地特有意如此。但到得氣稟成了，則像天地特意放縱他做聖賢，限制他做愚不肖。一成不再改，是即命也。故追溯命之來原，則像是偶然底。觀察命之演進，則又像是前定底。此皆就氣一邊言。若略去此一面，則人物生生不息，此乃天心，謂之理。人生必具仁義禮智之性，此亦天命，亦理也。理則非偶然底。但理必附着於氣，氣稟必不能齊，此仍是命，但已兼氣言，則有聖賢愚不肖之異。天地既非有意要生一箇聖賢，可知其亦非有意要生愚不肖，但畢竟有了愚不肖，而愚不肖又常多於聖賢，此決非天地有意。故朱子必分理氣兩言之，又說理弱而氣強。其言命，則亦必分理氣而兩言之也。

既非天地要如此，則其間自當盡人事。橫渠有「形而後有氣質之性，善反之天地之性存焉」之說。又曰「德不勝氣，性命於氣。德勝於氣，性命於德」。語類說之云：

德性若不勝那氣稟，則性命只由那氣。德性能勝其氣，則性命都是那德。兩者相為勝負。蓋其稟受之初便如此矣。然亦非是元地頭不渾全，只是氣稟之偏隔着。故窮理盡性則「善反」之功也，「性、天德，命、天理」，則無不是元來至善之物矣。若使不用修為之功，則雖聖人之才，未必成性。然有聖人之才，則自無不修為之理。（九八）

張子只是說性與氣皆從上面流下來，自家之德若不能有以勝其氣，則祇是承當得他那所賦之氣。若是德有以勝其氣，則我之所以受其賦予者皆是德。故窮理盡性，則我之所受皆天之德。其所以賦予我者皆天之理。氣之不可變者，惟死生脩夭而已。蓋死生脩夭，富貴貧賤，這卻還

他氣。至「義之於君臣」，「仁之於父子」，所謂「命也，有性焉，君子不謂命也」。這箇卻須由我，不由他了。（九八）

問：「『窮理盡性，則性天德，命天理』，這處性、命如何分別？」曰：「性是以其定者而言，命是以其流行者而言。命便是水恁地流底，性便是將椀盛得來。大椀盛得多，小椀盛得少。淨潔椀盛得清，汙漫椀盛得濁。」（九八）

橫渠言：「形而後有氣質之性，善反之則天地之性存焉。」又曰：「德不勝氣，性命於氣。德勝其氣，性命於德。」又曰：「性，天德；命，天理。」蓋人生氣稟自然不同。天非有殊，人自異稟。有學問之功則性命於德。不能學問，然後性命惟其氣稟耳。（九八）

橫渠云：「所不可變者惟壽夭耳。」要之此亦可變。但大概如此。（九八）

以上諸條，皆朱子闡釋橫渠，然二人間亦自有不同。橫渠微若重在善反氣質之性以為天地之性之一論點上，其意在勉人學問與工夫。而朱子則似重在天地之性之落入氣質之性之一事上。認識了此一事，則人性問題可得許多合理之解答。故曰「氣質之說起於張程，極有功於聖門，有補於後學也。」朱子極看重此「氣質之性」一觀念之提出，至於如何善反之以全此天地之性，觀於朱子論聖人不易為，其意亦大可見矣。朱子根據橫渠說為譬喻，謂命如水流，性如以椀盛水，或多或少，或清或濁，胥視此盛水之椀而異。此椀即氣質也。天地之性落入氣質中，不能無多少清濁之異。而此椀之或大或小，或潔或汙，則即朱子之所謂命。人豈能破毀此椀來盛水，猶之不能無卻氣質而得性。橫渠意，天之所命於人者，莫非此至善之德。而朱子意，則天之所命於人者，又有非盡至善之氣焉。在天地並非存心有意特將此非盡善者與人，而人之稟賦，自有此非盡善者。故曰「天非有殊，人自異稟」。必將天之所賦於人者分兩言之，一曰理，即至善之性，天地之性是也。一曰氣，則不能盡善。至善之性落在氣質中，故亦不能盡善也。至於橫渠「善反之」之理論，朱子固非有所反對。然苟推此言之，則不僅德性可變，即壽夭之偏於形質者亦應可變。朱子曰但大概如此。此則謂理論亦有其限度，不能專就理論全翻事實也。

朱子言命，又兼「稟受之命」與「遭遇之命」而兩言之。若專就一端言，則仍不足以說明人事之繁變。

問：「得清明之氣為聖賢，昏濁之氣為愚不肖。氣之厚者為富貴，薄者為貧賤。此固然也。然聖人得天地清明中和之氣，宜無所虧欠，而夫子反貧賤，何也？豈時運使然耶？抑其所稟亦有不足耶？」曰：「便是稟得來有不足。他那清明，也只管得做聖賢，卻管不得那富貴。稟得那高底則貴。稟得厚底則富。稟得長底則壽。貧賤夭者反是。夫子雖得清明者以為聖人，然稟得那低底薄底，所以貧賤。顏子又不如孔子，又稟得那短底，所以又夭。」（四）

因言上古天地之氣，其極清者生為聖人，君臨天下，安享富貴，又皆享上壽。及至後世，多反其常。衰周生一孔子，終身不遇，壽止七十有餘。其稟得清明者多夭折，暴橫者多得志。舊看史傳，見盜賊之為君長者，欲其速死，只是不死，為其全得壽考之氣也。（四）

問：「『富貴有命』，如後世鄙夫小人，當堯舜三代之世，如何得富貴？」曰：「當堯舜三代之世不得富貴，在後世則得富貴，便是命。」曰：「如此則氣稟不一定。」曰：「以此氣，遇此時，是他命好。不遇此時，便是背。所謂資適逢世是也。如長平死者四十萬，但遇白起便如此。只他相撞著，便是命。」（四）

故言命必及氣稟，而氣稟有在人在我之別。氣稟之在人者，於我則為遭遇。擴大言之則為時運。遭遇之與時運，亦皆命也。故曰：

命字有兩說，一以所稟言之，一以所值言之。（六一）

此二者，有時可分言，有時可合言。故曰：

「盡其道而死者」，順理而吉者也。「桎梏死者」，逆理而凶者也。以非義而死者，固所自取，是亦前定。蓋其所稟之惡氣有以致之也。（六〇）

如桎梏而死，喚做非命不得。蓋緣他當時稟得箇乖戾之氣便有此。（四二）

此合而言之也。又曰：

若在我無以致之，則命之壽夭皆是合當如此者，如顏子之夭、伯牛之疾是也。（六〇）

此亦合而言之也。又曰：

使文王死於羑里，孔子死於桓魋，卻是命。（六〇）

此則分而言之，專以所遭為命也。又曰：

如孔孟老死不遇，喚做不正之命始得。在孔孟言之，亦是正命。在天之命，卻自有差。（六〇）

「惠迪吉，從逆凶」，自天觀之也。若惠迪而不吉，則自天觀之，卻是失其正命。如孔孟之聖賢而不見用於世，而聖賢亦莫不順受其正，這是於聖賢分上已得其正命。若就天觀之，彼以順感，而此以逆應，則是天自失其正命。（六〇）

是則聖人可以無所往而不得其正命，而天地轉有失其正命之時。又曰：

有不以罪而枉罷者亦是命。有罪而被罷者非正命，無罪而被罷者是正命也。（六〇）

聖人不見用於世，正如無罪被罷。在被罷者順受之，亦為正命，而罷之者則非正。天地亦有非正之命，此正理弱氣強之證。然在人則可把它轉過來，成就一箇理強氣弱。故曰：

有罪無罪，在我而已。古人所以「殺身以成仁」。且身已死矣，又成箇甚底？直是要看此處。孟子謂「舍生取義」，又云：「志士不忘在溝壑，勇士不忘喪其元。」學者須是於此處見得定。臨利害時，便將自家斬剉了，也須壁立萬仞始得。而今人有小利害，便生計較，說道恁地死非正命，如何得。（五八）

孟子要人得正命，只是要順於理，盡其在我而已。至於在天之命有不正，聖人亦沒奈之何。但人固沒奈天何，天亦有沒奈人何處。如雖殺了身，終是成其仁。故朱子又言天人各是一理，此亦理一而分殊也。

朱子此等見解，要人在天運定命中完成其合理的人生。人生合理亦有限，即限在天命上。但天命不能限制人生之合理。故人生未合理，即是未達到天命之極盡處。天已命人可以有一合理的人生，而人生自不達於合理之極盡處，則天亦仍無奈人何也。

語類又曰：

困阨有輕重，力量有大小。若能一日十二辰點檢自己念慮動作，都是合宜，仰不愧，俯不怍，如此而不幸塡溝壑，傷軀命，有不暇恤，只得成就一箇是處。如此則方寸之間全是天理，雖遇大困阨，有致命遂志而已，亦不知人之有是非向背，惟其是而已。孟子言「舍生而取義」，只看義如何。當死便須死，古人當此只是尋常，今人看著是大事。

此所謂義命之辨。命不在我而義在我。

問：「『四十而不惑，五十而知天命』，不惑謂知事物當然之理，知天命謂知事物之所以然，便是『知天知性』之說否？」曰：「然。他那裏自看得箇血脈相牽連，要自子細看。龜山之說極好。龜山問學者曰：『人何故有惻隱之心？』學者曰：『出於自然。』龜山曰：『安得自然如此？若體究此理，知其所從來，則仁之道不遠矣。』便是此說。」（六〇）

天雖賦人以惻隱之心，然人自有喪其心而不知求者。若一切歸之自然，則可並人而失之。故仁道雖亦命於天，仍自成於人。不得謂之是自然。橫渠言：「為天地立心，為生民立命」，朱子特地稱讚龜山上一番話，實為立心立命大有事在，非可盡諉之自然也。

問：「孟子謂『知命者不立巖牆之下』，今人卻道我命若未死，縱立巖牆之下也不到壓死。」曰：「『莫非命』者，是活絡在這裏，看他如何來。若先說道我自有命，雖立巖牆之下也不妨，即是先指定一箇命，便是紂說『我生不有命在天』。」因舉橫渠「行同報異」，與「氣遇」等語：「伊川卻道他說遇處不是。」又曰：「這一段文勢直是緊。若精神鈍底，眞箇趕他不上。如龍虎變化，眞是捉搦他不住。」（六〇）

橫渠兼言命與遇，伊川則專言命，不言遇，朱子主從橫渠。言命兼言遇，則命中多含不定因素，此命字始較活絡也。

問伊川、橫渠命遇之說。曰：「所謂命者，如天子命我作甚官。其官之閑易繁難，甚處做得，甚處做不得，便都是一時命了，自家只得去做。故孟子只說『莫非命也』。卻有箇正與不正。

所謂正命者，蓋天之始初命我，如事君忠，事父孝，便有許多條貫在裏。至於有厚薄淺深，這卻是氣稟了，然不謂之命不得，只不是正命。故君子戰戰兢兢，如臨深履薄，蓋欲順受其正者，而不受其不正者。且如說當死於水火，不成便自赴水火而死。而今只恁地看，不必去生枝節，說命說遇，說同說異也。」（四二）

天地有正命，屬於性與理者是也。天地亦有非正命，屬於氣稟與遭遇者是也。然同是命，知命者「順受其正」，謹避其非正，強立不反，以全我性理之命。故曰：

世間事若出於人力安排底便已得。若已不得底，便是自然底。（五三）

性與理之正命，則是已不得者，故始謂之自然也。

如父之慈，子之孝，須知父子只是一箇人，慈孝是天之所以與我者。（二三）

天之所以與我是命。非人力安排而有。人間儘多不孝不慈，而慈孝之在人間，終是已不得，故謂慈孝乃出於自然也。然謂之自然，並非不需再加人力，否則人間又何多不孝不慈之人？故聖人乃有自「志學」至於「知天命」一段學問工夫也。

凡事事物物上須是見它本原一線來處，便是天命。（二三）

眞能知此天命，又能盡性以至命者，又幾何人乎。故龜山謂惻隱不出於自然，而朱子極稱之。

問：「人臣固當望君以堯舜。若度其君不足與為善而不之諫；或謂君為中才，可以致小康，而不足以致大治；或導之以功利，而不輔之以仁義。此皆是賊其君否？」曰：「然。若論才質之優劣，志趣之高下，固有不同。然吾之所以導之者，則不可問其才志之高下優劣，但當以堯舜之道望他。如飯必用喫，衣必用着，脾胃壯者喫得來多，弱者喫得來少，然不可不喫那飯也。」（五六）

導君如此，輔民可知，其自修自為者更可知。此皆專就理一邊言。故曰：

孟子道「人皆可以為堯舜」，何曾便道是堯舜更不假修為。且如銀坑有鑛，謂鑛非銀不可，然必謂之銀不可。須用烹鍊然後成銀。（五九）

此則命非自然，仍待修為也。

語類又曰：

「大人格君心之非」，然孔子不能格魯哀，孟子不能格齊宣，諸葛孔明之於後主，國事皆出於一己，後主雖能聽從，然以資質之庸難以變化，孔明雖親寫許多文字與之，亦終不能格之。凡此皆是雖有格君之理，而終不可以致格君之效者也。（五六）

要之有此理在我，而在人者不可必。（五六）

在己有此理，在外未必有此效，是亦所謂命也。但若因不能有格君之效，遂亦捨棄了格君之理，此卻為不知命。

論語終云：「不知命，無以為君子也。」此深有意。死生自有定命，若合死於水火，須在水火裏死。合死於刀兵，須在刀兵裏死。看如何，逃不得。此說雖甚麤，然所謂知命者不過如此。若這裏信不及，才見利便趨，見害便避，如何得成君子。（五〇）

此條專就氣一邊言，見命之不可違。然義理之命亦不可違。人惟善盡在我之理，不問在外之氣數可也。若置其在我之義理，而爭其不在我之氣數，此乃不知命。故曰「不知命無以為君子」。又曰：

人之稟氣，富貴貧賤長短，皆有定數寓其中。稟得盛者，其中有許多物事，其來無窮，亦無盛而短者。若木生於山，取之，或貴而為棟梁，或賤而為廁料，皆其生時所稟氣數如此定了。

此亦專言氣數之命。如山中之木，或取以為棟梁，或取以為廁料，權不在木。然木有能為棟梁，或有僅堪為廁料之別，此在擇木者不當不審。若擇木者不能審，木亦無奈之何。天地不能有理而無氣，而義理之命終亦必寓於氣數之命而始見，是天地亦無奈之何也。故聖人不自言命，又更不問命，此乃所以為聖人。

慶元二年冬，朱子落職罷祠。

有一朋友微諷先生云：「先生有『天生德於予』底意思，卻無『微服過宋』之意。」先生曰：「某又不曾上書自辨，又不曾作詩謗訕，只是與朋友講習古書，說這道理。更不教做，卻做何事？」因曰：「論語首章言：『人不知而不慍，不亦君子乎？』斷章言：『不知命無以為君子。』今人開口亦解說『一飲一啄自有定分』，及遇小小利害，便生趨避計較之心。古人刀鋸在前，鼎鑊在後，視之如無物者，蓋緣只見得這道理，都不見那刀鋸鼎鑊。」又曰：「死生有命，如合在水裏死，須是溺殺。此猶不是深奧底事，難曉底話。如今朋友都信不及。覺見此道日孤，令人意思不佳。」（一〇七）

或勸先生散了學徒，閉戶省事，以避禍者。先生曰：「禍福之來，命也。」（一〇七）

今為避禍之說者，固出於相愛。然得某壁立萬仞，豈不益為吾道之光。（一〇七）

「其默足以容」，只是不去擊鼓訟冤便是默。不成屋下合說底話亦不敢說也。（一〇七）

僞學禁嚴，先生曰：「某今頭常如黏在頸上。」又曰：「自古聖人未嘗為人所殺。」（一〇七）

問先生出處，因云：「氣類衰削，區區愚見，以為稍稍為善正直之人，多就摧折困頓，似皆佞諛得志之時。」曰：「亦不可一向如此說。只是無人。一人出來，須得許多人大家合力做。若是做不得，方可歸之天，方可喚做氣數。今若有兩三人要做，其他都不管他，直教那兩三人摧折了便休。」（一〇八）

此乃朱子晚年對其所持命論之眞實踐履也。

有言世界無人管，久將脫去。凡事未到手，則姑晦之。俟到手，然後為。有詰之者曰：「若不幸未及為而死，吾志不白，則如之何？」曰：「此亦不奈何，吾輩蓋是折本做也。」先生曰：「如此則是一部孟子無一句可用。嘗愛孟子答淳于髡之言曰：『嫂溺，援之以手，天下溺，援之以道。子欲手援天下乎？』吾人所以救世者，以其有道也。既自放倒矣，天下豈一手可援哉！」（一〇八）

此兩條，當與上引諸條同看。人事盡，方可歸之天，喚做氣數，故聖人不自言命，更不問命，惟自盡於己而已。道之行不行，命也。然不以道之不行而不盡己，蓋己之所當事者亦命也。聖人知天，即知天之所以命我者而已。

語類又云：

先生多有不可為之歎。或曰：「前年侍坐，聞先生云：『天下無不可為之事，兵隨將轉，將逐符行。』今乃謂不可為？」曰：「便是這符不在自家手裏。」（一〇四）

此亦孔子歎「道之不行吾知之矣」也。

年譜慶元元年夏五月復辭職名，并乞致仕。

初，韓侂冑逐趙相，竄永州，中外震駭。呂祖儉以論救貶韶州。先生自以蒙累朝知遇之恩，且尚帶從臣職名，義不容默，乃草封事數萬言，極陳姦邪蔽主之禍，因以明丞相之寃。子弟諸生更進迭諫，以為必且賈禍。先生不聽。蔡元定入諫，請以蓍決之，遇遯之家人，先生默然，退取奏稿焚之。更號遯翁，遂以疾丐休致。

別集卷一答劉德修有云：

病中屢發狂疾，欲舒憤懣，一訴穹蒼。既復自疑，因以易筮之，得遯之家人，為「遯尾」、「好遯」之占，遂亟焚稿皵舌。然胸中猶勃勃不能已也。

「遯尾」、「好遯」二爻變，則正作家人，年譜、行狀皆作「遯之同人」，疑誤。此事亦是知命之學之一面。朱子曰：「自古聖人未嘗為人所殺。」若當時上此一稿，則必為侂冑殺不可知。此孟子所以有「順受其正」之說，又有「可以死、可以無死」之辨也。此當與落職罷祠後事合并參玩。

語類又云：

先生說：「南軒論熹命，云『官多祿少』四字。」因云：「平日辭官文字甚多。」（一〇七）

是則理學大儒亦談世俗命相，特附於此。

朱子論數

朱子言氣亦時言數。語類云：

氣便是數。有是理，便有是氣。有是氣，便有是數。（六五）

有氣有形便有數。物有衰旺，推其始終便可知。（六五）

譬之草木，皆是自然恁地生，不待安排。數亦是天地間自然底物事。（六五）

是朱子言氣數，即猶言自然也。朱子嘗教甘叔懷：

無事時玩河圖洛書，且使自家心流轉得動。（六五）

其論史亦常言氣。其實即是言數。如曰：

氣有盛衰，盛時便做得未是，亦不大段覺得。眞宗時，遼人直至澶州，旋又無事，亦是氣正盛。靖康時，直弄得到這般田地。前漢如此之盛，至光武再興，亦只得三四分。後來一切扶不起，亦氣衰故。（一二七）

此所謂氣，蓋綜合整箇大局而言也。又曰：

漢興之初，人未甚繁，氣象剗地較好。到武、宣極盛時，便有衰底意思。人家亦然。（一三五）

其論人才則曰：

此等人，如葉夢得、宇文虛中，多是有才會說底。若使有好人在上，收拾將去，豈不做好人。只緣時節不好，義理之心不足以勝其利欲之心，遂由徑捷出，無所不至。若逢治世，他擇利而行，知為君子之為美，亦必知所趨向。治世之才，亦那得箇箇是好人。但是好人多，自是相夾持在裏面，不敢為非耳。（一三〇）

此謂「時節」，即是氣運，亦是指整箇時局言。是亦謂人才由時代氣運而轉也。

有時代之氣，又有地域之氣。

先生因說詩中關洛風土習俗不同，曰：「某觀諸處習俗不同，見得山川之氣甚牢。且如建州七縣，縣縣人物各自是一般。一州又是一般。生得長短小大清濁皆不同，都改變不得。豈不是山川之氣甚牢。」（一三八）

又曰：

邵武人箇箇急迫，此是氣稟。（一一四）

江南人氣麤勁而少細膩，浙人氣和平而力弱，皆其所偏。（一一九）

時代有氣運，山川有地氣，其影響於人，或在某一方面有輔助，或在某一方面有限制，此皆歸屬於命之所稟與所值。語類又曰：

或舉某人會做詩，曰：「他是某人外甥，他家都會做詩，自有文種。」又曰：「某嘗謂氣類近，

風土遠。氣類才絶，便從風土去。且如北人居婺州，後來皆做出婺州文章，間有婺州鄉談在裏面者，如呂子約輩是也。」（一四〇）

氣類指家庭遺傳，或社羣習尙。若此項力量減輕，則風土自然力量之比重便增加。孟子言有一鄉之士與一國之士，是亦氣類與風土影響之分別不同也。

問：「以堯為父而有丹朱，以鯀為父而有禹，如何？」曰：「這箇又是二氣五行交際運行之際有清濁，人適逢其會，所以如此。如算命推五星陰陽交際之氣，當其好者則質美，逢其惡者則不肖，又非人之氣所能與也。」（四）

人性雖同，稟氣不能無偏重。有得木氣重者，則惻隱之心常多，而羞惡、辭遜、是非之心為其所塞而不發。有得金氣重者，則羞惡之心常多，而惻隱、辭遜、是非之心為其所塞而不發。水火亦然。惟陰陽合德，五性全備，然後中正而為聖人也。（四）

或問：「人稟天地五行之氣，然父母所生，與是氣相值而然否？」曰：「便是這氣須從人身上過來。今以五行枝榦推算人命，與夫地理家推擇山林向背，皆是此理。然又有異處，如磁窰中器物，聞說千百件中或有一件紅色大段好者，此是異稟。惟人亦然。瞽鯀之生舜禹，亦猶是也。」（四）

朱子博涉多好，於地理家言、星命家言皆所不遺，而於以組成其一套氣稟與命運相關聯之理論。小之則為箇人，大之則為時代與歷史，皆以氣之一觀念解釋之。惟雖言有常情，亦不否認有異稟，其所論大旨率如此。

論氣之盛衰消長，論五行之氣之或旺或缺、或多或少，必牽涉到分數，於是氣與數常連言而稱氣數。朱子嘗言：「也只是氣數到那裏，恰相湊著，所以生出聖賢」，是謂人物生成亦皆有氣數也。其論史，亦常用氣數字。如曰：

「以一歲言之，自冬至至春分，是進到一半，所以謂之分。自春分至夏至，是進到極處，故謂之至。進之過則退，至秋分，是退到一半處，到冬至，也是退到極處。天下物事，皆只有此兩箇。」問：「人只要全得未極以前底否？」曰：「若以善惡配言，則聖人到那善之極處，又自有一箇道理，不到得『履霜堅冰至』處。若以陰陽言，則他自是陰了又陽，陽了又陰，也只得順他。易裏才見陰生，便百種去裁抑他，固是如此。若一向是陽，則萬物何由得成。他自是恁地，國家氣數盛衰亦恁地。堯到七十載時，也自衰了，便所以求得一箇舜，分付與他，又自重新轉過。若一向做去，到死後也衰了。文武恁地到成康，也只得恁地持盈守成，到這處極了，所以昭王便一向衰，扶不起。漢至宣帝以後便一向衰，直至光武，又只得一二世，便一向扶不

起，國統屢絶。」曰：「光武便如康節所謂『秋之春』時節？」曰：「是。」（九四）

朱子以人類歷史擬之於自然氣運，其盛衰之數，故亦可推而知。又曰：

神宗極聰明，於天下事無不通曉，眞不世出之主，只是頭頭做得不中節拍。如王介甫為相，亦是不世出之資，只緣學術不正當，遂誤天下。使神宗得一眞儒而用之，那裏得來，此亦氣數使然。天地生此人，便有所偏了，可惜可惜。（一二七）

又曰：

神廟大有為之主，勵精治道，事事要理會過。是時卻有許多人才。若專用明道為大臣，當大段有可觀。明道天資高，又加以學，誠意感格，聲色不動，而事至立斷。當時用人參差如此，亦是氣數舛逆。（七二）

又曰：

「安定規模雖少疎，然卻廣大著實。如孫明復春秋雖過當，然占得氣象好。如陳古靈文字尤好。嘗過台州，見一豐碑，說孔子之道，甚佳。此亦是時世漸好，故此等人出，有『魯一變』氣象。其後遂有二先生。若當時稍加信重，把二先生義理繼之，則可以一變。而乃為王氏所壞。」

問：「當時如此積漸將成而壞於王氏，莫亦是有氣數？」曰：「然。」（一二九）

朱子生值南宋，國運衰頹已極，然當孝宗初即位，應詔上封事，及上殿奏對，皆力主復讎，反和議，此純就理一方面之論也。及其回念北宋盛時，神宗、荊公皆以不世出之姿，君臣相得，而終於天下敗壞，則惟有歸之氣數，其言若不勝有衰颯之象焉，然亦其所感慨者深矣。孔子天縱大聖，亦自言「道之不行，我知之矣」。時人論孔子，亦謂其知其不可為而為之。可見盛衰之理，歷史昭垂，固有天亦無奈人何，人亦無奈天何之時。宇宙之廣大，人生之悠久，若必專就一端言，恐是終難恰當。此見朱子理氣兩分之說，實為平實而深微。盡性致命，人生眞理，亦曰如此而已。後人別有感觸，謂程朱講學無救於兩宋，則孔孟亦復無救於春秋戰國之日趨於衰亂。天地間安得有只見義理不見氣數之時代與地域。然謂天地間只有氣數，更無義理，亦復其說難圓。此朱子之論氣數，所以終為不可廢。

北宋諸儒善言數者有邵康節，朱子於濂溪、橫渠、二程外，屢稱康節。蓋朱子言氣數，頗於康節有采也。

問：「如今數家之學，如康節之說，謂皆一定而不可易，如何？」曰：「也只是陰陽盛衰消長之理，大數可見。然聖賢不曾主此說。如今人說康節之數，謂他說一事一物皆有成敗之時，都說得膚淺了。」（四）

朱子只認陰陽盛衰消長可見一大數，而聖人不曾主此說。又謂今人說康節之數說到一事一物皆有成敗之時，則說得膚淺了。此見朱子言數，與所謂有命定者不同。語類又云：

康節易數出於希夷，他在靜中推見得天地萬物之理如此，又與他數合，所以自樂。（六七）

王天悅雪夜見康節於山中，猶見其儼然危坐，蓋其心地虛明，所以推得天地萬物之理。其數以陰陽剛柔四者起數，四分為八，八分為十六，只管推之無窮。今人推他數不行，所以無他心胸。（六七）

此兩條言康節之數學。理數兩字，分言合言，要之是指自然，實即其理氣說之一分支也。惟在理數分言中，所重較在理，故謂康節數學亦由其先能推見萬物之理來。故曰：

理在數內，數又在理內。康節是他見得一箇盛衰消長之理，故能知之。（一〇〇）

問康節數學。曰：「且未須理會數，自是有此理。有生便有死，有盛必有衰。且如一朶花，含蕊時是將開，略放時是正盛，爛熳時是衰謝。又如看人，即其氣之盛衰，便可以知其生死。蓋其學本於明理。故明道謂其『觀天地之運化，然後頹乎其順，浩然其歸』。若曰渠能知未來事，則與世間占覆之術何異，其去道遠矣，其知康節者末矣。」（一〇〇）

生必有死，盛必有衰，天地運化，皆可謂之氣數，實則正是一理。若捨卻理而專言氣數，則所失已遠，亦自不足以知康節也。

某嘗問季通：「康節之數，伏羲也曾理會否？」曰：「伏羲須理會過。」某以為不然。伏羲只是據他見得一箇道理恁地，便畫出幾畫，他也那裏知得疊出來恁地巧？此伏羲所以為聖。若他也恁地逐一推排，便不是伏羲天然意思。史記曰：「伏羲至淳厚，作易八卦。」那裏恁地巧推排。（六五）

說數而必幾於盡，則近推排，又說得密，則終不免與自然有違離。故又曰：

「聖人說數說得疏，到康節說得密了，竊恐聖人必不為也。」因言：「或指一樹問康節，曰：

『此樹有數可推否？』康節曰：『亦可推也，但須待其動爾。』頃之一葉落，便從此推去，此樹甚年生，甚年當死。凡起數，靜則推不得，須動方推得起。」（六七　六五）

朱子謂康節之數說得密，聖人必不為，然朱子於當時傳說康節數學一切能推，如一樹之死生亦能推，則未嘗致疑，故語類曾兩引及之。故朱子言命，有時亦主前定之說，蓋亦似采之康節也。又曰：

「易之為書，大抵於盛滿時致戒。蓋陽氣正長，必有消退之漸，自是理勢如此。」又云：「當極盛之時，便須慮其亢。如當堯之時，須交付與舜。若不尋得箇舜，便交付與他，則堯之後天下事未可知。」又云：「康節所以見得透，看他說多以盛滿為戒。如云：『飲酒愛微醺，不成使酩酊。』」又云：「康節多於消長之交看。」又云：「許多道理，本無不可知之數，惟是康節體得熟，只管體來體去，到得熟後，看是甚麼事理，無不洞見。」（三四）

朱子意，似謂盛衰消長之理，只大體上信得及，已自够了，不必過細去推。但謂康節能推得熟，甚麼事理無不洞見，則朱子亦未嘗不信康節數學之能預知前見。惟謂康節於推數以上更有學問，不當專以此看康節。相傳章惇會康節，縱橫議論，不知敬康節也。因語及洛陽牡丹之盛，康節言洛人以見根撥而知花之高下者為上，見枝葉而知者次之，見蓓蕾而知者下也。惇默然。欲從康節傳數學。謂須十年不仕乃可，蓋不之許也。然則能前見，亦有遠近高下。如康節則不僅有得於數，並亦有得於道也。又傳李挺之一日叩康節門勞苦之，曰：「好學篤志何如？」曰：「簡策之外未有適也。」挺之曰：「其如物理之學何？」他日又曰：「不有性命之學乎？」康節遂從受業。此亦謂康節在推數以上更有學問。

問「冬至子之半」。曰：「康節此詩最好，某於本義亦載此詩。『冬至子之半』，即十一月之半也。人言夜半子時冬至，蓋夜半以前一半已屬子時，今推五行者多不知之，然數每從這處起，略不差移。此所以為『天心』。然當是時，一陽方動，萬物未生，未有聲臭氣味之可聞可見，所謂『玄酒味方淡，大音聲正希』也。」（七一）

朱子於學無不窺涉，觀此條，想見其於推五行之學，亦曾措意及之。

因言康節之學，不似濂溪、二程。康節愛說箇循環底道理，不似濂溪、二程說得活。如「無極而太極」，「太極本無極」，「體用一源，顯微無間」，康節無此說。（七一）

某嘗謂康節之學與周子、程子所說小有不同，康節於那陰陽相接處看得分曉，故多舉此處為說。不似周子說「無極而太極」，與「五行一陰陽，陰陽一太極」，如此周徧。如周子、程子之說，則康節所說在其中矣。康節是指「貞」、「元」之間言之，不似周子、程子說得活，「體

用一源，顯微無間」。（七一）

此處比較康節與濂溪、二程言宇宙理氣，其意深微，大值體玩。又曰：

「子之半」，則是未成子，方離於亥而為子，方四五分是。他常要如此說。常要說陰陽之間，動靜之間，便與周、程不同。康節只要說循環，便須指消息動靜之間，便有方了，不似二先生。（七一）

想他每見一物，便成四片了。才到二分以上便怕。乾卦方終，便知有箇姤卦來。蓋緣他於起處推將來，至交接處看得分曉。（一〇〇）

問：「先生說邵堯夫看天下物皆成四片，如此則聖人看天下物皆成兩片也。」曰：「也是如此。只是陰陽而已。」（一〇〇）

朱子論理氣，論陰陽，論性命，論心性，都分成兩片說之。朱子極喜橫渠「一故神，兩在故不測；兩故化，推行乎一」之數語。語類又曰：

論陰陽五行，曰：「康節說得法密，橫渠說得理透。邵伯溫載伊川言曰：『向惟見周茂叔語及此，然不及先生之有條理也。』欽夫以為伊川未必有此語，蓋伯溫妄載。某則以為此語恐誠有之。」（一）

又曰：

周子從理處看，邵子從數處看。都只是這理。從理上看則用處大；數自是細碎。（九三）

蓋濂溪、橫渠、康節三家皆能言陰陽五行，屬於宇宙論方面者。二程則偏重言心性，多在人生論方面。朱子兼采此五家，而綜合會通以自成其博大之系統。伊川謂周不及邵之有條理，即是言康節說得法密也。然朱子則無寧取其疎者。故濂溪、橫渠，在朱子心目中，尤在康節之上。而二程不與康節言及數，則為朱子所不滿。此等皆可窺見朱子論學之圓宏細密處。故語類又曰：

五行之說，正蒙中說得好。（一）

金木水火土，雖曰「五行各一其性」，然一物又各具五行之理，不可不知。康節卻細推出來。（一）

此即所謂「康節說得法密，橫渠說得理透」也。朱子則更取其理透，不取其法密。故曰：

伊川之學，於大體上瑩徹，於小小節目上猶有疎處。康節能盡得事物之變，卻於大體上有未瑩處。（一〇〇）

「盡得事物之變」，即指其數學工夫。伊川「於大體上瑩徹」，謂其論天理人道處。「小小節目有疎」，即於事物之變如康節之數學方面也。

問：「康節只推到數？」曰：「然。」問：「須亦窺見理。」曰：「雖窺見理，卻不介意了。」（一〇〇）

問：「康節學到『不惑』處否？」曰：「康節又別是一般。聖人知天命以理，他只是以術。然到得術之精處，亦非術之所能盡，然其初只是術耳。」（一〇〇）

術即指數學言。朱子論康節之學不如周張二程，其高下評騭之辭，已極明顯。然對二程當時意輕康節之數學，則朱子亦時有微辭。

問：「昨日先生說佛氏但願空諸所有，此固不是。然明道嘗說『胸中不可有一事』。如在試院推算康節數，明日問之，便已忘了。此意恐亦是『空諸所有』底意思？」曰：「此出上蔡語錄中，只是錄得他自意，無這般條貫。顏子『得一善則拳拳服膺而不失』，何嘗要人如此。若是箇道理，須着存取。」（九七）

此條語氣雖婉，然似有不甚贊同明道處，只未透切說出。

或云：「康節善談易，見得透徹。」曰：「然。伊川又輕之。嘗有柬與橫渠云：『堯夫說易好聽，今夜試來聽他說看。』某嘗說此便是伊川不及孔子處。只觀孔子便不如此。」（一〇〇）

程先生有一柬說「先天圖甚有理，可試往聽他說看。」觀其意，甚不把當事。然自有易以來，只有康節說一箇物事如此齊整。（一〇〇）

邵子所謂易，程子都理會他底不得。蓋他只據理而說，都不曾去問他。（六五）

此三條，朱子不滿伊川意輕康節之說易，語極白直。然曰「此便是伊川不及孔子處」，則又婉委之至矣。「夫子焉不學，而亦何常師之有」，所以能集上古之大成。朱子之學，博采旁搜，綜合會通，以完成其廣大圓宏之體系，自孔子以下，能集大成者惟朱子。朱子極尊二程，而又深愛康節，即此一態度可見。

朱子又采康節皇極經世「元會運世」之說，以此講宇宙造化及人文歷史之演變，一以貫之，博大宏通，足為宋代理學家言別開生面，而補周張二程所未逮。惟此方面亦未為後代理學家所承受，此亦一可惋惜事也。

問「三統」。曰：「諸儒之說為無據。某看只是當天地肇判之初，天始開，當子位，故以子為天正。其次地始闢，當丑位，故以丑為地正。惟人最後方生，當寅位，故以寅為人正。即邵康節十二會之說。當寅位，則有所謂開物。當戌位，則有所謂閉物。閉物便是天地之間都無了。看他說，便須天地翻轉數十萬年。」（二四）

問天統地統人統之別。曰：「子是一陽初動時，故謂之天統。丑是二陽，故謂之地統。寅是三陽，故謂之人統。」因舉康節元會運世之說，十二萬九千六百年為一元。一元有十二會，一萬八百年為一會。一會有三十運，三百六十年為一運。一運有十二世。以小推大，以大推小，箇箇一般，謂歲月日時皆相配合也。如第一會第二會時，尚未生人物，想得地也未硬在。第三會謂之開物，人物方生，此時屬寅。到得戌時，謂之閉物，乃人消物盡之時也。大率是半明半晦，有五六萬年好，有五六萬年不好，如晝夜相似。到得一元盡時，天地又是一番開闢。」

問：「先生詩云：『前推更無始，後際那有終。』如何？」曰：「惟其終而復始，所以無窮也。」（二四）

方渾淪未判，陰陽之氣混合幽暗。及其既分，中間放得寬闊光朗，而兩儀始立。康節以十二萬九千六百年為一元，則是十二萬九千六百年之前，又是一箇大闢闔。更以上亦復如此。直是「動靜無端，陰陽無始」。小者大之影，只晝夜便可見。五峯所謂「一氣大息，震蕩無垠，海宇變動，山勃川湮。人物消盡，舊迹大滅。是謂洪荒之世。」常見高山有螺蚌殼，或生石中。此石即舊日之土，螺蚌即水中之物。下者卻變而為高，柔者變而為剛。此事思之至深，有可驗者。（九四）

前兩條因言三統，而推廓及於康節之言十二運會。後一條因論濂溪太極圖而引及康節。此亦一言理，一言數，其說可以相通。而朱子又自以格物所得相證也。惟朱子言化石，亦僅言其理。若必推其數，則說之太密，有時不可盡信。小者大之影，宇宙自然界如此，知人文歷史界亦然。朱子於歷來相傳三統舊說盡所不取，而特有采於康節元會運世之說，可想見其識趣之宏遠。惟十二萬九千六百年為一元，一萬八百年為一會云云，康節自從歲月日時之配合中推算得來，此朱子謂之法密，則不可詳究也。

問：「自開闢以來，至今未萬年，不知已前如何？」曰：「已前亦須如此一番明白來。」又問：「天地會壞否？」曰：「不會壞。只是相將人無道極了，便一齊打合，混沌一番，人物都盡，又重新起。」（一）

問者謂自開闢以來至今未萬年，其說疎矣。而朱子並不引康節十二萬九千六百年為一元之說駁之，此見朱子縱言數，實不拘泥於數字之密。其言天地不壞而有混沌，此則言理不言數。惟此理，卻自康節言數處得來。又曰：

邵堯夫經世吟云：「羲軒堯舜，湯武桓文，皇王帝霸，父子君臣。四者之道，理限于秦。降及兩漢，又歷三分。東西俶擾，南北紛紜。五胡十姓，天紀幾棼。非唐不濟，非宋不存。千世萬世，中原有人。」蓋一治必又一亂，一亂必又一治。夷狄只是夷狄，須是還他中原。（一）

此亦說其理，不究其數也。不求確指其經歷幾何年數，要之天地自然有此演化，人文升降有此反復，此即所謂氣運。言之密則為數，是即康節之學也。

張嵎述康節行略，稱其「斷自唐虞，訖於五代，本諸天道，質以人事，興廢治亂，靡所不載。其辭約，其義豐。」此稱皇極經世中之史學也。楊龜山亦云：「皇極之書，皆孔子所未言者。然其論古今治亂成敗之變，若合符節，故不敢略之，恨未得其門而入耳。」是程門亦知重康節史學矣。陳了翁極推康節，亦重溫公通鑑，此亦由史學着眼也。

問：「近日學者有厭拘檢，樂舒放，惡精詳，喜簡便者，皆欲慕邵堯夫之為人。」曰：「邵子這道理豈易及哉！他腹裏有這箇學，能包括宇宙，終始古今，如何不做得大，放得下。」因誦其詩云：「『日月星辰高照耀，皇王帝伯大鋪舒。』可謂人豪矣。」（一〇〇）

朱子以「包括宇宙，終始古今」八字稱康節，所引詩，上聯是包括宇宙，下聯是終始古今也。語類又云：

皇極經世紀年甚有法，伯恭極取之。（一〇〇）

則康節史學，朱子同時密友呂東萊亦重之。惟此後浙東學派治史陷於功利，則為朱子所深斥。朱子非不重史學，而特有取於康節之以命數論史，此中深意，學者所當細探。

問：「程子謂康節『空中樓閣』。」曰：「言看得四通八達。莊子比康節，亦髣髴相似。莊子見較高，氣較豪。他是事事識得了又卻蹴踏着，以為不足為。康節略有規矩。」（一〇〇）

朱子以康節擬莊周，深為恰當。其實濂溪、橫渠言陰陽造化，淵源亦多自道家。二程於此方面興趣較淡，其謂康節「空中樓閣」者，疑含譏薄意。明道誌康節墓，又稱其「凌高厲空」。此條則謂言其看得四通八達，此恐是朱子意，非二程當時意。明儒胡敬齋有云：「程子言康節空中樓閣，朱子言其四通八達，須實地上安腳更好。」敬齋此說，卻得程子本意，正謂康節之學未能實地上安腳耳。

問：「邵子所謂『性者道之形體』，如何？」曰：「諸先生說這道理，卻不似邵子說得最着實。這箇道理，纔說出，只是虛空，更無形影。惟是說『性者道之形體』，卻見得實有，不須談空說遠，只反諸吾身求之，是實有這箇道理，還是無這箇道理。邵子忽地於擊壤集序自說出幾句，最說得好。」（一〇〇）

又曰：

「性者道之形體，心者性之郛廓」，康節這數句極好。（一〇〇）

此等語，秦漢以下人道不到。（六〇）

二程謂康節「空中樓閣」，朱子則贊其說得道理較諸先生為最着實，朱子論學意態，不盡受二程牢籠，此亦可見。

問「康節詩嘗有莊老之說，如何？」曰：「便是他有些子這箇。」曰：「如此，莫於道體有異否？」曰：「他嘗說『老子得易之體，孟子得易之用』，體用自分作兩截。」曰：「他又說經綸，如何？」曰：「看他只是以術去處得這事恰好無過。二程謂其粹而不雜，以今觀之，亦不可謂不雜。」（一〇〇）

此條評康節，又復與二程不同。二程稱其精，而朱子謂之雜，指其確有些莊老之說也。治朱子學者，當觀其宏通處，又須觀其細密處。當觀其嚴正處，又當觀其豁達處。此所以難也。語類又曰：

「邵康節，看這人，須極會處置事。被他神閑氣定，不動聲氣，須處置得精明。他氣質本來清明，又養得來純厚，又不曾枉用了心。他用那心時，都在緊要上用。被他靜極了，看得天下之事理精明。」又曰：「只是他做得出來須差異，須有些機權術數也。」（一〇〇）

朱子與東萊編近思錄，只錄周張二程四家，不及康節。殆因其學不能無雜，亦正因其做出來時須有些權謀術數。而朱子之極推深賞於康節者，後人頗多忽之，乃專尊四家為北宋理學正宗。然朱子為六先生畫像贊，四家外又列入康節、涑水兩人。其贊康節有曰：「閑中今古，醉裏乾坤。」若濂溪、橫渠極言陰陽造化，所討論者在乾坤，而未及人文歷史今古之學，此不得不謂是北宋理學一大缺憾。朱子特增涑水、康節兩人者，以其皆治史學，可以彌此缺憾。其贊康節，又特着「閑中今古」四字，更可見其大心深衷之所在。至曰「閑中」、「醉裏」，則微見有貶意。故朱子之自治史學，則偏重溫公，於康節特取其「元會運世」之說，以為治史者擴大心眼而已；而又取其理，不拘其數。此皆見朱子於各家學術吸收融會之深博，與其斟酌別擇之精善。今若專據朱子論數一節，片言隻辭，或有不易得其意指之究何所在者。然果能縱觀博覽，則亦意指躍然，固無難覩也。

明儒陳剩夫有曰：

> 蔡九峯之學，未得為醇。只觀其自序，乃以窮神知化與獨立物表者並言，亦可見矣。若物之表果有一獨立者，則是莊列之玄虛。橫渠謂「老子得易之體」，正亦同此。是皆於「體用一原、顯微無間」之旨見得不透徹也。

謂「老子得易之體」者，乃康節，非橫渠。朱子於易，極取康節，然固謂其於大體有未瑩。其於蔡九峯，亦所深賞，然亦有取於其論數者而已。剩夫此條，頗有發明，故附錄以資參考。

朱子論心與理

後人言程朱主「性即理」，陸王主「心即理」，因分別程朱為理學，陸王為心學，此一分別亦非不是，然最能發揮心與理之異同分合及其相互間之密切關係者蓋莫如朱子。故縱謂朱子之學徹頭徹尾乃是一項圓密宏大之心學，亦無不可。語類云：

心者氣之精爽。（五）

理氣既屬一體兩分，則心與性，心與理，實亦可謂是一體兩分。

問：「先生盡心說曰：『心者，天理在人之全體。』又曰：『性者，天理之全體。』此何以別？」曰：「分說時，且恁地。若將心與性合作一處說，須有別。」（六〇）

陸王主心即理，不多及性字，既將一切全歸於心，則性字無可說也。朱子分說理氣，性屬理，心屬氣，故心之於性有辨，可分言，亦可合言。若心性分言，則亦可謂心即理。若心性合言，則只可說性即理，不復說心即理。

語類又曰：

心以性為體，心將性做餡子模樣。蓋心之所以具是理者，以有性故也。（五）

此謂心具是理，非謂心即是理。謂性存於心，亦不謂心即是性。又曰：

心有善惡，性無不善。若論氣質之性，亦有不善。（五）

性便是心之所有之理，心便是理之所會之地。（五）

性是理，心是包含該載、敷施發用底。（五）

心性理，拈着一箇，則都貫穿，惟觀其所指處輕重如何。如「養心莫善於寡欲，雖有不存焉者寡矣」。「存」雖指理言，然心自在其中。「操則存」，雖指心言，然理自在其中。（五）

此見心與理既是相通，亦可互稱。故曰：

心與理一，不是理在前面為一物，理便在心之中，心包蓄不住，隨事而發。（五）

道理都具在心裏，說一箇心，便教人識得箇道理存着處。（五）

人心皆自有許多道理，不待逐旋安排入來。聖人立許多節目，只要人剔刮將自家心裏許多道理出來而已。（二三）

此皆見心與理之相通合一也。故又曰：

所知覺者是理，理不離知覺，知覺不離理。（五）

理無心則無着處。（五）

所覺者心之理也。能覺者氣之靈也。（五）

大學或問曰：

此德之明，日益昏昧，而此心之靈，其所知不過情欲利害之私而已。

此言心有明昧。當其昧時，則所知覺未必皆是理。此則是心與理分。朱子又謂天地滅後其理不亡，理常在天地間，然遇人心昧時則不見。故論心與理之關係當活看。自宇宙自然界言，則理氣本是一體貫通，無氣則理無存着處。自人言，則心與理亦一體貫通，非心則理亦無存着處。心與理亦如氣與理，乃是可合可分也。語類又曰：

虛靈自是心之本體。（五）

孟子「盡心」注曰：

心者，人之神明，所以具眾理而應萬事。

大學「明德」注曰：

虛靈不昧，以具眾理而應萬事。

文集卷五十五答潘謙之有曰：

心之知覺，所以具此理而行此情。

朱子釋心，曰知覺，曰虛靈，曰神明。知覺虛靈神明皆屬氣一邊事，非即理一邊事。故人心雖同具此明德，同有此靈覺，而亦不能無明昧。

文集卷七十五程氏遺書後序有曰：

誠能主敬以立其本，窮理以進其知，使本立而知益明，知精而本益固，則日用之間，且將有以得乎先生之心，而於疑信之傳，可坐判矣。

是必居敬窮理，而後可以得夫先聖先賢之心，亦始可以得夫我之此心也。

文集卷五十六答朱飛卿有云：

口耳目等，亦有昏明清濁之異。如易牙、師曠、離婁之徒，是其最清者也。心亦猶是而已。夷、惠之徒，便是未免於氣質之拘者，所以孟子以為不同道而不願學也。

語類一條略同。

或問：「口耳目皆心官也，不知天所賦之氣質，不昏明清濁其口耳目，而獨昏明清濁其心，何也？然夷、惠、伊尹非拘於氣稟者，處物之義，乃不若夫子之時，豈獨是非之心不若聖人乎？」曰：「口耳目等亦有昏明清濁之異。如易牙、師曠之徒，其最清者也。心亦由是而已。夷、惠之徒，正是未免於氣質之拘者。所以孟子以為不同道而不願學也。」（五九）

此條「由」字，當從答朱飛卿書作「猶」。又文集卷五十四答項平父有曰：

聖賢教人，所以有許多門路節次而未嘗教人只守此心者，蓋為此心此理雖本完具，卻為氣質之稟不能無偏，若不講明體察，極精極密，往往隨其所偏墮於物欲之私而不自知。

又卷四十二答石子重有曰：

熹竊謂人之所以為學者，以吾之心未若聖人之心故也。心未能若聖人之心，是以燭理未明，無所準則，隨其所好，高者過，卑者不及，而不自知其為過且不及也。若吾之心即與天地聖人之心無異矣，則尚何學之為哉？

心屬氣，不能不為氣稟所拘，故必如孔子之「七十而從心所欲不逾矩」，乃可謂之「心即理」。如夷、惠、伊尹之為聖，與夫顏子之「其心三月不違仁」，此皆未能十分到達「心即理」之境界，必有門路節次講明體察工夫，而後可以企及，此則朱子論心學之要端也。

文集卷三十答張欽夫有曰：

儒者之學，大要以窮理為先。蓋凡一物有一理，須先明此，然後心之所發，輕重長短，各有準則。若不於此先致其知，但見其所以為心者如此，識其所以為心者如此，泛然而無所準則，則其所存所發，亦何自而中於理乎？且如釋氏「擎拳豎拂、運水搬柴」之說，豈不見此心，豈不識此心，而卒不可與入堯舜之道者，正為不見天理，而專認此心以為主宰，故不免流於自私耳。前輩有言：「聖人本天，釋氏本心」，蓋謂此也。

本天即是本之理，本之性，故雖謂理必具於心，心可以知理，而心不即是理也。

答張欽夫書又曰：

來示又謂「心無時不虛」，熹以為心之本體固無時不虛，然而人欲己私汩沒久矣，安得一旦遽見此境界乎？故聖人必曰「正其心」。而正心必先誠意，誠意必先致知。其用力次第如此，然後可以得心之正，而復其本體之虛，亦非一日之力矣。今直曰「無時不虛」，又曰「既識此心則用無不利」，此亦失之太快，而流於異學之歸矣。若儒者之言，則必也精義入神，而後用無不利可得而語矣。

人欲己私，就理之大原言，固不得謂其與天俱來，亦不當謂是心所本有。然終不得謂人心更無人欲己私。蓋人心自屬氣一邊，不得遽謂之心即理也。

語類：

問：「或謂『虛靈不昧』，是精靈底物事；『具眾理』，是精靈中有許多條理；『應萬事』，是那條理發見出來底。」曰：「不消如此解說。但要識得這『明德』是甚物事，便切身做工夫。去其氣稟物欲之蔽，能存得自家箇虛靈不昧之心，足以具眾理，可以應萬事，便是明得自家明德了。若只解說『虛靈不昧』是如何，『具眾理』是如何，『應萬事』又是如何，卻濟得甚事。」

問：「明之之功，莫須讀書為要否？」曰：「固是要讀書。然書上有底，便可就書上理會。若書上無底，便着就事上理會。若古時無底，便着就而今理會。所謂明德者，只是一箇光明底物事。如人與我一把火，將此火照物，則無不燭。自家若滅息着，便是暗了明德。能吹得着時，又是明其明德。所謂明之者，致知、格物是要知得分明，誠意、正心、修身是要行得分明。又要工夫無間斷，使無時而不明方得。」（一四）

明德虛靈不昧，能具眾理而應萬事，此乃人心本體。然須人切身做工夫，去其氣稟物欲之蔽，就書上理會，就事上理會。如火可照物，不加工夫便息滅暗了。由知言，則理必明於心。由行言，則理必由心流出。就其本始言，則是心與理一。就其終極言，亦是心與理一。就其中間一段言，則人生不免有氣稟物欲之蔽，非可不煩修為，便是具眾理而可以應萬事。此是朱子平實指陳，論其最後根據，則仍必推溯到其理氣之一體兩分說。

或問：「所謂窮理，不知是反求之心，惟復是逐物而求於物否？」曰：「不是如此。事事物物皆有箇道理，窮得十分盡，方是格物。不是此心，如何去窮理？不成物自有箇道理，心又有箇道理，枯槁其心，全與物不接，卻使此理自見？萬無是事。不用自家心，如何別向物上求一般道理？不知物上道理卻是誰去窮得？近世有人為學，專要說空說妙，不肯就實，卻說是悟，此是不知學。」（一二一）

窮理即憑此心去窮，見理即此心窮理後所見。因此格物窮理，不可說是向外逐物。若把心與物分隔了使不相接，則在物將不見有理，在心亦無理可得。只說心即理，便是說空說妙。一切空妙，則只有悟，不須學，朱子謂「萬無是事」。

文續集卷六答江隱君有云：

某之所聞，以為天下之物，無一物不具天理。所謂「寂然不動、感而遂通」者，舉目無不在焉。是以聖門之學，下學之序，始於格物以致其知，不離乎日用事物之間，別其是非，究其可否，由是精義入神以致其用。其間曲折纖悉容有次序，而一理貫通，無分段，無時節，無方所。以為精也，而不離乎粗。以為末也，而不離乎本。必也優游潛玩，饜飫而自得之，然後為至。固不可自畫而緩，亦不可以欲速而急。譬如草木，自萌芽生長以至於枝葉生實，不至其日至之時，而揠焉以助之長，豈不無益而反害之哉。

此書言理具於心，同時亦是理具於物。必待格物致知，使在物之理同時即是在心之理，而後內外合一，一理貫通，始可謂之心即理。其間儘有曲折次序，亦如生命之有成長歷程，非可一蹴以幾。

其次一書云：

若無「義以方外」一節，則儒者與異端又何異乎？此似未易以內外隔絕看也。昔有人見龜山先生請教，先生令讀論語。其人復問：「論語中要切是何語？」先生云：「皆要切，且熟讀可也。」此語甚有味。乍看似平淡，沒可說。只平淡中有味，所以其味無窮。今人說得來驚天動地，非無捷徑可喜。只是味短，與此殊不倫矣。且看論語中一句一字，孰有非要切之言者。若學者體會履踐得皆是性分內緊切慤實事，便從此反本還源，心與理一，豈有剩法哉？大抵聖門立言制行，自有規矩，非意所造，乃義理之本然也。故日用之間，內主於敬而行於義。義不擇則不精，不精則雖其大體不離於道，而言行或流於詭妄，則亦與道離而不自知矣。

此書所言，平淡之至，切實之至，所謂心與理一，必遵此規矩，循此次序，乃可以達。

又文集卷四二答吳晦叔有云：

舜禹授受之際，所謂人心私欲者，非若眾人所謂私欲也。但微有一毫把捉底意思，則雖云本是道心之發，然終未離人心之境也。所謂「動以人則有妄」，顏子之「有不善」，正在此間者是也。既有妄，則非私欲而何。須是都無此意思，自然從容中道，纔方純是道心。「必有事焉」，卻是見得此理而存養下功處，與所謂純是道心者，蓋有間矣。然既察見本源，則自此可加精一之功而進夫純爾，中間儘有次第也。「惟精惟一」，亦未離夫人心。特須如此，乃可以克盡私欲，全復天理。儻不如此，則終無可至之理耳。

此書辨人心乃私欲，道心乃天理，惟道心始是心與理一。欲盡去人心而全復得道心，其間乃儘有工夫次第。別有論人心道心篇，可參讀。

又書中謂「見得此理而存養下功處，與所謂純是道心者有間」。蓋謂方其見時，此心仍是未與理一。故與晦叔前一書，乃有「即人心而識道心」之語，見前引書附注。其實孟子云：「理義之悅吾心，猶芻豢之悅吾口」，亦是心與理分言之，非謂即心即理也。

語類又曰：

「理義悅心是愜當，玩理養心則兩進。」一是知而悅，一是養而悅。「當知用心緩急。」如大經大體，是要先知用心，以次乃可緩緩進。（一四〇）

見得此理是知，自此加功是養。大處須先急，其次可緩進。若儘說心即理，則使人無下工夫處。

又曰：

心之理是太極，心之動靜是陰陽。（五）

文集卷四十答何叔京有云：

未發之前，太極之靜而陰也。已發之後，太極之動而陽也。其未發也，敬為之主而義已具。其已發也，必主於義而敬行焉。則何間斷之有哉。

敬義夾持，居敬集義，此為心學主要工夫。能如此，始見心與理一。謂「心之理是太極」者，此從上一層次言。「心之動靜是陰陽」，則屬下一層次。此兩層次亦是可分可合。

語類又曰：

心官至靈，藏往知來。（五）

心之全體，湛然虛明，萬理具足。（五）

問：「知覺是心之靈固如此，抑氣之為邪？」曰：「不專是氣，是先有知覺之理。理未知覺，氣聚成形，理與氣合，便能知覺。」（五）

是則朱子言心體，有時亦並不專指其屬於氣一邊，故曰知覺不離理，猶之言氣不離理也。先有知覺之理，乃始有知覺之事。故曰理先氣在。理不能自見作用，故曰「理未知覺」，必理氣合而始有作用，始能知覺也。又曰：

一心具萬理，能存心而後可以窮理。（九）

文集卷六十一答曾光祖亦云：

求其放心，乃為學根本田地。既能如此，向上須更做窮理功夫，方見所存之心所具之理，不是兩事。

上言存心，理自在其中，言窮理，心自在其中。此又曰「存心而後可以窮理」，又曰「所存之心所具之理不是兩事」，此亦各隨其所指。就人言，則理在心中。就天言，則心在理中。

又曰：

心包萬理，萬理具於一心。不能存得心，不能窮得理。不能窮得理，不能盡得心。（九）

問「心之神明，妙衆理而宰萬物」。曰：「理是定在這裏，心便是運用這理底。須是知得到。

知得到了，眞是如飢渴之於飲食。」（一七）

萬理雖具於吾心，還使教他知始得。（六〇）

又曰：

大凡道理皆是我自有之物，非從外得。所謂知者，便只是知得我底道理，非是以我之知去知彼道理也。道理本自有，用知方發得出來。若無知，道理何從而見。「妙衆理」，猶言能運用衆理。「運用」字有病，故只下得「妙」字。（一七）

就稟賦言，則謂理得自天。就所稟賦言，則謂理皆我心自有。言運用衆理似有語病，故曰妙衆理。在物則言衆理，能知衆理而妙用之者則在一心。而心之所以能「妙衆理而宰萬物」者，則貴在心之知。

問：「知如何宰物？」曰：「無所知覺，則不足以宰制萬物。要宰制他，也須是知覺。」（一七）

問：「孟子集注言：『心者，具衆理而應萬事』，此言『妙衆理而宰萬物』，如何？」曰：「妙字便稍精采，但只是不甚穩當。具字便平穩。」（一七）

言「妙眾理」仍嫌有病，不甚穩當，不如曰「具眾理」。一字之微，如此斟酌。心具眾理，而尤貴乎此心之知。今僅曰心即理，此其不穩當有病可知。

問：「『聞知』、『見知』，所知者何事？」曰：「只是這道理。物物各具一理。」又問：「此道理如何求？謂反之於心，或求之於事物？」曰：「若不以心，於何求之。求之於事物，亦是以心。」（六一）

內外只是一理。事雖見於外，而心實在內，告子「義外」便錯了。（二一）

理具於心，心能知覺此理，亦能求知此理，而此理又實在萬事萬物，故當合內外，不得離心於事物。文集卷三十一答張敬夫有云：

此解中常有一種意思，不以仁義忠孝為吾心之不能已者，而以為畏天命、謹天職、欲全其所以生者而後為之，則是本心之外別有一念計及此等利害重輕而後為之也。誠使眞能舍生取義，亦出於計較之私，而無慤實自盡之意矣。

朱子常言「天即理」，心之所不能已者即天，亦即是理也。心與理一，即是心與天一，即在此心之不容已處，始得謂之純是道心。

問：「心之為物，衆理具足，所發之善固出於心，至所發不善，皆氣稟物欲之私，亦出於心否？」曰：「固非心之本體，然亦是出於心。」（五）

或問：「心有善惡否？」曰：「心是動底物事，自然有善惡。」（五）

有這箇心，便有這箇事。那有一事不是心裏做出來底。（七八）

今看世上萬物萬事，都只是這一箇心。（二六）

若言宇宙自然界，則可謂都是一箇理。言人間世，則可謂都只是一箇心。就人生處宇宙中之最主要者而言，則曰心即理。語類又曰：

大凡理只在人心，此心一定，則萬理畢見。亦非能自見也。心是矣，則是是非非，自然別得。且如惻隱、羞惡、辭讓、是非，固是良心。苟不存養，則發不中節，顛倒錯亂，便是私心。（八七）

良心私心，即人心道心之辨也。不能謂只有良心更無私心，亦不能謂只有私心更無良心。自己反求與泛觀眾人皆如此，而有堅主異說者。

吾以心與理為一，彼以心與理為二。亦非固欲如此，乃是見處不同。彼見得心空而無理，此見得心雖空而萬理咸備也。近世一種學問，雖說心與理一，而不察乎氣稟物欲之私，故其發亦不合理，卻與釋氏同病，不可不察。（一二六）

此條又見文集卷五十六答鄭子上。所謂「近世一種學問」，指象山陸學也。曰心即理，實則與言心空無理者同病，故朱子亦常以陸學與禪學並斥。故曰：

心具是理，而所以存是心者則在乎人。（二五）

此言功夫。存養功夫之極至是謂聖。故曰：

聖人只是從這心上流出。只此一心之理，盡貫眾理。（二七）

聖人之心，渾然一理。他心裏盡包這萬理，所以散出於萬物萬事，無不各當其理。（二七）

聖賢與眾人皆具此理，眾人自不覺察耳。（一三〇）

萬理皆具於吾心，須就自家身己做工夫，方始應得萬理萬事。（一三〇）

眾人是這箇心，聖人也只是這箇心。存得心在這裏，道理便在這裏。從古聖賢，只是要理會這箇物事。保養得這箇在，那事不從這裏做出。（二六）

此等語，皆極似陸學，而與陸學不同。一切全仗此心，似陸學。因於全仗此心而須於此心有種種工夫，此則與陸學所不同也。又曰：

人只是此一心，今日是，明日非，不是將不是底換了是底。今日不好，明日好，不是將好底換了不好底。只此一心，但看天理私欲之消長如何爾。以至千載之前，千載之後，與天地相為終始，只此一心。讀書亦不須牽連引證以為工，如此纏繞，皆只是為人。若實為己，則須是將己心驗之，見得聖賢說底與今日此心無異，便是工夫。

此條正是復齋、象山鵝湖寺所詠「斯人千古不磨心」、「古聖相傳只此心」之說也。惟二陸忽於此心有天理私欲之消長，不能於此有深切之認識，此乃雙方分異之點。

文集卷五十六答趙子欽有曰：

子靜之學，於心地工夫不為無所見，但欲恃此陵跨古今，更不下窮理細密工夫，卒并與其所得者而失之，人欲橫流，不自知覺，而高談大論，以為天理盡在是也。則其所謂心地工夫者，又安在哉？

此中要旨，可參讀人心道心篇，及朱陸異同篇。

人心私欲之為害與否，則在於心之能宰與不能宰。文集卷三十二問張敬夫：

熹謂感於物者心也。其動者情也。情根乎性而宰乎心。心為之宰，則其動也無不中節矣，何人欲之有？心不宰而情自動，是以流於人欲，而每不得其正也。然則天理人欲之判，中節與不中節之分，特在乎心之宰與不宰，而非情能病之，亦已明矣。蓋雖曰中節，是亦情也。但其所以中節，乃心爾。

故朱子言心與理一，則必有工夫條件。心能知覺，能主宰，格物窮理所以盡其知，居敬涵養所以全其主也。

文集卷五十五答潘謙之有云：

若大人只是守箇赤子之心，則於窮理應事皆有所妨矣。

赤子之心只是自然，未盡人事。非有格物窮理、居敬涵養之工也。

大學或問有曰：

「子之為學，不求諸心而求之迹，不求之內而求之外，吾恐聖賢之學不如是之淺近而支離也。」曰：「人之所以為學，心與理而已矣。心雖主乎一身，而其體之虛靈，足以管乎天下之理。理雖散在萬物，而其用之微妙，實不外乎一人之心。初不可以內外精粗而論也。」

語類亦曰：

理徧在天地萬物之間，而心則管之。心既管之，則其用實不外乎此心矣。然則理之體在物，而其用在心也。（一八）

又曰：

此是以身為主，以物為客，故如此說。要之，理在物與在吾身只一般。（一八）

又曰：

理雖在物，用實在心。（一八）

朱子論學，主於本末精粗之一貫。又謂理之體在物而用在心，則與論體是精為本，用是粗為末之意似異。參看體用篇。

大學或問又曰：

或不知此心之靈而無以存之，則昏昧雜擾，而無以窮衆理之妙。不知衆理之妙而無以窮之，則偏狹固滯，而無以盡此心之全。此其理勢之相須，蓋亦有必然者。是以聖人設教，使人默識此心之靈，而存之於端莊靜一之中，以為窮理之本。使人知有衆理之妙，而窮之於學問思辨之際，以致盡心之功。巨細相涵，動靜交養，初未嘗有內外精粗之擇。及其眞積力久而豁然貫通焉，則亦有以知其渾然一致，而果無內外精粗之可言矣。

是則朱子辨心與理，實與其格物之教血脈相通，渾融一致。凡讀朱子書，當注意其分別細密處，又必進求其會通綜合處。若單據其隻辭片語，偏滯固執，則疑其「淺近而支離」也固宜。

或問又曰：

> 今必以是為淺近支離，而欲藏形匿景，別為一種幽深恍惚艱難阻絶之論，務使學者莽然措其心於文字言語之外，而曰道必如此然後可以得之。則是近世佛學詖淫邪遁之尤者，而欲移之以亂古人明德新民之實學，其亦誤矣。

此段斥禪，「欲移之」云云則斥陸。

> 或又云：「其初把握此心時未免難，不知用力久後自然熟否？」曰：「心是把捉人底，人如何去把捉得它。只是以義理養之，久而自熟。」（二〇）

> 知言只是知理。告子既不務知言，亦不務養氣，但只硬把定中間箇心，要它不動。孟子則是能知言，又能養氣，自然心不動。蓋知言本也，養氣助也。三者恰如行軍，知言其先鋒，知虛識實者。心恰如主帥，氣則卒徒也。孟子前有引導，後有推助，自然無恐懼紛擾而有以自勝，告子則前後無引助，只恁孤立硬做去，所以與孟子不動心異也。（五二）

心是主宰，更無主宰此心者，故心無可把捉，只能養。知言養氣，皆所以養此心。此心得養則能自勝，能定，能不動，而確乎善盡其主宰之功能。至是而始可見心即理之境界。

朱子論理與性與仁，三者實占同一地位。仁者天地之生理。而朱子論心，又常與仁並提。語類有云：

> 程子說：「仁者天下之正理。」說得自好，只是太寬。須是說仁是本心之全德，便有箇天理在。（二五）
>
> 發明心字，曰：一言以蔽之，曰「生」而已。「天地之大德曰生」，人受天地之氣而生，故此心必仁，仁則生矣。（五）
>
> 心須兼廣大流行底意看，又須兼生意看。且如程先生言：「仁者，天地生物之心。」只天地便廣大，生物便流行，生生不窮。（五）
>
> 心之於仁，亦猶水之冷，火之熱。（六）

此皆以心與仁一言之。然纔有私意間斷便不然。故又曰：

孟子言「仁，人心也」，仁只在人心，非以人心訓仁。（五九）

仁者洞然只是一個心，纔有私意便間斷了。如一碗清水，纔入些泥，有清處，有濁處。（二六）

不以人心訓仁，即猶不主言心即理也。然仁只在人心，故又曰：

孟子說「仁，人心也。」此語最親切。心自是仁底物事，若能保養存得此心，不患他不仁。（五九）

又曰：

愛非仁，愛之理是仁。心非仁，心之德是仁。（二〇）

「仁，人心也」，不是把仁來形容人心，乃是把人心來指示仁。（五九）

胡五峯云：「人有不仁，心無不仁。」下句有病，如顏子其心三月不違仁，是心之仁也。至三月之外，未免少有私欲，心便不仁。豈可直以為心無不仁乎？若云：人有不仁，心無不仁；心有不仁，心之本體無不仁。則意方足。（九五）

朱子既言虛明靈覺是心之本體，此又曰「心之本體無不仁」，然非有功夫則不能存得此體。故不單言心之體，而必曰心之本體。孟子曰「失其本心」，則猶之言失其心之本體也。

又曰：

胡五峯云：「人有不仁，心無不仁。」此說極好。人有私欲遮障了，不見這仁，然心中仁依舊只在。如日月本自光明，雖被雲遮，光明依舊在裏。又如水被泥土塞了，所以不流，然水性之流依舊只在。（一〇一）

既說「回心三月不違仁」，則心有違仁，違仁底是心不是？說「我欲仁」，便有不欲仁底，是心不是？（一〇一）

「五峯謂『人有不仁，心無不仁』，此語有病。且如顏子『其心三月不違仁』，若纔違仁，其心便不仁矣。」或云：「恐是五峯說本心無不仁？」曰：「亦未是。譬如人今日貧，則說昔日富不得。」（一〇一）

此諸條，義皆相通，皆偏主於仁與心分言。所謂心失其主，卻有時不善也。

文續集卷二答蔡季通有云：

聖賢指人求仁之方，多是於下學處指示，蓋用力於此而自得之，則安然便為己得。非若今人懸揣暗料，窺見彷彿，便以為得也。

然則心之於仁，須知求，須能下學，乃為己得，非可便謂此心即仁也。然朱子於心與仁，時又會通合言，曰：「仁即心，不是心外別有仁」，猶如曰「不是心外別有箇理，理外別有箇心」，此等處，或分言，或合言，皆學者所宜細玩。

朱子論情

中國古人有主尊性賤情之說者，宋代理學家無之。朱子則主橫渠「心統性情」之說。性情可分言，亦可合言。文集卷五十六答方賓王有云：

仁義禮智同具於性，而其體渾然，莫得而見。至於感物而動，然後見其惻隱、羞惡、辭遜、是非之用，而仁義禮智之端於此形焉。乃所謂情，而程子以謂「陽氣發處」者此也。大抵仁義禮智，性也。惻隱、羞惡、是非、辭遜，情也。心則統乎性情者也。以此觀之，則區域分辨而不害其同，脈絡貫通而不害其別，庶乎其得之矣。

朱子論學，所謂「區域分辨而不害其同，脈絡貫通而不害其別」之兩語，往往到處可用，此所以成其為宏通與細密也。

語類亦云：

情者，性之所發。（五九）

性是根，情是那芽子。（一一九）

有這性，便發出這情。因這情，便見得這性。因今日有這情，便見得本來有這性。（五）

惻隱是情，惻隱之心是心，仁是性，三者相因。橫渠云：「心統性情」，此說極好。（五三）

舊看五峯說，只將心對性說，一箇情字都無下落。後來看橫渠「心統性情」之說，乃知此話大有功，始尋得箇情字着落，與孟子說一般。孟子言：「惻隱之心，仁之端也。」仁，性也。惻隱，情也。此是情上見得心。又曰「仁義禮智根於心」，此是性上見得心。蓋心便是包得那性情。性是體，情是用。（五）

仁是根，惻隱是根上發出底萌芽。（一一九）

仁，性也。愛是情。情則發於用，性者指其未發。（二〇）

愛是惻隱，惻隱是情，其理則謂之仁。（二〇）

性不可言，所以言性善者，只看他惻隱辭遜四端之善，則可以見其性之善。如見水流之清，則知源頭必清矣。四端，情也。性則理也。發者情也，其本則性也。如見影知形之意。（五）

問：「先生謂性是未發，善是已發，何也？」曰：「纔成箇人影子，許多道理便都在那人上。其惻隱便是仁之善，羞惡便是義之善。到動極復靜處，依舊只是理。」（五）

從心言，心必有性，亦必有情。從理言，性即是理，情亦即是理。情理常連說，理便發在情上，從情即可見理也。

問性、情、心、仁。曰：「橫渠說得最好：『心統性情者也』。孟子言：『惻隱之心仁之端，羞惡之心義之端』，極說得性、情、心好。性無不善，心所發為情，或有不善。說不善非是心亦不得，卻是心之本體本無不善，其流而為不善者，情之遷於物而然也。」（五）

心情亦常連說，心之發必附有情，舍情亦無以見心。然性根乎內，情發乎外，故性無不善而情或有不善，然亦不得因情有不善而謂心有不善、性有不善也。又曰：

所謂「四端」者，皆情也。仁義禮智四件無不善，發出來則有不善。殘忍便是那惻隱反底。冒昧便是那羞惡反底。（五九）

此則謂體無不善，有不善乃在用一邊，如惻隱用之不當，反面轉成殘忍，故為學則必重工夫也。又曰：

天便是天子，命便似將告勑付與自家，性便似自家所受之職事，如縣尉職事便在捕盜，主簿職事便在理簿書。情便似去親臨這職事。才便似去動作行移，做許多工夫。（五九）

職事無不善，親臨此職，求盡此職，便有工夫，便有善不善。

語類又曰：

橫渠云：「心統性情。」蓋好善而惡惡，情也。而其所以好善而惡惡，性之節也。且如見惡而怒，見善而喜，這便是情之所發。至於喜其所當喜而喜不過，怒其所當怒而怒不遷，以至哀、樂、愛、惡、欲皆能中節而無過，便是性。（九八）

惻隱四端皆是情，喜、怒、哀、樂、愛、惡、欲亦皆是情。當其未發則謂之性。若非先有此性，則何從發出此情。但已發而為情，情非不善，而有中節與不中節，始見其善不善。而所以定其為中節與不中節者則仍屬性。若非有性，則情之發，何以又有中節與不中節之別。此皆通於心與理、性與情而各別分言之也。故曰：

「喜怒哀樂發而皆中節，天下之達道。」那裏有無怒底聖人。（三〇）世間何事不係在喜怒哀樂上。即這喜怒哀樂中節處，便是實理流行。更去那處尋實理流行。（六二）

孟子道性善，性無形容處，故說其發出來底，曰：「乃若其情可以為善」，則性善可知。「若夫為不善，非才之罪也」，是人自要為不善耳，非才之不善也。情本不是不好底，李翱滅情之論，乃釋老之言。程子「情其性」、「性其情」之說，亦非全說情不好。（五九）

李翺滅情之論迹近釋老。程子「性其情」、「情其性」之說，雖非全說情不好，卻易使人認性情為二非一，故朱子尤贊許橫渠「心統性情」之說也。又曰：

情不是反於性，乃性之發處。性如水，情如水之流。李翺「復性」則是，云「滅情以復性」則非。情如何可滅。此乃釋氏之說，陷於其中不自知，不知當時曾把與韓退之看否？（五九）

文集卷七十五中庸集解序，亦謂李翺「滅情以復性」之說，乃雜乎佛老而言之。若只以發與未發分別性情，則可無此誤。

又文集卷五十三答胡季隨有云：

「性其情」，乃王輔嗣語，而伊洛用之，亦曰以性之理節其情，而不一之於流動之域耳。以意逆志而不以詞害意焉，似亦無甚害也。

二程「性其情」之語出於王輔嗣，不能謂其語無病，惟朱子緩言之，故曰「亦無甚害」。又卷六十四答何倅有云：

人之生，不能不感物而動，曰「感物而動，性之欲也」，言亦性所有也。而其要係乎心君宰與不宰耳。心宰則情得其正，率乎性之常，而不可以欲言矣。心不宰則情流而陷溺其性，專為人欲矣。

情欲亦常連言，情既非不善，欲亦不能盡謂不善可知。情乃性之發，欲亦性所有，主要在此心之能宰與不能宰。此朱子所以特重於研討心學工夫也。

朱子論心與性情

心與性情之關係，已於論情篇見其旨，茲再多加摘錄以申其義。先言性。語類云：

「性即理也」，在心喚做性，在事喚做理。（五）

不可謂理只在事不在心，亦不可謂性只在心不在物。此等皆當隨文活看。此條分辨性理二字，可謂簡淨扼要。又曰：

性猶太極也，心猶陰陽也。太極只在陰陽之中，非能離陰陽也。然至論太極自是太極，陰陽自是陰陽。惟性與心亦然。所謂一而二，二而一也。（五）

心以性為體，心將性做餡子模樣。蓋心之所以具是理者，以有性故也。（五）

朱子亦有言心以理為體者，惟不如言「心以性為體」，義更明顯。又曰：

「心與性自有分別。靈底是心，實底是性。靈便是那知覺底。如向父母，則有那孝出來，向君，則有那忠出來，這便是性。如知道事親要孝，事君要忠，這便是心。」又曰：「性便是那理，心便是盛貯該載、敷施發用底。」（一六）

性包藏在心，「心將性做餡子模樣」，故謂「實底是性」。性不可見，必由心與情而見。又曰：

橫渠說「人能弘道，非道弘人」處云：「心能檢其性，『人能弘道』也。性不知檢其心，『非道弘人』也。」此意卻好。（九七）

「性不知檢其心」，猶云理管氣不得，氣強而理弱也。但氣亦管不得理，而「心能檢其性」，故說心為「氣之精爽」也。就宇宙自然言，理若更重於氣。就人道術業言，心又若更要於性。因性上無工夫可用，工夫則盡在心上也。

又曰：

「性者道之形體，心者性之郛郭」，康節這數句極好。蓋道即理也，如「父子有親，君臣有義」是也。然非性何以見理之所在，故曰「性者道之形體」。仁義禮智，性也，理也，而具此性者心也，故曰「心者性之郛郭」。（一〇〇）

邵堯夫說：「性者道之形體，心者性之郛郭。」此說甚好，蓋道無形體，只性便是道之形體。然若無箇心，卻將性在甚處。須是有箇心，便收拾得這性，發用出來。若是指性來做心說則不可。今人往往以心來說性，須是先識得方可說。如有天命之性便有氣質。若以天命之性為根於心，則氣質之性又安頓在何處。（四）

此條謂今人往往以心來說性，似指象山江西一派言。既云「心者性之郛郭」，則自可以心來說性。然須先識得者，如氣質之性未必都是天命之性，人心亦未必都即是道心，此皆須先識得也。又曰：

自天之所命，謂之明命。我這裏得之於己，謂之明德。只是一箇道理。人只要存得這些在這裏。才存得在這裏，則事君必會忠，事親必會孝。見孺子入井，則怵惕之心便發。見穿窬之類，則羞惡之心便發。合恭敬處便自然會恭敬，合辭遜處便自然會辭遜。須要常存得此心，則便見得此性，發出底都是道理。若不存得這些，待做出，那箇會合道理。（一七）

自古聖賢相傳，只是理會一箇心，心只是一箇性，性只有箇仁義禮智，都無許多般樣。見於事，自有許多般樣。（二〇）

此兩條，若只依之發揮，便可與象山、陽明無異。但象山云「心同理同」，此引後條云，「見於事自有許多般樣」，此處便有分歧。儘言心即理，更不格物，見於事者都不理會，只置一旁，是大不可也。羅整菴困知記有云：

心性至為難明。謂之兩物，又非兩物。謂之一物，又非一物。惟就一物中分剖得兩物出來，方可謂之知性。

朱子言理氣亦如此，學者於此當細翫。

由此乃兼言性情。語類云：

理在人心，是之謂性。性如心之田地，充此中虛，莫非是理而已。心是神明之舍，為一身之主宰。性便是許多道理，得之於天而具於心者。發於智識念慮處皆是情，故曰「心統性情」也。（九八）

「充此中虛莫非是理」，所謂「神明之舍」，此皆人所喜言。然其發於智識念慮處，由性轉情，便多複雜，卻又不該不理會。若滅情言性，捨去一切智識念慮而空言心即理，則為朱子所不許。

又曰：

心是虛底物，性是裏面穰肚餡草。性之理包在心內，到發時，卻是情底出來。性不是有一箇物事在裏面喚做性，只是理所當然者便是性。只是人合當如此做底便是性。惟是孟子「惻隱之心仁之端也」這四句，也有性，也有心，也有情，與橫渠「心統性情」一語好看。（六）

惟能兼此情字來言心性，始為落實，始為無病也。又曰：

性、情、心，惟孟子、橫渠說得好。仁是性，惻隱是情，須從心上發出來，「心，統性情者也」。（五）

「心統性情」，二程卻無一句似此切。（九八）

橫渠「心統性情」一句，乃不易之論。孟子說心許多，皆未有似此語端的。子細看便見。其他諸子等書，皆無依稀似此。（一〇〇）

此處朱子推尊橫渠「心統性情」一語，謂不僅二程無此切，即孟子亦無此端的。所以者何？若不把性情平等看，不把性情綜合看，則終無以說準此心也。又曰：

五峯說：「心妙性情之德。」妙是主宰運用之意。不是他曾去研窮深體，如何直見得恁地。（一〇一＊）

此又因橫渠而稱及五峯，五峯亦能承受橫渠此說而闡揚之也。又曰：

性者心之理，情者性之動。心者性情之主。（五）

此條更要在後一語。心能為性情主，始能妙性情之德。性情之德屬於自然，惟心能主宰運用之，乃為人生道業工夫所繫。若只曰「心即理」，像似重視此心，實則減輕了此心之分量與功能不少矣。故又曰：

性對情言，心對性情言。合如此是性，動處是情，主宰是心。大抵心與性似一而二，二而一，此處最當禮認。（五）

謂之一者，如謂「心即理」，謂之二者，如謂當使此心主宰始得理，是也。又曰：

性以理言，情乃發用處，心即管攝性情者也。故程子曰：「有指體而言者，『寂然不動』是也」，此言性也；「有指用而言者，『感而遂通』是也」，此言情也。（五）

朱子意，不僅重在分性情為體用動靜，更重在主以心為管攝。文集卷五十五答潘謙之有云：

性只是理，情是流出運用處。心之知覺，即所以具此理而行此情者也。以智言之，所以知是非之理則智也，性也。所以知是非而是非之者情也。具此理而覺其為是非者心也。此處分別，只在毫釐之間，精以察之，乃可見耳。

又卷七十四孟子綱領亦曰：

性，本體也。其用，情也。心則統性情、該動靜而為之主宰也。故程子曰：「心一也，有指體而言者，有指用而言者。」蓋謂此也。謝氏心性之說，直以性為本體而心為之用，則情為無所用者，而心亦偏於動矣。

語類亦云：

或舉大學或問：「心之為物，實主於身。其體則有仁義禮智之性，其用則有惻隱羞惡恭敬是非之情。渾然在中，隨感而應。以至身之所具，身之所接，皆有當然之則而自不容已，所謂理也。」（二七）

「天命之謂性」，命便是告劄之類，性便是合當做底職事，如主簿銷注，縣尉巡捕。心便是官人。氣質便是官人所習尚，或寬或猛。情便是當廳處斷事，如縣尉捉捕得賊。情便是發用處。（四）

此條之譬，朱子甚所愛用。為官人者，不能無氣質習尚，不能不當廳斷事。空言性理，則如僅辨告劄職事，卻無人來當廳處斷也。又曰：

虛明應物，知得這事合恁地，那事合恁地，這便是心。當這事感則這理應，當那事感則那理

應，這便是性。出頭露面來底便是情。其實只是一箇物事。（一一六）

論者只言虛明，只言此理，卻不使此虛明理所存藏處出頭露面來與外事相感相應，因於厭事，遂主滅情，是內非外，重本輕末，種種歧見，皆由此起。朱子盛讚橫渠「心統性情」之意見，所當細加體玩。

朱子論仁　下

朱子論仁，大體可分兩部分。一曰「仁者天地生物之心」，賦於人而為仁之性。此已詳於理氣編之論仁篇。一則人心之仁，此乃相傳仁之本義，當於此章述之。惟二者間，本無嚴格可分。讀者當會合觀之，乃見朱子論仁之全貌。

語類有曰：

凡看道理，要見得大頭腦處分明，下面節節只是此理散為萬殊。如孔子教人，只是逐件逐事說箇道理，未嘗說出大頭腦處。然四面八方合聚湊來，也自見得箇大頭腦。若孟子便已指出教人。周子說出太極，已是太煞分明。如惻隱之端，從此推上，是此心之仁，仁即天德之元，元即太極之陽動。如此節節推上，亦自見得大總腦處。若看得太極處分明，必能見得天下許多道理條件皆自此出，事事物物上皆有箇道理，元無虧欠。（九）

此心之仁，即天德之元，即太極之陽動。天與人，心與理，皆從此仁字上合一。天地間許多道理條件，亦皆從此仁字上生出。此一仁字，乃成為朱子講學一大總腦。由此推出，乃見朱子講學之逐項分散處。

語類有一條論易繫「顯諸仁、藏諸用」有云：

「顯諸仁」易說，「藏諸用」極難說。這「用」字，如橫渠說「一故神」，神字、用字一樣。「顯諸仁」，如春生夏長發生彰露可見者。「藏諸用」，是所以生長者，藏在裏面而不可見。（七四）

此處且莫問易繫之本始義，當求朱子之闡釋義。謂仁有顯露在外者，亦有藏在裏面者。藏在裏面，他處多謂之體，此處獨謂之用，可參讀體用篇。又謂「神字、用字一樣」，可參讀鬼神篇。語類又曰：

譬之仁，發出來便是惻隱之心，便是「顯諸仁」。仁便是「藏諸用」，仁便藏在惻隱之心裏面，仁便是那骨子。到得成就得數件事了，一件事上自是一箇仁。（七四）

是則顯與藏之別，亦猶心與性之別。仁有指心言者，如惻隱之心為仁是也。仁有指性言者，即指藏在此惻隱之心之裏面者而言。又曰：

流行時便是公共一箇，到得成就處，便是各具一箇。（七四）

自天言之，性是一個公共的流行。人與萬物之所稟賦，則是各具一箇也。自人言之，心指其流行，性則指其成就。故又曰：

惻隱之心，方是流行處。到得親親仁民愛物，方是成就處。（七四）

成就處，即是人之德業也。又曰：

如止一穗禾，其始只用一箇母子。少間成穀，一箇各自成得一箇。將去種植，一箇又自成一穗，又開枝開葉去。（七四）

「顯諸仁，藏諸用」二句，只是一事。「顯諸仁」是可見底，便是「繼之者善也」。「藏諸用」是不可見底，便是「成之者性也」。（七四）

譬如一樹，一根生許多枝葉花實，此是「顯諸仁」處。及至結實，一核成一箇種子，此是

「藏諸用」處。生生不已，所謂「日新」也。萬物無不具此理，所謂「富有」也。（七四）

方眾花開時，共此一樹，共一箇性命。及至結實成熟後，一實又自成一箇性命。如子在魚腹中時，與母共是一箇性命。及子既成，則一子自成一性命。（七四）

「顯諸仁」似恕，「藏諸用」似忠。「顯諸仁」似貫，「藏諸用」似一。如水流而為川，止而為淵，激而為波浪，雖所居不同，然皆是水也。水便是骨子。其流處激處皆顯者也。（七四）

「顯諸仁」是用底迹，「藏諸用」是仁底心。（七四）

大要言之，朱子言仁，可分兩部分。一乃「藏諸用」之仁，即理氣編論仁篇所舉。一乃「顯諸仁」之仁，則本篇所欲詳也。

此下專就朱子論人心之仁者分端敘述。

一　仁包四德

孟子始兼舉仁、義、禮、智四者，漢儒加入信字稱為五常。「仁包四德」之語，始自程伊川。語類有曰：

伊川曰：「四德之元，猶五常之仁。偏言則主一事，專言則包四者。」若不得他如此說出，如何明得。（九五）

問：「論語中言仁處皆是包四者？」曰：「有是包四者底，有是偏言底。如『克己復禮為仁』，『巧言令色鮮矣仁』，便是包四者。」（九五）

問：「仁何以能包四者？」曰：「人只是這一箇心，就裏面分為四者。且以惻隱論之，本只是這惻隱，遇當辭遜則為辭遜，不安處便為羞惡，分別處便為是非。若無一箇動底醒底在裏面，便也不知羞惡，不知辭遜，不知是非。譬如天地只是一箇春氣。發生之初為春氣，發生得過便為夏，收斂便為秋，消縮便為冬。明年又從春起。渾然只是一箇發生之氣。」（九五）

問：「仁包四者，只就生意上看否？」曰：「統是一箇生意。」（九五）

得此生意以有生，然後有禮智義信。以先後言之，則仁為先。以大小言之，則仁為大。（六）

此處由天地生物之仁，轉落到人心之仁上來，人心乃本原於天地之生意以有此仁也。人心之仁只是此心有「一箇動底醒底在裏面」，此語大可注意。

問四德之元。曰：「元只是初底便是。如木之萌，如草之芽。其在人，如惻然有隱，初來底意思便是。所以程子謂『看雛雞可以觀仁』，為是那嫩小底，便是仁底意思在。」（九五）惻隱是箇腦子，羞惡、辭遜、是非須從這裏發來。若非惻隱，三者俱是死物了。惻隱之心通貫此三者。（五三）

朱子又謂：四端八字，每字一意。惻是惻然有此念起，隱是惻然之後隱痛，隱比惻深。若此心無起念處，不動不醒，或是麻木不覺痛癢，則何來更有羞惡、辭讓、是非。故曰：

惻隱之心，頭尾都是惻隱。三者則頭是惻隱，尾是羞惡、辭遜、是非。惻隱是箇頭子，羞惡、辭遜、是非便從這裏發來。（五三）

仁打一動，便是義、禮、智、信當來。不是要仁使時，仁來用；要義使時，義來用。只是這一箇道理流出去，自然有許多分別。（九八）

或問「滿腔子是惻隱之心」。曰：「此身軀殼謂之腔子，而今人滿身知痛處可見。」（五三）

「滿腔子是惻隱之心」，彌滿充實，都無空闕處。如將刀割著固是痛，若將針劄著也痛。如爛打一頓固是痛，便輕掐一下也痛。此類可見。（五三）

問「滿腔子是惻隱之心」。曰：「只是滿這箇軀殼都是惻隱之心。纔築著，便是這箇物事出來。大感則大應，小感則小應。恰似大段痛傷固是痛，只如針子略挑，血也出，也便痛。故日用所

當應接，更無些子間隔。癢痾疾痛，莫不相關。纔是有些子不通，便是被些私意隔了。」（五三）

仁只是此心「打一動」。外面一有感觸，此心便動。如知痛知癢，滿心皆知，滿身皆知，可證此心常醒著。此是心之仁。義、禮、智諸德皆從此出。

仁、義、禮、智是未發底道理，惻隱、羞惡、辭遜、是非是已發底端倪。如桃仁、杏仁是仁，到得萌芽，卻是惻隱。分別得界限了，更須日用常自體認看仁義禮智意思是如何。（五三）孟子發明四端，乃孔子所未發。人只道孟子有闢楊墨之功，殊不知他就人心上發明大功如此。看來此說那時若行，楊墨亦不攻而自退。闢楊墨是捍邊境之功，發明四端是安社稷之功。若常體認得來，所謂活潑潑地，眞箇是活潑潑地。（五三）

朱子從孟子之言四端、四德，推之於天之元亨利貞、春夏秋冬之四運，以見天地萬物生機一片，而此心之仁與之融為一體。故曰「若體認得來，則活潑潑地，眞箇是活潑潑地」。到此始見仁之心情也。

語類又曰：

某嘗謂孟子論四端處，說得最詳盡。裏面事事有，心、性、情都說盡。心是包得這兩箇物事，性是心之體，情是心之用。性是根，情是那芽子。惻隱、羞惡、辭讓、是非皆是情。惻隱是仁之發，謂惻隱是仁卻不得。所以說道是仁之端。（一一九）

朱子說惻隱之心便是「顯諸仁」，又說「惻隱是仁之發」，但「謂惻隱是仁卻不得」，只是「仁之端」。此義當細會。

文集卷三十八答江元適有曰：

天命之性，流行發用，見於日用之間，無一息之不然，無一物之不體，其大端全體即所謂仁。而於其間事事物物，莫不各有自然之分，如方維上下定位不易，毫釐之間不可差繆，即所謂義。立人之道，不過二者，而二者則初未嘗相離也。

又卷五十八答陳器之有曰：

性是太極渾然之體，其中含具萬理，而綱理之大者有四，曰仁義禮智。四者之中，仁義是箇對立底關鍵。蓋仁，仁也，而禮則仁之著。義，義也，而智則義之藏。猶春夏秋冬雖為四時，然春夏皆陽之屬也，秋冬皆陰之屬也。故曰「立天之道曰陰與陽，立地之道曰柔與剛，立人之道曰仁與義」。天地之道不兩則不能以立。仁義雖對立而成兩，然仁實貫通乎四者之中。蓋偏言則一事，專言則包四者。故仁者仁之本體，禮者仁之節文，義者仁之斷制，智者仁之分別。猶春夏秋冬雖不同，而同出乎春。春則春之生也，夏則春之長也，秋則春之成也，冬則春之藏也。自四而兩，自兩而一，則統之有宗，會之有元矣。故曰「五行一陰陽，陰陽一太極」，是天地之理固然也。

又卷五十六答方賓王有曰：

大抵仁字，專言之，則混然而難名。必以仁義禮智四者兼舉而並觀，則其意味情狀，互相形比，乃為易見。蓋人之性皆出於天，而天之氣化必以五行為用。故仁義禮智信之性，即水火金木土之理也。木仁金義火禮水智各有所主，獨土無位，而為四行之實，故信亦無位而為四德之實也。仁義禮智同具於性，而其體渾然莫得而見。至於感物而動，然後見其惻隱、羞惡、辭遜、是非之用，而仁義禮智之端於此形焉，乃所謂「情」，而程子以謂「陽氣發處」者此也。但此四者，同在一處之中，而仁乃生物之主，故雖居四者之一，而四者不能外焉。此易傳所以有「偏言則一事，專言則包四者」之說。固非獨以仁為性之統體，而謂三者必已發而後見也。大抵仁義禮智，性也；惻隱、羞惡、是非、辭遜，情也；心則統乎性情者也。以此觀之，則區域分辨而不害其同，脈絡貫通而不害其別，庶乎其得之矣。

朱子治學不廢漢唐，治經不廢注疏，闡釋義理，常求納眾異而歸一同，無往而不見其尊傳統尚融貫之精神。上引一書，以仁義禮智分配春夏秋冬，此書又以仁義禮智分配金木水火，此皆漢儒糅雜陰陽家言以說經之所遺，而朱子仍保守勿捨，而又以橫渠「心統性情」之說加以綜合。雖諸家之說容有離合，而朱子之意則在會通天人理氣心性而一以貫之，實自成一家言，自有條理。學者當綜觀其大體，勿拘礙於細節則可也。

又文集卷三十八答袁機仲別幅有云：

蓋嘗論之，陽主進而陰主退，陽主息而陰主消。進而息者其氣彊，退而消者其氣弱，此陰陽之所以為柔剛也。陽剛溫厚，居東南，主春夏，而以作長為事。陰柔嚴凝，居西北，主秋冬，而以斂藏為事。作長為生，斂藏為殺，此剛柔之所以為仁義也。以此觀之，則陰陽、剛柔、仁義之位，豈不曉然。而彼揚子雲之所謂「於仁也柔，於義也剛」者，乃自其用處之末流言之，蓋亦所謂「陽中之陰，陰中之陽」，固不妨自為一義，但不可以雜乎此而論之耳。

此書於四德中單拈仁義兩項，以之配合方位與剛柔。然仁義剛柔亦可有兩說。一曰「仁剛義柔」，又一則曰「仁柔義剛」。朱子既為之分別解釋，書末又附有詳論讀易一大段，茲并引於下。其文曰：

易中卦位義理，層數甚多，自有次第。逐層各是一箇體面，不可牽彊合為一說。學者須是旋次理會。理會上層之時，未要攪動下層。直待理會得上層都透徹了，又卻輕輕揭起下層理會將去。當時雖似遲鈍，不快人意，然積累之久，層層都了，卻自見得許多條理，千差萬別，各有歸著，豈不快哉。若不問淺深，不分前後，輥成一塊，合成一說，則彼此相妨，令人分疏不下，徒自紛紛，成鹵莽矣。此是平生讀書已試之效，不但讀易為然也。

此朱子自述讀書方法，亦即朱子之窮理方法也。讀書窮理，須分層次，須辨高下深淺，不得輥成一塊，合成一說。先分析而後有綜合，此乃朱子治學方法精要所在。今若只見其以四德分配之於五行四時，乃鄙與漢儒陰陽家言并斥，而不問其立說大義所在，則固不足以知朱子。

同卷又一書云：

前書所論，仁義禮智分屬五行四時，此是先儒舊說，未可輕詆。蓋天地之間，一氣而已。分陰分陽，便是兩物，故陽為仁而陰為義。然陰陽又各分而為二，故陽之初為木、為春、為仁，陽之盛為火、為夏、為禮，陰之初為金、為秋、為義，陰之極為水、為冬、為智。蓋仁之惻隱方自中出，而禮之恭敬則已盡發於外。義之羞惡方自外入，而智之是非則已全伏於中。故其象類如此，非是假合附會。蓋天人一物，內外一理，流通貫徹，初無間隔也。

「天人一物，內外一理」，此乃朱子之所欲證成。而「先儒舊說」，又朱子所不欲輕棄。會漢儒於理學，亦即通理學於經學。至其從入之途，則自孟子之言四端，非自漢儒之言五行四時，可不辨自明也。

語類又云：

「賊仁者謂之賊，賊義者謂之殘。」蓋賊之罪重，殘之罪輕。仁義皆是心，仁是天理根本處，賊仁則大倫大法虧滅了，便是殺人底人一般。義是就一節一事上言。一事上不合宜便是傷義，似乎手足上損傷一般，所傷者小，尚可以補。（五一）

此條分別「殘」、「賊」二字，而仁義之本末輕重，亦灼然可見。此即所謂「訓詁明而後義理明」也。然較之清儒之治訓詁，則誠逴乎遠矣。蓋由先明義理之大，而求之訓詁以為證。讀者當重其會通，勿疑其支離。又曰：

丹書：「怠勝敬者滅」，即「賊仁者謂之賊」意；「欲勝義者凶」，即「賊義者謂之殘」義。賊義是就一事上說，賊仁是就心上說。其實賊義便即是賊那仁底，但分而言之則如此。（五一）

此條又分別事與心言。發揮義理，周匝切至。至其謂「怠勝敬」即「賊仁」，固不得謂敬即是仁，然怠與敬皆屬心，故「怠勝敬」可謂是就心上說，乃以與「賊仁」同說。而滅與凶之兩字，義旨躍然矣。凡讀朱子書，皆當如此求之，則只見其會通，不見其支離矣。

二　仁者心之德愛之理

朱子訓仁曰「心之德，愛之理」，見論語集注學而篇「有子曰其為人也孝弟」章。

問：「『仁者心之德』，義禮智亦可為心之德否？」曰：「皆是心之德，只是仁專此心之德。」（二〇）

知覺便是心之德。（二〇）

仁只是箇愛底道理，此所以為心之德。（二〇）

愛之理，便是心之德。（二〇）

聖賢言仁，有就心之德說者，如「巧言令色鮮矣仁」之類。有就愛之理說者，如「孝弟為仁之本」之類。（二〇）

理是根，愛是苗。仁之愛，如糖之甜，醋之酸。愛是那滋味。（二〇）

不可便喚苗做根，然而這箇苗卻定是從那根上來。（二〇）

「仁是體，愛是用。」又曰：「『愛之理』，愛自仁出也。然亦不可離了愛去說仁。」（二〇）

愛之理能包四德，如孟子言四端，首言「不忍人之心」，便是不忍人之心能包四端也。（二〇）

程子曰：「心如穀種，其生之性乃仁也。」所謂「心之德」者，即程先生穀種之說。所謂「愛之理」者，則正謂仁是未發之愛，愛是已發之仁爾。（二〇）

以博愛為仁，則未有博愛以前，不成是無仁。（一三七）

仁便是本，仁更無本了。若說孝弟是仁之本，則是頭上安頭，以腳為頭。伊川所以將「為」字屬「行」字讀，蓋孝弟是仁裏面發出來底。「性中只有箇仁義禮智，何嘗有箇孝弟來。」他所以恁地說時，緣是這四者是本，發出來卻有許多事，千條萬緒，皆只是從這四箇物事裏面發出來。如愛便是仁之發。才發出這愛來時，便事事有，第一是愛親，其次愛兄弟，其次愛親戚愛故舊，推而至仁民，皆是從這物事發出來。（一一九）

觀此自知朱子所以不即言仁即愛，而必說是愛之理。孟子言：「仁之實，事親是也；義之實，從兄是也」，語類云：

此數句，某煞曾入思慮來。嘗與伯恭說：實字有對名而言者，謂名實之實。有對理而言者，謂事實之實。有對華而言者，謂華實之實。今這實字，不是名實、事實之實，正是華實之實。仁之實，本只是事親。推廣之，愛人利物無非是仁。義之實，本只是從兄。推廣之，忠君弟長，無非是義。事親從兄，便是仁義之實。推廣出去者，乃是仁義底華采。（五六）

此處以華實之實為釋，乃是以義理定訓詁也。又曰：

愛親、仁民、愛物，無非仁也。但是愛親乃是切近而眞實者，乃是仁最先發處。至於仁民、愛物，乃遠而大了。義之實亦然。（五六）

事親從兄，是仁義之根實處，最初發得來分曉。（五六）

集注說此章曰：

仁主於愛，而愛莫切於事親。義主於敬，而敬莫先於從兄。故仁義之道，其用至廣，而其實不越於事親從兄之間。蓋良心之發最為切近而精實者。有子以孝弟為為仁之本，其意亦猶此也。

既曰事親從兄乃是「仁義之根實」，又曰「良心之發最為切近而精實者」，此即所謂「孝弟為仁之本」矣。然而必說孝弟為「行仁之本」者，因此心有仁，乃有孝弟。心之仁，乃孝弟之事之本，不得謂孝弟之事，乃人性之仁之本也。論語本少言性，至孟子始言性，程朱乃極言心性，此其間容有相歧，學者分別細參焉可也。

問：「孝弟是良心之發見，因其良心之發見，為仁甚易。」曰：「此說固好，但無執着。」（二〇）

「執着」猶如言「把柄」。要有一把柄可資執着，則須言及人之心性。親親、仁民、愛物皆落在外面事上。「仁者心之德，愛之理」，則從內部心性說起，使人可有執着。理學家言，有深細過前人者，如此等處是也。

語類又云：

或說：「孝弟仁之本，是良心。」曰：「不須如此說，只平穩就事上觀。」（二〇）

就事上觀，則孝弟為行仁之本。就心上觀，則心之仁乃孝弟之本也。又曰：

仁是理，孝弟是事，有是仁後，有是孝弟。（二〇）

此以仁孝分屬理事，有是理則有是事，故有仁始有孝弟也。孝弟固是不專在事上，亦在心上，然言孝弟，終是必兼事，若言仁，則可專就心與理言。故曰「仁者心之德，愛之理」。朱子之辨仁孝，雖本伊川之意，然闡發深密，則又非伊川所及。

或云：「象山以有子之說為未然，仁乃孝弟之本也。有子說『君子務本，本立而道生』，起頭說得重，卻得；『孝弟也者，其為仁之本與』，卻說得輕了。」先生曰：「上兩句泛說，下兩句卻說行仁當自孝弟始。所以程子云：『謂孝弟為行仁之本則可，謂是仁之本則不可。』」（二〇）

實則伊川、象山同為不喜有子此章也。此乃當時理學家大同處。惟伊川之言本於性即理，象山所言本之心即理，此乃兩人之相異。朱子謂「仁者心之德，愛之理」，則乃兼伊川、象山之意也。後人必歸朱子於伊川一邊，謂其與象山異，其實猶是辨析未精。

問：「如草木之有本根，方始枝葉繁茂。」曰：「固是。但有本根，則枝葉自然繁茂，不是要得枝葉繁茂，方始去培植本根。」（二〇）

心性是本根，孝弟是枝葉。人類具此心性，則自能孝弟。故知朱子說可包象山，象山說卻不易推倒朱子。

問：「『愛無差等，施由親施』，與『親親而仁民，仁民而愛物』相類否？」曰：「既是『愛無差等』，何故又『施由親始』？這便是有差等了。他所謂『施由親始』，便是把愛人之心推來愛親，是甚道理。」（五五）

此謂既有愛人之心，自必愛其親，非把愛人之心推來愛其親也。語類又曰：

人之有愛，本由親立，推而及物，自有等級。今夷子先以為愛無差等，而施之則由親始，此夷子所以二本矣。（五五）

人之有愛，屬心之理。本由親立，屬心之事。由近及遠，由親及疏，就事之理則有差等，然皆是一本，一本之於心之德、愛之理也。又曰：

事他人之親如己之親，則是兩箇一樣重了，如一木有兩根也。（五五）

事己親是本，事他人之親則猶自本而有枝葉。然進而求之，則皆由此「心之德、愛之理」來。朱子言仁為「心之德、愛之理」，但心又有時不遽是仁，此層亦當辨。語類有云：

孟子云：「仁，人心也。」仁便是人心，這說心是合理底。如說顏子「其心三月不違仁」，是心為主而不違乎理。就地頭看始得。

其心不違仁，是心即理即仁也。然如顏子，三月以外亦有不然，故曰須就地頭看始得。文集卷四十答何叔京有云：

人之心無有不仁。但既汩於物欲而失之，便須用功親切，方可復得其本心之仁。故前書有「仁是用功親切之效」之說。以今觀之，只說得下一截。「心是本來完全之物」，又卻只說得上一截。兩語非有病，但不圓。若云心是通貫始終之物，仁是心體本來之妙。汩於物欲，則雖有是心而失其本然之妙，惟用功親切者為能復之，則庶幾近之矣。人未嘗無是心，而或至於不仁，只是失其本心之妙而然耳。然則仁字心字亦須略有分別始得。記得李先生說：「孟子言『仁，人心也』，不是將心訓仁字。」此說最有味，試思之。

朱子以心之德言仁。「不是將心訓仁」，要人知仁字、心字亦略有分別也。

三　溫和柔軟者為仁

語類云：

「人之所以得名，以其仁也。言仁而不言人，則不見理之所寓。言人而不言仁，則人不過是一塊血肉耳。必合而言之，方見得道理出來。」因言：「仁字最難形容，是箇柔軟有知覺相酬接之意。此須是自去體認。『切問而近思，仁在其中矣。』」（六一）

仁是箇溫和柔軟底物事。（六）

試自看一箇物，堅硬如頑石，成甚物事，此便是不仁。（六）

試自看溫和柔軟時如何，此所以「孝悌為仁之本」。若如頑石，更下種不得。俗說「硬心腸」可以見。硬心腸如何可以與他說話。（六）

仁自是箇柔和底物事。譬如物之初生，自較和柔。及至夏間長茂，方始稍堅硬。秋則收結成實，冬則斂藏。然四時生氣無不該貫。（二〇）

大抵人之德性上自有此四者意思。仁便是箇溫和底意思，義便是慘烈剛斷底意思，禮便是宣著發揮底意思，智便是箇收斂無痕迹底意思。性中有此四者，聖門卻只以求仁為急者，緣仁卻是四者之先。若常存得溫厚底意思在這裏，到宣著發揮時，便自然會宣著發揮；到剛斷時，便自然會剛斷；到收斂時，便自然會收斂。若將別箇做主，便都對副不着了。此仁之所以包四者也。（六）

人之所以為人，其理則天地之理，其氣則天地之氣。理無迹，不可見，故於氣觀之。要識仁之意思，是一箇渾然溫和之氣。其氣則天地陽春之氣，其理則天地生物之心。（六）

仁畢竟本是箇溫和之物。但出來發用時，有許多般。須得是非、辭遜、斷制三者，方成仁之事。及至事定，三者各退，仁仍舊溫和。緣是他本性如此。春本溫和，故能生物，所以說仁如春。（六）

克己復禮，私欲盡去，便純是溫和冲粹之氣，乃天地生物之心。其餘人所以未仁者，只是心中

未有此氣象。（六）

說仁便有慈愛底意思，說義便有剛果底意思。聲音氣象自然如此。（六）

問：「天地以生物為心，而所生之物，因各得夫天地之心，所以皆有不忍人之心。」曰：「天地生物，自是溫暖和煦，這箇便是仁。所以人物得之，無不有慈愛惻怛之心。」（五三）

因論「好仁、惡不仁」，曰：「此亦以資質而言。蓋有一等人，只知好仁，更不管惡不仁事。一等人專是惡不仁意思多，然其『不使不仁者加乎其身』，則所為必無不仁矣。然畢竟好仁者終是較得便宜，緣他只低着頭自去做了。惡不仁者卻露些圭角芒刄，得人嫌在。如顏子、明道是好仁，孟子、伊川是惡不仁；康節近於好仁，橫渠是惡不仁。」（二六）

好仁者便高了惡不仁者。如好白而不取白，只管地去疾黑者，則亦淺矣。（二六）

好仁底較強些子。然好仁而未至，卻不如那惡不仁之切底。蓋惡不仁底直是壁立千仞，滴水滴凍，做得事成。（二六）

四　仁者以天地萬物為一體

語類有曰：

伊川語錄中說：「仁者以天地萬物為一體。」說得太深，無捉摸處。易傳其手筆，只云：「四德之元，猶五常之仁，偏言則一事，專言則包四者。」又曰：「仁者，天下之公，善之本也。」易傳只此兩處說仁，說得極平實，學者當精看此等處。（九五）

此條並不喜伊川言「仁者以天地萬物為一體」也。

問明道說「學者識得仁體，實有諸己，只要義理栽培」一段。因舉「東見錄中明道曰：『學者須先識仁，仁者渾然與物同體，義禮智信皆仁也』云云極好，當添入近思錄中。」（九五）

明道言「學者須先識仁」一段說話極好，只是說得太廣，學者難入。（九七）

明道語學者「識得仁體，實有諸己」云云，收入遺書二上，即所謂東見錄也。又一條「學者須先識仁」云云，亦收入東見錄，後人稱之為識仁篇。近思錄未收此篇，謂其「說得太廣，學者難入」，猶上引一條言伊川語無捉摸處也。蓋明道云「仁者渾然與物同體」，亦猶伊川謂「仁者以天地萬物為一體」也。朱子又謂明道此一段話說得極好，當添入近思錄，此蓋特重其「義禮智信皆仁也」之語，亦欲僅采其開始數語，不謂錄其全文。是朱子不喜二程言「仁者與物同體」，以及「仁者以天地萬物為一體」之說，甚為明白。

因舉「天地萬物同體」之意，極問其理。曰：「須是近裏着身推究，未干天地萬物事。『仁者心之德，愛之理。』只以此意推之，不須外邊添入道理。若於此處認得仁字，即不妨與天地萬物同體。若不會得，便將天地萬物同體為仁，卻轉無交涉矣。」（二〇）

此辨極喫緊。仁者之心可以與天地萬物同體，卻不是將天地萬物同體為仁。此一分別，誠求仁者所當首辨。「仁者心之德，愛之理」，乃從內面近裏說之。若曰與物同體，乃從外面說，縱是同體，亦有不見其心之仁者，如言頑石即是也，故曰「無交涉」。文集卷五十答周舜弼亦云：

所謂「心之德」者，即程先生「穀種」之說。所謂「愛之理」者，則正所謂「仁是未發之愛，愛是已發之仁」耳。只以此意推之，更不須外邊添入道理，反混雜得無分曉處。若於此處認得仁字，即不妨與天地萬物同體。若不會得，而便將與天地萬物同體為仁，卻轉見無交涉矣。

可見朱子說仁字，認為只「心之德、愛之理」六字便足，外此除「仁包四德」一項外，皆不恰切。

若謂溫和柔軟者為仁，僅教人易於體認。若謂天地萬物一體是仁，則從外邊添入道理而轉失之。

語類又曰：

或謂：「無私欲是仁。」或曰：「與天地萬物為一體是仁。」曰：「無私是仁之前事，與天地萬物為一體是仁之後事。惟無私然後仁，惟仁然後與天地萬物為一體。畢竟仁是甚模樣，欲曉得仁名義，須幷義禮智三字看。欲眞箇見得仁底模樣，須是從克己復禮做工夫去。聖人都不說破，在學者以身體之而已矣。」（六）

又曰：

「仁者與天地萬物為一體」，此只是既仁之後見得箇體段如此。（三二）

問「博學而篤志，切問而近思，仁在其中矣」。曰：「此全未是說仁處，方是尋討箇求仁門路，當從此去，漸見效。『在其中』，謂有此理耳。」問：「明道言：學者須先識仁，識得仁，以敬養，不須防檢。」曰：「未要看此，不如且就博學篤志、切問近思做去。」（四九）

是朱子於明道「先識仁」之說，亦未贊同。

文集卷七十三胡子知言疑義有云：

「欲為仁，必先識仁之體」，此語大可疑。觀孔子答門人問為仁者多矣，不過以求仁之方告之，使之從事於此而自得焉爾，初不必使先識仁體也。

五峯之說，亦自程門來。

問：「『仁者以天地萬物為一體』，此即人物初生時驗之可見。」曰：「不須問他從初時，只今便是一體。若必用從初說起，則煞費思量矣。猶之水然，江河池沼溝渠皆是此水。如以兩椀盛得水來，不必教去尋討這一椀是那裏酌來，那一椀是那裏酌來，既都是水，便是同體，更何得尋問所從來。如昨夜某人說人與萬物均受此氣，均得此理，所以皆當愛，便是不如此。愛字不在同體上說，自不屬同體事。他那物事自是愛，這箇是說那無所不愛了方能得同體。若愛則是自然愛，不是同體了方愛。惟其同體，所以無所不愛。所以愛者，以其有此心也。所以無所不愛者，以其同體也。」（三三）

先有了此心之德乃能愛，愛字不在同體上生。如愛父母，不為與父母同體也。所以無所不愛者以其同體，此言愛之理。至此已牽涉理氣編仁之一篇所論，所謂同體，非二程「與之為同體」之謂。此等皆辨析精微，為二程所未及。

文集卷四十二答胡廣仲亦云：

天地萬物與吾一體，固所以無不愛，然愛之理則不為是而有也。須知仁義禮智四字一般皆性之德，乃天然本有之理，無所為而然者。但仁乃愛之理，生之道，故即此而又可以包夫四者，所以為學之要耳。

朱子主張以愛說仁，不主以天地萬物一體說仁，觀上引語類及答胡廣仲書而益見。愛出於心，此乃天性所本有，乃無所為而然者。心有愛，不為其是同體。若必為是同體乃始有愛，則愛之理在外不在內。謂天地萬物同體，應屬上一層次，即理氣編中所論。人心之愛，則已落下一層次，既難有無所不愛之心，亦難有無所不愛之事。惟是有此愛心，故乃無施而不愛，如此而已。

語類又曰：

「博施濟眾」固是仁，但那見孺子將入井時有怵惕惻隱之心亦便是仁。（三三）

博施濟眾屬量邊事，若謂必充其仁之量乃得為仁，則見孺子入井，其怵惕惻隱之心將不得預於仁，而可乎？

語類又曰：

愛乃仁之已發，仁乃愛之未發。若於此認得，方可說「與天地萬物同體」，不然恐無交涉。（一一七）

愛是仁之質邊事，有愛乃可以言同體。明道謂「學者須先識仁，仁者渾然與物同體」，伊川言「仁者以天地萬物為一體」，似皆就量邊說，故朱子謂其說太深太廣，無捉摸而難入也。

又文集卷三十二有與張敬夫論仁說諸書，皆發明以愛名仁之義。其言曰：

熹按，程子曰：「仁，性也；愛，情也。豈可便以愛為仁。」此正謂不可認情為性耳。非謂仁之性不發於愛之情，而愛之情不本於仁之性也。

又曰：

仁但主愛，若其等差，乃義之事。仁義雖不相離，然其用則各有主而不可亂。

又曰：

由漢以來，以愛言仁之弊，正為不察性情之辨，而遂以情為性耳。今欲矯其弊，反使仁字汎然無所歸宿，而性情遂至於不相管，可謂矯枉過直，是亦枉而已矣。

又文集卷六十七仁說有曰：

程子之所訶，以愛之發而名仁者也。吾之所論，以愛之理而名仁者也。蓋所謂情性者，雖其分域之不同，然其脈絡之通，各有攸屬者，則曷嘗判然離絕而不相管哉。吾方病夫學者誦程子之言而不求其意，遂至於判然離愛而言仁，故特論仁以發明其遺意。

又文集卷四十二答吳晦叔有云：

近年學者不肯以愛言仁。

語類亦云：

某嘗說仁主乎愛，仁須用愛字說，被諸友四面攻道不是。呂伯恭亦云：「說得來太易了。」愛與惻隱，本是仁底事，仁本不難見，緣諸儒說得來淺近了，故二先生便說道仁不是如此說。後人又卻說得來高遠沒理會了。

當時之風氣，與朱子一人之孤識獨見，此條可窺其一部分。

五　無私欲是仁

或謂無私欲是仁。曰：「謂之無私欲然後仁則可，謂無私欲便是仁則不可。蓋惟無私欲而後仁始見，如無所壅底而後水方行。」（六）

或謂私欲去則為仁。曰：「謂私欲去後仁之體見則可，謂私欲去後便為仁則不可。譬如日月之光，雲霧閉之，固是不見。若謂雲霧去則便指為日月，亦不可。如水亦然。沙石雜之，固非水

之本然。然沙石去後，自有所謂水者，不可便謂無沙無石為水也。」（六）

「克己復禮」，如通溝渠壅塞；仁乃水流也。（四一）

或問仁。曰：「聖賢說話，有說自然道理處，『仁，人心』是也。有說做工夫處，如『克己復禮』是也。」（六）

問仁。曰：「無以為也。須是試去屏疊了私欲，然後子細體驗本心之德是甚氣象。無徒講其文義而已也。」（六）

做到私欲淨盡，天理流行，便是仁。（六）

文集卷三十二答張敬夫論仁說有云：

程子言仁，本末甚備，今撮其大要，不過數言。蓋曰：仁者，生之性也；而愛，其情也；孝悌，其用也；公者所以體仁，猶言克己復禮為仁也。學者於前三言，可以識仁之名義，於後一言，可以知其用力之方矣。今不深考其本末指意之所在，但見其分別性情之異，便謂愛之與仁了無干涉，見其以公為近仁，便謂直指仁體最為深切。殊不知仁乃性之德而愛之本。因其性之有仁，是以其情能愛。但或閉於有我之私，則不能盡其體用之妙。惟克己復禮，廓然大公，然後此體渾全，此用昭著，動靜本末，血脈貫通爾。程子之言，意蓋如此。非謂愛之與仁了無干涉也。非謂公之一字，便是直指仁體也。

語類又云：

再三誦上蔡「安仁則一，利仁則二」之句，以為解中未有及此者。因歎云：「此公見識直是高。利仁，貪利為之。未要做遠底，且就近底做。未要做精底，且就粗底做。」問：「『安仁者，非顏、閔以上不知此味』，便是聖人之事否？」曰：「是。須知非顏、閔以上不知此味，到顏、閔地位知得此味，猶未到安處也。」（二六）

論語此章之利仁，似未便指私欲。仁智之間，亦未見如此嚴厲之區分。上蔡說此章，亦陷說經過高之病。此章集注圈外采上蔡說而加以闡發，非論語本旨。

或問：「子文、文子未得為仁，如何？」曰：「仁者『當理而無私心』，二子各得其一。子文之無喜慍，是其心固無私，而於事則未盡善。文子潔身去亂，其事善矣，然未能保其心之無私也。仁須表裏心事一一中理乃可言。」（二九）

無私指其裏，當理指其表，須表裏合一，故僅無私亦不足以當仁。

六　仁與公與恕

公在前，恕在後，中間是仁。公了方能仁，私便不能仁。（六）

仁是愛底道理，公是仁底道理。故公則仁，仁則愛。（六）

公卻是仁發處，無公則仁行不得。（六）

及乎脫落了公字，其活底是仁。（六）

「惟仁者能好人能惡人」章，集注引程子所謂「得其公正」，先生曰：「程子只着『公正』二字解，某恐人不理會得，故以『無私心』解『公』字，『好惡當於理』解『正』字。有人好惡當於理，而未必無私心。有人無私心而好惡又未必皆當於理。惟仁者既無私心，而好惡又皆當於理也。」（二六）

程子之言約而盡。公者，心之平也。正者，理之得也。一言之中，體用備矣。（二六）

公不可與仁比並看。公只是無私。纔無私，這仁便流行。程先生云：「唯公為近之。」卻不是近似之近。纔公，仁便在此，故云近。（一一七）

伊川自曰「不可以公為仁」。世有以公為心而慘刻不恤者。（九五）

以上皆講公與仁。語類又曰：

熟底是仁，生底是恕。自然底是仁，勉強底是恕。無計較無覩當底是仁，有計較有覩當底是恕。（六）

仁之發處自是愛，恕是推那愛底。若裏面原無那愛，又只推箇甚麼。如開溝相似，裏面原為這水，所以開着便有水來。若裏面原無此水，如何會開着便有水。若不是去開溝，縱有此水也如何得他流出來。愛，水也；開之者，恕也。

以上是講恕與仁。

七　知覺為仁

問：「先生答湖湘學者書，以愛字言仁，如何？」曰：「緣上蔡說得『覺』字太重，便相似說禪。」問：「龜山卻推惻隱二字。」曰：「龜山言『萬物與我為一』云云，說亦太寬。」問：「此還是仁之體否？」曰：「此不是仁之體，卻是仁之量。仁者固能覺，謂覺為仁不可。仁者固能與物為一，謂萬物為一為仁亦不可。譬如說屋，不論屋是木做柱、竹做壁，卻只說屋如此大，容得許多物。如萬物為一，只是說得仁之量。」因舉禪語：「是說得量邊事。」（六）

問：「程門以知覺言仁，克齋記乃不取，何也？」曰：「仁離愛不得。上蔡諸公不把愛做仁，他見伊川言：『博愛非仁也，仁是性，愛是情。』伊川也不是道愛不是仁。若當初有人會問，必說道愛是仁之情，仁是愛之性。如此方分曉。惜門人只領那意，便專以知覺言之，於愛之說若將浼焉，遂蹉過仁地位去說，將仁更無安頓處。『見孺子匍匐將入井，皆有怵惕惻隱之心』，這處見得親切。聖賢言仁，皆從這處說。」又問：「知覺亦有生意？」曰：「固是。將知覺說來，冷了。覺在知上卻多，只些小搭在仁邊。仁是和底意，然添一句又成一重。須自看得，便都理會得。」（六）

湖南諸公以知覺做仁，說得來張大可畏。某嘗見人解麒麟為獅子，某嘗以為似湖南諸公言仁。且麒麟是不踐生草、不食生物，多少仁厚，他卻喚做獅子，卻是可畏。（二六）

湖南學者說仁，舊來都是架空說出一片。頃見王日休解孟子云：「麒麟者，獅子也。」仁本是惻隱溫厚底物事，卻被他們說得擡虛打險，瞠眉努眼，卻似說麒麟做獅子，有吞伏百獸之狀。蓋自知覺之說起之。（六）

文集卷四十二答胡廣仲書有云：

孟子之言知覺，謂知此事，覺此理，乃學之至而知之盡也。上蔡之言知覺，謂識痛癢能酬酢者，乃心之用而知之端也。二者亦不同矣。然其大體，皆智之事也。今以言仁，所以多矛盾而少契合也。「憤驕險薄」，豈敢輒指上蔡而言。但謂學者不識仁之名義，又不知所以存養，而張眉努眼，說知說覺者，必至此耳。

語類又云：

覺者，是要覺得箇道理，須是分毫不差，方能全得此心之德，這便是仁。若但知得箇痛癢，則凡人皆覺得，豈盡是仁者耶？醫者以頑痺為不仁，以其不覺，故謂之不仁。然便謂覺是仁則不可。（一〇一）

伊川有一段說，不認義理，最好只以覺為仁。若不認義理，只守得一箇空心，覺何事。（一〇一）

喚着便應，抰着便痛，這是心之流注在血氣上底。喚着不應，抰着不痛，這固是死人，固是不

仁。喚得應，抉着痛，只這便是仁，則誰箇不會如此。須是覺這理方是。（一〇一）

此皆辨以知覺為仁之說。

八　仁是全體不息

語類又云：

仁是全體不息。所謂全體者，合下全具此心，更無一物之雜。不息，則未嘗休息，置之無用處。全體似箇桌子四脚，若三脚便是不全。不息是常用也。或置之僻處，又被別人將去，便是息。此心具十分道理在，若只見得九分，亦不是全了。所以息者，是私欲間之。無一毫私欲，方是不息。（二八）

問：「雖全體未是仁，苟於一事上能當理而無私心，亦可謂之一事之仁否？」曰：「不然。纔說箇仁字，便用以全體言。若一事上能盡仁，便是他全體是仁了。若全體有虧，這一事上必不能盡仁。纔說箇仁字，便包盡許多事，無不當理，無私了。」（二八）

此條恐有走失原意處。若一事上能盡仁，便是此一事上他心全體是仁了。卻不必包盡許多事無不當理無私。蓋朱子意，謂其心仁，則包盡許多事，無不當理無私也。

問：「孔門之學莫大於為仁，孟武伯見子路等皆孔門高弟，故問之，孔子於三子者，皆許其才而不許其仁，何故？三子之才雖各能辦事，但未知做得來能無私心否？」曰：「然。聖人雖見得他有駁雜處，若是不就這裏做工夫，便待做得事業來，終是麤率，非聖賢氣象。若有些子偏駁，便不是全體。」（二八）

問子路「不知其仁」處。曰：「仁譬如一盆油一般，無些子夾雜，方喚做油。一點水落在裏面，便不純是油了。渾然天理便是仁，有一毫私欲便不是仁了。子路之心，不是都不仁。『仁，人心也』，有發見之時，但是不純，故夫子以不知答之。」（二八）

仁或是一事仁，或是一處仁。仁者如水，有一杯水，有一溪水，有一江水，聖便是大海水。（三三）

此即所謂此心全體是仁，聖便是大海水也。後來陽明論黃金有成色與分量之辨，與此相同。惟陽明謂一杯水亦是聖，朱子則謂大海水始是聖，此其異。語類又曰：

仁就處心處說。一事上處心如此，亦是仁。（三三）

仁者之心雖無窮，而仁者之事則有限，自是無可了之理。（三三）

仁者心之德，須是全心是仁，始得稱為仁。然仁，人心也，此亦宜人人有之。如乍見孺子將入於井，孟子只稱之曰惻隱之心為仁之端。此僅是仁心萌芽，必待其成長結實，始得謂之是仁心。其一時一處一事有此仁，此乃一時一事之仁。此時此事，其心固不可謂之不仁。然不得遽稱其人為仁人。仁人者，必其心全體是仁，而又能不息。顏子三月其心不違仁，其餘則日月至，此皆有息時。若非其心全體是仁，又能隨時隨處隨事無不充足活潑流露，則終是未達仁之境界。

然仁之境界雖難達，又曰「我欲仁斯仁至」，斯亦未見為難。蓋此乃指一時一處一事言。惟一時一處一事之仁，僅如一杯水。全體不息，始是大海水。

九　為仁之方

語類有云：

某舊見伊川說仁，令將聖賢所言仁處類聚看，看來恐如此不得。古人言語，各隨所說見意。那邊自如彼說，這邊自如此說，要一一來比並不得。（九五）

語類又曰：

聖人告人，如「居處恭，執事敬，與人忠」之類，無非言仁。若見得時，則何處不是全體，何嘗見有半體底仁。但「克己復禮」一句卻尤親切。（四一）

此則言為仁之方。文集卷三十一答張敬夫有云：

類聚孔孟言仁處以求夫仁之說，程子為人之意可謂深切。然專一如此用功，卻恐不免長欲速好徑之心，滋入耳出口之弊，亦不可不察也。大抵二先生之前，學者全不知有仁字，凡聖賢說仁處，不過只作愛字看了。自二先生以來，學者始知理會仁字，不敢只作愛說，然其流復不免有弊者。蓋專務說仁，而於操存涵泳之功不免有所忽略，故無復優柔厭飫之味，克己復禮之實，不但其蔽也愚而已。又一向離了愛字，懸空揣摸，既無眞實見處，故其為說，恍惚驚怪，弊病百端，殆反不若全不知有仁字而只作愛字看卻之為愈也。熹竊嘗謂若實欲求仁，固莫若力行之近，但不學以明之，則有擿埴冥行之患，故其蔽愚。若主敬致知交相為助，則自無此蔽矣。若且欲曉得仁之名義，則又不若且將愛字推求。若見得仁之所以愛，而愛之所以不能盡仁，則仁之名義意思，瞭然在目矣。

又一書云：

以愛論仁，猶升高自下，尚可因此附近推求，庶其得之。若如近日之說，則道近求遠，一向沒交涉矣。此區區所以妄為前日之論而不自知其偏也。至謂類聚言仁，亦恐有病者，正為近日學者厭煩就簡，避迂求捷，此風已盛，方且日趨於險薄。若又更為此以導之，恐益長其計獲欲速之心，方寸愈見促迫紛擾，而反陷於不仁耳。然卻不思所類諸說，其中下學上達之方蓋已無所不具，苟能深玩而力行之，則又安有此弊。今蒙來諭，始悟前說之非，敢不承命。然猶恐不能人人皆肯如此慤實用功，則未免尚有過計之憂。不知可以更作一序略采此意，以警後之學者否？不然，或只盡載此諸往返議論以附其後，亦庶乎其有益耳。

又語類云：

南軒洙泗言仁編得亦未是。聖人說仁處固是仁，然不說處不成非仁。天下只有箇道理，聖人說許多說話，都要理會，豈可只去理會說仁處，不說仁處便掉了不管。（一一八）

此見朱子於南軒此編終自不滿，上引復書，亦是朋友往復，不得不婉言之。

又文集卷四十二答吳晦叔有云：

大抵向來之說，皆是苦心極力要識仁字，故其說愈巧而氣象愈薄。近日究觀聖門垂教之意，卻是要人躬行實踐，直內勝私，使輕浮刻薄貴我賤物之態，潛消於冥冥之中，而吾之本心渾厚慈良公平正大之體，常存而不失，便是仁處。其用功着力，隨人淺深，各有次第。要之須是力行久熟，實到此地，方能知此意味。蓋非可以想像臆度而知，亦不待想像臆度而知也。近因南軒寄示言仁錄，亦嘗再以書論所疑，大概如此，想皆已見矣。

又同卷答胡廣仲小注中有云：

大抵理會仁字，須并義禮智三字通看，方見界分分明，血脈通貫。近世學者貪說仁字而忽略三者，所以無所據依，卒并與仁字而不識也。

語類又云：

孔門之教說許多仁，卻未曾正定說出。蓋此理直是難言。若立下一箇定說，便該括不盡。且只於自家身分上體究，久之自然通達。（二〇）

或云：「要將言仁處類聚看。」曰：「若如此便是趕縛得急，卻不好。只依次序看。若理會得一段了，相似忘卻。忽又理會一段，覺得意思轉好。」（二〇）

或欲類仁說看。曰：「不必錄。只識得一處，他處自然如破竹矣。」（一一八）

又曰：

孔門弟子想是仁字都自解理會得，但要如何做。（四一）

問：「謝氏曰：『試察吾事親從兄之時此心如之何，知此心則知仁。』何也？」曰：「便是這些話心煩人，二先生卻不如此說。」（二〇）

又曰：

仁字最難言，故孔子罕言仁。仁自在那裏，夫子卻不曾說。只是教人非禮勿視聽言動，與「居處恭，執事敬，與人忠」，便是說得仁前面話。「仁者其言也訒」，「仁者先難而後獲」，「仁者樂山」之類，便是說得仁後面話。只是這中間便着理會。（二〇）

仁，學者所求，非不說，但不可常把來口裏說。（二六）

只管說仁之弊，於近世胡氏父子見之。踢着腳指頭便是仁，少間都使人不去窮其理是如何，只是口裏說箇仁字，便有此等病出來。（三六）

上蔡說仁說知覺，分明是說禪。（二〇）

如湖南五峯，多說人要識心，心自是箇識底，卻又把甚底去識此心。（二〇）

聖門只說為仁，不說知仁。上蔡卻說知仁，只要見得此心，便以為仁。上蔡一變而為張子韶，上蔡所不敢衝突者，張子韶出來盡衝突了。近年陸子靜又衝突出張子韶之上。（二〇）

此諸人皆病在不知求仁之方。

一〇　仁與智

語類有云：

「仁字須兼義禮智看。」又曰：「仁為四端之首，而智則能成始而成終。猶元不生於元而生於貞。蓋天地之化，不翕聚則不能發散也。仁智交際之間，乃萬化之機軸。此理循環不窮，脗合無間，故不貞則無以為元也。」（六）

此條大意，又見文集卷五十八答陳器之。

問：「孟子四端，何為以知為後？」曰：「孟子只循環說。智本來是藏仁義禮。惟其知恁地了方恁地。是仁義禮都藏在智裏面。如元亨利貞，貞是智，貞卻藏元亨利意思在裏面。如春夏秋冬，冬是智，冬卻藏春生夏長秋成意思在裏面。且如冬伏藏，都似不見，到一陽初動，這生意方從中出，到夏一齊都長，秋漸成，漸藏。冬依舊都收藏了。只是『大明終始』，亦見得無終

安得有始。」（五三）

智亦可以包四者，知之在先故也。（二〇）

知覺自是智之事。在四德是「貞」字。而知所以近乎仁者，便是四端循環處。若無這智，便起這仁不得。（二〇）

仁與智包得，義與禮包不得。（六）

成德以仁為先，進學以知為先。（三七）

聖人自誠而明，可以先言仁，後言知。至於教人，當以知為先。（三七）

「學不厭」，所以成己，而成己之道在乎仁。「教不倦」，所以成物，而成物之功由乎知。（六四）

仁者必兼成物。天地之生萬物，一片化機，若不見其用智。聖人盛德，直上通於天地之德，亦是一片化機，亦若不見其用智。但智都已藏在裏面了。故言「仁包四德」，同時必言智亦包四德，然後備體用，定終始也。

一一　仁與義

文集卷三十八答江元適有云：

天命之性流行發用，見於日用之間，無一息之不然，無一物之不體。其大端全體即所謂仁。而於其間事事物物，莫不各有自然之分，如方維上下，定位不易，毫釐之間不可差繆，即所謂義。立人之道不過二者，而二者則初未嘗相離也。是以學者求仁精義，亦未嘗不相為用。其求仁也，克去己私以復天理，初不外乎日用之間。其精義也，辨是非，別可否，亦不離乎一念之際。蓋無適而非天理人心體用之實，未可以差殊觀也。孟子告齊王曰：「權然後知輕重，度然後知長短，物皆然，心為甚。王請度之。」此求仁之方也，而精義之本在焉。今執事以反身自認存眞合體者自名其學，信有意於求仁矣，而必以精義之云為無與乎學者之用力，又以辨是非別可否為空言不充實用，而有害乎簡易之理，蓋原於不知義之所以為義，既失其名，因昧其實，於是乎有空言、實用之說，此正告子「義外」之蔽也。既不知義，則夫所謂仁者，亦豈能盡得其全體大用之實哉。

朱子言仁，既兼言智，又兼言義，必以盡得此仁之全體大用為主，其義深廣，非拘拘於徒為文字名義之分別者所知。

朱子論忠恕

論語里仁篇，孔子告曾子曰：「吾道一以貫之。」曾子應曰：「唯。」門人問，曾子曰：「夫子之道，忠恕而已矣。」此章極為理學家稱重。朱子於此章，剖發尤深至。語類云：

此是論語中第一章。（二七）

「一以貫之」，猶言以一心應萬事。忠恕是一貫底注腳。一是忠，貫是恕底事。（二七）

一是一心，貫是萬事，看有甚事來，聖人只是這箇心。（二七）

一是忠，貫是恕。（二七）

一者忠也，以貫之者恕也。體一而用殊。（二七）

忠在一上，恕則貫乎萬物之間。只是一箇一，分着便各有一箇一。「老者安之」是這箇一，「少者懷之」亦是這箇一，「朋友信之」亦是這箇一。莫非忠也。恕則自忠而出，所以貫之者也。（二七）

忠只是一箇眞實。自家心下道理，直是眞實。事事物物接於吾前，便只把這箇眞實應副將去。自家若有一毫虛僞，事物之來要去措置他，便都不實，便都不合道理。（二七）

「凡人責人處急，責己處緩。愛己則急，愛人則緩。若拽轉頭來，便自道理流行。」問：「『施諸己而不願，亦勿施諸人』，此只是恕，何故子思將作忠恕說？」曰：「忠恕兩箇離不得。方忠時未見得恕，及至恕時，忠行乎其間。『施諸己而不願，亦勿施諸人』，非忠者不能也。故曰無忠，做恕不出來。」（六三）

理學家說經，貴從切身實事上發揮。朱子說此章一只是心，此心只是忠。將忠於己之心拽轉頭來忠於人是恕。此一心能拽轉，便自道理流行。以此應萬事，曰一貫。此可謂說理親切，苟非見道深至，曷能臻此。如此等處，始見經學即理學，說經精采，同時即是說理精采。又朱子以忠為心之體，以恕為用，較之他處以明覺為心體者似異而實同。蓋能明覺是心，所明覺是理，忠是此心之能明覺，恕是此心之所明覺。此心忠處無不合理，只拽轉頭來，將忠作恕，即能所合一，心理合一也。

語類又曰：

「施諸己而不願，亦勿施於人」，此與「己所不欲勿施於人」一般，未是自然，所以「違道不遠」，正是學者事。「我不欲人之加諸我也，吾亦欲無加諸人」，此是成德事。（六三）

此條「欲」與「不欲」，如云「隨心所欲不踰矩」之欲，出於自然，與「勿施」之勿字顯有所用力者不同，故一為學者事，一為成德事。此等處剔發精闢，非僅對經作義解，實是於理作闡申也。

問「忠恕而已矣」。曰：「此只是借學者之事言之。若論此正底名字，使不得這忠恕字。」又曰：「忠字在聖人是誠，恕字在聖人是仁。但說誠與仁則說開了。惟忠恕二字相黏相連續，少一箇不得。」（二七）

此條說心德諸目，於層次上有高低，於範圍上有廣狹。如誠與仁，層次高，範圍廣，故屬聖人事。忠與恕，層次低，範圍狹，故屬學者事。惟說誠，連黏不上仁字。說仁，連黏不上誠字。故云說開了。忠恕兩字則可相連黏。故說諸德皆屬一心，「吾道一以貫之」，則莫如舉忠恕，既易曉，亦易企。此等處，朱子說理，細膩熨貼，學者不能子細體會，淺見則謂其平實，妄者又疑其支離，而空言一貫大道，則宜其失之矣。

語類又曰：

主於內為忠，見於外為恕。忠是無一毫自欺處，恕是稱物平施處。（二七）

忠因恕見，恕由忠出。（二七）

忠只是一箇忠，做出百千萬箇恕來。（二七）

忠恕只是一件事，不可作兩箇看。（二七）

忠是本根，恕是枝葉。非是別有枝葉，乃是本根中發出枝葉。枝葉即是本根。（二七）

此諸條，分說忠恕字，語平實而義則深。至謂忠由恕見，則無恕言忠，只是私己而已，實不得謂之忠也。謂「忠是本根，恕是枝葉」，則有忠必有恕，故忠乃得謂之道。而恕必由忠出。若無忠之恕，此乃鄉愿，否則虛僞，不得謂之道也。

語類又曰：

「夫子之道忠恕」，此忠自心而言之。「為人謀而不忠」，此忠主事而言也。自心言者，言一心之統體。主事言者，主於事而已。（二七）

此條分別主於事與主於心言。忠之為道乃自心言。故曰：

忠者天道，恕者人道。天道是體，人道是用。（二七）

忠者天道，是天命之性。恕者人道，是率性之道。為人謀而忠，亦恕道。心事合，性道合，故曰「一以貫之」。闡發至此，高矣廣矣，深矣至矣。其勿僅以說經作義解輕之。

語類又曰：

忠如瓶中之水，恕如瓶中瀉在盞中之水。忠是洞然明白，無有不盡，恕是知得為君，推其仁以待下；為臣，推其敬以事君。（二七）

忠者，誠實不欺之名，聖人將此放頓在萬物上，故名之曰恕。（二七）

曾子工夫已到，如事親從兄，如忠信講習，千條萬緒，一身親歷之，聖人一點他便醒，原來只從一箇心中流出來。（二七）

只此一心之理，盡貫眾理。（二七）

聖人之心渾然一理，蓋他心裏盡包這萬理，所以散出於萬事萬物，無不各當其理。（二七）

此處由忠恕言心即理，然亦惟聖人乃有此境界。若抹去一切階梯，單提心即理，其如眾人之不易企及何。從朱子，若支離，實易簡。從他說，若易簡，實空疎。學者所當細辨。

語類又曰：

天只是一氣流行，萬物自生自長，自形自色，豈是逐一粧點得如此。聖人只是一箇大本大原裏發出。視自然明，聽自然聰，色自然溫，貌自然恭。在父子則為仁，在君臣則為義。從大本中流出，便成許多道理。只是這箇一，便貫將去。所主是忠，發出去無非是恕。（二七）

此條說得廣大高明，然亦只由淺近平實處說起，由眾人直至於聖人，本末先後，一以貫之。即舉朱子論忠恕一端，自可窺到朱子學之博大高深處。

或舉：「大學或問云：『心之為物，實主於身，其體則有仁義禮智之性，其用則有惻隱羞惡恭敬是非之情，渾然在中，隨感而應；以至身之所具，身之所接，皆有當然之則而自不容已，所謂理也。』原有一貫意思。」曰：「然。施之君臣則君臣義，施之父子則父子親，施之兄弟則兄弟和，施之夫婦則夫婦別，都只由這箇心。如今最要先理會此心。」又云：「通書一處說：『陰陽五行，化生萬物。五殊二實，二本則一。』亦此意。」又云：「如千部文字，萬部文字，字字如此好，面面如此好，人道是聖賢逐一寫得如此，聖人告之曰不如此，我只是一箇印板印將去，千部萬部雖多，只是一箇印板。」又云：「且看論語，如鄉黨等處，待人接物，千頭萬狀，是多少般。聖人只是這一箇道理做出去。明道說忠恕，當時最錄得好。」（二七）

孔子告曾參，曰「吾道一以貫之」，朱子釋之，以為聖人之意，乃曰：我之應事物萬變者，雖若道有不同，有互歧，然皆自吾此心中流出。一切道理，則莫非自家心下一箇眞實底，萬殊而一本，故曰「吾道一以貫之」。惟聖人之心，即理即道，此一境界，學者不易驟企，故曾子以忠恕告門人。朱子又釋之謂，曾子舉此二字，而一心之體用兼備，使能循此不懈，下學上達，庶可進窺聖心之所至。朱子意，此忠恕二字，殊不足以盡聖人之心，故謂此只是借學者事言之。故又曰：

在聖人本不消言忠恕。（二七）

在聖人則言誠言仁，層次高，範圍大，故曰不消言忠恕也。

又曰：

聖人是不犯手腳底忠恕，學者是著工夫底忠信，不可謂聖人非忠恕。（二七）

同此一心，聖人心與眾人心境界有異。聖心淵源自天心，眾人之心亦同一源，然流而分歧益遠。然不得謂眾人心無此忠，亦不得謂聖人心非此忠。眾人由此著工夫，乃由忠有恕，聖人則自然忠恕。故又曰：

天地是無心底忠恕，聖人是無為底忠恕，學者是求做底忠恕。（二七）

無心一出於自然。無為則雖有心而無所為而為之，亦自然也。求做則欲達此一境界而勉力為之者也。故又曰：

且如不欺誑，不妄誕，是忠。天地何嘗說我不可欺誑不可妄誕來。如「己所不欲、勿施於人」是恕，天地何嘗說我要得性命之正，然後使那萬物「各正性命」來。聖人雖有心，也自是不欺誑，不妄誕，我所不欲底事，也自是不去做。故程子曰：「天地無心而成化，聖人有心而無為。」即是此意。（二七）

忠貫恕，恕貫萬事。「『維天之命，於穆不已』，不其忠乎！」是不忠之忠。「『乾道變化，各正性命』，不其恕乎！」是不恕之恕。天地何嘗道此是忠此是恕。人以是名其忠與恕。故聖人無忠恕。所謂「己所不欲勿施於人」，乃學者之事。（二七）

朱子解釋論語此章義蘊，上溯天心，中及聖心，下達於眾人之心，而亦莫非可以一以貫之。故朱子稱此章為論語中第一章也。然讀者每不言忠恕，而好言一貫。朱子說之曰：

不是一本處難認，是萬殊處難認。（二七）

夫子曰：「吾道一以貫之。」意思先就多上看，然後方可說一貫。此段恕字卻好看，方沿流以溯其源。學者寧事事先了得，未了得一字卻不妨。莫只懸空說箇一字，作大罩了，逐事事都未曾理會，卻不濟事。如人做塔，先從下面大處做起。到末梢自然合尖。若從尖處做，如何得。（二七）

不愁不理會得一，只愁不理會得貫。理會貫不得，便言一時，天資高者流為佛老，低者只成一團鶻突物事在這裏。（二七）

心是一，事是多，言貫，則知所貫在多。故曰：

曾子是他於事物上各當其理，日用之間，這箇事見得一道理，那箇事又見得一道理，只是未曾湊合得。聖人知其用力已到，故以「一貫」語之。（二七）

曾子日用間做了多少工夫，孔子亦是見他於事事物物上理會得這許多道理了，卻恐未知一底道理在，遂來這裏提省他。然曾子卻是已有這本領，便能承當。今江西學者實不曾有得這本領，

不知是貫箇甚麼。（二七）

曾子是於聖人一言一行上一一踐履，都子細理會過了，不是默然而得之。觀曾子問中問喪禮之變，曲折無不詳盡，便可見曾子當時工夫。聖人便以「一貫」語之，曾子到此豁然，知此是一箇道理，遂應曰「唯」。（二七）

江西學者偏要說甚自得，說甚一貫。看他意思，只是揀一箇儱侗底說話將來籠罩。其實理會這箇道理不得。（二七）

朱子說此章，與當時象山一派不同，此當細參。而朱子之說忠恕，其說則本之二程。

語類云：

伊川云：「恕字須兼忠字說。」蓋忠是盡己，盡己而後為恕。今人只為不理會忠而徒為恕，其弊只是姑息。張子韶中庸有云：「聖人因己之難克，而知天下皆可恕之人。」即此論也。今人只為不能盡己，故謂人亦只消如此，所以泛然亦不責人，遂至於彼此皆自恕而已。（四二）

問：「孔子言恕必兼忠，如何『子貢問有一言可以終身行之』章只言恕？」曰：「不得忠時不成恕。說恕時忠在裏面了。」（四五）

分言忠恕，有忠而後恕。獨言恕，則忠在其中。若不能恕，則其無忠可知。恕是忠之發處。若

無忠，便自做恕不出。（四五）

朱子又比論仁與恕之別曰：

「中心為忠，如心為恕」，此語見周禮疏。（二七）

如，比也。比自家心推將去。仁之與恕只爭些子。自然底是仁，比而推之便是恕。（二七）

聖人之恕，便是衆人之仁。衆人之仁，便是聖人之恕。（二七）

或云：「忠恕只是無私己，不責人。」曰：「此說可怪。自有六經以來，不曾說不責人是恕。若中庸也只是說『施諸己而不願，亦勿施於人』而已，何嘗說不責人。不成只取我好，別人不好更不管他。於理合管，如子弟不才，係吾所管者，合責則須責之。豈可只說我是恕便了。論語只說『躬自厚而薄責於人』，謂之薄者，如言不以己之所能必人之如己，隨材責任耳，何至舉而棄之。」（二七）

文集卷三十七有與范直閣書四通，皆討論一貫忠恕之說，其第一書云：

熹頃至延平，見李愿中丈，問以一貫之說，其言與卑意不約而合。

王氏年譜繫此於紹興二十八年戊寅，朱子年二十九。語類：

或問：「先生與范直閣論忠恕，與集注同否？」曰：「此是三十歲以前書，大概也是。然說得不似而今，看得又較別。」（二七）

又一條云：

問：「『忠恕而已矣』，如所謂堯舜之道孝弟否？」曰：「亦是。但孝弟是平說。曾子說忠恕，如說『小德川流，大德敦化』一般，自有交關妙處。當時門人弟子想亦未曉得，惟孔子與曾子曉得。自後千餘年，更無人曉得，惟二程說得如此分明。其門人更不曉得，惟侯氏、謝氏曉得。某向來只推見二程之說，卻與胡籍溪、范直閣說，二人皆不以為然。及後來見侯氏說得原來如此分明，但諸人不曾子細看爾。」（二七）

上條黃義剛記，此條鄭南升記，皆在紹熙癸丑，朱子年六十四。是朱子自二十九迄六十四，三十五年間，說論語此章，雖見解有進，皆恪承二程也。朱子和二陸詩，曰「舊學商量加邃密，新知涵養轉深沉。」於斯可見。茲再引集注一節如次：

盡己之謂忠，推己之謂恕。「而已矣」者，竭盡而無餘之辭也。夫子之一理渾然而泛應曲當，譬則天地之至誠無息而萬物各得其所也。自此之外，固無餘法，而亦無待於推矣。曾子有見於此而難言之，故借學者盡己推己之目以著明之，欲人之易曉也。蓋至誠無息者，道之體也。萬殊之所以一本也。萬物各得其所者，道之用也。一本之所以萬殊也。以此觀之，一以貫之之實可見矣。

圈外引程子曰：

以己及物，仁也。推己及物，恕也。「違道不遠」是也。忠恕一以貫之，忠者天道，恕者人道。忠者無妄，恕者所以行乎忠也。忠者體，恕者用，大本達道也。此與「違道不遠」異者，動以天爾。

又曰：

「維天之命，於穆不已」，忠也。「乾道變化，各正性命」，恕也。

以忠恕分體用，分天人，此程氏一家之言。古人言忠恕，猶言忠信，言孝弟，皆平說。中庸言「忠恕違道不遠」，亦與曾子言「夫子之道忠恕而已矣」者，同一忠恕，非有別也。二程說經，每有過高過遠之病，朱子糾正之者非一，惟此條二程說忠恕，實為深至，故朱子確守其說，僅加發揮，未有所匡弼。然其分辨誠仁之與忠恕，則較二程又增細密，故程說亦僅列圈外，不入句下也。語類又云：

> 顏子資質固高於曾子，顏子問目，卻是初學時，曾子一唯，年老成熟時也。（四一）

此條似可商。顏淵問仁，何以知其是初學。孔子卒歲，曾子年二十七，豈得謂之年老成熟時？宋儒以曾子一唯，近如禪宗故事，遂乃競相稱述。朱子闡說此章，可謂力矯禪弊，然必謂曾子一唯在年老成熟時，亦似未脫時代牢籠。

> 問：「曾子未聞『一貫』以前，已知得忠恕未？」曰：「他只是見得聖人千頭萬緒都好，不知都是這一心做來，及聖人告之，方知得都是從這一箇大本中流出。如木千枝萬葉都好，都是這根上生氣流注去貫也。」問：「枝葉便是恕否？」曰：「枝葉不是恕，生氣流注貫枝葉底是恕。信是枝葉受生氣底，恕是夾界半路來往底。信是定底，就那地頭說，發出忠底心，便是信底

言，無忠便無信了。」（二七）

此條以「忠信」、「忠恕」比並說之，無恕便無信，猶如無忠即無恕。忠信恕三字，只此一心，當先有忠，乃可有信與恕。此等發揮心學，雖前人未說到，卻不得謂其非暗合於前人。其辨信與恕，謂信是忠之枝葉，無忠便無信，恕是夾界半路來往底，不是枝葉，只是生氣流注貫枝葉底。此一分辨甚為細緻。因本於忠則言必信，而推己及人始為恕，故忠信之間不再要工夫，而忠恕之間仍待一節工夫也。語類別一人記此條云：

譬如一樹，枝葉花實皆可愛，而其實則忠信根本，恕猶氣之貫注枝葉。若論信，則又如花之必成實處。忠信、忠恕，皆是體用。恕如行將去，信如到處所。循物無違，則是凡事皆實。譬如水也，夫子自源而下者也，中庸所謂忠恕，泝流而上者也。（二七）

凡朱子言心，每不曰如忠如信如恕皆心，而必曰皆一心。但朱子不喜空言一心，必實之曰如忠如信如恕。又常以水與木為喻。喻以水，取其有源有流，脈絡分衍皆出一源。喻以木，則取其有生氣，千枝萬葉，花實遞茂，皆歸一根。此皆朱子言心精要處。

其論一貫則曰：

「一以貫之，是聖人論到極處了。而今只去想像那一，不去理會那貫，譬如討一條錢索在此，都無錢可穿。」問：「為學工夫，大概在身則有箇心，心之體為性，心之用為情，外則目視耳聽手持足履，在事則自事親事長以至於待人接物，灑掃應對飲食寢處，件件都是合做工夫處。」曰：「程先生謂：『或讀書講明道義，或論古今人物而別其是非，或應接事物而處其當否。』如何而為孝，如何而為忠，以至天地之所以高厚，一物之所以然，都逐一理會，不只是箇一便都了。」（一一七）

言心必歸之為一，論事必推至於萬，一貫猶云以一心應萬事。聖人以一心應萬事，只是此一心，亦只是此一箇理。眾人亦以一心應萬事，而不成一箇道理。故聖人必以吾道一貫之說教人也。語類又曰：

只要那一去貫，不要從貫去到那一。如不理會散錢，只管要去討索來穿。（一一七）一底與貫底，都只是一箇道理。如將一貫已穿底錢與人，及將一貫散錢與人，只是一般，都用得。不成道那散底不是錢。（一一七）

理之散見於事物，猶散錢也，所主要者是錢，非貫，只能由錢求貫，不能由貫得錢。故曰：

吾儒且要去積錢，若江西學者，都無一錢，只有一條索，不知把甚麽來穿。（二七）

若只言一心，不從事物上求理，是只有一條索也。但只言窮理，忽卻心字，亦失朱子之意。

問「一以貫之」。曰：「如一箇桶，須是先將木來做成片子，卻將一箇箍來箍斂。若無片子，便把一箍去箍斂，全然盛水不得。」（二七）

箍是一，片子是多。又曰：

不愁不理會得一，只愁不理會得貫。（二七）

一是心，貫是理。又曰：

理會貫不得，便言一時，天資高者流為佛老，低者只成一團鶻突物事在這裏。（二七）

只理會貫，如有箍無片，終不成為一盛水之桶。「高者為佛老」，其心空而無理。「低者只成一團鶻突物事在這裏」，心既失理，而又不能空也。又曰：

連箇千條萬目尚自曉不得，如何識得一貫。（二七）

所謂一者，對萬而言。今卻不可去一上尋，須是去萬上理會。（二七）

問：「夫子固是一以貫之，學者能盡己而又推此以及物，亦是一以貫之。所以不同者，非是事體不同，夫子以天，學者用力。」曰：「學者無一以貫之。夫子之道，似『乾道變化』，如一株樹開一樹花，生一樹子，裏面便自然有箇生意。學者只是箇忠推出來。」（二七）

此條「夫子之道似」五字，舊誤在「學者只是這箇忠推出來」句上，今以意移正。以忠恕分天道人道，其說本於明道，象山殆是直承明道天道之意，乃以聖人之自然責之人人，朱子則偏為學者言之也。故又曰：

若只見夫子語一貫，便將許多合做底事都不做，只理會一，不知卻貫箇甚底。（二七）

此戒人不可遺棄事物，空求一貫，不可只知有聖人之自然，不知有其他人人之須待於勉強用力也。

朱子論人心與道心

偽古文尚書有「人心惟危，道心惟微，惟精惟一，允執厥中」之語，宋明理學家極所重視，稱之為「十六字傳心訣」。其說實暢發於朱子，見文集卷七十六中庸章句序。有曰：

自上古聖神，繼天立極，而道統之傳，有自來矣。其見於經，則「允執厥中」者，堯之所以授舜也。「人心惟危，道心惟微，惟精惟一，允執厥中」者，舜之所以授禹也。蓋嘗論之，心之虛靈知覺，一而已矣，而以為有人心道心之異者，則以其或生於形氣之私，或原於性命之正，而所以為知覺者不同，是以或危殆而不安，或微妙而難見耳。然人莫不有是形，故雖上智不能無人心。亦莫不有是性，故雖下愚不能無道心。二者雜於方寸之間，而不知所以治之，則危者愈危，微者愈微，而天理之公，卒無以勝夫人欲之私矣。精則察夫二者之間而不雜也。一則守其本心之正而不離也。從事於斯，無少間斷，必使道心常為一身之主，而人心每聽命焉，則危者安，微者著，而動靜云為，自無過不及之差矣。夫堯、舜、禹，大聖也，以天下相傳，大事也，而其授受之際，丁寧告戒，不過如此，則天下之理，豈有以加於此哉？

此序提出「傳道」與「傳心」之說。文集卷七十三雜著李泰伯常語辨亦言之。

常語曰：「堯傳之舜，舜傳之禹，禹傳之湯、文、武、周公，又傳之孔子。孔子死，不得其傳，孟子名學孔子而實偝之。」

辨曰：「孔子傳之孟軻，軻之死不得其傳」，此非深知所傳者何事，則未易言也。孟子之所傳，仁義而已矣。所謂仁義者，又豈外乎此心哉？堯舜之所以為堯舜，以其盡此心之體而已。禹、湯、文、武、周公、孔子傳之以至於孟子，其間相望，有或數百年者，非得自口傳耳授，密相付屬也。特此心之體，隱乎百姓日用之間，賢者識其大，不賢者識其小，而體其全且盡，則為得其傳耳。雖窮天地，亘萬世，而其心之所同然，若合符節。由是而出，宰制萬物，酢酬萬變，莫非此心之妙用，而其時措之宜，又不必同也。

謂堯舜禹道統相傳，至於孟子之死而不得其傳者，其說出於唐之韓愈。然韓愈言「傳道」，不言「傳心」。程伊川為明道行狀，有曰：「先生之學，自十五六時，聞汝南周茂叔論道，遂厭科舉之業，慨然有求道之志。未知其要，汎濫於諸家，出入於老釋者幾十年。返求諸六經而後得之。秦漢而下，未有臻斯理也。」又為明道墓表，曰：「周公沒，聖人之道不行，孟軻死，聖人之學不傳。先生生千四百年之後，得不傳之學於遺經。聖人之道得先生而復明。」此兩文亦言「傳道」，不言「傳心」。惟程氏外書卷十一尹和靖稱說伊川嘗言：「中庸乃孔門傳授心法。」文集卷八十一書中庸後，亦引此語。所謂「傳授心法」，義指較狹，抑且微近於禪家之所謂口傳耳授、密相付屬者。要之尚未見用「傳心」二字。朱子實為不避此「傳心」二字，並始暢闡「傳道」即「傳心」之義。

宋儒直用「傳心」二字，似始於橫渠理窟，謂「孔孟而後，其心不傳」。以及胡安國謂「自孟子沒，世無傳心之學」，其語引見伊洛淵源錄。至張子韶乃有橫浦心傳考。橫浦學於龜山，朱子斥其書，比之洪水猛獸之災。惟朱子意，認為此心人人共有，隱乎百姓日用之間，而復有道心、人心之別。人心、道心亦非別為兩心，故曰「雖上智不能無人心，雖下愚不能無道心」，心則一耳；惟一則「原於性命之正」，一則「生於形氣之私」。此所分別，亦猶理氣分言之意。惟此心既窮天地亘萬世而常在，故可即其與聖人所同然之心，以得聖人不傳之學與其道於百世之下，傳聖人之學與其道，即是傳聖人之心也。

文集卷三十與張欽夫書，論程集校字，有「窺聖人之用心」一語，欽夫云：「胡本無『心』字，着『心』字，亦大害事，請深思之。」朱子別紙答之云：

> 「聖人之用」下着「心」字，語意方足，尤見親切主宰處。下文所謂「得其意」者是也。不能

窺其用心，則其用豈易言哉？故得其意，然後能法其用，語序然也。若謂用心非所以言聖人，則孟子、易傳中言聖人之用心者多矣。蓋人之用處無不是心，聖人至於下愚一也。但所以用之者，有精粗邪正之不同，故有聖賢下愚之別。不可謂聖人全不用心，又不可謂聖人無心可用。但其用也妙，異乎常人之用耳。然又須知即心即用，非有是心而又有用之者也。

可見學聖人之學，傳聖人之道，首貴能窺聖人之用心而得其意。而傳道即傳心之說，朱子中年已有此見解。此見解至後不變。當時至友張南軒，亦疑「用心」二字，認為「大害事」。則學術思想臻於一是之不易，亦可見矣。語類云：

韓愈論孟子之後不得其傳，只為後世學者不去心上理會。堯舜相傳，不過論人心道心、精一執中而已。（一二）

凡學須要先明得一箇心，然後方可學。譬如燒火相似，必先吹發了火，然後加薪，則火明矣。若先加薪而後吹火，則火滅矣。如今時人不求諸六經而貪時文是也。（一二）

聖人之心存於六經，求諸六經，可以明聖人之心，亦即自明己心也。故曰，求諸六經如吹火。傳道即傳心，傳心猶傳薪。前薪傳之後薪而火不滅，前心傳之後心而道益明也。又曰：

先明諸心了，方知得聖之可學，有下手處，方就這裏做工夫。若不就此，如何地做。（九五）

此謂傳道，必以己心傳前心也。文集卷四十答何叔京有云：

「微」者心也，「復」者所以傳是心也。

又文集卷七十五程氏遺書後序謂：

讀是書者，誠能主敬以立其本，窮理以進其知，使本立而知益明，知精而本益固。則日用之間，且將以得乎先生之心，而於疑信之傳，可坐判矣。

又程氏遺書附錄後序，亦謂：

學者察言以求其心，考迹以觀其用，（二語見伊川易傳）而有以自得之，則斯道之傳也，其庶幾乎？

此亦言讀前賢書，貴能得前賢之心，而後可以傳其道也。此序在乾道四年，朱子年三十九。文集同卷有為石子重作中庸集解序，在乾道九年癸巳，後上引文五年，朱子年四十四。序文有云：

嘗竊謂秦漢以來，聖學不傳，儒者惟知章句訓詁之為事，而不知復求聖人之意，以明夫性命道德之歸。近世先知先覺之士，始發明之，然學者或乃徒誦其言以為高，而又初不知深求其意。

「求其意」，即求其用心所在也。此序下距其自為中庸章句序前後十六年，其謂傳道在能傳心之意，固早所蘊蓄而久藏之矣。又文集卷四十二答石子重書謂：

熹竊謂人之所以為學者，以吾之心未若聖人之心故也。心未能若聖人之心，是以燭理未明，無所準則，隨其所好，高者過，卑者不及，而不自知其為過且不及也。若吾之心即與天地聖人之心無異矣，則尚何學之為哉！故學者必因先達之言以求聖人之意，因聖人之意以達天地之理，求之自淺以及深，至之自近以及遠。循循有序，而不可以欲速迫切之心求也。夫如是，是以浸漸經歷，審熟詳明，而無躐等空言之弊。馴致其極，然後吾心得正，天地聖人之心不外是焉。非固欲畫於淺近而忘深遠，舍吾心以求聖人之心，棄吾說以徇先儒之說也。

此書在乾道三年朱子赴潭州訪張南軒之前。知傳道即傳心之意，朱子久藏胸中，而又時時見之文字間也。至其明白提出「傳心」二字，則當追溯之李延平之卒。文集卷二挽延平李先生三首，其首云：「河洛傳心後，毫釐復易差。」卷八十七又祭延平李先生文云：「學未傳心，言徒在耳。」此當在隆興之元二年。又卷七十五程氏遺書後序有云：「學者未知心傳之要，而滯於言語之間。」此文在乾道四年。越後又以「傳心」二字題石子重之藏書閣，而屬張南軒為之銘。文集卷八十一有跋張敬夫為石子重作傳心閣銘，不記歲月，考之文集卷七十七南劍州尤溪縣學記在乾道九年冬十月，石子重知尤溪縣事，修縣學成，朱子為作此記，又為作五銘，即文集卷八十五南劍州尤溪縣學明倫堂銘，又四齋銘是也。子重又為藏書閣於縣學講堂之東，朱子題之曰「傳心」，不欲專由一人銘之，故轉以屬敬夫。敬夫之銘亦曰：「於赫心傳，來者所宗。」又曰：「傳心之名，千古不渝。」其事不在乾道九年癸巳，即在淳熙元年甲午，故文集此跋之前為癸巳七月書屏山先生文集後，此跋之後，為淳熙元年五月跋古今家祭禮，及淳熙二年乙未五月書近思錄後。則知「傳心閣」之命名，必在淳熙元年五月前。而張南軒亦用「傳心」二字，不以為諱。淳熙二年乙未四月，呂東萊來寒泉精舍，與朱子共編近思錄，臨別，偕朱子同至信州鵝湖寺，會陸復齋、象山兄弟。復齋有詩云：「古聖相傳只此心」，象山和之云：「斯人千古不磨心」。此會講論不合，後人遂稱陸王為心學，程朱為理學。不知「傳心」之說，朱子早揭在前，自延平之挽詩祭文，至是已歲星一周十二年矣。可知雙方意見不合，別自有在。而後人又因象山喜言心，遂於朱子言心學處，都避去不談。或則曰此朱子早年之學，未定之論，有同於象山。宜乎朱子中庸章句序特著「彌近理而大亂眞」一語，苟非眞有得於古人學術之眞者，又烏能辨其近與亂之所在乎！蓋程朱論學皆重言心，惟明道常渾言之，伊川稍密，朱子則辨析發揮益明益細。象山、陽明喜專揭一心開示學者，務求言無枝葉，語不旁出，故於伊川、朱子皆致不滿，獨於明道無異辭也。故謂理學即心學，則猶之可也。謂程朱、陸王以理學、心學分宗，則殊未見其允。

惟朱子分別人心道心，特提僞古文尚書之十六字，則實始於其為中庸章句序，茲引錄語類中討論中庸章句序有關人心道心之辨各條如下：

問：「先生說人心是形氣之私，形氣則是口耳鼻目四肢之屬？」曰：「固是。」問：「如此則未可便謂之私。」曰：「但此數件物事屬自家體段上，便是私有底物，不比道，便公共。故上面便有箇私底根本。且如危，亦未便是不好，只是有箇不好底根本。」（六二）

此條黃士毅錄，其年不知。

問「或生於形氣之私」。曰：「如饑飽寒暖之類，皆生於吾身血氣形體，而他人無與，所謂私也。亦未能便是不好，但不可一向徇之耳。」（六二）

此條潘植錄癸丑所聞，朱子年六十四。又見文集卷五十七答陳安卿。蓋潘植錄此書入其所記耳。陳淳始見朱子在庚戌，通書問難，則在其後也。

問：「先生指人心對道心而言，謂人心生於形氣之私。不知是有形氣便有這箇人心否？」曰：「有恁地分別說底，有不恁地說底。如單說人心，則都是好。對道心說著，便是勞攘物事，會生病痛底。」（六二）

此條林夔孫錄丁巳朱子年六十八以後所聞，乃朱子晚年語。

問：「既云上智，何以更有人心？」曰：「掐着痛，抓着癢，此非人心而何？人自有人心道心，一箇生於血氣，一箇生於義理。饑寒痛癢，此人心也。惻隱、羞惡、是非、辭讓，此道心也。雖上智亦同。一則危殆而難安，一則微妙而難見。『必使道心常為一身之主而人心每聽命焉』，乃善也。」（六二）

此條沈僩錄戊午朱子六十九後所聞。

因鄭子上書來問人心道心，先生曰：「此心之靈，其覺於理者，道心也。其覺於欲者，人心也。」或問：「前輩多云：道心是天性之心，人心是人欲之心。今如此交互取之，當否？」曰：「既是人心如此不好，則須絶滅此身而後道心始明。且舜何不先說道心後說人心？」又曰：「人心是此身有知覺有嗜欲者，感於物而動，此豈能無，但為物誘而至於陷溺，則為害耳。故聖人以為此人心有知覺嗜欲，然無所主宰，則流而忘反，不可據以為安，故曰危。道心則是義理之心，可以為人心之主宰，而人心據以為準者也。故當使人心每聽道心之區處方可。然此道心卻雜出於人心之間，微而難見，故必須精之一之，而後中可執。然此又非有兩心也，只是義理與人欲之辨爾。陸子靜亦自說得是，云：『舜若以人心為全不好，則須說不好，使人去之。今止說「危」者，不可據以為安耳。言「精」者，欲其精察而不為所雜也。』此言亦自是。今（鄭子上）於道心下卻一向說是箇空虛無有之物，將流為釋老之學，然則彼釋迦是空虛之魁，饑能不欲食乎？寒能不假衣乎？能令無生人之所欲者乎？雖欲滅之，終不可得而滅也。」（六二）

此條余大雅錄戊戌以後所聞。戊戌朱子四十九，此條則當在辛亥。大意謂人心不可無，人欲不可絕，惟不能據此以為安，故必以道心義理為之作主宰。而道心與人心，又實非有二心。則朱子對此人心道心之見解，實是始終一致，其間亦無大區別也。語類又曰：

> 「性也有命焉」，此性是氣稟之性，命則是限制人心者。「命也有性焉」，此命是氣稟有清濁，性則是道心。（六一）

此條李方子錄戊申以後所聞，其年不能定。此謂起於形氣私欲之人心，可以有限制，如「死生有命，富貴在天」之類是也。本於義理之道心，則其主在我，外不足以限之。如「我欲仁，斯仁至」，「君子無入而不自得」之類是也。又曰：

> 人心，堯舜不能無。道心，桀紂不能無。蓋人心不全是人欲。若全是人欲，則直是喪亂，豈止「危」而已哉。只饑食渴飲、目視耳聽之類是也。易流故危。道心，即惻隱、羞惡之心，其端甚微故也。（一一八）

此條吳琮錄甲寅記見，朱子年六十五。謂人心不全是人欲，如饑食渴飲、目視耳聽是人心，不可即謂是人欲。朱子又稱之曰「生人之所欲」，明與「天理」相對言之「人欲」有不同。又曰：

而今人會說話行動，凡百皆是天之明命。「人心惟危，道心惟微」，也是天之明命。

此條林夔孫錄丁巳朱子年六十八以後所聞。謂人心亦出於天命。

或問「君子不謂性命」。曰：「論來，『口之於味，目之於色，耳之於聲，鼻之於臭，四肢之於安佚』，固是性，然亦便是合下賦予之命。『仁之於父子，義之於君臣，禮之於賓主，智之於賢者，聖人之於天道』，固是命，然亦便是各得其所受之理，便是性。孟子恐人只見得一邊，故就其所主而言。舜禹相授受，只說『人心惟危，道心惟微』。論來只有一箇心，那得有兩樣。只就他所主而言，那箇便喚做人心，那箇便喚做道心。人心如『口之於味，目之於色，耳之於聲，鼻之於臭，四肢之於安佚』，若以為物性所當然，一向惟意所欲，卻不可。蓋有命存焉。須着安於定分，不敢少過始得。道心如『仁之於父子，義之於君臣，禮之於賓主，智之於賢者，聖人之於天道』，若以為命已前定，任其如何，更不盡心，卻不可。蓋有性存焉。須着盡此心以求合乎理始得。」又曰：「『口之於味，目之於色，耳之於聲，鼻之於臭，四肢之於安佚』，這雖說道性，其實這已不是性之本原。惟性中有此理，故口必欲味，耳必欲聲，目必欲色，鼻必欲臭，四肢必欲安佚，自然發出如此。若本無此理，口自不欲味，耳自不欲聲，目自不欲色，鼻自不欲臭，四肢自不欲安佚。」（六一）

此條葉賀錄辛亥以後所聞，不定在何年。根據孟子辨性命來分別人心道心，謂其只是一心，惟一則在所當勉，宜求其進而近於盡，一則在所當慎，宜求其退而得所安，如是而已。絕不至如釋氏有蔑視人心之意。後世疑理學家忽視人欲，亦出誤會。

凡朱子辨人心道心，大義具如上述。當與其辨理氣、辨性命、辨天人諸節會通合觀。大要言之，人心、道心非有二心。人心非皆不善。道心、人心之別，在形氣性命理欲公私間。然性命亦只寄寓於形氣中，捨卻形氣，性命即無所附麗，亦復於何處發見。故知性命之正與形氣之私，亦難判然劃分，然亦不能謂其一無分別。欲求措辭不失分際，實亦極費斟酌。茲舉文集卷四十四答蔡季通一書為例。書云：

人之有生，性與氣合而已。然即其已合而析言之，則性主於理而無形，氣主於形而有質。以其主理而無形，故公而無不善。以其主形而有質，故私而或不善。以其公而善也，故其發皆天理之所行。以其私而或不善也，故其發皆人欲之所作。此舜之戒禹，所以有人心道心之別。蓋自其根本而已然，非為氣之所為有過不及而後流於人欲也。然但謂之人心，則固未以為悉皆邪惡；但謂之危，則固未以為便致凶咎。但既不主於理而主於形，則其流為邪惡以致凶咎，亦不難矣。此其所以為危，非若道心之必善而無惡，有安而無傾，有準的而可憑據也。故必其致精一於此兩者之間，使公而無不善者常為一身萬事之主，而私而或不善者不得與焉，則凡所云為，不待擇於過與不及之間，而自然無不中矣。凡物剖判之初，但當論其善不善。二者既分之後，方可論其中不中。「惟精惟一」，所以審其善不善也。「允執厥中」，則無過不及而自得中矣，非精一以求中也。此舜戒禹之本意，而序文述之，固未嘗直以形氣之發盡為不善，而不容其有清明純粹之時，如來諭之所疑也。但此所謂清明純粹者，既屬乎形氣之偶然，則亦但能不隔乎理而助其發揮耳，不可便認以為道心，而欲據之以為精一之地也。如孟子雖言夜氣，而其所欲存者，乃在乎仁義之心，非直以此夜氣為主也。雖言養氣，而其所用力乃在乎集義，非直就此氣中擇其無過不及者而養之也。來諭主張氣字太過，故於此有不察。其他如分別中與過不及處亦覺有差。但既無與乎道心之微，故有所不暇辨耳。

此書大意又見於語類，蓋朱子作書答季通後又撮述之以告精舍諸人也。語類云：

季通以書問中庸序所云「人心形氣」。先生曰：「形氣非皆不善，只是靠不得。季通云：『形氣亦皆有善。』不知形氣之有善皆自道心出。由道心則形氣善。不由道心，一付於形氣則為惡。形氣猶船也，道心猶柁也。船無柁，縱之行，有時入於波濤，有時入於安流，不可一定。惟有一柁以運之，則雖入波濤無害。故曰：『天生烝民，有物有則。』『物』乃形氣，『則』乃理也。

渠云：『天地中也，萬物過不及。』亦不是。萬物豈無中。渠又云：『浩然之氣，天地之正氣也。』此乃伊川說。然皆為養氣言。養得則為浩然之氣，不養則為惡氣，卒近理不得。」（六二）

此條鄭可學錄辛亥所聞，朱子年六十四。其答季通書當亦在辛亥。但答鄭子上書卻云：「昨答季通書語有未瑩，不足據以為說。」語類又有「因鄭子上書來」一長條，已引在前。今就答蔡、鄭所言兩兩比觀，其答季通，謂「人心道心之別，自其根本而已然」，此殆所謂下語未瑩也。語類此條，亦似把道心與形氣劃分兩邊說之，不見其間相溝通處。殆因季通來書主張氣字太過，故答語亦不覺主張理一邊太過了，未從正面把兩邊相通合一處提出，故有「語卻未瑩，不足據以為說」之云也。

文集卷五十六答鄭子上云：

此心之靈，其覺於理者道心也。其覺於欲者人心也。昨答季通書，語卻未瑩，不足據以為說。

此云覺於理為道心，覺於欲為人心，覺則同屬此心，則人心道心顯然非二。中庸章句序成於淳熙己酉，越兩年辛亥，答季通貽書，猶憾語有未瑩。答子上書又曰：「中庸序後亦改定，別紙錄去。」今讀中庸序與答子上書意同，則已是改定之本。人心道心之辨，蓋至是始臻定論。本篇上引語類各條闡發此辨，凡屬有年可稽，莫不在辛亥以後。其不能定在何年，而可旁推以求者，亦似無出辛亥之前。

然則此一問題之定論，斷在淳熙辛亥朱子年六十二以後可知。朱子追和陸復齋鵝湖寺貽詩有曰：「舊學商量加邃密，新知涵養轉深沉」，拈此一節，可為其例。

文集卷五十一答黃子耕有云：

以道心為主，則人心亦化而為道心矣。如鄉黨所記，飲食衣服，本是人心之發，然在聖人分上，則渾是道心也。

此書應在甲寅赴知潭州荆湖南路安撫使任稍後，朱子年六十五。謂人心渾是道心，較之辛亥所以告蔡季通者，持論倍見圓通透豁矣。

又文集卷三十二問張敬夫有云：

熹謂感於物者心也。其動者情也。情根乎性而宰乎心。心為之宰，則其動也無不中節矣，何人欲之有。惟心不宰而情自動，是以流於人欲而每不得其正也。然則天理人欲之判，中節不中節之分，特在乎心之宰與不宰，而非情能病之，亦已明矣。蓋雖曰中節，是亦情也。但其所以中節者乃心耳。

又曰：

遺書有言：「人心私欲，道心天理。」熹疑私欲二字太重，近思得之，乃識其意。蓋心一也，自其天理備具，隨處發見而言，則謂之道心。自其有所營為謀慮而言，則謂之人心。夫營為謀慮非皆不善也，便謂之私欲者，蓋只一毫髮不從天理上自然發出，便是私欲。所以要得「必有事焉而勿正，勿忘勿助長」，只要沒這些計較，全體是天理流行，即人心而識道心也。故又以「鳶飛魚躍」明之。先覺之為後人也，可謂切至矣。

又曰：

存亡出入，固人心也，而「惟微」之本體亦未嘗加益。雖「舍而亡」，然未嘗少損。雖曰「出入無時」，未嘗不卓然乎日用之間而不可掩也。若於此識得，則道心之微初不外此，不識則人心而已矣。蓋人心固異道心，又不可作兩物看，不可於兩處求也。

此三問，皆出中庸章句序前，其辨人心道心，下語不如章句序之扼要，闡說亦不如辛亥以後之圓明。蓋朱子先以天理人欲言，後以形氣性命言，此其先後相異之大致也。然謂人心道心只是一心，則先後之間並無大殊。又文集卷三十九答許順之有云：

心，一也。「操而存」，則義理明而謂之道心。「舍而亡」，則物欲肆而謂之人心。亡不是無，只走出逐物去了。自人心而收回，便是道心。自道心而放出，便是人心。頃刻之間，恍惚萬狀，所謂「出入無時、莫知其嚮」也。

此亦與答張敬夫書大體相近，皆朱子初年之見。凡文集中分別人心道心係屬初年之見者，據答張、許兩書可概其餘，茲不詳引。

又文集卷六十五尚書大禹謨注「人心道心」十六字云：

心者，人之知覺，主於身而應事物者也。指其生於形氣之私者而言，則謂之人心。指其發於義理之公者而言，則謂之道心。人心易動而難反，故危而不安。義理難明而易昧，故微而不顯。惟能省察於二者公私之間以致其精，而不使其有毫釐之雜。持守於道心微妙之本以致其一，而不使其有頃刻之離。則其日用之間，思慮動作，自無過不及之差，而信能執其中矣。

此處所謂「發」，乃發自本原，所謂「生」，則生於後起。發自本原者，乃人之稟賦，義理之公心，則謂之道心。生於後起者，則形氣所需，易陷於人欲，乃謂之人心。其實則一心也。年譜慶元四年戊午，集書傳，「二典、禹謨、金縢、召誥、洛誥、武成諸說數篇及親稿百餘段具在，其他悉口授蔡沈俾足成之」，則此注所辨人心道心，眞其晚年定見。蔡沈書集傳注此十六字悉本朱子，而略有改易，其文曰：

心者，人之知覺，主於中而應於外者也。指其發於形氣者而言，則謂之人心。指其發於義理者而言，則謂之道心。人心易私而難公，故危。道心難明而易昧，故微。惟能精以察之，而不雜形氣之私。一以守之，而純乎義理之正。道心常為之主而人心聽命焉，則危者安，微者著，動靜云為，自無過不及之差，而信能執其中矣。

注中將朱子「生」字「發」字兩處異用者全改為「發」字，則義理氣質先後之辨不復見，而易使人誤分人心道心為二，此一也。朱子謂人心生於形氣之私，其答陳安卿問，謂「飢飽寒煖之類，皆生於吾之血氣形體，而他人無與焉，所謂私也」。此謂飢飽寒煖之知覺，皆各人之私，因其限於各人之形氣。此私字並非要不得，而亦不可免。雖謂之私，實無害於義理，亦是義理之所有。其下乃曰「人心易動而難反」，如人因飢飽寒煖，其心動而不反，一向流去，則成陷溺。孔子所謂志於道而恥惡衣惡食，則未足與議。孟子曰：「無以飢渴之害為心害。」又曰：「飲食之人無有失也，則口腹豈適為尺寸之膚哉？」可見人心不可無，口腹亦當養，惟動而不反，失其本心，斯足為戒耳。蔡傳又將「形氣之私」之「之私」二字滅去，則形氣似成為要不得。又曰「人心易私而難公」，語若無失而實有失。蓋形氣之私，人人有之，故雖私而亦公。惟其動而不反，始違義理之公，易於陷溺，故危而不安。朱子曰：「精察於二者公私之間，以致其精，而不使有毫釐之雜」，此所謂雜，乃指違於義理之公之私而言。蔡沈易之曰「精以察之，而不雜形氣之私」，則凡生於形氣之私，如飢飽寒煗之類，豈能使其不雜於吾心。此二也。蔡氏於朱子辨人心道心之精義不深曉，輕以己意擅易朱子原文，其意以為如此庶使人易曉，不知其轉使人易迷也。

羅整菴困知記有云：

> 書之所謂道心，即樂記所謂「人生而靜，天之性也」，即中庸所謂「未發之中」，「天下之大本也」。決不可作已發看。若認道心為已發，則將何者以為大本乎？愚於此，不能無少異於朱子。

今按：朱子辨人心道心只是一心。心者人之知覺。指其生於形氣之私者謂之人心，指其發於義理之公者謂之道心。今謂道心為未發，則道心人心之別，豈即已發未發之別乎？又豈道心未發為大本，而人心已發為違道乎？整菴此等處，大失思理。又朱子辨已發未發，只謂心有知覺，尚是未發，有思即屬已發，而整菴又非之。然思而生於形氣之私，但未至於動而不反，此雖人心，亦聖賢所不能無，又將如何分別以屬之已發或未發乎？後之學者，固不當拘拘守朱子一家言。然有所持異，雖如整菴為學之精，仍不免於多失，此亦學者所當知也。

語類又云：

問「有命焉，君子不謂性也」。曰：「口之欲食，目之欲色，耳之欲聲，鼻之欲臭，四肢之欲安逸，如何自會恁地？這固是天理之自然。然理附於氣，這許多卻從血氣軀殼上發出來，故君子不當以此為主，而以天命之理為主，都不把那箇當事，但看這理合如何。『有命焉』，『有性焉』，此命字與性字是就理上說。『性也，君子不謂性也』，『命也，君子不謂命也』，此性字與命字，是就氣上說。」（六一）

此條說性命，即是辨理氣，亦即是辨天人公私，即是辨天理私欲也。天理私欲，有時當合一言，有時當分別言，其辨人心道心亦如此。發於私欲之人心，實亦即是發於天理之道心，非有二心也。心必附於形，猶理必附於氣。有時當分別而觀，有時當合一而觀也。

語類又云：

大凡人有己則有私。子路「願車馬衣裘與朋友共」，其志可謂高遠，然猶未離這軀殼裏。顏子不伐其善，不張大其功，則高於子路。然便是猶有此心，但願無之而已，是一半出於軀殼裏。孔子則離了軀殼，不知那箇是己，那箇是物。凡學，學此而已。（二九）

這道理，只為人不見得全體，所以都自狹小了。最患如此。聖人如何得恁地大。人多不見道理，形骸之隔，而物我判為二。（二九）

凡言道理，則必說到人心。心為形骸所隔而物我判而為二者，此心則是人心也。破此人心之私，而道心之大之公自見，亦非外於此心而別有一心謂之道心也。

問：「『致廣大』，章句以為『不以一毫私意自蔽』；『極高明』，是『不以一毫私欲自累』。」曰：「此心本廣大，若有一毫私意蔽之，便狹小了。此心本高明，若以一毫私欲累之，便卑污了。」因舉張子言曰：「陽明勝則德性用，陰濁勝則物欲行。」（六四）

私意是心中發出來要去做底。今人說，人有意智，但看此意字，便見得是小，所以不廣大。私欲是耳目鼻口之欲，今纔有欲，則昏濁沉墜，即不高明矣。某解此處，下這般字義，極費心思。（六四）

中庸本文無「私意」、「私欲」字，朱子自以己意說中庸，乃曰一毫私意蔽之便不廣大，一毫私欲累之便不高明，此自以新意補充舊說也。引横渠語亦恰到好處。「陽明」、「德性」皆指天理，「陰濁」、「物欲」則指人心。然天理與人心，亦是有時當分說，有時當合說也。語類又曰：

大抵作事不出於義理而出於血氣，久之未有不消鑠者。（一二七）

義理正是陽明之公，血氣則為陰濁之私。義理必附於血氣而見，但血氣不即是義理。又曰：

告子只知得人心，卻不知有道心。他覺那趨利避害、飢寒飽煖等處，而不知辨別那利害等處，正是本然之性。（五九）

趨利避害飢寒飽暖等處，人心即是道心，惟不可只知得有人心而不知有道心，此則告子之病。又曰：

義利猶頭尾。君子見得這事合當如此，但裁處其宜而為之，則何不利之有。小人只理會下一截利，更不理會上一截義。蓋是君子之虛明洞徹，見得義分明。小人只管計較利，雖絲毫底利也自理會得。（二七）

上一截是義，即道心所覺，下一截是利，即人心所覺。此所覺亦有時當分，有時當合。惟此義利二字，始見於論語、孟子，故後人不再加以辨論。今朱子既分言，又合言之，謂義利只是上一截與下一截，誠可謂明通之見。但後人亦少加以理會。至於朱子進而論公私，論理欲，論人心道心，義皆一貫，故朱子亦常先分言之，又合言之，可謂剖析入微，會通無礙，而後人於此乃紛辨不休，此亦見義理之難窮也。

語類又一條云：

「義理說得太渾淪，恐人理會不得。大抵說得寬廣，自然不受指點。若說得親切，又覺得意思局促，不免有病。知言則是要說得親切而不免有病者。」又曰：「也須說教親切。」因言：「漢唐諸人說義理，只與說夢相似。至程先生兄弟方始說得分明。」「但不知所謂劉迅者如何？」曰：「迅是知幾之子。據本傳說迅嘗注釋六經，以為舉世無可語者，故盡焚之。想只是他理會不得。若是理會得，自是着說與人。」（五一）

朱子說理，亦可謂力求親切，其意猶欲超二程而上之。如其有關人心道心之指點，亦親切而似近局促矣。然讀朱子書，正貴從親切處求，不貴在渾淪處求。惟有驟視若局促，轉更見親切，乃為善讀朱子書也。

朱子論未發與已發

自伊川有中庸為孔門傳授心法之說，楊龜山、羅豫章以至李延平，一脈相傳，乃以「默坐澄心，觀喜怒哀樂未發以前氣象」為口訣。朱子少耽禪學，及從延平，延平稱其能於裏面從源頭上體究。而朱子於延平默坐澄心之教則初未相契。當時朱子在心學方面之自所體悟，已詳從遊延平篇。語類云：

上初召魏公，先召南軒來，某亦赴召至行在，語南軒云云。（一〇三）

是朱子與南軒初相見，事在隆興元年癸未冬。翌年，隆興二年春，朱子哭李先生於延平。其秋至豫章，重晤張南軒。續集卷五答羅參議書有云：

九月廿日至豫章，及魏公之舟而哭之。自豫章送之豐城，舟中與欽夫得三日之款，其名質甚敏，學問甚正，若充養不置，何可量也。

及乾道三年八月，訪南軒於潭州，留兩月。南軒贈行詩有曰：「遺經得紬繹，心事兩綢繆，超然會太極，眼底無全牛。」朱子答以二詩，見文集卷五。其一云：

昔我抱冰炭，從君識乾坤。始知太極蘊，要眇難名論。謂有寧有跡，謂無復何存。惟應酬酢處，特達見本根。萬化自此流，千聖同玆源。曠然遠莫禦，惕若初不煩。云何學力微，未勝物欲昏。涓涓始欲達，已被黃流吞。豈知一寸膠，救此千丈渾。勉哉共無斁，此語期相敦。

朱子、南軒長沙兩月討論，其語已難詳考。洪氏年譜謂「以二詩觀之，則其往復深相契者，太極之旨也。」今按語類有云：

舊在湖南理會乾坤，乾是先知，坤是踐履。上是「知至」，下是「終之」。卻不思今只理會箇知，未審到何年月方理會終之也。是時覺得無安居處，常恁地忙。又理會動靜，以為理是靜，吾身上出來便是動。卻不知未發念慮時靜，應物時動。靜而理感亦有動。動時理安亦有靜。初尋得箇動靜意思，其樂甚乖。然卻一日舊似一日，當時看明道答橫渠書，自不入也。（一〇四）

此條楊方記庚寅所聞，朱子四十一歲。云「舊在湖南」，即是與南軒相聚時也。當時理會乾坤、知行、動靜諸問題，云「乾是先知」，又說「吾身上出來便是動」，即是長沙別後中和舊說認心為已發四書之張本也。此乃朱子與南軒長沙兩月討論之新得，於是乃決然捨去延平求中未發之教而折從南軒，故詩曰「從君識乾坤」也。乾道五年己丑，朱子年四十，始悟中和舊說之非，翌年與楊方語及此番經過，云「是時覺得無安居處，常恁地忙」。又曰：「卻不知未發時靜亦有動，已發後動亦有靜。理感非已發，理安即未發。」此皆中和舊說後之新悟。其與南軒長沙相會有關乾坤方面之理會，從語錄此條與臨別酬詩云云，大可推知。洪譜謂其往復深相契者為太極之旨，似屬臆測，語未切至。王氏年譜亦未能引據此條加以發明。

今再細籀南軒與朱子酬酢詩，知當時討論乾坤，實亦旁及中庸之心法。南軒詩「遺經得紬繹」，「遺經」指易，亦指中庸，白田駁洪譜是也。惟謂「太極指心之未發言」，則誤。南軒贈詩：「妙質貴強矯，精微更窮搜，毫釐有弗察，體用豈周流」，正指察識於已發。朱子酬詩云：「惟應酬酢處，特達見本根」，亦指已發也。此本朱子從遊延平時自所啟悟，故乃於延平求中未發之旨未能相契，語詳從遊篇。又云「萬化自此流，千聖同茲源」，萬化流自太極，千聖同源一心，心與理一，則心即太極也。此後朱子注通書，謂無極之眞，兩儀四象之本，皆不外乎此心是也。南軒贈詩又云：「超然會太極，眼底無全牛」，萬化千聖，皆於此相會，天人一貫，通體朗然，故曰「無全牛」。此在天道與人心之本體方面，兩人當時議論甚相洽。惟朱子酬詩又云：「云何學力微，未勝物欲昏，涓涓始欲達，已被黃流吞」，此乃牽涉到實際修養工夫。朱子自延平卒後，常自省察，多覺未是，故乃追憶師門遺教，辭多憾悔。詩中此數語，正是自述來衡嶽晤南軒以前之心境。至云：「豈知一寸膠，救此千丈渾」，此乃與南軒講論數月後之新啟悟。蓋朱子其時折從南軒，故曰「勉哉共無斁，此語期相敦」也。於是此後遂有中和舊說之主張。洪譜又云：「是時范念德侍行，嘗言兩先生論中庸之義，三日夜而不能合」，此乃初相見時，朱子方抱持延平遺教以往，故不能合耳。此語李譜亦有之，斷是可信。而洪譜本條下又云：「其後先生卒更定其說」，此語李譜所無。然觀兩人臨別酬酢之詩，及此後朱子之中和舊說，則洪本加此一語，實深合當時情事。白田辨此皆誤，不可據。

文集卷二十四與曹晉叔書謂：

熹此月八日抵長沙，今半月矣。荷敬夫愛予甚篤，相與講明其所未聞，日有問學之益，至幸至幸。敬夫學問愈高，所見卓然，議論出人意表。近讀其語說，不覺胸中洒然，誠可嘆服。

朱子在長沙時，對南軒傾倒如此，則兩人間議論之始違而終合，亦可想。

文集卷四十一答程允夫有云：

去冬走湖湘，講論之益不少。然此事須自做工夫，於日用間行住坐臥處，方自有見處，然後從此操存，以至於極，方為己物耳。敬夫所見，超詣卓然，非所可及。近文甚多，未暇錄，且令寫此一銘去，尤勝他文也。

又曰：

艮齋銘便是做工夫底節次，近日相與考證古聖所傳門庭，建立此箇宗旨，相與守之。吾弟試熟味之。

此書在南嶽歸後，其折從南軒之意皎然矣。云「於日用間行住坐臥處有見，然後從此操存」，此即當時湖湘學派「先識察後存養」之說也。語類：

問：「南軒謂『動中見靜，方識此心』，如何是動中見靜？」曰：「動中見靜，便是程子所說『艮止』之意。敬夫卻要將這箇為見天地之心。復是靜中見動，他又要動中見靜，卻倒說了。」（一〇三）

動中見靜，是亦先察識後存養。朱子去南嶽兩月，正是信從此說，後乃識其非耳。

詩集卷五有懷南軒老兄云：

憶昔秋風裏，尋盟湘水傍。勝遊朝挽袂，妙語夜連牀。別去多遺恨，歸來識大方。惟應微密處，猶欲細商量。

此詩「歸來識大方」，「猶欲細商量」十字，正是道出「人自有生」一書以前之心情，十分透切。此下當就朱子與南軒別後通書，即所謂中和舊說者，詳加闡釋，此乃朱子論心學先後過程中一大關節。後人辨朱陸異同，及所謂朱子晚年定論者，亦多牽引及此，誠不得不詳論。惟欲就此問題詳加闡說，則仍當從朱子對延平遺教之意見從頭說起。

文集卷九十七延平先生李公行狀有云：

初，龜山先生唱道東南，士之遊其門者甚眾。然語其潛思力行，任重詣極如羅公，蓋一人而已。先生既從之學，講誦之餘，危坐終日，以驗夫喜怒哀樂未發之前氣象為如何，而求所謂中者。若是者蓋久之，而知天下之大本，眞有在乎是也。蓋天下之理，無不由是而出。既得其本，則凡出於此者，雖品節萬殊，曲折萬變，莫不該攝洞貫，以次融釋，而各有條理，如川流脈絡之不可亂。大而天地之所以高厚，細而品彙之所以化育，以至於經訓之微言，日用之小物，折之於此，無一不得其衷焉。由是操存益固，涵養益熟，精明純一，觸處洞然。泛應曲酬，發必中節。

此文當成於延平卒後不久。延平答問與朱子書有云：「近日涵養，必見應事脫然處否，須就事兼體用下工夫，久久純熟，漸可見渾然氣象。」又曰：「昔聞之羅先生：『橫渠教人，令且留意神化二字，「所存者神」，便能「所過者化」。』更望於靜默時及日用處下工夫看如何。」延平之教，既曰「兼體用下工夫」，又曰「於靜默時及日用處下工夫」，本非專主一邊。然曰所存神便能所過化，則是尤重在靜默一邊也。朱子當時，則較偏重於日用發處，又較注意書本尋究，所謂於聖經中求義理，於日用間做工夫，此皆延平之教，而對於延平涵養未發一節，則不免未有深入。文集卷四十答何叔京書有云：

李先生教人，大抵令於靜中體認大本未發時氣象分明，即處事應物自然中節，此乃龜山門下相傳指訣。然當時親炙之時，貪聽講論，又方竊好章句訓詁之習，不得盡心於此。至今若存若亡，無一的實見處，孤負教育之意。每一念此，未嘗不愧汗沾衣也。

此書在丙戌，朱子年三十七。此下朱子追念延平未發氣象之教，刻意研討，此書乃其發端。同卷又一書云：

昔聞之師，以為當於未發已發之幾，默識而心契焉，然後文義事理，觸類可通，莫非此理之所出，不待區區求之於章句訓詁之間也。向雖聞此，而莫測其所謂。由今觀之，始知其為切要至當之說，而竟亦未能一蹴而至其域也。

此書亦在丙戌。雖是兼言未發已發，然延平教旨本是如此。惟就所偏重，則專拈未發，細讀延平答問自見。則朱子當時追念師門遺教之意，注意在於未發一邊，其意斷可見。

在前引兩書間猶有一書，云：

杜門奉親，碌碌猶昔。體驗操存，雖不敢廢，然竟無脫然自得處。但比之舊日，則亦有間矣。不審別來高明所進復如何。向來所疑，定已冰釋否？若果見得分明，則天性人心未發已發，渾然一致，更無別物。由是而克己居敬以終其業，則日用之間，亦無適而非此事矣。中庸之書，要當以是為主，而諸君子訓義，於此鮮無遺恨，比來讀之，亦覺其有可疑者。雖子程子之言，其門人所記錄，亦不能無失，蓋記者之誤，不可不審所取也。

此書在前引兩書之間，則其力主一依延平遺教可知。謂程子之言亦不能無失，乃指「凡心皆屬已發」

言。此書則謂「未發已發渾然一致」，又云「體驗操存」，則即延平求中未發之旨而微變焉以為說。蓋朱子此時，乃以往日自所契悟在日用發處下工夫者又進一層，益以延平涵養未發之意，而求其渾然一致，故曰「比之舊日則亦有間」。書中言「農收乏人」，應在丙戌之秋。前引後一書，則應在丙戌之冬。至翌年丁亥，朱子訪張敬夫於長沙，而其為說又一變。

文集卷七十五中和舊說序謂：

余蚤從延平李先生學，受中庸之書，求喜怒哀樂未發之旨，未達而先生沒。余竊自悼其不敏，若窮人之無歸。聞張欽夫得衡山胡氏學，則往從而問焉。欽夫告余以所聞，余亦未之省也。退而沉思，殆忘寢食。一日喟然歎曰：「人自嬰兒以至老死，雖語默動靜之不同，然其大體，莫非已發，特其未發者為未嘗發爾。」自此不復有疑。以為中庸之旨，果不外乎此矣。後得胡氏書，有與曾吉父論未發之旨者，其論又適與余意合，用是益自信。雖程子之言有不合者，亦直以為少作失傳而不之信也。然間以語人，則未見有能深領會者。乾道己丑之春，為友人蔡季通言之，問辨之際，予忽自疑：斯理也，雖吾之所默識，然亦未有不可以告人者，今析之如此其紛糾而難明也，聽之如此其冥迷而難喻也，意者乾坤易簡之理，人心所同然者，殆不如是。而程子之言，出其門人高弟之手，亦不應一切謬誤以至於此。然則予之所自信者，其無乃反自誤乎？則復取程氏書虛心平氣而徐讀之，未及數行，凍解冰釋。然後知情性之本然，聖賢之微旨，其平正明白乃如此。而前日讀之不詳，妄生穿穴，凡所辛苦而僅得之者，適足以自誤而已。至於推類究極，反求諸身，則又見其為害之大，蓋不但名言之失而已也。於是又竊自懼，亟以書報欽夫，及嘗同為此論者。惟欽夫復書深以為然，其餘則或信或疑，或至於今，累年而未定也。夫忽近求遠，厭常喜新，其弊乃至於此，可不戒哉！暇日料檢故書，得當時往還書藁一編，輒序其所以而題之曰中和舊說。蓋所以深懲前日之病，亦使有志於學者讀之，因予之可戒而知所戒也。獨恨不得奉而質之李氏之門。然以先生之所已言者推之，知其所未言者，其或不遠矣。壬辰八月丁酉朔。

此因朱子赴南嶽前，於延平遺教仍未能堅定信守，而湖南一派持論則正與延平相反，故特往求教於南軒。其赴長沙以前之一番心情，可於前引答何叔京兩書中窺見。故其晤南軒，首所討論者，厥為此已發未發一問題。而序中又曰：「欽夫告余以所聞，余亦未之省。」此所以范念德謂「論中庸義三日夜不能合」也。序中又曰：「退而沉思，殆忘寢食，一日喟然歎曰」云云，此則朱子與南軒酬酢詩及其歸後懷南軒詩中皆已透露此消息，而為中和舊說之所由來。故知中和舊說，乃為朱子與南軒兩人在長沙講論兩月後所引起。證之上引各文，可以斷然無疑。

文集卷三十與張敬夫書曰：

人自有生，即有知識。事物交來，應接不暇。念念遷革，以至于死。其間初無頃刻停息，舉世皆然也。然聖賢之言，則有所謂未發之中，寂然不動者，夫豈以日用流行者為已發，而指夫暫而休息，不與事接之際為未發時耶？嘗試以此求之，則泯然無覺之中，邪暗鬱塞，似非虛明應物之體。而幾微之際一有覺焉，則又便為已發，而非寂然之謂。蓋愈求而愈不可見。於是退而驗之日用之間，則凡感之而通，觸之而覺，蓋有渾然全體，應物而不窮者，是乃天命流行生生不已之機。雖一日之間萬起萬滅，而其寂然之本體，則未嘗不寂然也。所謂未發，如是而已。夫豈別有一物，限於一時，拘於一處，而可以謂之中哉。（宋元學案節錄本文止此。）然則天理本眞，隨處發見，不少停息者，其體用固如是，而豈物欲之私所能壅遏而梏亡之哉？故雖汩於物欲流蕩之中，而其良心萌蘖，亦未嘗不因事而發見。學者於是致察而操存之，則庶乎可以貫乎大本達道之全體而復其初矣。

此為中和舊說之第一書。朱子自注云：

此書非是，但存之以見議論本末耳。下篇同此。

此書所云人自初生即有知識，即舊說序中所謂「人自嬰兒以至老死」云云也。書中所論，不外序文所謂「人心大體莫非已發」之一語，與延平所主默坐澄心以觀大本之說相距實遠，而與朱子從遊延平時之自所啟悟，則頗為接近。如曰「萬紫千紅總是春」，又曰「為有源頭活水來」，皆與此書消息相通。即其長沙臨別詩亦云：「惟應酬酢處，特達見本根」，此皆主從已發處察識也。湖南之學，本主察識先於存養，南軒承其師五峯之說，而於延平默坐澄心之教則不謂然。朱子自延平卒後，工夫入細，日常省察，頗多悔憾，乃始有意回尋師說，觀前引答何叔京兩書可見。殆於其自所主張源頭活水以及萬紫千紅之意見自覺未安，故有「孤負教育之意，每一念此，未嘗不愧汗沾衣」之云也。其專程赴長沙訪南軒，必是挾帶此一番心情而去。及其臨別酬詩則曰：「昔我抱冰炭，從君識乾坤。」所謂冰炭，即指自己往日意見與延平默坐澄心之教不合而言。詩中云「惟應酬酢處，特達見本根」，此則依然是自己往日源頭活水萬紫千紅之見解，而轉與南軒持論相近。而卒之以「云何學力微，未勝物欲昏」，則朱子心中殆仍感踐修之未安，而於南軒之說仍有未盡信愜者。故乃退而沉思，殆忘寢食。此當兼指長沙歸後。而此書則應在翌年乾道四年戊子之春。以朱子進學之敏勤果鋭，決不當久留此疑難於胸中，而不加以解答也。然此書所悟，實仍是舊日源頭活水萬紫千紅之見解，兼采南軒議論，而謂未發本體即在已發中，由此打通與延平立教之隔閡，而亦一時自以為是。此書去後，南軒復書隨至，於是續有第二書。此兩書先後所隔時間亦當不遠。其第二書云：

前書所扣，正恐未得端的，所以求正。茲辱誨諭，尚有認為兩物之弊。深所欲聞，幸甚幸甚。

當時乍見此理，言之惟恐不親切分明，故有指東畫西，張皇走作之態。自今觀之，只一念間，已具此體用。發者方往而未發者方來，了無間斷隔截處，夫豈別有物可指而名之哉。然天理無窮，而人之所見有遠近深淺之不一，不審如此見得又果無差否？更望一言垂教，幸幸。所論龜山中庸可疑處，鄙意近亦謂然。又如所謂「學者於喜怒哀樂未發之際以心驗之，則中之體自見」，亦未為盡善。大抵此事渾然，無分段時節先後之可言，今著一時字際字，便是病痛。當時只云寂然不動之體，又不知如何？語錄亦嘗疑一處說「存養於未發之時」一句，及問者謂「當中之時，耳目無所見聞」，而答語殊不痛快，不知左右所疑是此處否，更望指誨也。向見所著中論有云：「未發之前，心妙乎性，既發則性行乎心之用矣。」於此竊亦有疑。蓋性無時不行乎心之用，但不妨常有未行乎用之性耳。今下一前字，亦微有前後隔截氣象，如何如何？熟玩中庸，只消著一未字，便是活處，此豈有一息停住時耶？只是來得無窮，便常有個未發底耳。若無此物，則天命有已時，生物有盡處，氣化斷絕，有古無今久矣。此所謂天下之大本，若不眞的見得，亦無揣摸處也。

朱子自注云：

此書所論尤乖戾，所疑語錄皆非是，後自有辨說甚詳。

此書緊承前書，前書謂生生不已之機，雖一日之間萬起萬滅，而其寂然之本體則未嘗不寂然，南軒復書謂其尚有認為兩物之弊，故此書乃更進一步，謂此心「豈有一息停住時，只是來得無窮，便常有箇未發底」。如此則未發已發，合而為一，只此一流行之體。一念間體用已具，更無分別。此一念來得無窮，即是念念相續，永不停住。而曰「來得無窮，便常有箇未發底」。中庸未發、已發本指內外言，而朱子改以先後言。其實此等見解，仍是源頭活水萬紫千紅之意，與延平默坐澄心求中未發之旨則相去益遠。並明謂「龜山中庸可疑處，鄙意近亦謂然」。疑龜山，即是疑延平也。此兩書，顯是朱子仍據自己舊見而合之湖南一派五峯、南軒之意，而捨棄了龜山、延平一脈相傳之宗旨。朱子在此時，殆亦自感其往日胸中冰炭，可以消融渾化，不復存在矣。然書中尚透露出一難解決之問題，即所謂天理雖無窮，而人之所見，有遠近深淺之不一是也。試問於此念念遷革，不稍停住之間，又如何必使其常與天理相合而一一無失乎？朱子長沙臨別酬詩已言之，曰：「涓涓始欲達，已被黃流吞。豈知一寸膠，救此千丈渾。」但此一寸之膠，亦實非可以當下即得。若曰苟能當下省察，自可常有此一寸之膠，來救我千丈之渾，而不煩我之別有所致力，則誰人之念念遷革，而不可以獲此心體用之大全乎？此乃當前一具體問題，一實修實踐問題，非可於文字言辨間得其解決。朱子之於南軒，朋友切磋，雖虛懷若谷，樂取於人。而其於日常躬行，反己體察之嚴，則實未有一時一息之自恕自怠。延平之教朱子，嘗曰：「道亦無玄妙，只在日用間着實做工夫處理會。」朱子自始即深受此一教誨之影響，於是乃仍感不自安，繼之而有第三書。

第三書見文集卷三十二，書曰：

誨諭曲折數條，始皆不能無疑。既而思之，則或疑或信，而不能相通。近深思之，乃知只是一處不透，所以觸處窒礙。雖或考索強通，終是不該貫。偶卻見得所以然者，輒具陳之，以卜是否。大抵日前所見，累書所陳者，只是儱侗地見得箇大本達道底影像，便執認以為是了，卻於「致中和」一句，全不曾入思議。所以累蒙教，告以求仁之為急，而自覺殊無立腳下工夫處，蓋只見得箇直截根源，傾湫倒海底氣象，日間但覺為大化所驅，如在洪濤巨浪之中，不容少頃停泊。蓋其所見，一向如是，以故應事接物處，但覺粗厲勇果增倍於前，而寬裕雍容之氣略無毫髮。雖竊病之，而不知所自來也。而今而後，乃知浩浩大化之中，一家自有一箇安宅，正是自家安身立命主宰知覺處，所以立大本行達道之樞要，所謂「體用一源，顯微無間」者，乃在於此。而前此方往方來之說，正是手忙足亂，無著身處。道邇求遠，乃至於是，亦可笑矣。（後幅論正蒙，論易經復卦，論孟子夜氣，均略去不錄。）

此書謂「儱侗地見得箇大本達道底影像，便執認以為是了」；又曰「蓋其所見，一向如是」。證之延平未卒以前朱子詩中所詠，如「源頭活水」，即是大本。「萬紫千紅」，即是達道。而求其立腳下工夫處則無。此書返就己心，謂前所認識，只是一影像。至是又有新悟，自謂「於『致中和』一句全不曾入思議」。中和始是此心本體。苟中和未致，則所謂日常流行者，其實非即是此心之眞本體也。必眞實認得此眞本體，乃可謂「於浩浩大化中，一家自有一箇安宅，正是自家安身立命主宰知覺處，所以立大本行達道之樞要」也。然此心由何而能主宰知覺，此事煞費工夫，而書中仍未說到，即是於「致中和」工夫仍未涉及也。於是遂繼之而有第四書。

第四書亦見文集之同卷，其書曰：

前書所稟，寂然未發之旨，良心發見之端，自以為有小異於疇昔偏滯之見。但其間語病尚多，未為精切。比遺書後累日潛玩，其於實體似益精明。因復取凡聖賢之書及近世諸老先生之遺語讀而驗之，則又無一不合。蓋平日所疑而未白者，今皆不待安排，往往自見灑落處。始竊自信，以為天下之理其果在是，而致知格物居敬精義之功，自是其有所施之矣。聖賢方策，豈欺我哉？蓋通天下只是一箇天機活物，流行發用，無間容息。據其已發者而指其未發者，則已發者人心，而凡未發者皆其性也。亦無一物而不備矣。夫豈別有一物，拘於一時，限於一處，而名之哉？即夫日用之間，渾然全體，如川流之不息，天運之不窮耳，此所以體用精粗動靜本末洞然無一毫之間，而鳶飛魚躍觸處朗然也。存者，存此而已。養者，養此而已。「必有事焉而勿正，心勿忘，勿助長也」。從前是做多少安排，沒頓着處。今覺得如水到船浮，解維正柁，而沿洄上下，惟意所適矣，豈不易哉！始信明道所謂「未嘗致纖毫之力者」，眞不浪語。而此一段事，程門先達惟上蔡謝公所見透徹，無隔礙處。自餘雖不敢妄有指議，然味其言亦可見矣。近范伯崇來自邵武，相與講此甚詳，亦歎以為得未曾有，而悟前此用心之左。且以為雖先覺發明指示不為不切，而私意汩漂，不見頭緒。向非老兄抽關啟鍵，直發其私，誨諭諄諄，不以愚昧而捨置之，何以得此，其何感幸如之。區區筆舌，蓋不足以為謝也。但未知自高明觀之，復以為如何爾。（此下論性不可以善惡名一節略去。）

此書與前一書不同者，在其指出已發者人心而凡未發者皆其性之一節。然此雖不似前見在萬起萬滅方往方來中立腳，而尚是偏於察識端倪一邊，尚主心為已發也。

以上四書，皆朱子此後所謂中和舊說也。此四書當皆在乾道四年戊子。五年己丑春，與蔡季通相語，忽又因疑得悟，於是又有與湖南諸公書，此即中和舊說序所謂「亟以書報欽夫及嘗同為此論者」也。朱子自此四書後，讀胡五峯與曾吉父論未發，大旨與四書中意見相合，故益以自信，而湖湘學者大體亦都同此主張，南軒亦不例外。故朱子得此新悟，急於作書徧告也。

文集卷六十四與湖南諸公論中和第一書云：

中庸未發已發之義，前此認得此心流行之體，又因程子「凡言心者皆指已發而言」，遂目心為已發，性為未發。然觀程子之書，多所不合。因復思之，乃知前日之說，非惟心性之名命之不當，而日用功夫全無本領，蓋所失者不但文義之間而已。按文集、遺書諸說，似皆以思慮未萌，事物未至之時，為喜怒哀樂之未發，當此之時，即是此心寂然不動之體。而天命之性，當體具焉。（當字王譜改作全字，似不可從。）以其無過不及，不偏不倚，故謂之中。及其感而遂通天下之故，則喜怒哀樂之情（文集作性，今依王譜改）發焉，而心之用可見。以其無不中節，無所乖戾，故謂之和。此則人心之正，而情性之德然也。然未發之前不可尋覓，已發（文集作覺字，依王譜改）之後不容安排。但平日莊敬涵養之功至，而無人欲之私以亂之，則其未發也，鏡明水止，而其發也，無不中節矣。此是日用本領工夫。至於隨事省察，即物推明，亦必以是為本，而於已發之際觀之，則其具於未發之前者，固可默識。故程子之答蘇季明，反復論辨，極於詳密，而卒之不過以敬為言。又曰：「敬而無失，即所以中。」又曰：「入道莫如敬，未有致知而不在敬者。」又曰：「涵養須是敬，進學則在致知。」蓋為此也。向來講論思索，直以心為已發，而日用工夫，亦止以察識端倪為最初下手處。以故闕卻平日涵養一段工夫，使人胸中擾擾，無深潛純一之味。而其發之言語事為之間，亦常急迫浮露，無復雍容深厚之風。蓋所見一差，其害乃至於此，不可以不審也。程子所謂「凡言心者皆指已發而言」，此乃指赤子之心而言。而謂「凡言心者」，則其為說之誤。故又自以為未當而復正之。固不可以執其已改之言，而盡疑諸說之誤。又不可遂以為未當而不究其所指之殊也。不審諸君子以為如何？

朱子在乾道四年一年中，反復尋求未發已發一問題，至是可謂告一段落。茲再追溯言之：方朱子初遊延平之門，於禪學已頗有體會，而延平以為未是，遂開朱子還就儒術重作研尋之新機。其積年玩索所得關於心體方面者，則源頭活水及萬紫千紅兩詩，可作代表。故朱子常認心為活物，心是已發，而於延平求中未發之旨，則頗未深契。朱子乃從延平另兩番教言中致力。一則曰於日用處用工；一則曰去聖經中求義。此正以藥朱子當時懸空說得無限道理之病。而以朱子心智之敏銳，興趣之廣博，日尋日進，眞有源頭活水汩汩而來，滿眼春風光景全新之感。迨其奉親屏處山間，深僻窮約之中，所進益密，所得益細，乃覺工夫終有疎失，心境未歸寧一，於是延平求中未發之遺言，乃始時時往來胸中。其與何叔京兩書，所謂「孤負教育之意，媿汗沾衣」，以及「竟亦未能一蹴而至」之云，實是道出當時內心之苦悶與徬徨，故乃遠道訪問於南軒。蓋朱子曾從學於胡籍溪，籍溪於五峯為從兄弟，朱子於湖湘之學本有淵源。而五峯、南軒主張心為已發，正與朱子夙見相符。及南嶽歸來，遂一意捨去延平求中未發之教，而專從向所抱持心屬已發之舊意見上推求，此則其中和舊說之所由來也。一年以後，又獲新悟，始於此心之已發未發，能兩面兼顧，更不專著一邊。此後朱子於橫渠「心統性情」之說備極稱讚，謂「孟子說心許多，未有橫渠此語端的」。蓋因朱子四十歲前為此已發未發問題費盡曲折，而始達到此結論，則無怪其對橫渠此語之推崇備至也。龜山以下一脈所傳求未發以前氣象，固是偏著一邊，然亦不能擱棄不加理會。至是，朱子始以往日自所體悟者與師門遺教綰合雙成，已發未發兼顧交修，而獲得一定論。故其中和舊說序有曰：「恨不得奉而質之李氏之門，然以先生之所已言者推之，知其所未言者其或不遠矣。」蓋延平之教，本亦內外兼顧，動靜交修，惟未如朱子此番所悟之明徹透切。故至是而朱子始自信，苟使李氏復生，亦必首肯吾言也。朱子又從程門拈出一敬字，已發未發，動靜交融，至是而昔日師門教誨，於日用處用工、去聖經中求義之兩項，亦始覺其為完密無少虧漏。是後朱子為大學章句序，以二程為得孔孟道統之傳，而自居為私淑；於龜山道南一脈，未著一辭；而生平於延平李先生，則終是稱道不去口。學者試細究朱子四十歲以前之學問塗轍，尤其關於已發未發一問題之往返探索，而獲得此最後之結論，於其經過，果能有會於心，則於大學章句序此一節之措辭，亦可約略窺見其淵旨之所在矣。

文集卷五十六答方賓王有云：

> 延平行狀中語，乃是當時所聞其用功之次弟。今以聖賢之言、進修之實驗之，恐亦自是其一時入處，未免更有商量也。程子所論心指已發，後書明言「此固未當」，則是一時言語不免小差，須如後說，乃為無病。蓋性為體，情為用，而心則貫之。必如橫渠先生所謂「心統情性者」，其語為精密也。

此書應在淳熙八年辛丑，朱子年五十二。是年冬十一月奏事延和殿，上距隆興元年癸未冬朱子至行在奏事垂拱殿，前後相距，垂二十年矣。書中有云：「屬者入都，不能半月，而匆匆以去。」又曰：「有書只託呂子和發書至婺女，彼中時有便。」因此時朱子正提舉兩浙東路也。在此書中，朱子始明白以延平默坐澄心之遺教為非，僅謂「自是其一時入處，未免更有商量」。蓋既已拈出程門敬字，已發未發，內外動靜，固已一以貫之，不煩更偏在默坐澄心求未發氣象為教。然書中又曰：「以聖賢之言、進修之實驗之」，此兩者，則仍是往年所受延平遺教也。

今再將與湖南諸公書之所陳，回視前四書之舊說，則舊說中之錯誤未當處，亦一一躍然彰顯。如第一書云：「暫而休息，不與事接之際，則泯然無覺之中，邪暗鬱塞，似非虛明應物之體」，此即失卻居敬工夫所致，非人心眞體段如是也。又曰：「雖汩於物欲流蕩之中，而其良心萌蘖亦未嘗不因事而發見，學者於是致察而操存之，則庶乎可以貫乎大本達道之全體而復其初」，此則所謂先察識後存養，工夫偏落一邊。抑且將如伊川所謂「破屋中禦寇，東面一人來未逐得，西面又一人至，右左前後驅除不暇」，非明道「敬勝百邪」之教也。又如第二書云：「只是來得無窮，便常有箇未發」，此語更值商榷。既與中庸原義有乖，亦將使實際修為工夫無從下手。苟非平日有居敬一段工夫，亦豈得有如中庸所謂之未發。第三書已提及心之主宰知覺處，然使無所存養，則我心之為主宰知覺者，其果可恃乎？所謂「浩浩大化中，一家自有一箇安宅」者，又眞可謂是安宅乎？第四書始提到敬字，然只云「致知格物居敬精義之功自是其有所施之」，此只隨筆提及，忽略了敬字喫緊工夫，所以必有待於最後之更進一境。朱子大賢，此番求道進學深淺曲折之致，洵可以垂示來學，作為一至堪警惕玩味之榜樣也。

文集卷六十七有已發未發說，與論中和第一書同時，字句亦多相同，茲並備錄，以供參究。其文曰：

中庸未發已發之義，前此認得此心流行之體，又因程子「凡言心者皆指已發」之云，遂目心為已發，而以性為未發之中，自以為安矣。比觀程子文集、遺書，見其所論多不符合。因再思之，乃知前日之說，雖於心性之實未始有差，而未發已發命名未當。且於日用之際，欠卻本領一段工夫。蓋所失者不但文義之間而已。因條其語，而附以己見，告於朋友，願相與講焉。恐或未然，當有以正之。（以下逐條引程子文集、遺書，此省不錄。）

右據此諸說，皆以思慮未萌、事物未至之時為喜怒哀樂之未發。當此之時，即是心體流行，寂然不動之處，而天命之性體段具焉。以其無過不及、不偏不倚，故謂之中。然已是就心體流行處見，故直謂之性則不可。呂博士論此，大概得之。特以中即是性，赤子之心即是未發，則大失之。故程子正之。蓋赤子之心，動靜無常，非寂然不動之謂，故不可謂之中。然無營欲知巧之思，故為未遠乎中耳。未發之中，本體自然，不須窮索。但當此之時，敬以持之，使此氣象常存而不失，則自此而發者，其必中節矣。此日用之際本領工夫。其曰「卻於已發之處觀之」者，所以察其端倪之動而致擴充之功也。一不中，則非性之本然，而心之道或幾乎息矣。故程子於此，每以「敬而無失」為言。又云：「入道莫如敬，未有能致知而不在敬者。」又曰：「涵養須是敬，進學則在致知。」以事言之，則有動有靜。以心言之，則周流貫徹，其工夫初無間斷也。但以靜為本耳。（原注：周子所謂主靜者，亦是此意。但言靜則偏，故程子又說敬。）向來講論思索，直以心為已發，而所論致知格物，亦以察識端倪為初下手處，以故缺卻平日涵養一段功夫。其日用意趣，常偏於動，無復深潛純一之味。而其發之言語事為之間，亦常躁迫浮露，無古聖賢氣象。由所見之偏而然爾。程子所謂「凡言心者皆指已發而言」，此卻指心體流行而言，非謂事物思慮之交也。然與中庸本文不合，故以為未當而復正之。固不可執其已改之言而盡疑論說之誤，又不可遂以為當而不究其所指之殊也。周子曰：「無極而太極。」程子又曰：「『人生而靜』以上不容說，纔說時便已不是性矣。」蓋聖賢論性，無不因心而發。若欲專言之，則是所謂無極而不容言者，亦無體段之可名矣。未審諸君子以為如何？

竊疑此篇實乃與湖南諸公書之先稿。文集同卷又有程子養觀說，亦當同時，可資相證。茲復鈔錄於下：

程子曰：「存養於未發之前則可。」又曰：「善觀者卻於已發之際觀之。」何也？曰：此持敬之功，貫通乎動靜之際者也。就程子此章論之，方其未發，必有事焉，是乃所謂靜中之知覺，復之所以見天地之心也。及其已發，隨事觀省，是乃所謂動上求靜，艮之所以止其所也。然則靜中之動，非敬其孰能形之。動中之靜，非敬其孰能察之。故又曰：「學者莫若先理會敬，則自知此矣。」然則學者豈可舍是而他求哉？

此乃朱子對此問題積年探索之最後所得，正在提出程門一敬字工夫也。方其初自衡嶽歸來，則專以南軒艮齋銘為宗旨，是即所謂動上求靜也。其間不同顯可覩。

然朱子此番新悟，湖湘學者或信或疑，累年未定。惟南軒復書深以為然。朱子又有答張欽夫一長書，見文集卷三十二，其書曰：

諸說例蒙印可，而未發之旨又其樞要。既無異論，何慰如之。然比觀舊說，卻覺無甚綱領。因復體察，見得此理須以心為主而論之，則性情之德，中和之妙，皆有條而不紊矣。然人之一身，知覺運用，莫非心之所為，則心者，固所以主於身而無動靜語默之間者也。然方其靜也，事物未至，思慮未萌，而一性渾然，道義全具，其所謂中，是乃心之所以為體，而寂然不動者也。及其動也，事物交至，思慮萌焉，則七情迭用，各有攸主，其所謂和，是乃心之所以為用，感而遂通者也。然性之靜也，而不能不動，情之動也，而必有節焉，是則心之所以寂然感通，周流貫徹，而體用未始相離者也。然人有是心而或不仁，則無以著此心之妙。人雖欲仁而或不敬，則無以致求仁之功。蓋心主乎一身，而無動靜語默之間，是以君子之於敬，亦無動靜語默而不用其力焉。未發之前，是敬也，固已主乎存養之實。已發之際，是敬也，又常行於省察之間。方其存也，思慮未萌而知覺不昧，是則靜中之動，復之所以見天地之心也。及其察也，事物紛糾，而品節不差，是則動中之靜，艮之所以「不獲其身、不見其人」也。有以主乎靜中之動，是以寂而未嘗不感。有以察乎動中之靜，是以感而未嘗不寂。寂而常感，感而常寂，此心之所以周流貫徹而無一息之不仁也。然則君子之所以致中和而天地位萬物育者，在此而已。蓋主於身而無動靜語默之間者，心也。仁則心之道，而敬則心之貞也。此徹上徹下之道，聖學之本統。明乎此，則性情之德，中和之妙，可一言而盡矣。來諭所謂「學者先須察識端倪之發，然後可加存養之功」，則熹於此不能無疑。蓋發處固當察識，但人自有未發時，此處便合存養。豈可必待發而後察，察而後存耶？且從初不曾存養，便欲隨事察識，竊恐浩浩茫茫，無下手處，而毫釐之差，千里之謬，將有不可勝言者。此程子所以每言「孟子才高，學之無可依據。人須是學顏子之學，則入聖人為近，有用力處」。其微意亦可見矣。且如灑掃應對進退，此存養之事也，不知學者將先於此而後察之耶？抑將先察識而後存養也。以此觀之，則用力之先後，判然可觀矣。來教又謂「動中涵靜，所謂復見天地之心」，亦所未喻。熹前以復為靜中之動者，蓋觀卦象便自可見，而伊川先生之意似亦如此。來教又謂「言靜則溺於虛無」，此固所當深慮。然此二字，如佛者之論，則誠有此患。若以天理觀之，則動之不能無靜，猶靜之不能無動也。靜之不能無養，猶動之不可不察也。但見得一動一靜互為其根，敬義夾持不容間斷之意，則雖下靜字，元非死物。至靜之中，蓋有動之端焉，是乃所以見天地之心者。而先王之所以至日閉關，蓋當此之時，則安靜以養乎此爾，固非遠事絕物，閉目兀坐，而偏於靜之謂。但未接物時，便有敬以主乎其中，則事至物來，善端昭著，而所以察之者益精明爾。伊川所謂「卻於已發之際觀之」者，正謂未發則只有存養，而已發則方有可觀也。周子之言「主靜」，乃就中正仁義而言。以正對中則中為重，以義配仁則仁為本爾。非四者之外，別有「主靜」一段事也。來教又謂熹言以靜為本，不若遂言以敬為本，此固然也。然敬字工夫通貫動靜，而必以靜為本，故熹向來輒有是語。今若遂易為敬，雖若完全，然卻不見敬之所施有先有後，則亦未得為諦當也。至如來教所謂「要須察夫動以見靜之所存，靜以涵動之所本，動靜相須，體用不離，而後為無滲漏也」，此數句卓然意語俱到。然上兩句次序似未甚安。意謂易而置之，乃有可行之實，不審尊意以為如何。

此書特拈出心字為用工之地，蓋因在性處則無可致力也。後人目程朱為性學，陸王為心學，實非正見。惟觀此書，朱子與南軒兩人間，實仍有歧見存在。南軒意寧言敬，不喜言靜，朱子則謂敬字工夫雖兼動靜，而仍必以靜為本。涵養察識之先後，兩人意亦不同。關於此兩問題，當另篇續詳，此暫不論。

文集卷三十一答張敬夫有云：

中字之説甚善，而所論狀性形道之不同，尤為精密，開發多矣。然愚意竊恐程子所云「只一箇中字」，但用不同」，此語更可玩味。所謂「只一箇中字」者，中字之義未嘗不同，亦曰不偏不倚，無過不及而已矣。然「用不同」者，則有所謂在中之義，有所謂中之道是也。所謂在中之義，言喜怒哀樂之未發，渾然在中，亭亭當當，未有箇偏倚過不及處。其所以謂之中者，蓋所以狀性之體段也。有所謂中之道，乃即事即物，自有箇恰好底道理，不偏不倚，無過不及。其所以謂之中者，則所以形道之實也。只此亦便可見來教所謂狀性形道之不同者。但又見得中字只是一般道理，以此狀性之體段，則為未發之中。以此形道，則為無過不及之中耳。且所謂在中之義，猶曰在裏面底道理云爾，非以在中之中字解未發之中字也。愚見如此，不審高明以為如何。

此下又一書云：

在中之義之説，來諭説得性道未嘗相離，此意極善。但所謂「此時蓋在乎中」者，文意簡略，熹所未曉，乞更詳諭。又謂已發之後，中何嘗不在裏面，此恐亦非文意。蓋既言未發時在中，則是對已發時在外矣。但發而中節，即此在中之理發形於外，如所謂即事即物，無不有箇恰好底道理是也。一不中節，則在中之理雖曰天命之秉彝，而當此之時，亦且漂蕩淪胥而不知其所存矣。但能反之，則又未嘗不在於此，此程子所以謂「以道言之則無時而不中，以事言之則有時而中」也。所以又謂「善觀者卻於已發之際觀之」也。若謂已發之後，中又只在裏面，則又似向來所說，以未發之中自為一物，與已發者不相涉入，而已發之際，常挾此物以自隨也。然此義又有更要子細處。夫此心廓然，初豈有中外之限。但以已發未發分之，則須如此。亦若操舍存亡出入之云耳。乞幷詳之。

此書原注在壬辰冬，則前一書亦應在壬辰。兩書所辨，顯與中和舊說不同。舊說之放棄在己丑，此兩書又在其後三年。後人有認此兩書亦為中和舊說者，其誤不待辨。

黃梨洲宋元學案晦翁一案，首舉中和說凡四篇，而引劉蕺山語於後，其言曰：

> 此朱子特參中庸奧旨以明道也。第一書先見得天地間一段發育流行之機，無一息之停待，乃天命之本然，而實有所謂未發者存乎其間。即已發處窺未發，絕無彼此先後之可言者也。第二書則以前日所見為儱侗，浩浩大化之中，一家自有一箇安宅，為立大本行達道之樞要，是則所謂性也。第三書又以前日所見為未盡，反求之於心，以性情為一心之蘊。心有動靜，而中和之理

> 見焉。故中和只是一理。一處便是仁，即向所謂立大本行達道之樞要。然求仁工夫只是一敬，心無動靜，敬無動靜也。最後一書，又以工夫多用在已發為未是，而專求之涵養一路，歸之未發之中云。合而觀之，第一書言道體也。第二書言性體也。第三書合性於心，言工夫也。第四書言工夫之究竟處也。見解一層進一層，工夫一節換一節，孔孟而後，幾見小心窮理如朱子者。愚案朱子之學，本之李延平，由羅豫章而楊龜山，而程子，而周子。自周子有「主靜立極」之說，傳之二程，其後羅、李二先生專教人默坐澄心，看喜怒哀樂之未發時作何氣象。朱子初從延平遊，固嘗服膺其說，已而又參以程子主敬之說，靜字為稍偏，不復理會。迨其晚年，深悔平日用功未免疏於本領，致有「辜負此翁」之語，固已深信延平立教之無弊。而學人向上一機，必於此而取則矣。湖南答問誠不知出於何時，考之原集，皆載在敬夫次第往復之後，經輾轉折證而後有此定論，則朱子生平學力之淺深，固於此窺其一斑。而其卒傳延平心印以得與於斯文，又當不出此書之外無疑矣。夫「主靜」一語，單提直入，惟許濂溪自開門戶，而後人往往從依傍而入，其流弊便不可言。幸而得，亦如短販然，本薄利奢，叩其中藏，可盡也。朱子不輕信師傳，而必遠尋伊洛以折衷之，而後有以要其至，乃所謂善學濂溪者。

此一節，隨處皆可商榷。朱子中和說明在四十前，何謂「湖南答問不知出於何時」乎？又謂「迨其晚年而有『辜負此翁』之語」。今考此語見於答林擇之書，確是出於中和說之後，然亦不得謂在朱子之晚年也。朱子當時有中和說與中和舊說，學案首舉及此，示其重視，乃刪去舊說第二書，又混合中和說與舊說為一，總稱中和說一二三四，此豈朱子當時之眞乎？又其中和說三，應在中和說四答湖南諸公之後，而復顚倒其次第。又於此四篇中，漫加刪節，無一詳其全文，使讀者無以見其先後之原序，詳實之內容，遂乃妄肆曲解，甚可怪也。朱子中和說，本承延平求中未發之遺教而來，朱子當時認心為已發，遂致生此許多曲折，此諸書皆本中庸論心之未發已發者，而蕺山乃謂第一書言道體，第二書論性體，第三書合性於心，言工夫，第四書言工夫之究竟，此與原書內容及當時情實全不符。而又特稱之曰「見解一層進一層，工夫一節換一節」，又曰「孔孟而後，幾見小心窮理如朱子者」。是故諛之，抑故誣之耶？朱子第一書自注：「此書未是，但存之以見議論本末。」學案特將此注刪去，並而引蕺山曰：「說得大意已是。」試問此為晦翁學案，抑蕺山學案乎？且朱子對此問題自有悟處，並不墨守延平求中未發之遺教，而乃謂其「卒傳延平心印以得與於斯文」，此非厚誣朱子而何？朱子對此番尋究之最後結論，則一歸於二程之言敬，而必言其乃是善學濂溪。朱子自有善學濂溪而尊推之於二程以上之意，然此等見解尙在後，語詳本書朱子述評周程篇。此處所云，顯是牽強之曲解。又曰：「朱子之學本之李延平，由羅豫章而楊龜山而程子而周子，自周子有『主靜立極』之說傳之二程，其後羅李二先生」云云，此於兩宋儒學傳統全未道著眞處。只為要主張濂溪「主靜立人極」一語而曲說強解，厚誣前人，欺妄後學，又何為乎？朱子學風重訓釋，重考覈，前言往行，必先求其眞是所在，而後始評騭其得失。此一學風，北宋理學諸儒未之能先。及朱子身後，嗣響漸寂。明儒尤空疎。

陽明晚年定論之說，意存偏袒，尚易啟人之疑。至蕺山則陽為美讚，恣其偏私，梨洲引之列入學案，後人治宋儒理學者，每依黃氏書為入門，先入之見，導之迷途，何從更得前人之眞相，此誠不可以不辨也。

梨洲於南軒學案之案語又曰：「南軒早知持養是本，省察所以成其持養，朱子缺卻平日一段涵養工夫，至晚年而後悟。」此尤似全未窺朱子、南軒兩家之書者。湖湘學派皆主先察識，後涵養，南軒亦然。朱子捨延平從南軒，始有中和舊說一番曲折。若南軒早知持養是本，省察所以成其持養，則朱子亦不走此迂道。

文集卷四十三答林擇之有云：

近得南軒書，諸說皆相然諾，但先察識、後涵養之論，執之尚堅。

又一書曰：

近看南軒文字，大抵都無前面一截工夫。必待其發而後察，察而後存，則工夫之所不至多矣。惟涵養於未發之前，則其發處自然中節者多，體察之際亦甚明審，易為着力。

此皆在中和舊說之後，而南軒猶主先察識之證也。且蕺山既謂朱子善學濂溪，又何待於晚年。故知蕺山說凡此皆在朱子四十稍後，已與陽明晚年定論之說相衝突，而梨洲之說又與蕺山「善學濂溪」之說相衝突。首尾橫決，彼此齟齬，究孰為得朱子當日之眞乎？

梨洲又一案語則曰：「湖南一派，大端發露，無從容不迫氣象。自南軒出而與考亭相講究，去短集長，其言語之過於正者裁之以歸於平正，『有子，考无咎』，其南軒之謂與。」此條敍述南軒、朱子兩家切磋之間，頗近實情。然「大端發露，無從容不迫氣象」，正為其主張察識先乎持養而然。自朱子與湖南諸公論中和書後，南軒始折而從之，然猶未放棄其先察識後涵養之舊見。此在當時討論心性修養工夫上有莫大關係，豈如梨洲所謂「言語之過正者裁之歸於平正」而已乎？而謝山之案語則曰：「南軒似明道，晦翁似伊川，向使南軒得永其年，所造更不知如何也。而北溪諸子必欲謂南軒從晦翁轉手，是猶謂橫渠之學於程氏，欲尊其師而反誣之，斯之謂矣。」此又與梨洲案語相衝突。蕺山、梨洲、謝山，皆一意尊陽明，於朱子則意存貶抑，言不考實，終無一貫統緒可尋，是亦徒見其為門戶習氣之私而已。清儒治考據號漢學者必排朱子，其治義理言理學者，如李穆堂、全謝山皆遵王學，多以排朱為快。黃全學案乃無處不見其貶朱之迹，此皆一時門戶意氣使然。特為點出，以待讀者之善自尋究焉。

又按蕺山之說，尚可遠溯之於陳白沙。其與羅一峯書有曰：

伊川先生每見人靜坐，便歎其善學。此一靜字，自濂溪先生主靜發源。後來程門諸公遞相傳授，至於豫章、延平，尤專提此教人，學者亦以此得力。晦翁恐人差入禪去，故少說靜，只說敬，如伊川晚年之說，此是防微慮遠之道。然在學者，須自量度如何，若不至為禪所誘，仍多着靜，方有入處。

白沙主靜中養出端倪，此書所云，止於自述己見，亦能發明朱子之意，非故為曲說之比。陽明初期教法專重靜坐，江右王門尤言主靜歸寂。蕺山單提慎獨，而以濂溪之「主靜立人極」為歸宿。梨洲師承蕺山，故曰姚江之學惟江右得其傳，此乃自己學脈如此。然必謂朱子以豫章、延平為依歸，則較之白沙所云，可謂得失判然矣。

厥後朱澤澐止泉文集有朱子未發涵養辨一篇，謂：

自程子發明平日涵養之旨，傳之龜山、豫章、延平，以及朱子，而聖學大明。朱子之涵養，雖受之延平，而其默契乎心統性情貫通動靜之奧，實發龜山、豫章、延平所未及言，而直上合乎伊川，成書俱在，可考而知也。

此謂朱子言涵養，實發龜山、豫章、延平所未及，而上合乎伊川，亦不復溯之濂溪，其說較蕺山為允。說者每謂理學至明而絕，劉蕺山為宋明兩代理學之殿軍，今就其論朱子中和說一節，實有遠不及清儒如朱止泉之所云者。蓋正因其好言義理，輕視考覈，故陷於主觀之偏見而不自知也。

又按明儒汪石潭中庸說有云：

> 中和之說，程門論說甚詳。定性書言：「聖人之喜，以物之當喜，聖人之怒，以物之當怒。聖人之喜怒，不繫於心而繫於物。」蓋自其不繫於心而言，則未發之中。自其因物喜怒而言，則已發之和。不可析為二處。若以靜存為致中，動察為致和，非程子本旨。

又曰：

> 程門指此為傳授心法，其門人論說最詳。龜山之南，羅仲素、李延平實世守之。至朱子始自立說，以未發已發分屬動靜之時，非復程子之說矣。

此舉喜怒不繫於心，實非朱子平日論學合內外貫本末之旨。朱子嘗言：「定性一篇之中，都不見一箇下手處。」即謂喜怒不繫於心，亦須先有靜存工夫。因物喜怒，須就來物而格其理，仍須續有動察工夫。伊川提出「敬義夾持」之語，始使人可以下手。或問：「定性書『擴然而大公，物來而順應』，莫不是下工夫處？」朱子答之曰：「這是說已成處。」是朱子雖亦承認有如定性書中此兩句所言之境界，而必仍有工夫可用。石潭之學，以程朱為的，謂陽明不窮事物之理而守吾此心，則未有能中於理。然其分辨程朱論中和，則還復自陷其失。朱子論學，多從二程轉手，不經細辨，輕持異論，則往往失之。如石潭此等處是也。

繼此當辨者，為中和舊說之年代問題。白田年譜繫此諸書於乾道二年丙戌朱子未赴潭州晤張敬夫之前。竊謂此事惟一直接明白之證據，厥為朱子之中和舊說序。朱子、南軒兩人往復討論此問題，在乾道三年冬朱子晤南軒於長沙以後，序文極明顯，無可置疑，一也。若此四書在前，朱子之赴長沙，與南軒意見已無大出入，何以李、洪兩譜皆載范念德言兩人論中庸義三日夜不能合乎？此時兩人意見不合者又何在，更難確指，二也。又若此四書在乾道二年丙戌，而朱子與湖南諸公論中和第一書則在乾道五年己丑，前後相隔三年，何以書中只云「因復思之，乃知前日之說非」乎。此不似隔三年以後之口吻，三也。白田年譜繫此於丙戌，乃據朱子答何叔京及答羅宗約兩人書。其答何叔京兩書已錄在前，正是懷念延平遺教，徬徨尋索，與中和舊說認心為已發者意態絕不同。若朱子於丙戌已認心為已發，則其答何叔京，斷不復有「孤負教育，愧汗沾衣」之語，亦更不為「今始知其為切要至當而未能一蹴而至」之嘆矣。又文集同卷答何叔京另一書云：

熹碌碌講學親旁，思索不敢廢，但所見終未明了。動靜語默之間，疵吝山積。思見君子，圖所以洒濯之者而未可得。今年卻得一林同人在此，相與討論。其人操履甚謹，思索愈精，大有所益，不但勝己而已。欽夫亦時時得書，多所警發。所論日精詣。向以所示遺說數段寄之，得報如此，始亦疑其太過，及細思之，一一皆然。有智無智，豈止校三十里也。

此書謂「動靜語默之間疵吝山積」，正見朱子當時之心情，所為於延平遺教追念不置也。此乃大賢省察之密，進學之猛，不得與泛作謙辭者等視。其他與叔京書中，此等語尚亦有之。「林同人」即用中字擇之。時朱子時時得南軒書，佩服嚮往之情見乎辭，所為遠道訪之南嶽也。若其時已有中和舊說四書，與南軒往復討論，何為與叔京書中絕不提及？此亦斷無此情理。故據朱子答何叔京諸書，正可證中和舊說之尚在後。其答羅宗約各書見續集卷五，如云：

胡仁仲所著知言一冊內呈，其語道極精切，有實用處。欽夫嘗收安問，警益甚多。大抵衡山之學，只就日用處操存辨察，本末一致，尤易見功。某近乃覺知如此，非面未易究也。

此書僅可證朱子與南軒自豫章至豐城舟中有三日之款以後，時有書函往來，並知湖湘之學主就日用處先辨察，正與朱子向所主張心為已發之意略相似，而與延平求中未發之教則頗不合。然朱子此書乃云「操存辨察」，不云「辨察操存」，蓋朱子此時正是追悔往昔，垂念師教。雖得衡山新說而喜之，然欲取五峯、南軒之新說與延平遺教相配合，故云「操存辨察」，特加操存於辨察之前，而云「本末一致，尤易見功」，操存即其本，是仍采師說也。辨察乃其末，則新得之於南軒，而求有以與師門遺教綰合一致，此乃朱子有此想法，而實未有定見，故云「非面未易究也」。是則朱子之發意前往潭州，一究其詳之意，正可於答宗約此書得其消息。至於中和舊說之第一書，明云「致察而操存之」，先辨察，後操存，顯與答宗約書不同。若早有中和舊說四書在前，則此書下語決不如此，亦恐不復有南嶽之行矣。

又一書云：

某塊坐窮山，絕無師友之助，惟時得欽夫書問往來，講究此道，近方覺有脫然處。潛味之久，益覺日前所聞於西林而未之契者，皆不我欺矣。幸甚幸甚。原來此事與禪學十分相似，所爭毫末耳。然此毫末卻甚占地位。今學者既不知禪，而禪者又不知學，互相排擊，都不劄著痛處，亦可笑耳。

此書大值注意。朱子得南軒書，往來講究，而益覺日前所聞於西林而未契者皆不我欺，此即指求中未發言。故曰此事與禪學十分相似也。延平初非朱子之習禪，朱子遂轉從動處已發處求之，乃有「萬紫千紅」諸詩。其題西林院壁，既曰「觸目風光不易裁」，又曰「不奈簷花抵死香」。而延平默坐澄心之教，則轉若與宴坐觀心甚相近。故朱子與林擇之書，自承「先聞李先生論此最詳，後來所見不同，遂不復致思」也。迨延平卒後，朱子垂念師門遺教，其時之心情，可證之前引與何叔京諸書。此與宗約書亦在丙戌，因與南軒往來講究，而轉覺延平所教之不我欺，則絕非中和舊說之意。是則此時朱子心中雖尚未有定見，而終為偏向延平可知。白田年譜考異，謂宗約在西蜀卒於戊子四月，朱子與書，必不在赴潭州以後，是也。顧其說朱子與羅書之內容，則頗為無當。蓋朱子與宗約前兩書時，一則已知南軒講學宗旨頗與延平教法不同，一則朱子當時反益尊信師說，故欲特赴長沙討一究竟。而及晤南軒，終至於論中庸三日夜不合也。夏炘氏述朱質疑亦承王譜，謂南軒先察識，朱子以為與延平求觀之說合，則失之益遠矣。

又按文集卷七十二雜學辨，亦成於丙戌，有何叔京跋可證。中有辨張無垢中庸解一條云：

「喜怒哀樂未發謂之中」。張云：「未發以前，戒慎恐懼，無一毫私欲。」愚謂未發以前，天理渾然，戒慎恐懼則既發矣。

此亦斷在中和舊說之前。謂未發前天理渾然，正即所謂「聞之西林而未契者之不我欺也」。又一條云：

張云：「由戒慎恐懼以養喜怒哀樂，使為中為和，以位天地育萬物。」愚謂喜怒哀樂之未發，乃本然之中。發而中節，乃本然之和。非人之所能使也。「天地位焉，萬物育焉」，亦理之自然。今加「以」字而倒其文，非子思之本意矣。

中和舊說只主察識已發，此辨則丙戌時見解，故知中和舊說決不在丙戌也。

白田年譜考異又謂朱子自注二書，即中和舊說之第一第二書，文集編次於論程集改字之前，時劉共甫在潭州，乃乙酉、丙戌間，至丁亥則召還矣。以此為四書在丙戌不在戊子之證。惟文集編次，實未能一一依照年時次序。白田謂「朱子文集三十卷與張欽夫書，三十一卷答張敬夫書，大概以年敍，三十二卷所載則不以年敍，且多未定之論，故疑為朱子所自刪，而後人復入之。」此說亦殊未是。豈有舊說中第一第二書，朱子自注為未是，又自注為所論尤乖戾者，反不刪去，而於舊說中第三第四書，思議漸歸是處，顧反刪去不存之理。潘潢跋文集，謂「公老慶元間，學禁方厲，片詞隻字，所在毀棄。淳祐以來，區區掇拾，已非復公季子在初類次本，諸篇往往尚逸弗錄，集中記載，牴牾可疑，亦復不鮮。」則何可據今文集編次，輕為臆測。

又文集卷四十二答石子重有云：

熹自去秋之中走長沙，閱月而後至，留兩月而後歸，在道繚繞又五十餘日還家。欽夫見處卓然不可及，從游之久，反復開益為多。敬字之說深契鄙懷，下學處須是密察，見得後便泰然行將去，其實始終是箇敬字。觀夫子答門人為仁之問，大要以敬為入門處，正要就日用純熟處識得，便無走作，近方見此意思，亦患未得打成一片耳。「大化之中自有安宅」，此立語固有病，然當時之意，卻是要見自家主宰處。所謂大化，須就此識得，然後鳶飛魚躍觸處洞然。若但泛然指天指地，說箇大化便是安宅，安宅便是大化，卻恐顢頇儱侗，非聖門求仁之學也。熹忽有編摩之命，出於意外，即不敢當。復聞闕期尚遠，足以逡巡引避，遂且拜受。亦不敢久冒空名，旦夕便為計矣。

此書所謂去秋，即乾道三年丁亥。是年十二月，自潭州歸，除樞密院編修官，即所謂「忽有編摩之命出於意外」也。則此書之在四年戊子，斷可信矣。書中屢言察識之為要，正是中和舊說中意見。「大化之中自有安宅」，語見舊說第三書。據此，知第三書斷在戊子，而第一第二書亦在戊子可知。白田年譜亦繫答子重此書於戊子，而謂舊說四書在丙戌，丙戌去戊子前後已歷三年。即據答子重此書，朱子明謂因從遊南軒之久而開此新悟，決非以丁亥晤南軒後所悟來證其丙戌舊說之是，書辭明白可據。而白田必繫舊說四書在丙戌，甚矣其不思也。

又文集卷四十答何叔京有云：

向來妄論持敬之說，亦不自記其云何。但因其良心發見之微，猛省提撕，使心不昧，則是做工夫底本領。本領既立，自然下學而上達矣。若不察於良心發現處，即渺渺茫茫，恐無下手處也。欽夫之學，所以超脫自在，見得分明，不為言句所桎梏，只為合下入處親切。今日說話，雖未能絶無滲漏，終是本領是當，非吾輩所及。但詳觀所論，自可見矣。

此書末云：「近者損八十萬緡築揚州之城，羣臣之諫不聽」，乃指王琪事，則此書亦當在戊子。其時所推服於南軒者至矣。主要則在先察識，乃是合下入處工夫親切，中和舊說亦正是同時意見。取此與前引答何叔京三書在丙戌者相比，彼時乃是追憶延平師教，此刻乃是推重南軒主張，其間變化，乃在丁亥潭州之行，其痕迹豈不顯然易指乎？

同卷又一書云：

熹近日因事，方有少省發處。如鳶飛魚躍，明道以為與「必有事焉勿正」之意同者，今乃曉然無疑。日用之間，觀此流行之體，初無間斷處，有下工夫處，乃知前日自誑誑人之罪蓋不可勝贖也。此與守書冊泥言語全無交涉，幸於日用間察之。

此書首云「今年不謂饑歉至此，夏初所至洶洶，遂為縣中委以賑糶之役，今早稻已熟」云云，年譜乾道四年夏四月崇安饑，是此書在戊子秋也。所謂「觀此流行之體，初無間斷處，有下工夫處」，此亦中和舊說從南軒主先察識之意。云「前日自誑誑人之罪」，所指必在近，不在遠。若中和舊說已在丙戌，則所謂自誑誑人者又必在丙戌之前，相距已遠，烏得謂之前日。正因中和舊說乃是潭州歸後折從南軒而始有，亦同在戊子一年中，乃朱子當時之新悟，故謂前日自誑誑人也。又前引一書稱崇南軒，言其「不為言句所桎梏」，此書亦云「此與守書冊泥言語全無交涉」，此因中庸明是未發已發中和分言，朱子初晤南軒於長沙，論中庸之義三日夜不能合，其主要觀點之不同，或亦在此。朱子當時方追憶師門遺教，自加悔憾，欲著意追求未發工夫，而南軒主張先察識，與中庸原義相歧，故一時頗不能合。及朱子長沙歸來折從南軒，故屢稱其「超脫自在，不為言句所桎梏」，又云「此與守書冊泥言語無交涉」也。然延平往日教朱子於聖經中求義理，於日用間用工夫，朱子此時，乃著重了下一句，不免攊棄了上一句，於朱子內心終不自安，故不久而其說又變。若瞭得此義，則中和舊說之亦在戊子，更復何疑。

王氏年譜羣推精密，惟夏炘述朱質疑糾其失者非一，洵王氏之功臣也，顧於王氏定中和舊說在丙戌未往潭州之前，夏氏亦以為然。其言曰：

朱子祭張南軒文云：「我昔求道，未獲其友。蔽莫余開，吝莫余剖。蓋自從公而觀於大業之規模，察彼羣言之紛糾。於是相與切磋以究之，而又相勵以死守也。」下始云：「丁亥之冬，風雪南山，解袂櫧州，今十五年」，是朱子往從南軒問學，不自潭州始，章章明矣。

今按朱子識南軒在往潭州前，此固然矣。惟祭文開始一段，實乃綜述自衡嶽會晤直迄於南軒之卒，此十五年來兩人往返講學之經過，並非專敍朱子赴潭州以前事，則不得以此而推斷中和舊說乃在未往潭州之前，斷斷明矣。抑且朱子與南軒討論學術往返，其最大節目，正為爭辨已發未發一事。若中和舊說尚在其未往潭州以前，則朱子祭文敍兩人交誼往迹，決不單提潭州相晤以下之十五年。然則根據祭文此一節，正可推證中和舊說乃在朱子往潭州之後，不在其未去潭州之前矣。惟祭文原作「丙戌之冬」，夏氏改正作丁亥，則是。

又文集卷八十七又祭張敬夫殿撰文有云：

惟我之與兄，胳志同而心契。或面講而未窮，又書傳而不置。蓋繳紛往返者幾十餘年，末乃同歸而一致。

此所謂十餘年，殆亦自衡山會面述起。又祭張敬夫城南祠文亦謂：

昔從公遊，登高望遠，指顧玆土，水竹之間。

此記從遊，亦自衡山之會述起。

夏氏又曰：

王氏謂甲申送魏公柩，與南軒相遇，自是乙酉、丙戌，書問往來，則「往從而問焉」，蓋指甲申以後言之，則又非也。魏公新棄世，南軒扶櫬歸葬，朱子至豫章往送，此果何時，而於舟中娓娓論學乎。書牘講論，與所謂「往從而問焉」者似不相合。惟語類包揚錄云：「上初召魏公，先召南軒，某時赴召至行在，語南軒」云云，鄒氏琢其以此為朱張二公相見之始，白田年譜考異以為不足，某嘗反復核之，而知朱子之往問南軒在癸未，有三證焉。朱子跋胡五峯詩在庚辰，越四年始見欽夫，庚辰至癸未適四年，其證一。延平卒於癸未十月，朱子見敬夫於臨安係十一月，雖朱子是時未聞延平之訃，然總在延平既歿之後，其證二。

今按白田謂「往從而問」指甲申後，則必為丁亥衡山之會矣。因甲申後丁亥前，兩人更無相晤之緣也。夏氏據鄒琢其說謂兩人相見之始在癸未，是也。然始相晤與往從而問不同，不得牽為一事。況其時朱子尚未聞延平之訃，而將其平日積疑特往問於一乍相識之南軒，顯與中和舊說序所云大有懸異。夏氏愈辨而離題愈遠，良可詫也。

夏氏又有第三證，即據上引祭張敬夫城南祠文一節，而曰：

朱子與南軒辨難，如論知言，論論語解，論知覺為仁，論觀過等義，皆條舉件繫，非大節目，惟先察識後涵養之旨，南軒本之五峯，持論最堅。己丑之春，雖印可朱子更定中和之說，而察識涵養之先後，齟齬不合者凡五年，至癸巳而後定。以癸未計之，適十一年，則朱子之往問南軒，必在癸未無疑。

此證更無理。朱子原文，乃謂兩人間每有異見，輒書問往反，達十餘年而終歸一致，並非專指辨察識涵養先後之一事。若專指辨此一事適十一年，依文理當云逾十年，不當云「幾十餘年」。且祭文所云「面講未窮」，自指衡山之遊，非指癸未初相識。白田、弢甫皆畢生研朱，又皆審慎細密，獨於此一大節目，兩人皆力翻舊案，而兩皆失之。後人治朱子生平，必當讀此兩人書，故亦不得不詳辨也。

白田、弢甫兩人所以必翻舊說，則猶有故。蓋因舊說第四書即最後一書有云：「近范伯崇來自邵武，相與講此甚詳。」白田云：范伯崇以丙戌夏秋過建陽，見與許順之書，何書亦及之，則在丙戌無疑。弢甫因之，曰此前三書則似在乙酉、丙戌間也。今按與許順之書云：「此間窮陋，夏秋間伯崇來相聚得數十日，講論稍有所契，自其去，此間幾絕講矣。」答何叔京書則云：「伯崇近過建陽相見，得兩夕之款，所論益精密可喜，其進未可量。」則此兩書所述范伯崇來建陽，決非同時。王夏兩氏同以為在丙戌，此決不然。惟謂朱子與何此書在丙戌則是。書中有「昔聞之師，以為當於未發已發之幾默識而心契焉」一段，已引釋在前，此時乃是朱子追念延平遺教，並非與南軒討論中和，書中亦絕未提出與南軒討論中和之事。只謂范伯崇所論益精密，亦未提到與彼討論中和舊說第四書中云云，此與王、夏兩氏所揣測者殊不相近。疑范伯崇當於戊子又來建安，雖未得切證，然邵武、建陽路途非遙，正可從中和舊說之第四書證范伯崇之又來建陽，不得以范伯崇曾於丙戌來建陽，而即據以證中和舊說之亦在丙戌。讀者通觀本篇前後所辨，宜可判其得失。須先通觀義理大體，而後考據有所施。若僅憑枝節考據，將無以得義理之曲折。王、夏兩氏非不精於考據，徒以不能深入義理之精微，乃欲從考據中定義理之辨，則宜其失之遠也。

又按林擇之偕朱子至長沙，亦預聞中和之辨，文集卷四十三答林擇之有云：

中庸、樂記之言，有疏密之異。中庸徹頭徹尾說箇謹獨工夫，即所謂敬而無失，平日涵養之意。樂記卻直到好惡無節處，方說「不能反躬，天理滅矣」。殊不知未感物時若無主宰，則亦不能安其靜，只此便昏了天性，不待交物之引然後差也。蓋中和二字皆道之體用，以人言之，則未發已發之謂。但不能慎獨，則雖事物未至，固已紛綸膠擾，無復未發之時，既無以致夫所謂中，而其發必乖，又無以致夫所謂和。惟其戒謹恐懼，不敢須臾離，然後中和可致，而大本達道乃在我矣。此道也，二先生蓋屢言之，而龜山所謂「未發之際能體所謂中，已發之際能得所謂和」，此語為近之，然未免有病。舊聞李先生論此最詳，後來所見不同，遂不復致思。今乃知其為人深切，然恨已不能盡記其曲折矣。如云：「人固有無所喜怒哀樂之時，然謂之未發則不可」，言無主也。又云：「致字如致師之致。」又如先言慎獨，然後及中和，此意亦嘗言之。但當時既不領略，後來又不深思，遂成蹉過，孤負此翁耳。

此書在既悟中和舊說之非以後。書中特提謹獨工夫，即二程「涵養用敬」，亦即與湖南諸公書所主張，抑猶在答張南軒一書之後。其云「舊聞李先生論此最詳」，「遂成蹉過，孤負此翁」，與答何叔京書「辜負教育之意」云云，語氣若相同，時日有先後之異。一在中和舊說前，一在中和舊說後。同是追念師門，而朱子對此一問題之曲折往復，層次深淺，則所當細辨。清儒李穆堂有朱子不惑錄，謂朱子生平學凡四變：三十歲以前專為二氏之學；自三十一至四十此十年中，粹然儒者，與林擇之、何叔京等書可考；四十以後始棄延平之教，如與林擇之書論中和，謂「舊聞李先生論此最詳，後來所見不同，遂不復置思」之類是也。穆堂辨朱陸異同，荒誕如是。答林擇之書所謂「後來所見不同」，豈指四十以後言。穆堂又自謂嘗盡錄朱子五十一至七十一歲論學之語見於文集者一字不遺，共得三百七十餘篇，名曰朱子晚年全論，其言無不合於陸子。又抄其三十一至四十歲恪遵延平之教者別為一卷，名曰不惑錄。斯其鈔摭已勤，而考釋之疏，實堪詫怪。徒曰朱子四十歲前十年恪遵延平，五十以後二十年一從陸子，語無剩義，稍讀朱子書者，能信其說否？此與劉蕺山以朱子中和舊說為直承之李延平者大意相同。講求前人義理，須先細讀前人文字，不當恣意妄說。觀此兩人之言，而後知朱子學風之近似於尋章覓句者之大為不可忽也。

朱子答林擇之又有一書謂：

古人只從幼子常視無誑以上，灑掃應對之間，便是做涵養底工夫，此豈待先識端倪而後加涵養哉。但從此涵養中，漸漸體出這端倪來，則一一便為己物。又只如平常地涵養將去，自然純熟。今曰即日所學便當察此端倪而加涵養之功，似非古人為學之序也。蓋義理，人心之所固有，苟得其養，而無物欲之昏，則自然發見明著，不待別求。格物致知，亦因其明而明之耳。今乃謂不先察識端倪則涵養箇甚底，不亦太急迫乎？敬字通貫動靜，但未發時渾然是敬之體，非是知其未發，方下敬底工夫。既發則隨事省察，而敬之用行焉。然非其體素立，則其用亦無自而施也。故敬義非兩截事。必有事焉而勿正，心勿忘，勿助長，則此心卓然貫通動靜，敬立義行，無適而非天理之正矣。

此書緊接上引一書，略當在同時。書中有可注意者，朱子以幼學灑掃應對之間，認為便是做涵養工夫，此在前引答張欽夫一長書中亦言之，謂灑掃應對進退，此存養之事，是也。則朱子此時心中之所謂涵養，固非即如龜山門下相傳默坐澄心之謂。然則前書所謂「舊聞李先生論此，今乃知其為人深切」，「遂成蹉過，辜負此翁」者，特指其言未發，不指其言默坐澄心以求未發之中。此一分辨，亦不可不細認。王白田年譜考異論此書云：

「從涵養中漸漸體出這端倪來」，陳、湛之學似之。又云：「苟得其養而無物欲之昏，自然發見昭著，不待別求」，陽明之學似之。是皆早年未定之論，而後來所不取也。羅整菴言，後人創為異說者，乃拾前人之所棄以自珍，正謂是爾。

今按：朱子自己丑悟中和舊說之非，越後二十年間，關於討論此一問題，如已發未發之界分，如涵養省察之先後，如主靜主敬之異同，凡此之類，皆當分篇別述。謂朱子己丑、庚寅數年間見解猶未為定論，固是可說。然如白田以此書比之陳、湛、陽明之說，謂是朱子之所棄，而為此三人之所拾，則實亦一種粗疏之見，不可不辨。朱子答林擇之兩書，乃辨涵養省察先後，其所用涵養字，實與延平之所謂默坐澄心者有不同，則即此書而可見。陳白沙主張靜中養出端倪，然亦辨朱子與延平相異，詳上引白沙答羅一峯書，則焉得謂白沙乃拾朱子所棄以自珍乎？至此書云：「義理人心之固有，苟得其養而無物欲之昏，則自然發見明著，不待別求。」此數語，在朱子以前以後，大體抱持此意見，又豈得謂之是早年未定之論，至其晚年，乃別有新論與此相異乎？書中又曰：「格物致知，亦因其明而明之」，此即格物補傳所謂「莫不因其已知之理而益窮之，以求至乎其極」也。是又豈朱子晚年之所棄，而為陽明所拾取乎？宋明兩代理學，本是同根一源，迨其脈分流別，則確有不可渾并為一者。諸家之間，亦各有其精微獨到處。學者貴能見其同而求其異，辨其似而檢其非，不得先立門戶之見，遇其一語相近，乃遽謂是此之所棄而彼之所拾，則終無以明各家之眞相。

又朱子答林擇之又一書云：

今且論涵養一節，疑古人直自小學中涵養成就。所以大學之道，只從格物做起。今人從前無此工夫，但見大學以格物為先，便欲只以思慮知識求之，更不於操存處用力，縱使窺測得十分，亦無實地可據。大抵敬字是徹上徹下之意；格物致知，乃其間節次進步處耳。

此書緊在上引兩書前，亦是同時語。合此三書參之，朱子當時之意自見，豈得與陳湛、陽明二家之說並論。白田之誤益顯矣。故曰當先通觀義理大體，而後考據有所施；僅憑枝節之考據，則無以盡義理之曲折。王、夏兩氏，終是囿於清代考據樊籠，不足以進窺宋儒義理之堂奧也。

竊謂朱子之學，博大精深，宏通細密，兩臻於極。驟窺其書，一若每一陳義，必稱引前說，絕少創見。不知凡所稱引，皆非偶然。即如已發未發一問題，以延平為之師，南軒為之友，而湖湘之與道南一脈，主張各自不同。朱子沉潛反復，左右采獲。先則自有所悟，於延平所言置不復思；繼則追念師門遺教，重加研尋；又繼則折從南軒；再繼又返就師說，調和歸一，而南軒亦折而從之。南軒師胡五峯，朱子初見其知言，謂其「語道極精切，有實用處」，以其書寄西蜀羅宗約。後乃有知言疑義之作，南軒亦以為然。朱子於二程，最所仰敬，然始則信其「凡心皆指已發」之說，久而悔改，只守涵養用敬一語。朱子嘗力主二程之學傳自濂溪，然於主靜、主敬之辨，則寧從程氏。橫渠正蒙，二程頗多未滿，然朱子於正蒙「心統性情」之說，則謂「二程無一語似此切」。更又云：「孟子說心許多，皆未有此語端的。」後人徒見朱子稱引羣言，而不悟其於羣言龐雜中取捨從違之煞費苦心。若分而觀之，則若朱子凡所陳義，只見其語語有本。若合一而觀，則朱子思想自具組織，自成體系，實是前無古人，而確然成其為一家之言。其每取一義，每稱一說，秤衡斟酌，有先棄而後取，有先從而後違。有僅采其一部分，有力主其全意義。有經歷數年乃至十數年之久，始於此一義獲定論。後人徒見其稱述前言，而忽略其於前言有批判，有駁辨，無一苟處。既不細考其曲折，又不博觀其會通。則何從而獲知朱子為學之眞精神所在，與其立說之眞意義所出乎。昔人稱鄭康成「括囊大典，網羅眾家，刪裁繁誣，刊改漏失」，苟不能瞭解其下兩句之工作，又何能欣賞其上兩句之成績。朱子學術思想之博大宏通，更非康成可比。苟不於朱子之精深細密處有瞭解，則於其博大宏通處自難欣賞。而曲解誤解，橫斜雜出，更使人如入迷宮。空自驚歎其偉大，不能尋覓一出路。茲篇於朱子探討已發未發一節，不憚辭費，詳其始末，亦俾治朱學者能舉一隅而反之三爾。

以上所陳，乃朱子關於辨未發已發一問題之體悟所及。茲當附述朱子對於中字之見解，以補上述所未盡。

語類云：

中一名而函二義，喜怒哀樂未發之中，與時中之中異。（六〇）

中庸以未發之中與發而中節之和兩者分提，此處所謂時中，約略相當於中庸之發而中節。朱子意，求發而中節，求時中，皆須別有工夫，非謂得此未發之中，即可不煩再有工夫而時時可以獲中節之和。此層為辨論此題一重要關節，不可不特加注意。

問：「學者如何皆得中節？」曰：「學者安得便一一恁地，也須且逐件使之中節方得。此所以貴於博學、審問、謹思、明辨，無一事之不學，無一時而不學，無一處而不學，各求其中節，此所以為難也。」（六二）

又曰：

釋氏今夜痛說一頓，有利根者當下便悟，只是箇無星之秤。（一一五）

此即是一悟便可時中，不煩再有工夫也。

大學如正心章已說盡了，至修身章又從頭說起，至齊家、治國章，又依前說教他，何也？蓋要節節去照管，不成卻說自家在這裏心正身修了，便都只聽其自治。（一六）

大學所以有許多節次，正欲學者逐節用工，非如一無節之竹，使人纔能格物，則便到平天下。（一六）

子思言中，而謂之中庸者，庸只訓常。日用常行，事事要中，所以謂「中庸不可能」。（一六）所謂道，只是如日用底道理。恁地是，恁地不是，事事理會得箇是處，便是道也。近時釋氏便有箇忽然見道底說話。道又不是一件甚物，可撲得入手。（一三）

道不可撲得入手，中亦非在喜怒哀樂未發時覷見了，便可從此永保勿守，曲應而萬當。

語類又曰：

中只是箇恰好道理。（三三）

「湯執中」，只是要事事恰好，無過不及。（五七）

朱子平常好言恰好。又曰：

萬事萬物皆是理，但是安頓不能得恰好。（三一）

人須要學，不學便欠闕了他底。學時便得箇恰好。（一一九）

聖人之道，是箇恰好底道理，所以不可及。自家纔着意要去做，不知不覺又蹉過了。且如「恭而安」，這是聖人不可及處。到得自家纔着意去學時，便恭而不安了。此其所以不可能，只是難得到恰好處。不着意，又失了。纔着意，又過了。所以難。（三六）

大抵道理都是合當恁地，不是過當。若到是處，只得箇恰好。（二九）

不過當，即是中節，即是恰好。欲時時處處事事物物無不到此恰好，則難。中庸章句解「君子而時中」云：

君子之所以為中庸者，以其有君子之德，而又能隨時以處中也。蓋中無定體，隨時而在，是乃平常之理也。君子知其在我，故能戒謹不覩，恐懼不聞，而無時不中。

語類：

或人云：「嘗疑先生『君子而時中』解處，恐不必說『而又』字。」先生曰：「固是既君子，又須時中。彼既小人矣，又無忌憚。」（二〇）

既君子，又須時中，朱子教人之意，躍然在前。常人意，則若謂既君子，即不必又要隨時求中也。既小人，若能有忌憚，則小人亦可漸轉為君子。語類又曰：

仁義禮知四者無不善，發出來則有不善。殘忍便是那惻隱反底，冒昧便是那羞惡反底。（五九）

雖有君子之德，仍必求其能時中。雖具仁義禮知之性，亦必求其能發而中節。由此可見朱子只以在中訓未發之深意。然又曰：

惻隱羞惡是已發處，人須是於未發時有工夫始得。（五九）

於未發之前，須是得這虛明之本體分曉。及至應事接物時，只以此處之，自然有箇界限節制，揍着那天然好處。（五九）

此處便見朱子教人兩面兼顧，不偏着一邊之意。又曰：

論水之有源本，則見其流必知其有源，然流處便是那源本，更去那裏別討本？只那瀾便是那本了。孟子說『觀其瀾』，便是就瀾處便見其本。（六〇）

此之謂內外交養，本末一體。時中之中，亦即是在中之中。發而中節之和，亦即是未發之中。本末內外既須分，又須合。朱子教人，大率如是。

朱子論涵養與省察

上篇論已發、未發，已屢及涵養與省察之語，茲再續詳其說。中庸或問有云：

經文所指，不睹不聞，隱微之間者，乃欲使人戒懼乎此，而不使人欲之私得以萌動於其間耳。非欲使人虛空其心，反觀於此，以求見夫所謂中者而遂執之，以為應事之準則也。

朱子認心有未發，但不贊同所謂未發求中之工夫。又曰：

其病根正在欲於未發之前求見夫所謂中者而執之，是以屢言之而病愈甚。殊不知經文所謂致中和者，亦曰當其未發，此心至虛，如鏡之明，如水之止，則當敬以存之，而不使其稍有偏倚。至於事物之來，此心發見，喜怒哀樂，各有攸當，則又當敬以察之，而不使其小有差忒而已。一有求之之心，則是便為已發。況又從而執之，則其為偏倚亦甚矣。又何中之可得乎？且夫未發已發，日用之間，固有自然之機，不假人力。方其未發，本自寂然，固無所事於執。及其當發，則又當即事即物，隨感而應，亦安得塊然不動，而執此未發之中耶？

此皆辨龜山以下相傳未發求中工夫之無當，而改拈一敬字，靜存動察，一以貫之。上篇引與張南軒長書，又答林擇之書，皆申先涵養後省察之意。其答林擇之又一書云：

心體通有無，該動靜，故工夫亦通有無，該動靜，方無滲漏。若必待其發而後察，察而後存，則工夫之所不至者多矣。惟涵養於未發之前，則其發處自然中節者多，不中節者少，體察之際，亦甚明審，易為着力，與異時無本可據之說，大不同矣。

又文集卷四十四答方伯謨有云：

當未發見時便合涵養。惟其平日有涵養之功，是以發見著明而擴充遠大也。若必俟其發見，然後保夫未發之理，則是未發之時漠然忘之，及其發然後助之長也。

又卷四十二答胡廣仲有云：

須是平日有涵養之功，臨事方能識得。若茫然都無主宰，事至然後安排，則已緩而不及於事矣。

此皆主先涵養，不待先省察而後加涵養之功也。

孟子或問有曰：

此心之發，固當密察存養而擴充之矣，然其明暗通塞之幾，乃存乎平日所以涵養之厚薄。若曰必待其發見之已然而後始用力焉，則喜怒哀樂未發之時，學者為無所用其力，可乎？

此條亦與答林、方書同意，皆主在未發時應先有一段涵養工夫也。然朱子有時意見，似又稍稍有變。大抵朱子學重分析，又重會通。既加分析，又不主偏着一邊，則必求其能會通合一。既臻於會通合一，而先前之所分析，仍不可廢。學者必深體此意，乃能把握到朱子所言之究竟意義所在，不當拘泥其一端，以為定論在是也。

語類云：

平日涵養本原，此心虛明純一，自然權量精審。伊川嘗云：「敬以直內，則義以方外。義以為質，則禮以行之。」（三七）

此雖敬義並提，然所重自在敬與涵養一邊。

問：「惻隱之心因感而發，前輩令以此操而存之，充而達之，不知要如何常存得此心？」曰：「此心因物方感得出來，如何強要尋討出此心常存在這裏。只是因感時識得此體，平時敬以存之，久久會熟。善端發處，益見得分曉。則存養之功益有所施矣。」又曰：「學者要識得此心，存主在敬，四端漸會擴充。」

此條似近主先識後存，與前說若相背，而實非相背。如扶醉人，倒向東則東扶，倒向西則西扶。湖南一派力主先察識，謂必待其發而後加察識之功，缺卻平日涵養，抑若以心察心，以心識心，其說詳識心篇，此則主先察識之病。然若一向言存養，則空虛滉蕩，又會轉入於未發前求中之病。故朱子對此問題，往往兩面言之，皆當活看。蓋此事實如循環之無端，所從言之各有宜也。

文集卷三十八答徐元敏有云：

主敬者，存心之要。致知者，進學之功。二者交相發焉，則知益明，守益固，而舊習之非，自將日改月化於冥冥之中矣。

涵養省察與主敬致知，要之當兩面夾進，不偏着一邊，而時或言之有輕重。其答林擇之亦云：「敬義非兩截事。『必有事焉而勿正，心勿忘，勿助長』，則此心卓然貫通動靜，敬立義行，無適而非天理之正矣。」所謂敬立義行，即是有涵養又能省察也。

又文集卷四十七答呂子約有云：

操之而存，則只此便是本體，不待別求。惟其操之久而且熟，自然安於義理而不妄動。則所謂寂然者，當不待察識而自呈露矣。今乃欲於此頃刻之存，遽加察識，以求其寂然者，則吾恐夫寂然之體未必可識，而所謂察識者，乃所以速其遷動而流於紛擾急迫之中也。程夫子所論「纔思便是已發，故涵養於未發之前則可，而求中於未發之前則不可」，亦是此意。然心一而已，所謂操存者，亦豈以此一物操彼一物，如鬥者之相捽而不相舍哉？亦曰主一無適，非禮不動，則中有主而心自存耳。聖賢千言萬語，考其發端，要其歸宿，不過如此。

此言操存，即猶言涵養。主一無適，非禮不動，則此心自能卓通動靜也。

又文集卷五十六答方賓王有云：

所喻涵養本原之功，誠易間斷。然纔覺得間斷，便是相續處。只要常自提撕，分寸積累將去，久之自然接續，打成一片耳。

語類亦曰：

未發已發，只是一項工夫。未發固要存養，已發亦要審察。遇事時，時復提起，不可自怠，生放過底心。無時不存養，無事不省察。（六二）

已發未發，不必太泥。只是既涵養，又省察。無時不涵養省察。若戒懼不睹不聞，便是通貫動靜，只此便是工夫。至於謹獨，又是或恐私意有萌處，又加緊切。若謂已發了更不須省察，則亦不可。如曾子三省，亦是已發後省察。（六二）

再論湖南問答，曰：「未發已發，只是一件工夫。無時不涵養，無時不省察耳。如水，長長地流，到高處又略起伏則箇。如恐懼戒謹，是長長地做。到謹獨，是又提起一起。如水然，只是要不輟地做。又如騎馬，自家常常提掇。及至遇險處，便加些提控。不成謂是大路便更都不管他，任他自去之理。」或曰：「未發時當以理義涵養。」曰：「未發時着理義不得。纔知有理有義，便是已發。當此時，有理義之原，未有理義條件。只一箇主宰嚴肅，便有涵養工夫。伊川曰：『敬而無失便是，然不可謂之中。』但敬而無失，即所以中也。」或又曰：「平日無涵養者，臨事必不能強勉省察。」曰：「有涵養者固要省察，不曾涵養者亦當省察。不可道我無涵養工夫後，於已發處更不管他。若於發處能點檢，亦可知得是與不是。今言涵養，則曰不先知理義底涵養不得。言省察，則曰無涵養，省察不得。二者相睚，卻成擔閣。涵養省察，可以交相助，不可交相待。」（六二）

今所謂持敬，不是將箇敬字做箇好物事樣塞放懷裏，只要胸中常有此意，而無其名耳。（一二）

以上諸條言未發已發不可拘泥分作兩截，涵養省察亦不當拘泥分先後。要無時不涵養，無時不省察，把作一件工夫看。又不可牢牢把捉，當作一件工夫存在心上。須能有此敬，而心下無此敬之名。有此事，而又若無此事。前引一條小注中有云：「已發時亦要存養，未發時亦要省察」，如是則已發未發涵養省察都已渾化，所謂有此意而無其名也。此須就日用細下工夫，善加體會。專用一敬字，似較分用涵養省察字更為渾然。然不用涵養省察字，則敬字工夫又易落虛，或心有拘礙，失其自然活潑之趣。此皆須從實際工夫上體會，始可眞見其意義。流水騎馬之喻，更有深趣，然非眞實用功，則不易曉也。

繼此論致知與涵養之先後。文集卷三十三答呂伯恭有云：

熹舊讀程子之書有年矣，而不得其要。比因講究中庸首章之指，乃知所謂「涵養須用敬，進學則在致知」者，兩言雖約，其實入德之門無踰於此，方竊洗心以事斯語，而未有得也。不敢自外，輒以為獻。

又卷三十五答劉子澄有云：

程夫子曰：「涵養須用敬，進學則在致知。」此二言者，體用本末，無不該備。試用一日之功，當得其趣。

又卷五十六答陳師德有云：

程夫子之言曰：「涵養須是敬，進學則在致知。」此二言者，實學者立身進步之要。而二者之功，蓋未嘗不交相發也。

朱子自討究中庸已發未發，始拈出二程一敬字。後乃奉伊川「涵養須用敬，進學則在致知」兩語以為乃學者入德之門，立身進步之要。而二者之功亦未嘗不交相發。又稍後，乃於涵養致知二者間之先後，又迭有討論。蓋涵養與省察既已渾化歸一，則言涵養已包省察在內，故不須再辨涵養與省察之先後也。

語類云：

為學先要知得分曉。（九）

問致知、涵養先後。曰：「須先致知而後涵養。」問：「伊川言『未有致知而不在敬』，如何？」曰：「此是大綱說要窮理須是着意，不着意，如何會理會得分曉。」（九）

問：「窮理、集義孰先？」曰：「窮理為先。然亦不是截然有先後。」（九）

萬事皆在窮理後。理不明，看如何地持守也只是空。（九）

「痛理會一番，如血戰相似，然後涵養將去。」因自云：「某如今雖便靜坐，道理自見得。未能識得，涵養箇甚。」（九）

或謂養氣為急，知言為緩。曰：「孟子須先說『我知言』，然後說『我善養吾浩然之氣』。公孫丑先問浩然之氣，次問知言者，因上面說氣來，故接續如此問。不知言，如何養得氣。」或又謂：「先須養，有尺便量見天下長短。」曰：「須要識這尺。」（五二）

知言然後能養氣。（五二）

先知得多許說話是非邪正都無疑後，方能養此氣也。（五二）

所以大學許多工夫，全在格物致知。（五二）

所不先致知，則正心誠意之功何所施。所謂敬者何處頓放。今人但守一箇敬字，全不去擇義，所以應事接物處皆顛倒了。中庸「博學之，審問之，謹思之，明辨之，篤行之」；孟子「博學而詳說之，將以反說約也」；顏子「博我以文，約我以禮」。從上聖賢教人，未有不先自致知始。（二三）

大學所謂知至意誠者，必須知至，然後能誠其意也。今之學者，只說操存，而不知講明義理，則此心憒憒，何事於操存也。（一五　一一六）

文集卷四十八答呂子約有云：

所喻「前論未契，今且當以涵養本原勉強實履為事」，此又錯了也。此乃見識大不分明，須痛下功夫，鑽研勘覈，教透徹了，方是了當，自此以後方有下手涵養踐履處。如橫渠先生所見，只是小小未瑩，伊川先生猶令其且涵泳義理，不只說完養思慮了便休也。如今乃是大段差舛，卻不汲汲向此究竟，而去別處閑坐，道我涵養本原，勉強實履。又聞手寫六經，亦是無事費日，都不是長進底道理。要須勇猛捐棄舊習，以求新功，不可一向如此悠悠閑過歲月也。

又云：

學問只有兩途，致知力行而已。在人須是先依次第十分着力，節次見效了，向後又看甚處欠闕，即便於此更加功夫，乃是正理。今卻不肯如此，見人說着自家見處未是，卻不肯服，便云且待我涵養本原，勉強實履，此如小兒迷藏之戲，你東邊來，我即西邊去閃，你西邊來，我又東邊去避。如此出沒，何時是了邪。

又曰：

為學只是博文約禮兩端而已。博文之事，則講論思索要極精詳，然後見得道理巨細精粗無所不盡，不可容易草略放過。約禮之事，則但知得合要如此用功，即便着實如此下手。更莫思前算後，計較商量。所以程子論中庸未發處，答問之際，初甚詳密，而其究竟，只就敬之一字都收殺了。其所謂敬，又無其他玄妙奇特，止是教人每事習箇專一而已，都無許多閑說話也。今詳來喻，於當博處既不能虛心觀理以求實是，於當約處乃以引證推說之多，反致紛擾。凡此之類，皆於鄙意深所未安。竊謂莫若於此兩塗各致其極，無事則專一嚴整以求自己之放心，讀書則虛心玩理以求聖賢之本意。不須如此周遮勞攘，枉費心力，損氣生病，而實無益於得也。

又曰：

如論求其放心，而援引論說數十百言，不能得了，只此便是放其心而不知求矣。

又曰：

博文自是一事，若只務操存，而坐待其中生出博文工夫，恐無是理。

問：「戒謹恐懼，以此涵養固善。然推之於事，所謂開物成務之幾，又當何如？」曰：「此卻在博文。此事獨腳做不得。須是讀書窮理。」（六二）

文集卷七十二雜學辨辨張無垢中庸解亦云：

戒慎恐懼，乃篤行之事，非博學之謂。

又文集卷五十四答郭希呂有云：

人心有全體運用，故學問有全體工夫。故聖賢教人，必以窮理為先，而力行以終之。蓋有以明乎此心之全體，則孝弟固在其中，而他事不在其外。孝弟固不容於不勉，而他事之緩急本末，亦莫不有自然之序。苟不明此，則為孝弟者未免出於有意，且又未必能盡其理而為衆事之本根也。若遂以為孝弟之外更無學問，則其繆甚矣。

凡此皆言為學以致知窮理為先也。此乃朱子論學最着精神所在，然亦須活着。若太拘泥，把來太分作兩邊，則又成病。故朱子他時又有不如此言之者。如此等處，最當細玩。乃是理本渾圓，不可偏向一邊作定說，亦非朱子言無定見也。又如云：

大本用涵養，中節則須窮理之功。（六二）

又曰：

思索義理，涵養本原。（九）

此皆平頭分舉，不必定分先後。

又曰：

存養與窮理工夫皆要到。然存養中便有窮理工夫，窮理中便有存養工夫。窮理便是窮那存得底，存養便是養那窮得底。（六三）

窮其所養之理，養其所窮之理，兩項都不相離。纔見成兩處便不得。（六三）

問：「且涵養去，久之自明。」曰：「亦須窮理。涵養窮索，二者不可廢一。如車兩輪，如鳥兩翼。如溫公只恁行將去，無致知一段。」（九）

既曰「見成兩處便不得」，又曰「二者不可廢一」，是一而二，二而一，「如車兩輪，如鳥兩翼」，不可拘泥分先後也。朱子先將涵養省察渾化歸一，至是又將涵養窮理渾化歸一，可謂圓成極至矣。然學者又當知，不可僅言涵養，更不知有省察窮理，又不可只言省察窮理，更不知有涵養。圓成渾化之中，不害有條理密察，亦惟條理密察，始能圓成渾化也。

涵養窮理，即是敬義之辨。文集卷五十九答余正叔論此云：

前日所論，正為敬義工夫不可偏廢。彼專務集義而不知主敬者，固有虛驕急迫之病，而所謂義者或非其義；然專言主敬而不知就日用間念慮起處分別其公私義利之所在，而決取舍之幾焉，則恐亦未免於昏憒雜擾，而所謂敬者有非其敬矣。且所謂集義，正是要得看破那邊物欲之私，卻來這下認得天理之正。事事物物，頭頭處處，無不如此體察，觸手便作兩片，則天理日見分明，所謂物欲之誘亦不待痛加遏絕而自然破矣。若其本領，則固當以敬為主，但更得集義之功，以祛利欲之蔽，則於敬益有助。蓋有不待著意安排，而無昏憒雜擾之病。上蔡所謂「去卻不合做底事，則於用敬有功」，恐其意亦謂此也。鄙意不是舍敬談義，去本逐末，正欲兩處用功，交相為助。正如程子所謂「敬義夾持，直上達天德自此」者耳。今亦不須更生疑慮，別作商量，但請依此實下功夫，久遠純熟，便自見得也。

又一書云：

前者所論，未嘗欲專求息念。但以為不可一向專靠書冊，故稍稍放教虛閑，務要親切自己。然其無事之時，尤是本根所在。不可昏惰雜擾，故又欲就此便加持養，立個主宰。其實只是一個提撕警策，通貫動靜。但是無事時只是一直如此持養，有事時便有是非取舍，所以有直內方外之別，非以動靜真為判然二物也。上蔡之說便是如此，亦甚要切。但如此警覺，久遠須得力爾。

兩書剖析主敬集義工夫，極為曲折明暢。朱子教人不偏著一邊之意，即此可知。

問：「涵養、體認，致知、力行，雖云互相發明，然畢竟當於甚處着力？」曰：「四者據公看，如何先後？」曰：「據某看，學者當以致知為先。」曰：「四者本不可分先後，又不可無先後。須當以涵養為先。若不涵養而專於致知，則是徒然思索。若專於涵養而不致知，卻鶻突去了。以某觀之，四事只是三事，蓋體認便是致知也。」（一一五）

涵養、致知、力行三者，便是以涵養做頭，致知次之，力行次之。不涵養則無主宰，如做事須用人，纔放下，或困睡，這事便無人做主，都由別人，不由自家。既涵養，又須致知。既致知，又須力行。亦須一時並了。非謂今日涵養，明日致知，後日力行。要當皆以敬為本。敬卻不是將來做一箇事。今人多先安一箇敬字在這裏，如何做得。敬只是提起這心，莫教放散。恁地則心便自明。這裏便窮理格物，見得當如此便是，不當如此便不是。既見了，便行將去。今且將大學來讀，便見為學次第，初無許多屈曲。某於大學中所以力言小學者，以古人於小學中已自把捉成了，故於大學之道無所不可。今人既無小學之功，卻當以敬為本。（一一五）

文集卷四十三答林擇之有云：

古人直自小學中涵養成就，所以大學之道只從格物做起。今人但見大學以格物為先，便欲只以思慮知識求之，縱使窺測得十分，亦無實地可據。大抵敬字是徹上徹下之意。

文集卷四十二答胡廣仲亦云：

近來覺得敬之一字，眞聖學始終之要。向來之論，謂必先致其知，然後有以用力於此，疑若未安。蓋古人由小學而進於大學，其於灑掃應對進退之間，持守堅定，涵養純熟，固已久矣。是以大學之序，特因小學已成之功，而以格物致知為始。今人未嘗一日從事於小學，而曰必先致其知然後敬有所施，則未知其以何為主而格物以致其知也。

此乃謂就小學言則先涵養，就大學言當先窮理致知。今既缺卻平日小學一段涵養工夫，故朱子有時又言宜先涵養也。

答胡廣仲又云：

不務涵養而專於致知，此固前日受病之原。而所知不精，害於涵養，此又今日切身之病也。若但欲守今日之所知而加涵養之功以補其所不足，竊恐終未免夫有病，而非所以合內外之道。必也盡棄今日之所已知，而兩進夫涵養格物之功焉，則庶乎其可耳。

以此書與上一書比讀，乃可見朱子之終極意向。此兩書乃與同一人，先後時間相隔不遠，涵養致知固不必泥着分先後，然其輕重緩急之間，朱子之意皎然明白。蓋分涵養與省察言，朱子意似頗較重於涵養。但分涵養與窮理言，朱子意又似較重於窮理。然亦只能言其較偏重。朱子之意，則決不贊同偏重了一邊，偏輕了又一邊也。

文集卷四十一答程允夫有云：

紙尾之意，以為須先有所見，方有下手用心處，則又未然。夫持敬用功處，伊川言之詳矣，只云：「但莊整齊肅，則心便一，一則自無非僻之干。」又云：「但動容貌，整思慮，則自然生敬。」只此便是下手用功處，不待先有所見而後能也。須是如此，方能窮理而有所見。惟其有所見，則可欲之幾瞭然在目，自然樂於從事，欲罷不能，而其敬日躋矣。伊川又言：「涵養須用敬，進學則在致知。」又言：「入道莫如敬，未有致知而不在敬者。」考之聖賢之言，如此類者亦眾，是知聖門之學，別無要妙，徹頭徹尾，只是箇敬字而已。

此處言敬字，自包致知涵養兩者言。允夫來書，言須先有所見方有下手用心處，是亦先致知之意，然似有所等待，而不明致知涵養之必交相發，故朱子以此糾之。若只據此等處，以為朱子實重先涵養，後致知，則又失之。

語類又一條：

問：「格物章補文處不入敬意，何也？」曰：「敬已就小學處做了。此處只據本章直說，不必雜在這裏，壓重了，不淨潔。」（一六）

此條極重要。敬字不入格物補傳，此層尤值玩味。雖曰居敬窮理，涵養致知，如車兩輪，如鳥兩翼，然纔見成兩處便不得。甯有眞能窮理而心不居敬之事。苟不居敬，即無此窮理之心。然若論格物窮理而仍必加進居敬字，似是一心要窮理，一心仍要居敬，則是重叠言之，壓重了，又不潔淨。故朱子此處乃略去敬字不復提及。厥後如陳白沙主張「靜中養出端倪」，然猶能闡釋朱子言敬不言靜之用意。陽明單提「致良知」三字，不喜言敬，乃亦不提白沙。然就朱子論學規模言，則白沙、陽明應似皆在小學階段，未能上達及於格物窮理，朱子所謂大學之境界也。

又文集卷四十二答吳晦叔有云：

泛論知行之理，而就一事之中以觀之，則知之為先，行之為後，無可疑者。然合夫知之淺深，行之大小而言，則非有以先成乎其小，亦將何以馴致乎其大。蓋古人之教，自孩幼而教之以孝悌誠敬之實。及其少長，而博之以詩書禮樂之文。皆所以使之即夫一事一物之間，各有以知其義理之所在而致涵養踐履之功也。及其十五成童，學於大學，則其灑掃應對之間，禮樂射御之際，所以涵養踐履之者略已小成矣。於是不離乎此而教之以格物以致其知焉。致知云者，因其所已知者推而致之，以及其所未知者而極其至也。是必至於舉天地萬物之理而一以貫之，然後為知之至。而所謂誠意、正心、修身、齊家、治國、平天下者，至是而無所不盡其道焉。今就其一事之中而論之，則先知後行，固各有其序矣。誠欲因夫小學之成以進乎大學之始，則非涵養踐履之有素，亦豈能居然以夫雜亂紛糾之心而格物以致其知哉。故大學之書，雖以格物致知為用力之始，然非謂初不涵養履踐而直從事於此也。

此書申論更為透切。朱子雖謂涵養居敬乃聖學徹頭徹尾工夫，然若謂只是居敬涵養，不復進而窮理致知，以為便可由此直達聖域，認為大學之道亦即在此，則斷斷乎非朱子之意。然亦非謂初不涵養踐履，而可直從事於格物致知，則亦無其本而失其序也。

又文集卷五十三答胡季隨書，先引來書原文，謂延平語錄有一段云：「學者之病，在於未有灑然冰釋凍解處。縱有力持守，不過只是苟免顯然尤悔而已，恐不足道。」季隨意，謂學者既未能爾，又不可以急迫求之，只得持守，優柔厭飫以俟其自得。某友則謂學者須常令胸中通透灑落，則道理易進，持守亦有味。朱子答書曰：

此一條，嘗以示諸朋友，有輔漢卿者下語云：「灑然冰解凍釋，是工夫到後，疑情剝落，知無不至處。知至則意誠，而自無私欲之萌，不但無形顯之過而已。若只是用意持守，著力遏捺，苟免顯然尤悔，則隱微之中何事不有，然亦豈能持久哉？意懈力弛，則橫放四出矣。今曰『學者須常令胸中通透灑落』，恐非延平先生本意。」此說甚善。大抵此箇地位，乃是見識分明，涵養純熟之效。須從眞實積累功用中來，不是一旦牽彊著力做得。今湖南學者所云「不可以急迫求之，只得且持守，優柔厭飫，而俟其自得」，未為不是，但欠窮理一節工夫耳。答者乃云：「學者須常令胸中通透灑落」，卻是不原其本而彊欲做此模樣，殊不知通透灑落如何「令」得。纔有一毫令之之心，則終身只是作意助長，欺己欺人，永不能到得灑然地位矣。

此書剖析極細。所謂灑然冰解凍釋，乃窮理通達後所到之境界，非只涵養持守所能達。學者只有且事涵養持守以為進而窮理之地則可。若欲涵養持守，令其灑然冰解凍釋，則無是事。書中云「有輔漢卿者」，必是漢卿初來朱子門下時語。語類中有輔漢卿錄甲寅所聞，則朱子此書答胡季隨，亦應在甲寅，時朱子年六十五，此乃朱子晚年見解也。

同一書又云：

遺書所云：「釋氏有盡心知性，無存心養性。」亦恐記錄者有誤。要之釋氏只是恍惚之間見得些心性影子，卻不曾子細見得眞實心性，所以都不見裏面許多道理。政使有存養之功，亦只是存養得他所見底影子，固不可謂之無所見，亦不可謂之不能養，但所見所養，非心性之眞耳。

此處辨程氏遺書有誤。謂釋氏亦有見於心性而養之，然其所見所養非心性之眞。欲見心性之眞，則非有窮理工夫不可。格物窮理，事若向外，然外面許多道理，即是我心性中所有。內外一體，格物即所以明心。若專務涵養，不知格物窮理，則涵養箇甚底？此可知徒言涵養之無當也。

同書又云：

先立根本，後立趨嚮，即所謂「未有致知而不在敬者」。又云：「收得放心，然後自能尋向上去。」亦此意也。

此處言根本趨嚮先後，亦據程氏遺書。然程氏只謂「未有致知而不敬」，卻未說敬即便是致知。又云

「收得放心自能尋向上去」，卻不謂收得放心即不須再有尋向上去一段工夫。此等辨析皆極重要，可兼讀論收放心章。

同書又云：

「外面只有些罅隙，便走了。」此語分明，不須注解。只要時時將來提撕，便喚得主人公常在常覺也。

「只外面有些罅隙便走了」，此語亦出遺書。喚得主人公常在常覺，始可用功教使外面無罅隙，非是主人公常在常覺，便即是一了百了也。然則居敬必繼之以窮理，義復何疑。若居敬不窮理，則敬非其敬，所謂敬者亦肆而已，何得復謂之敬乎？

語類有「洪慶將歸」一長條，茲節錄如下：

洪慶將歸，先生召入與語，出前卷子示曰：「議論也平正。兩日來反復為看，所說者非不是，但其中言語，多似不自胸中流出。原其病只是淺，故覺見枯燥，不甚條達，合下原頭欠少工夫。今先須養其源始得。此去且存養，要這箇道理分明，常在這裏，久自有覺。覺後自是此物洞然通貫圓轉。」乃舉孟子『求放心』、「操則存」兩節，及明道語錄中「聖賢教人千言萬語下學上達」一條，云：「自古聖賢教人，也只就這理上用功。所謂放心者，不是走作向別處去，蓋一瞬目間便不見，纔覺得便又在面前，不是苦難收拾。公且自去提撕，便見得。」又曰：「如今要下工夫，且須端莊存養，獨觀昭曠之原，不須枉費工夫鑽紙上語。待存養得此中昭明洞達，自覺無許多窒礙，那時方取文字來看，則自然有意味，道理自然透徹，遇事時自然迎刃而解，皆無許多病痛。此等語不欲對諸人說，恐他不肯去看文字，又不實了。且教他看文字，撞來撞去，將來自有撞着處。公既年高，又做這般工夫不得，若不就此上面着緊用工，恐歲月悠悠，竟無所得。」又曰：「為學之道，須先存得這箇道理，方可講究。若居處必恭，執事必敬，與人必忠，要如顏子，直須就視聽言動上警戒到復禮處。仲弓『出門如見大賓，使民如承大祭』，是無時而不主敬。如今亦不須較量顏子、仲弓如何會如此，只將他那事就自家切己處便做他底工夫，然後有益。」又曰：「為學之道，如人耕種一般，先須辦了一片地在這裏了，方可在上耕種。今卻就別人地上鋪排許多種作底物色，這田地元不是我底。又如人作商，亦須先安排許多財本，方可運動。若財本不贍，則運動未得。到論道處，如說水，只說是冷，不能以不熱字說得。如說湯，只說是熱，不能以不冷字說得。又如飲食，喫着酸底便知是酸底，喫着鹹底便知是鹹底始得。」語多不能盡記，姑述其大要。（一一五）

此條語類編在訓門人，乃朱子專為石洪慶一人言之，與其平常講學，輕重先後，圓到周匝，容有不同。又所記太長，洪慶自說「語多不能盡記」，恐其所記亦不能盡合朱子當時之口脗。如「獨觀昭曠之原」，「存養得此中昭明洞達」，「覺後自是此物洞然通貫圓轉」等語，此必石氏自以己意潤飾，不似朱子平常教人語。即讀上引答胡季隨書，可知石氏此錄極多語病。又孟子「求放心」及明道「聖賢千言萬語」一條，朱子對此有精詳之討論，詳見本書放心篇及孟子程朱異解篇，取以對讀，更可見此錄之多病。若專據此錄，認是朱子論學宗旨，又拘泥字句，不通觀文集語類他處所言，則鮮不失朱子眞意所在矣。

以上論涵養與致知之先後，繼此當續論察識工夫。此與先所爭涵養察識之先後時意境又不同，學者當細辨。

文集卷四十二答石子重書有云：

「以心使心」，所疑亦善。蓋程子之意，亦謂自作主宰，不使其散漫走作耳。如孟子云「操則存」，云「求放心」，皆是此類，豈以此使彼之謂邪？但今人着箇察識字，便有箇尋求捕捉之意，與聖賢所云操存主宰之味不同。此毫氂間須看得破，不爾則流於釋氏之說矣。如胡氏之書，未免此弊也。

又五十二答吳伯豐有云：

因其本明，非是察識端倪，把來玩弄，以資談說；只是因其已知而益廣其知，因其已能而益精其能耳。與湖南說自不同也。

語類云：

湖南一派，譬如燈火要明，只管挑，不添油，便明得也即不好。所以氣局小，長汲汲然張筋努脈。（一〇一）

窮理致知如添油。不窮理，不致知，專務察識，期於明心，是只挑燈不添油，湖湘之學有此弊。

文集卷五十三答胡季隨有云：

中庸本意，欲人戒謹恐懼以存天理之實而已，非是教人揣摩想像以求見此理之影也。

求見此理是致知事。求存此理，則操存涵養，乃可因其本明而益有所進也。

文集卷三十答張欽夫有云：

答廣仲書切中學者之病，然愚意竊謂此病正坐平時燭理未明，涵養未熟，以故事物之來無以應之。若曰「於事物紛至之時，精察此心之所起」，則是似更於應事之外別起一念以察此心，以心察心，煩擾益甚。且又不見事物未至時用力之要。此熹所以不能無疑也。儒者之學，大要以窮理為先。蓋凡一物有一理，須先明此，然後心之所發，輕重長短各有準則，書所謂天敍、天秩、天命、天討，孟子所謂「物皆然，心為甚」者，皆謂此也。若不於此先致其知，但見其所以為心者如此，識其所以為心者如此，泛然而無所準則，則其所存所發，亦何自而中於理乎？且如釋氏「擎拳堅拂，運水搬柴」之說，豈不見此心，豈不識此心，而卒不可與入堯舜之道者，正如此耳。前輩有言，「聖人本天，釋氏本心」，蓋謂此也。來示又謂「心無時不虛」，熹以為心之本體，固無時不虛，然而人欲己私汩沒久矣，安得一旦遽見此境界乎？故聖人必曰正其心，而正心必先誠意，誠意必先致知，其用力次第如此，然後可以得心之正而復其本體之虛，亦非一日之力矣。今直曰「無時不虛」，又曰「既識此心則用無不利」，則亦失之太快，而流於異學之歸矣。若儒者之言，則必也精義入神，而後用無不利可得而語矣。孟子存亡出入之說，亦欲學者操而存之耳，似不為識此心發也。高明之意，大抵在於施為運用處求之，正禪家所謂石火電光底消息也。而於優游涵泳之功，似未甚留意。是以求之太迫，而得之若驚；資之不深，而發之太露。易所謂「寬以居之」者，正為不欲其如此耳。

朱子自長沙晤南軒歸後，而有中和舊說。越一年，悟前說之非，而主先涵養後察識。後又主涵養察識只是一項工夫，而以提撕二字描述此心態。又謂「儒者之學，大要以窮理為先」。此乃其論心學遞變遞進之大致。此書殆在其最後所悟之階段中。

文集卷五十三答胡季隨又云：

中庸言「道不可離，可離非道，是故君子戒慎乎其所不睹，恐懼乎其所不聞」，乃是徹頭徹尾，無時無處不下工夫，欲其無須臾而離乎道也。「不睹不聞」，與「獨」字不同，乃是言其戒懼之至，無適不然。雖是此等耳目不及，無要緊處，亦加照管。如云「聽於無聲，視於無形」。非謂所聞見處卻可闕略，而特然於此加功也。又言「莫見於隱，莫顯乎微，故君子謹其獨」，乃是上文全體工夫之中見得此處是一念起處，萬事根原，又更緊切，故當於此加意省察，欲其自隱而見，自微而顯，皆無人欲之私也。然亦非必待其思慮已萌，而後別以一心察之。蓋全體工夫既無間斷，即就此處略加提撕，便自無滲漏也。

朱子意，涵養致知，居敬窮理，兩輪齊轉，兩翼齊飛，此即所謂全體工夫也。若云察識，則是在此徹頭徹尾無時無處之全體工夫下，更復略加提撕而已，因恐此工夫或有滲漏，故須加以照管察識，非謂自察此心而識之，更非謂自己察識得此心，便可無往而不利也。所謂察識，只是在此全體工夫下時加提撕，以期此工夫之日臻於純熟，此則異乎從已發處察識之云矣。又曰：

只若要就此未純熟處便見天理，不知見得要作何用。以言乎經，則非聖賢之本意。以言乎學，則無可用之實功。恐徒紛擾，無補於聞道入德之效。

此皆昧失了此心全體工夫，而誤以察識此心為工夫之病也。如此言之，則工夫純熟中仍須有識察，非謂工夫未純熟，卻可單把此一察識來使工夫純熟也。

語類又云：

先生問：「尋常看敬字如何？」曰：「心主於一而無有他適。」先生曰：「只是常要提撕，令胸次湛然分明。若只塊然獨坐，守着箇敬，卻又昏了。須是常提撕，事至物來，便曉然判別得箇是非去。敬以直內，便能義以方外。有箇敬，便有箇不敬，常如此戒懼，方不睹不聞未有私欲之際，已是戒懼了。及至有少私意發動，又卻謹獨。如此即私意不能為吾害矣。」（一一四）

察識提撕，僅是敬字工夫所有。然亦只就敬言則如此，若就窮理言，則又是另一番工夫。非謂私意不能為害，即已盡窮理之功也。能常提撕，又與死守箇敬字不同。因其能通貫動靜，涵養致知兼而有之。至此，即連敬字亦可不提，更不論所謂已發後之察識矣。朱子對此問題，愈辨愈精，最後始達此境地，得此見解，誠學者所當潛心細玩。

或曰：「伊川云：『涵養於喜怒哀樂未發之前，則發自中節矣。』今學者能戒謹恐懼於不睹不聞之中，而謹獨於隱微之際，則中可得矣。」曰：「固是如此，亦要識得。且如今在此坐，卓然端正，不側東，不側西，便是中底氣象。然人說中，亦只是大綱如此說。比之大段不中者，亦可謂之中，非能極其中。如人射箭，期於中紅心。射在貼上，亦可謂中，終不若他射中紅心者。至如和，亦有大綱喚做和者，比之大段乖戾者謂之和則可，非能極其和。且如喜怒，合喜三分，自家喜了四分。合怒三分，自家怒了四分，便非和矣。」（六二）

觀此條，所言識字，與已發時隨加察識之識字境界已大不同。自非窮理致知之極，又烏能識到合喜三分，合怒三分，自家喜怒到了四分之細微處。今欲求能極其中，極其和，則非有窮理致知工夫不辦。察識之深淺，實隨窮理致知工夫之深淺以為深淺也。

語類又云：

「顧諟天之明命」，古注云：「常目在之。」說得極好。非謂有一物常在目前可見也。只是常存此心，知得有這道理，光明不昧。方其靜坐未接物時，此理固湛然清明。及其遇事而應接也，此理亦隨處發見。只要人常提撕省察，念念不忘，存養久之，則是理愈明，雖欲忘之，而不可得矣。（一六）

今人無事時，卻恁昏昏地。至有事時，又隨事逐物而去，都無一箇主宰。這須是常加省察，眞如見一箇物事在裏，不要昏濁了他，則無事時自然凝定，有事時隨理而處，無有不當。（一六）

此兩條，就大學引書「顧諟天之明命」一語加以發揮，亦是就敬言敬，後條所謂「眞如見一箇物事在裏」，即上條所謂「常存此心，知得有這箇道理光明不昧」也。又曰「此理隨處發見」，又曰「是理愈明」，此理即是「天之明命」也。具體言之，如必為善，必不為惡，聖人必可學而至，天理必當存，私欲必當去，皆是。然遇事應接，則仍有分殊之理，須待一一窮格。非曰存得此心，即可足己自守，不煩再有窮理工夫也。語類又云：

今所謂「顧諟」者，只是心裏常常存著此理在，一出言，則言必有當然之則，不可失也。一行事，則事必有當然之則，不可失也。不過如此耳。初豈實有一物可以見其形象耶？（一七）

實則心下常存此理，亦只是一番戒懼之心而已。戒懼與求中不同，此在本篇開始即已提及。中尚不可求，復有何理可存。朱子常言天即理，此心能常乾乾夕惕，則即心即天而理亦自在矣。程朱言敬字，亦即此種境界。然當知就敬言敬則如此，苟言敬，則不煩再言察識，而察識已在其中，若言窮理致知，則亦可不再言敬，而敬字工夫亦已包在其中矣。工夫之層累益進有如此。然謂可以不知有省察，不知有居敬，而直下從事於窮理致知，此則無本失序，更為朱子所不許。文集卷四十三答林擇之有云：

昨日書中論未發者，看得如何。兩日思之，疑舊來所說於心性之實未有差，而未發已發字頓放得未甚穩當。疑未發只是思慮事物之未接時，於此便可見性之體段，故可謂之中，而不可謂之性也。發而中節，是思慮事物已交之際皆得其理，故可謂之和，而不可謂之心。心則通貫乎已發未發之間，乃大易生生流行，一動一靜之全體也。

此所分辨，最為簡明扼要。道南一脈，與湖湘學派，乃及二程所言，皆不能如此精潔而無疵。又文集卷三十五答呂伯恭問龜山中庸別紙有云：

聖賢之言，離合弛張，各有次序，不容一句都道得盡。故中庸首章言中和之所以異，一則為大本，一則為達道，是雖有善辨者不能合之而為一矣。故伊川先生云：「大本言其體，達道言其用。」體用自殊，安得不為二乎？學者須是於未發已發之際，識得一一分明，然後可以言體用一源處。然亦只是一源耳。體用之不同，則固自若也。「天地位」，便是大本立處。「萬物育」，便是達道行處。此事灼然分明，但二者常相須，無有能此而不能彼者耳。

如此論之，可知道南一脈與湖湘學派胥失之，以其皆不免於合而為一之弊也。今細辨其不同，正可求窺其一源。此乃朱子學之精微所在。

文集卷六十七易寂感說有云：

易曰「无思也，无為也，寂然不動，感而遂通天下之故」者，何也？曰：无思慮也，无作為也，其寂然者無時而不感，其感通者無時而不寂也。是乃天命之全體，人心之至正，所謂體用之一源，流行而不息者也。疑若不可以時處分矣。然於其未發也，見其感通之體。於已發也，見其寂然之用。亦各有當，而實未嘗分焉。故程子曰：「中者，言寂然不動者也。和者，言感而遂通者也。」然中和以性情言者也，寂感以心言者也，中和蓋所以為寂感也。觀言字者字，可以見其微意矣。

此篇言寂感只是一心，而未發已發分別言之，極為明析。此與答林擇之書，皆可謂指陳未發已發最簡明扼要之說，或者以此篇為中和舊說時語，則大誤。讀朱子書，不論語類、文集，凡有年代先後可辨，則必先辨其年代。無年代先後可辨，則當就理論本身別為推定其先後，此非深通朱子立言異同之辨者，則不易為也。

文集卷四十二答胡廣仲有曰：

中者，所以狀性之德而形道之體；和者，所以語情之正而顯道之用。熹前說之失，便以中和為體用，則是猶便以方圓為天地也。

此謂道有體用，而中和非即為體用。此等處，剖析十分深細。名言之辨，即是窮理一項工夫也。此書當與前引答林擇之書會合細看，便知朱子雖言心有已發未發，卻不同意於未發時求中之意。

語類有云：

伊川初嘗曰：「凡言心者，皆指已發而言。」後復曰此說未當。五峯卻守其前說，以心為已發，性為未發，將心性二字對說。知言中如此處甚多。（一〇一）

此即中和舊說最後第四書之意見。又曰：

伊川謂「凡言心者皆指已發而言」，後來又救前說，曰：「此語固未當。心一也，有指體而言者，『寂然不動』是也。有指用而言者，『感而遂通』是也。惟觀其所見如何。」此語甚圓無病。大抵聖賢之言，多是略發箇萌芽，更在後人推究。演而伸，觸而長，然亦須得聖賢本意。不得其意，則從那處推得出來。橫渠「心統性情」之說甚善。性是靜，情是動，心則兼動靜而言。或指體，或指用，隨人所看。（六二）

楊、呂諸公說，求之於喜怒哀樂未發之時；伊川又說於已發處觀，如此則是全無未發時放下底。今且四平着地放下，要得平帖，湛然無一毫思慮。及至事物來時，隨宜應接，當喜則喜，當怒則怒，當哀樂則哀樂。喜怒哀樂過了，此心湛然者，還似未發時一般，方是兩下工夫。若只於已發處觀，則是已發了又去尋已發，展轉多了一層，卻是反鑑。後來伊川亦自以為未當。（六二）

此皆辨伊川「心為已發」一語。其論「反鑑」，可與識心篇互讀。道南之與湖湘，似皆不免有反鑑之病。

文集卷四十八答呂子約有云：

未發已發，子思之言已自明白。程子數條引「寂然」、「感通」者，皆與子思本指符合，更相發明。但答呂與叔之問，偶有「凡言心者皆指已發」一言之失，而隨即自謂未當，亦無可疑。至遺書中「纔思即是已發」一句，則又能發明子思言外之意。蓋言不待喜怒哀樂之發，但有所思即為已發，此意已極精微，說到未發界至十分盡頭，不復可以有加矣。問者不能言下領略，切己思惟，只管要說向前去，遂有無聞無見之問。請更以心思、耳聞、目見三事校之。心之有知，與耳之有聞、目之有見為一等時節，雖未發而未嘗無。心之有思，乃與耳之有聽、目之有視為一等時節，一有此則不得為未發。程子稱許渤持敬，而注其下云：「曷嘗有如此聖人。」又每力詆坐禪入定之非。若必以未發之時無所見聞，則又安可譏許渤而非入定哉。

此書分辨已發未發分界處，十分精微。有思、有視、有聽乃已發，有知、有見、有聞則雖未嘗無而仍為未發。前引答張欽夫長書，已有「方其存也，思慮未萌而知覺不昧」之說，此處指示更明析。書中又譏必以無聞無見為未發者謂：

不信程子手書「此固未當」之言，而寧信他人所記自相矛盾之說，彊以已發之名，侵過未發之實，使人有生已後，未死已前，更無一息未發時節，惟有爛熟睡着，可為未發，而又不可以立天下之大本，此其謬誤，又不難曉。

又一書云：

子約平生，還曾有耳無聞目無見時節否？便是祭祀，若耳無聞，目無見，即其升降饋奠，皆不能知其時節之所宜。雖有贊引之人，亦不聞其告語之聲矣。故前旒黈纊之說，亦只是說欲其專一於此，而不雜他事之意，非謂奉祭祀時都無見聞也。況又平居無事之時乎？故程子云：「若無事時，耳須聞，目須見。」既云耳須聞，目須見，則與前項所答已不同矣，又安得曲為之說，而強使為一義乎？至靜之時，但有能知能覺者，而無所知所覺之事，此於易卦為純坤，不為無陽之象。若論復卦，則須以有所知覺者當之，不得合為一說矣。故康節亦云：「一陽初動處，萬物未生時」，此至微至妙處，須虛心靜慮方始見得。若懷一點偏主，強說意思，即方寸之中先自擾擾矣，何緣能察得彼之異同耶？

能知能覺者是心，所知所覺者是事。至靜之時，心不與事接，則但有此能知能覺者而已，非謂並知覺而無之也。耳有聞，目有見，既有聞見，斯有知覺。但耳目聞見，尚在未發階段。故心有知覺，亦屬未發。視而見，聽而聞，此之視聽則屬已發。亦如思而知，思則屬已發也。云「心不在焉，則視而不見，聽而不聞」者，此非耳目無見聞，乃是未見所視，未聞所聽。此因心不在焉，未加思辨，故雖有見聞，而未與所視所聽者相應。其時則仍有見聞。所謂思慮未萌而知覺不昧，亦如此。心專一在此，則在此有知覺，有見聞。心所不在，則知覺與見聞亦不在。此心至靜之時，可以無視聽，無思慮，卻非無知覺，無聞見。惟所聞見知覺，渾成一片，不加分別，故曰無所知覺之事，但非無能知能覺之心。只是不加視聽，不動思慮，而此心之昭然不昧則如故。耳目之仍有聞見亦如故。此只心在至靜時則然。此時是純坤之卦，而非無陽。故曰「一陽初動處，萬物未生時」，雖有知覺，有見聞，而心中實無一事。故曰「須虛心靜慮方始見得」。此乃一至微至妙處，亦即是延平所謂默坐澄心時也。若用持敬工夫，使心專一，則如人當祭祀時，若無視聽，若無聞見，其實則只是視聽聞見專在一事上，而無他事之雜而已。故至靜則無事，至敬則有事亦若無事。至靜則虛，其實是虛中有實。至敬則實，其實是實亦如虛。此非於已發未發界至窮到十分盡頭，則不易知未發已發各有當而實未嘗分之意矣。

其又一書云：

子思只說喜怒哀樂，今卻轉向見聞上去，所以說得愈多，愈見支離紛冗，都無交涉。若必以未有見聞為未發處，則只是一種神識昏昧底人，睡未足時，被人驚覺，頃刻之間，不識四到時節，有此氣象。聖賢之心湛然淵靜，聰明洞徹，決不如此。若必如此，則洪範五事，當云貌曰僵，言曰啞，視曰盲，聽曰聾，思曰塞，乃為得其性。而致知居敬費盡工夫，卻只養得成一枚癡猷罔兩漢矣。千不是，萬不是，痛切奉告，莫作此等見解。

又書末附注曰：

詳看來意，更有一大病根，乃是不曾識得自家有見聞覺知而無喜怒哀樂時節，試更着精采看，莫要只管等閑言語，失卻眞的主宰也。

中庸只言喜怒哀樂之未發，本不涉到見聞與視聽上，朱子深言之，乃有上引所云。此書則切就中庸本文言，「千不是萬不是」云云，說來更堅定。又云「莫要只管等閑言語，失卻眞的主宰」，其鞭策警悟人處更為透闢。考遺書卷十八：問：「中之時，耳無聞目無見否？」伊川答曰：「雖耳無聞，目無見，然見聞之理在始得。」伊川問曰：「賢且說靜時如何？」曰：「謂之無物則不可，然自有知覺處。」曰：「既有知覺，卻是動也，怎生言靜。」據此，則伊川之意實謂須無見無知時始是未發之靜。朱子參校他處，謂是記者有誤。而獨取其「但有所思即為已發」之語。如此等處，精剖力辨，最具苦心。朱子學尚博綜，遇自己意見與前人說有異同，更可見其用心之不得已處。蓋本不欲自立己說，乃終不得不自立己說。又似於己說是處與前人說非處有時不肯細加剖辨，雖是非已分，而語有涵蓄。學朱子者，貴能從此窺入，乃見朱子為學精神之所在。

明儒羅整菴精研朱子，惟於未發一節，仍持異議。其困知記有曰：

未發之中，安可無體認工夫。雖叔子嘗言：「存養於未發之時則可，求中於未發之前則不可」，此殆一時答問之語，未必其終身之定論。且以為既思即是已發，語亦傷重。思乃動靜之交，與發於外者不同。推尋體認，要不出方寸間耳。伯子嘗言：「天理二字，是自家體貼出來。」又云：「中者，天下之大本，天地之間，停停當當，直上直下之正理。出則不是。」若非潛心體貼，何以見得如此分明。

整菴常據明道糾伊川。然思既屬動靜之交，則終不得謂之未發。實不如朱子分析更為微至。整菴確守程朱，在明儒中最傑出，然遇自出己解，每不能恰到好處，此見講學之難。

問擇之云：「先生作延平行狀，言默坐澄心，觀四者未發前氣象，此語如何？」曰：「先生亦自說有病。」後復以問先生，云：「學者不須如此。某少時未有知，亦曾學禪，只李先生極言其不是。後來考究，卻是這邊味長。才這邊長得一寸，那邊便縮了一寸。到今銷鑠無餘矣。畢竟佛學無是處。」（一〇四）

此條用語婉約，須加闡釋。蓋朱子對於延平默坐澄心求中未發之教，始終未以為是，只丙戌一時意頗向之而已。此條本問延平默坐澄心，而答以禪學，當與前引丙戌答羅參議書相證。其時朱子早以為此事與禪學十分相似，而謂所爭只毫末，但此毫末卻甚占地位，迨後則僅謂其近禪。此條亦言默坐澄心近禪，惟言之婉委，不易驟明也。

問：「李延平教學者於靜坐時看喜怒哀樂未發之氣象，道夫謂李先生之言主於體認，然於此不能無疑。所謂體認者，若曰體之於心而識之，猶所謂默會也。信如斯言，則未發自是一心，體認又是一心，以此一心認彼一心，不亦膠擾而支離乎。李先生所言決不至是。」曰：「李先生所言，自是他當時所見如此。」（一一五）

此條所言婉約，亦如前條。問者先言李先生所言決不至是，而朱子卻只說「是他當時所見如此」，更不有一語為延平辨釋。可見朱子自對延平此一教法不相契合。

語類又云：

伊川快說禪病。如後來湖南、龜山之弊，皆先曾說過。湖南正以為善，龜山求中於喜怒哀樂之前。（九三）

此條明以龜山求中於喜怒哀樂未發之前為禪也。故知前引兩條辨延平默坐澄心，乃是婉約言之耳。

問：「未發之前當戒謹恐懼提撕警覺，則亦是知覺，而伊川謂『既有知覺卻是動』，何也？」曰：「未發之前，須常恁地醒，不是瞑然不省。若瞑然不省，則道理何在，成甚麼大本。」曰：「常醒便是知覺否？」曰：「固是知覺。」曰：「知覺便是動否？」曰：「固是動。」曰：「何以謂之未發？」曰：「未發之前不是瞑然不省，怎生說做靜得。然知覺雖是動，不害其為未發，若喜怒哀樂則又別也。」曰：「恐此處知覺雖是動，而喜怒哀樂卻未發否？」先生首肯曰：「是。」（九六）

此條分辨喜怒哀樂與知覺不同，與前引見聞與視聽不同，知覺與思慮不同各條，皆極精微。今再綜合言之，則此心之未發，雖有知覺而無思慮，亦無喜怒哀樂之發也。

問：「舊看程先生所答蘇季明喜怒哀樂未發，耳無聞目無見之說，亦不甚曉。昨見先生答呂子約書，以為目之有見、耳之有聞、心之有知未發，與目之有視、耳之有聽、心之有思已發不同，方曉然無疑。不知足之履、手之持，亦可分未發已發否？」曰：「便是書不如此讀。聖人只教你去喜怒哀樂上討未發已發，卻何嘗教你去手持足履上分未發已發，都不干事。且如眼見一箇物事，心裏愛，便是已發，便屬喜。見箇物事，惡之，便屬怒。若見箇物事，心裏不喜不怒，有何干涉。」（九六）

中庸言已發未發，本指喜怒哀樂，二程則推到整個心言，朱子此處，仍還到中庸本義上。必求先明本義，乃可言推伸義。雖見箇物事而不喜不怒，仍是未發，其論未發界至，亦所謂演而伸，觸而長，而固未背夫中庸之本義也。

問：「蘇季明問喜怒哀樂未發之前，下動字？下靜字？伊川曰：『謂之靜則可，靜中須有物始得。』所謂靜中有物者，莫是喜怒哀樂雖未形，而含喜怒哀樂之理否？」曰：「喜怒哀樂乃是感物而有，猶鏡中之影。鏡未照物，安得有影。」曰：「然則靜中有物，乃鏡中之光明。」曰：「此卻說得近似，但只是比類。所謂靜中有物者，只是知覺便是。」曰：「伊川卻云『纔說知覺便是動』。」曰：「此恐伊川說得太過。若云知箇甚底，覺箇甚底，如知得寒，覺得暖，便是知覺一箇物事。今未曾知覺甚事，但有知覺在，何妨其為靜。不成靜坐便只是瞌睡。」（九六）

此條比上條更深進了一層。靜中有物，乃是有箇知覺。雖有箇知覺，但非知覺了甚麼，此乃未發時體段。蓋知覺乃是心體也。龜山門下所傳觀未發前氣象，此是以心觀心。伊川謂既有知覺即是動，即是已發，則成心無未發時。朱子四十歲時只體認到心有未發，此後續有所得，則非四十歲時所悟之範圍矣。

此條陳文蔚記，與前引一條陳淳問「知覺便是動否」曰「固是動」兩條，似有細微之不同。然心是活物，所謂其寂然者無時而不感，則是靜中亦有動。謂有知覺便是動，大體言之亦無不可。此朱子答陳淳之意。然若又進一步，言動即是已發，勢必講到心無未發時，則大不可。故其答陳文蔚，又說伊川言纔說知覺便是動，終是說得太過也。此兩條，未能辨其先後，然朱子之意則已灼然可見。

問：「非禮勿視聽言動，看來都在視上。」曰：「不專在視上，然聽亦自不好。只緣先有視聽，便引惹得言動，所以先說視聽，後說言動。佛家所謂視聽甚無道理。且謂物雖在前，我元不曾視，與我自不相干，如此卻是將眼光逐流入鬧可也。聽亦然。天下豈有此理。」坐間舉佛書亦有克己底說話。先生曰：「所以不可行者，卻無復禮一段事。既克己，若不復禮，如何得。東坡說『思無邪』，有數語極好。他說纔有思便有邪，無思時又只如死灰，卻要得無思時不如死灰，有思時卻不邪。」（四一）

此條雖論克己復禮，實可與論已發未發相通。朱子既謂目見、耳聞、心有知屬未發，目視、耳聽心有思屬已發，已發未發各須有工夫。有物在前，而強我勿視勿聽，則知有克己而不知有復禮也。若使視聽合禮，雖發亦何害。蘇氏謂無思時要得不如死灰，有思時要得無邪，恰好道出未發已發工夫所到之理想境界。朱子平日於二蘇深所不喜，此處稱引東坡，亦其心胸廣大，擇善樂取，日新而無止境之一例。此處所論，當與論敬、論克己兩篇參讀。

語類又云：

未發不是漠然全不省，亦常醒在這裏，不恁地困。（五）

喜怒哀樂未發謂之中，只是思慮未萌，無纖毫私欲，自然無所偏倚，所謂寂然不動，此之謂中。然不是截然作一截，如僧家塊然之謂。只在這箇心，自有那未發時節，自有那已發時節。謂如此事未萌於思慮要做時，便須是中是體。又發於思了，如此做而得其當時，便是和是用。只管夾雜相滾。若以為截然有一時是未發時，一時是已發時，亦不成道理。今學者或謂將半日來靜坐做工夫，即是有此病也。（六二）

朱子認心有未發，而不贊同未發時求中之意，從此條亦可見。心有已發未發，卻不能截然分作兩截。中只是此心未發無偏倚而寂然不動時之體段，中字即指此體段，則不煩於未發時更求此體段。未發須能有養，不能有求，此則朱子之意。

又曰：

某嘗論「未發之謂中」，中字為在中之義。南軒深以為不然。及某再書論之，書未至而南軒遣書來，以為是。（四一）

在中者，未動時恰好處。時中者，已動時恰好處。（六二）

事事有箇恰好處。滎陽王哀樂過人，哀時直是哀。纔過而樂，亦直是樂。（六二）

喜怒哀樂未發，此心無所偏倚，既不偏倚於喜或怒，哀與樂，更不偏倚於對某事之喜與怒、哀與樂，故謂之未發之中。中只是體段如此，故曰寂然不動。若動了則必有所偏向。此時工夫在求和，不在求中。

又曰：

已發未發，只是說心有已發時，有未發時。方其未有事時，便是未發。纔有所感，便是已發。卻不要泥著。（六二）

若必偏著一邊，專求之未發，將半日靜坐做工夫之類，則皆是泥也。又曰：

只是一體事，不是兩節。（六二）

「看來人逐日未發時少，已發時多。」曰：「然。」（六二）

朱子既為未發已發辨別界分至於十分精密，則自當承認未發時少已發時多之說。然又曰不要泥，不可截然分作兩截，則終是不主偏著一邊也。

問：「涵養於未發之初，令不善之端旋消，則易為力。若發後則難制。」曰：「聖賢之論，正要就發處制。惟子思說喜怒哀樂未發謂之中。孔孟教人多從發處說。未發時固當涵養，不成發後便都不管。」（一一三）

此因發問者有偏重涵養，發後難制之意，故如此答之，亦欲其勿偏著一邊耳。

次日又云：「雖是涵養於未發，源清則流清。然源清卻未見得，被它流出來，已是濁了。須是因流之濁以驗源之未清。就本原處理會，未有源之濁而流之能清者。亦未有流之濁而源清者。今人多是偏重了。只說涵養於未發，而已發之失乃不能制，是有得於靜而無得於動。只知制其

已發，而未發時不能涵養，則是有得於動而無得於靜也。」（一一三）

此仍是兩分平說，戒人勿偏著一邊。

語類又曰：

體不可得而見，且於用上著工夫，則體在其中。（一一五）

喜怒哀樂未發之前無可求。（三六）

又曰：

無可求，是無工夫可用，惟於靜處涵養而已。若於無知無覺無見聞處求未發則大誤。

若未發時，著不得工夫，自堯舜至於塗人一也。（二六）

未發時著不得工夫，故工夫須在幾上用，可參讀論幾篇。又曰：

若論原頭，未發都一般。只論聖人，動靜則全別。動亦定，靜亦定。衆人有未發時，只是他不

曾主靜看，不曾知得。（六二）

又曰：

呂氏『未發之前心體昭昭具在』，說得亦好。（六二）

又曰：

未發之前衆人俱有，卻是要發而中節。（三六）

未發之前，乃心之本體，故曰衆人俱有。然此僅指原始俱有言，陷溺而失其本心者多矣。失其本心，則不能發而中節。俱有乃天賦，中節則屬人事。盡人以全天，為學者所有事。惟聖人動靜全別，因惟聖人為能主靜立人極也。

又曰：

人心操則存，舍則亡，須是常存得。造次顛沛必於是，不可有一息間斷。於未發之前，須是得這虛明之本體分曉。及至應事接物時，只以此處之，自然有箇界限節制，湊著那天然恰好處。

於未發時得這虛明本體分曉，工夫在存養。至應事接物時，自易發而中節也。

又曰：

喜怒哀樂自有發時，有未發時。各隨處做工夫，如何強復之於未發。（三六）

問：「而今覺得身上病痛，閑時自謂都無之，才感物時便自發出，如何除得？」曰：「閑時如何會發，只是感物便發。當其發時，便剗除去莫令發便了。」又問：「而今欲到無欲田地，莫只是剗除熟後自會如此否？」曰：「也只是剗除熟。而今人於身上不好處只是常剗去之。才發便剗，自到熟處。」（四四）

此便是克己工夫，可參讀克己篇。

或問：「意者，聽命於心者也。今曰『欲正其心先誠其意』，意乃在心之先矣。」曰：「心字卒難摸索。心譬如水，水之體本澄湛，卻為風濤不停，故水亦搖動。必須風濤既息，然後水之體靜。人之無狀汙穢皆在意之不誠。必須去此，然後能正其心。」（一五）

問：「心，本也，意特心之所發耳，今『欲正其心，先誠其意』，似倒說了。」曰：「心無形影，教人如何撐拄，須是從心之所發處下手。」（一五）

四者未發時，那怵惕惻隱與孩提愛親之心皆在裏面了。少間發出來，即是未發底物事。孟子所說，正要人於發動處見得這物事。（五五）

問：「『則故而已矣』，『故』是如何？」曰：「『故』是箇已發見了底物事，便分明易見。集注謂『故者是已然之迹也』。是無箇字可下，故下箇迹字。」（五七）

性是箇糊塗不分明底物事，且只就那「故」上說。「故」卻是實有痕迹底。（五七）

赤子之心，也有未發時，也有已發時。方其未發時，亦與老稚賢愚一同。但其已發，未有私欲，故未遠乎中耳。（五七）

文集卷五十六答方賓王有曰：

人心莫不有未發之時，不但赤子為然。而赤子之心亦莫不有已發之時，不得專指為未發。

語類又曰：

孟子論養氣，只全就已發處說。程子論養志，自當就未發處說。各自一義，自不妨內外交養。不可說孟子救告子義外之失而姑為此言也。（五二）

凡此諸條，皆偏重在已發處說。當時學風，重內輕外，重未發，輕已發。即二程亦然。朱子力主兩面兼顧。若專就此諸條言，亦若見其有偏重，而所偏重者則在彼不在此。此亦不專為矯時弊，乃朱子學術精神所在，學者當深玩。

問：「伊川言：『「喜怒哀樂未發謂之中」，中也者，寂然不動是也。』南軒言：『伊川此處有小差。所謂喜怒哀樂之中，言眾人之常性。寂然不動者，聖人之道心。』又南軒辨呂與叔論中書，說亦如此。今載近思錄，如何？」曰：「前輩多如此說，不但欽夫。自五峯發此論，某自是曉不得。今湖南學者往往守此說，牢不可破。某看來，『寂然不動』，眾人皆有是心。至『感而遂通』，惟聖人能之，眾人卻不然。蓋眾人雖具此心，未發時已自汩亂了。思慮紛擾，夢寐顛倒，曾無操存之道。至感發處，如何得會如聖人中節。」（九五）

問「寂然不動，感而遂通」。曰：「寂然是體，感是用。當其寂然時，理固在此，必感而後發。如仁感為惻隱，未感時只是仁。義感為羞惡，未感時只是義。」問：「胡氏說此，多指心作已發。」曰：「便是錯了。縱使已發，感之體固在。所謂『動中未嘗不靜』。如此則流行發見，而

常卓然不可移。今只指作已發，一齊無本了。終日只得奔波急迫，大錯了。」（七五）

此兩條皆批評湖南學派認心為已發之說，亦即朱子中和舊說所主張也。試就此兩條再加闡釋。未發是心之體，已發是心之用。衆人同有此心，則不能謂衆人之心無此未發。未發寂然不動，動了即是已發。故曰「寂然不動，衆人皆有是心」，所難者在其發。思慮夢寐則皆是已發，衆人不知在未發時操存，則日間思慮紛擾，夜間夢寐顛倒，心體失其養，故曰「未發時已是汩亂了」，如此則何能有感而遂通之用。工夫則正當用在動之極微處，其實說到工夫，已即是動，不得謂是寂然不動之未發矣。龜山門下指訣，教人於靜坐時看喜怒哀樂未發以前氣象，既有此看，即是動，是已發。果欲摒去一切之動，求此未發之靜，則有如李翺之滅情以復性，必欲堵塞一切惻隱、羞惡、辭讓、是非之發路以求全我仁義禮智內在之本性，是倒行而逆施也。偏著向內，其病如此。湖湘學派只認心是已發，南軒遂謂「寂然不動者聖人之道心」，則是衆人之心若根本與聖人之心有別，故曰「一齊無本」。如此則不啻要教人從栽枝培葉中長出根來，無此可能也。心本是一動物，而不害其有一寂然不動之體，此即性也。其發則為情，喜怒哀樂皆是也。心統性情，猶如鏡兼寂照。明鏡常照，不害其寂。所謂「縱使已發，感之體固在」也。若使掩鏡不照，則亦不見有塵埃，更亦何用其拂拭。抑且掩鏡不照，已失鏡用，亦非鏡體。如一穀種，本具生性，只要土壤陽光水分，培其生機，使之暢遂。若藏之厚沙堅石之下，亦有可以保其生性至千年以上者。但歷千年以上之久而不生不發，亦等如一死穀種，保之何用。朱子學之精神，在求體用本末動靜內外一以貫之，盡人事以合天，發妙用以全體。其分析理氣性情之分合異同，皆具甚深妙義。如此條謂「『寂然不動』，眾人皆有是心，『感而遂通』，惟聖人能之」，驟看語若驚人，細思理則平實。聖人與我同類，有為者亦若是。十室之邑必有忠信，不如聖人之好學。重要在好學與有為。當時過於重視此寂然不動之體，而輕忽了其感而遂通之用。以為只要能寂然不動，自能感而遂通。因此儘向不動處用工。工夫錯用，此下全無是處。龜山門下相傳指訣，本亦源自程門，朱子不僅不契於延平默坐澄心之教，即二程見人靜坐便歎其善學之說，頗亦不以為然。而於湖湘一派認心為已發，只在省察上用功者，亦加駁斥。學者須從此兩面參入，庶可瞭解朱子見解所在，與其教人用功之精微獨到處。非僅為解釋中庸已發未發兩名辭也。

茲再備錄中庸章句此一節注語以終斯篇。其注曰：

> 喜怒哀樂，情也；未發，則性也。無所偏倚，故謂之中。發皆中節，情之正也。無所乖戾，故謂之和。大本者，天命之性。天下之理皆由此出，道之體也。達道者，循性之謂。天下古今之所共由，道之用也。此言性情之德以明道不可離之意。

謂天下之理皆由此無所偏倚之中出，此猶云「性即理也」。性則須養，理則須窮，但卻不能云要求性。注又曰：

致，推而極之也。位者，安其所也。育者，遂其生也。自戒懼而約之，以至於至靜之中無少偏倚而其守不失，則極其中而天地位矣。自謹獨而精之，以至於應物之處無少差謬而無適不然，則極其和而萬物育焉。蓋天地萬物本吾一體，吾之心正，則天地之心亦正矣。吾之氣順，則天地之氣亦順矣。故其效驗至於如此。此學問之極功，聖人之能事，初非有待於外，而修道之教亦在其中矣。是其一體一用，雖有動靜之殊，然必其體立而後用有以行，則其實亦非有兩事也。

天人本屬一體，貴能盡人事以全天命。學問之極功，聖人之能事，皆人事，非天也。而天亦不違乎是矣。至於動靜體用，雖曰不可偏廢，而亦非有兩事。學者非細誦文集，則無以深明此段注語曲折之由來。非熟看語類，則亦無以窮極此段注語精微之所至也。

又文集卷五十五答李守約有云：

只是無事之時涵養本原，便是全體。隨事應接各得其所，便是時中。養到極中而不失處，便是致中。推到時中而不差處，便是致和。不可說學者方能盡得一事一物之中。直到聖人地位，方能盡得大中之全體。

此書可釋上引中庸章句之前一段。又同卷答李時可書有云：

前段說得「新民」意思太多，致和處猶可如此說，若致中，卻如何得天下之人皆如吾之寂然不動而純亦不已耶？只是自家有些小本領，方致得和。然後推以及人，使人觀感而化，而動天地，感鬼神耳。自其已成而論之，則見天地之位本於致中，萬物之育本於致和，各有脈絡，潛相灌輸，而不可亂耳。

此書可釋中庸章句之後一段。朱子說義理，每不喜高言之，而必切就平實，使其近人。又曰「聖人所以異於學者，只在其熟」。觀此可見。

朱子論識心

朱子論心，曰「心具眾理」，「心統性情」，又曰「心體明覺」，主要不外是三者。當時別有一種認識心體之說，朱子極所反對。文集卷四十九答王子合有云：

所謂可識心體，則終覺有病。窮理之學，只是要識如何為是，如何為非，事物之來，無所疑惑耳。非以此心又識一心，然後得為窮理也。

又曰：

窮理之學，誠不可以頓進。必窮之以漸，俟其積累之多，而廓然貫通，乃為識大體耳。今以窮理之學不可頓進，而欲先識夫大體，則未知所謂大體者果何物耶？

又曰：

心猶鏡也。但無塵垢之蔽，則本體自明，物來能照。今欲自識此心，是猶欲以鏡自照而見夫鏡也。既無此理，則非別以一心又識一心而何？後書所論「欲識端倪，未免助長」者，得之矣。然猶曰「其體不可不識」，似亦未離前日窠臼也。

又卷五十二答姜叔權有云：

心是身之主宰，性是心之道理，所謂「識察此心，乃致知之切近者」，此說是也。然亦須知所謂識心，非徒欲識此心之精靈知覺也，乃欲識此心之義理精微耳。欲識其義理之精微，則固當以窮盡天下之理為期。但至於久，熟而貫通焉，則不待一一窮之，而天下之理固已無一毫之不盡矣。

又卷五十答潘文叔有云：

大學所謂格物致知，乃是即事物上窮得本來自然當然之理，而本心知覺之體，光明洞達，無所不照耳。非是回頭向壁隙間窺取一霎時間己心光影，便為天命之全體也。

又卷五十六答方賓王有云：

心固不可不識。然靜而有以存之，動而有以察之，則其體用亦昭然矣。近世之言識心者則異於是。蓋其靜也，初無持養之功。其動也，又無體驗之實。但於流行發見之處認得頃刻間正當底意思，便以為本心之妙不過如是，擎夯作弄，做天來大事看，不知此只是心之用耳。此事一過，此用便息，豈有只據此頃刻間意思，便能使天下事事物物無不各得其當之理耶？所以為其學者，於其功夫到處，亦或小有效驗，然亦不離此處。而其輕肆狂妄不顧義理之弊，已有不可勝言者。此眞不可不戒。然亦切勿以此語人，徒增競辨之端也。

又卷四十七答呂子約有云：

所示心無形體之說，鄙意正謂如此，不謂賢者之偶同也。然所謂寂然之本體，殊未明白之云者，此則未然。蓋操之而存，則只此便是本體，不待別求。惟其操之久而且熟，自然安於義理而不妄動。則所謂寂然者，當不待察識而自呈露矣。今乃欲於此頃刻之存，遽加察識以求其寂然者，則吾恐夫寂然之體未必可識，而所謂察識者，乃所以速其遷動，而流於紛擾急迫之中也。所謂操存者，亦豈以此一物操彼一物，如鬭者之相捽而不相舍哉？亦曰主一無適，非禮不動，則中有主而心自存耳。聖賢千言萬語，考其發端，要其歸宿，不過如此。子約既識其端，不必別生疑慮。但循此用功，久而不息，自當有所至矣。

又卷三十答張欽夫有云：

孟子存亡出入之說，亦欲學者操而存之耳，似不為識此心發也。若能常操而存，即所謂敬者純矣。純則動靜如一，而此心無時不存矣。今也必曰動處求之，則是有意求免乎靜之一偏，而不知其反倚乎動之一偏也。然能常操而存者，亦是顏子地位以上人方可言此，今又曰「識得便能守得」，則僕亦恐其言之易也。

此辨識心存心，可參讀放心篇。

論語或問亦曰：

謝氏之意，不主乎為仁，而主乎知仁。其平日論仁，嘗以活者為仁，死者為不仁，但能識此活物，乃為知仁。必如其說，則是方其事親從兄之際，又以一心察此一心，而求識夫活物，其所重者乃在乎活物，而不在乎父兄。其所以事而從之，特以求夫活物，而初非以為吾事之當然也。此蓋源於佛學之餘習，而非聖門之本意。

語類亦云：

湖南五峯多說人要識心。心自是箇識底，卻又把甚底去識此心。且如人眼自是見物，卻如何見得眼。故學者只要去其物欲之蔽，此心便明。如人用藥以治眼，然後眼明。（二〇）

又文集卷四十五答廖子晦有云：

所論近世識心之弊，則深中其失。古人之學，所貴於存心者，蓋將即此而窮天下之理。今之所謂存心者，乃將恃此而外天下之理。其得失之端，於此亦可見矣。

文集卷五十六答方賓王，亦同有此語。又卷四十五答游誠之亦云：

心一而已。所謂覺者亦心也。今以覺求心，以覺用心，紛拏迫切，恐其為病不但揠苗而已。不若日用之間以敬為主而勿忘焉，則自然本心不昧，隨物感通，不待致覺而無不覺矣。

又卷六十四答或人，問張無垢言「當惻隱時體其仁」，有云：

孟子論四端，只欲人擴而充之，則仁義禮智不可勝用。不言當此之時別起一念以體其為何物也。無垢此言，猶是禪學意思。只要想像認得此箇精靈，而不求之踐履之實。若曰一面充擴，一面體認，則是一心而兩用之，亦不勝其煩且擾矣。

語類亦云：

「頃年張子韶之論，以為當事親，便當體認取那事親者是何物，方識所謂仁。當事兄，便當體認取那事兄者是何物，方識所謂義。某說若如此，則前面方推這心去事親，隨手又便去背後尋摸取這箇仁。前面方推此心去事兄，隨手又便着一心去尋摸這箇義。是二心矣。禪家便是如此。其為說曰：『立地便要你究得，坐地便要你究得。』他所以撐眉努眼，使棒使喝，都是立地便拶教你承當識認取，所以謂之禪機。某嘗舉子韶之說以問李先生曰：『當事親便要體認取箇仁，當事兄便要體認取箇義，如此則事親事兄卻是沒緊要底事，且姑借此來體認取箇仁義耳。』李先生笑曰：『不易，公看得好。』」或問：「上蔡愛說箇覺字，便是有此病了。」曰：「然。張子韶初間便是上蔡之說，只是後來又展上蔡之說，說得來放肆，無收殺。」（三五）

又一條云：

「且如事父母，方在那奉養時，又自著注腳解說道這箇是孝。如事兄長，方在那順承時，又自著注腳解說道這箇是弟。便是兩箇了。」問：「只是如事父母，當勞苦有倦心之際，卻須自省覺，說這箇是當然。」曰：「是如此。」

陽明有云：見父自然知孝，見兄自然知弟，此乃吾心之良知，亦謂之心即理。但若增一心自謂我此心即是孝，即是弟，即是我之良知云云，亦便是當下有兩心也。此自識己心之心，卻非心即理之心，而成為心與理二。心具眾理，窮理即所以識心。若求以心識心，則是以別一心來識此一心，所謂騎驢覓驢也。所謂識察此心者，乃以識察此心中之物欲私雜而務去之，以進為窮理之地耳。而當時乃競務於自識己心之說。因窮理須積漸之工，而識心若可冀於頓悟。又窮理若求之於外，識心則若為己就裏，一本於內。此等說法，求其根源，乃來自佛家。文集卷五十答程正思有云：

世學不明，異端蠭起，大率皆便於私意人欲之實，而可以不失道義問學之名，以故學者翕然趨之。然諺有之：「是眞難滅，是假易除。」但當力行吾道，使益光明，則彼之邪說如見晛耳，固不必深與之辨。

語類又云：

因言平日學問次第云云。先生曰：「此心自不用大段拘束他。他既在這裏，又要向那裏討他？要知只是爭箇醒與睡着耳。人若醒時，耳目聰明，應事接物，便自然無差錯處。若被私欲引去，便一似睡着相似，只更與他喚醒。才醒又便無事矣。」因云：「釋氏有豁然頓悟之說，不知使得否？不知倚靠得否？」曰：「某也曾見叢林中有言頓悟者，後來看這人，也只尋常。如陸子靜門人，初見他時，常云有所悟，後來所為卻更顚倒錯亂。看來所謂豁然頓悟者，乃是當時略有所見，覺得果是淨潔快活，然稍久則卻漸漸淡去了。何嘗倚靠得。」（一一四）

語類此條又云：

此心常醒常在，則更不須再加識心工夫。禪家所謂頓悟，乃一時略有所見，依靠不得。

若着實做工夫，便一字也來這裏使不着。（一一四）

此語極近禪，而實與禪不同。所謂着實做工夫，乃此心常醒着在這裏，應事接物，自有種種工夫，非以自識此心為工夫也。此心醒而常在，與自識己心不同，此處須辨。語類又云：

今有一種學者，愛說某自某月某日有一箇悟處，後便覺不同。及問他如何地悟，又卻不說。便是曾子傳夫子一貫之道，也須可說，也須有箇來歷。因做甚麼工夫，聞甚麼說話，方能如此。今若云都不可說，只是截自甚月甚日為始，已前都不是，已後都是，則無此理。已前也有是時，已後也有不是時。蓋人心存亡之決，只在一息之間。此心常存則皆是，此心才亡便不是。聖賢教人，亦只據眼前便着實做將去。孟子猶自說箇存心養性，若孔子則亦不說此樣話。但云「學而時習之」；「入則孝，出則弟，謹而信，泛愛眾，而親仁」；「君子食無求飽，居無求安。敏於事，謹於言，就有道而正焉」。顏淵問仁，則曰：「非禮勿視，非禮勿聽，非禮勿言，非禮勿動。」仲弓問仁，則曰：「出門如見大賓，使民如承大祭。己所不欲，勿施於人。」司馬牛問仁，則曰：「仁者其言也訒。」據此一語，是司馬牛已分上欠闕底。若使他從此着實做將去，做得徹時，亦自到他顏、冉地位。但學者初做時，固不能無間斷，做來做去，做到徹處，自然純熟，自然光明。如人喫飯相似，今日也恁地喫，明日也恁地喫。一刻便有一刻工夫，一時便有一時工夫，一日便有一日工夫。豈有截自某日為始，前段都不是，後段都是底道理。（二七）

當時學者務求自識己心，正為求頓悟，並多以曾子一貫比擬禪宗。不知此心醒在，自有工夫，非謂一悟即已。此處分辨儒家、禪宗做工夫相異處，大可玩味。

語類又曰：

如今誰不解說「一以貫之」，但不及曾子者，蓋曾子是箇實底一以貫之，如今人說者，只是箇虛底一以貫之耳。（二七）

務求自識己心，以為一朝把柄在手，便可隨所使用，無所往而不得其宜，正是一箇虛底一以貫之也。

文集卷七十讀蘇氏紀年有云：

聖人之所謂道者，天而已矣。天大無外，造化發育皆在其間，運轉流行無少間息。雖其形象變化有萬不同，然其為理，一而已矣。聖人生知安行，與天同德。其於天下之理，幽明巨細，固無一物之不知。而日用之間，應事接物，動容周旋，又無一理之不當。然非物物而思之，事事而勉之也，故曰「吾道一以貫之」。固非守一物於象罔之間，如所謂「五鼓振衣，何思何慮」者，而遂指以為妙道之極，而陰祕藏之，不以告人，而時出其餘，以愚學者之未達，使姑為善人君子而已也。至於「天下何思何慮」，正謂雖萬變之紛紜，而所以應之各有定理，不假思慮而知也。今以中夜起坐斯須之頃當之，則是日出事生之後，此何思何慮者，遂為閑廢之物而無所用矣。彼所謂得一貫之旨者，殆不過此，豈不陋哉。

以「五鼓振衣，何思何慮」為即一以貫之之一，此亦一種虛底一以貫之也。雖非截自某日某時自謂有一箇悟處之比，然乃是自認其「五鼓振衣，何思何慮」之一頃謂是我之心體，正所謂塊然守一物於象罔之間也。

語類又云：

或說「明明德」：「此明德乃是人本有之物，只為氣稟與物欲所蔽而昏。今學問進修，便如磨鏡相似。鏡本明，被塵垢昏之，用磨擦之工，其明始現。及其現也，乃本然之明耳。」曰：「公說甚善。但此理不比磨鏡之法。這光明不待磨而後現，但人不自察耳。如孺子將入於井，不拘君子小人，皆有怵惕惻隱之心，便可見。」或云：「或問中說：『是以雖其昏蔽之極，而介

然之頃一有覺焉，則即此空隙之中，而其本體已洞然。』便是這箇道理。」先生頷之，曰：「於大原處不差，正好進修。」（一七）

唐禪初起，南主頓悟，北主漸修。故曰：「身如菩提樹，心是明鏡臺。時時勤拂拭，勿使惹塵埃。」磨鏡漸修，其主要用意亦在求自識心體。雖頓漸分宗，而義無大殊。朱子認為此心隨時隨地呈露，自易識得，工夫正在識後從此積漸去，此與北禪之漸亦復大異其趣。

問：「『介然之頃，一有覺焉，則其本體已洞然矣。』須是就這些覺處，便致知充廣將去。」曰：「然。昨日固已言之。如擊石之火，只是些子，纔引着，便可以燎原。若必欲等大覺了方去格物致知，如何等得這般時節。若是介然之覺，一日之間，其發也無時無數，只要人識認得，操持充養將去。」（一七）

如人瞌睡，方其睡時，固無所覺。莫教纔醒，便抖擻起精神，莫要更教他睡，此便是醒。不是已醒了更別去討箇醒，說如何得他不睡。（一七）

問：「自非物欲昏蔽之極，未有不醒覺者。」曰：「便是物欲昏蔽之極，也無時不醒覺。只是醒覺了自放過去，不曾存得耳。」（一七）

此心無時而不發見，不特見孺子之時為然也。若必待見孺子入井之時怵惕惻隱之發而後用功，則終身無緣有此等時節也。齊王之良心，想得也常有發見時。只是常時發見時不曾識得，都放過去了。偶然愛牛之心有言語說出，所以孟子因而以此推廣之也。（一七）

此心介然之頃之覺醒，隨時隨事有之。能識得，不放過，從此存養充廣，此乃為聖為賢向上一幾。其事非漸非頓，亦與象山所謂先立乎其大者之教有異，此宜微辨。

語類又曰：

凡學須要先明得一箇心，然後方可學。譬如燒火相似，必先吹發了火，然後加薪，則火明矣。若先加薪而後吹火，則火滅矣。如今時人，不求諸六經而貪時文是也。（一二）

世固有不先吹發火，儘加薪以為學者。亦有儘求吹發火，不務加薪以為學者。此所謂先明得一箇心，非謂求自識心體。介然之頃，此心自有明時，亦非謂如磨鏡以求明。故又曰：

此一箇心，須每日提撕，令常惺覺。頃刻放寬，便隨物流轉，無復收拾。（一六）

心只是一箇心，非是以一箇心治一箇心。所謂存，所謂收，只是喚醒。（一二）

喚醒則此心自在，無待復有一番自識己心之工夫。

問：「存心多被物欲奪了。」曰：「不須如此說。且自體認自家心是甚物。自家既不曾識得箇心，而今都說未得。纔識得，不須操而自存。如水火相濟，自不相離。聖賢說得極分明。夫子說了，孟子恐後世不識，又說向裏。後之學者，依舊不把做事，更說甚閑話。孟子四端處，儘有可玩索。」（一一八）

此條林賜錄，其語忽出忽入，有近有遠，若儘從此等語中去玩索，恐將永不得入門。語類中多有如此等條，讀者須善辨。

文集卷六十七有觀心說，駁斥佛家，此即當時流行識心說之所由來也。茲錄其大要如次：

或問：「佛者有觀心說，然乎？」曰：「夫心者，人之所以主乎身者也。一而不二者也。為主而不為客者也。命物而不命於物者也。故以心觀物，則物之理得。今復有物以反觀乎心，則是此心之外復有一心，而能管乎此心也。」或者曰：「若子之言，則聖賢所謂精一，所謂操存，所謂盡心知性、存心養性，所謂見其參於前而倚於衡者，皆何謂哉？」應之曰：「此言之相似而不同，正苗莠朱紫之間，而學者之所當辨者也。夫所謂人心道心，心則一也。惟精惟一，則居其正而審其差，絀其異而反其同者也。非以道為一心，人為一心，而又有一心以精一之也。所謂操而存者，非以彼操此而存之也。心而自操，則亡者存。舍而不操，則存者亡。亦非塊然兀坐以守其炯然不用之知覺而謂之操存也。盡心云者，則格物窮理，廓然貫通，而有以極夫心之所具之理也。存心云者，則敬以直內，義以方外，若前所謂精一操存之道也。是豈以心盡心，以心存心，如兩物之相持而不相舍哉！若參前倚衡之云者，則為忠信篤敬而發。蓋曰忠信篤敬不忘乎心，則無所適而不見其在是云爾，亦非有以見夫心之謂也。大抵聖人之學，本心以窮理，而順理以應物，如身使臂，如臂使指，其道夷而通，其居廣而安，其理實而行自然。釋氏之學，以心求心，以心使心，如口齕口，如目視目，其機危而迫，其途險而塞，其理虛而其勢逆。蓋其言雖有若相似者，而其實之不同蓋如此也。」

文集卷四十二答吳晦叔辨論語「觀過知仁」之義有云：

心既有此過矣，又不舍此過，而別以一心觀之。既觀之矣，而又別以一心知此觀者之為仁。若以為有此三物遞相看覷，則紛紜雜擾，不成道理。若謂止是一心，則頃刻之間有此三用，不亦忽遽急迫之甚乎！

又一書云：

乃於方寸之間設為機械，欲因觀彼而反識乎此。

故曰以心觀理，理得則行，理失則改，其事平易直捷，易知易行。若必曰以心觀心，以心識心，以為本原之計，則言之渺茫，而為之雜擾，乃強人以無益之難能也。

又文集卷三十一答張敬夫有云：

以敬為主，則內外肅然，不忘不助，而心自存。不知以敬為主而欲存心，則不免將一箇心把捉一箇心，外面未有一事時，裏面已是三頭兩緒不勝其擾擾矣。就使實能把捉得住，只此已是大病，況未必眞能把捉得住乎？儒釋之異，亦只於此便分了。如云：「常見此心光爍爍地」，便是有兩箇主宰了。不知光者是眞心乎，見者是眞心乎？

此言存心而兼及識心，錯認了則若成兩心，眞識得則只是此一心。可參讀放心篇。

又文集卷四十五答廖子晦一長書，亦斥當時學者所主識心工夫之無當，茲再摘錄如下：

詳來諭，謂日用之間別有一物，光輝閃爍，動蕩流轉，是即所謂「無極之眞」，所謂「谷神不死」，學者合下便要識得此物，而後將心想像照管，要得常在目前，乃為根本工夫。至於學問踐履零碎湊合，則自是下一截事，與此粗細迥然不同。雖以顏子之初，鑽高仰堅，瞻前忽後，亦是未見此物，故不得謂實見耳。若果如此，則聖人設教，首先便合痛下言語，直指此物，教人着緊體察，要令實見。着緊把捉，要常在目前，以為直截根原之計。而卻都無此說，但只教人格物致知克己復禮，一向就枝葉上零碎處做工夫，豈不誤人枉費日力耶？論孟之言，平易明白，固無此等玄妙之談。雖以子思、周子喫緊為人，特著中庸、太極之書以明道體之極致，而其所說用功夫處，只說「擇善固執」、學問思辨而篤行之，只說「定之以中正仁義而主靜」、「君子修之吉」而已。蓋原此理之所自來，雖極微妙，然其實只是人心之中許多合當做底道理而已。若論工夫，則只擇善固執，中正仁義，便是理會此事處。非是別有一段根原功夫，又在講學應事之外也。如說求其放心，亦只是說日用之間收斂整齊，不使心念向外走作，庶幾其中許多合做底道理漸次分明，可以體察，亦非捉取此物藏在胸中，然後別分一心出外，以應事接物也。來書又云：「須如顏曾洞見全體，即無一不善」，此說雖似無病，然詳其語脈，究其意指，亦是以天命全體者為一物之渾然，而仁義禮智之性，視聽言動之則，皆是其中零碎渣滓之物，初不異於前說也。至論所以為學，則又不在乎事事物物之實理，而特以洞見全體為功。則是未見以前，未嘗一一窮格以待其貫通，而直以意識想像之耳。是與程子所訶對塔而說相輪者，何以異哉？性命之理雖微，然就博文約禮實事上看，亦甚明白，正不須向無形象處東撈西摸，如捕風繫影，用意愈深而去道愈遠也。

語類亦云：

廖子晦書來云：「有本原有學問。」某初曉不得。後來看得他們都是把本原處是別有一塊物來模樣。聖人教人，只是致知格物，不成眞箇是有一箇物事，如一塊水銀樣走來走去。這便是禪家說「赤肉團上自有一箇無位眞人」模樣。（一一三）

問：「先生與廖子晦書云：『道不是有一箇物事閃閃爍爍在那裏。』固是如此。但所謂『操則存，捨則亡』，畢竟也須有箇物事。」曰：「操存只是教你收斂教那心莫胡思亂量。幾曾捉定有一箇物事在裏。」又問：「『顧諟天之明命』，畢竟是箇甚麼？」曰：「只是說見得道理在面前，不被物事遮障了。『立則見其參於前，在輿則見其倚於衡』，皆是見得理如此。不成是有一塊物事光輝輝地在那裏。」（一一三）

又曰：

以前看得心只是虛蕩蕩地，而今看得來湛然虛明，萬理便在裏面。向前看得便似一張白紙，今看得便見紙上都是字。廖子晦們便只見得是一張紙。（一一三）

問：「或謂『虛靈不昧』是精靈底物事，『具眾理』是精靈中有許多條理，『應萬事』是那條理發見出來底。」曰：「不消如此解說。但要識得這『明德』是甚物事，便切身做工夫。去其氣稟物欲之蔽，能存得自家箇虛靈不昧之心，足以具眾理，可以應萬事，便是明得自家明德了。若只是解說『虛靈不昧』是如何，『具眾理』是如何，『應萬事』又是如何，卻濟得甚事？」問：「明之之功，莫須讀書為要否？」曰：「固是要讀書。然書上有底，便可就書上理會。若書上無底，便着就事上理會。若古時無底，便着就而今理會。所謂明德者，只是一箇光明底物事。如人與我一把火，將此火照物則無不燭。自家若滅息着，便是暗了。明德能吹得着時，又是明其明德。所謂明之者，致知、格物是要知得分明。誠意、正心、修身是要行得分明。又要工夫無間斷，使無時不明方得。」（一四）

朱子常謂心之體具乎理，而理則徧在天地萬物間。能識得是理，即如見此紙上有字也。又謂心體明覺，萬理皆從此心明覺中見，則是識得理，始是盡得心。人貴能識得此紙上之字，不貴只見此有字之紙也。如火照物，貴能從火見得物。火不能照，並未見物，故曰「濟得甚事」也。語類又一條云：

今人看道理，多要說做裏面去，不要說從外面來，不可曉。（二〇）

此猶如只要吹得火，不求照見物，火之用既失，而火之為體終亦不可得而見。又云：

某常說，人有兩箇兒子，一箇在家，一箇在外去幹家事。其父卻說道，在家底是自家兒子，在外底不是。（一五）

務求識心工夫，主張觀心之說者，皆不認在外幹家事者為自家兒子，即不認為其是己心。必管住在家，不許出門幹事，始認為是自家兒子，始認為是己心耳。

或云：「嘗見人說，凡是外面討入來底都不是。」曰：「喫飯也是外面尋討入來，若不是時，須在肚裏做病，如何又喫得安穩。蓋饑而食者，即是從裏面出來。讀書亦然，書固在外，讀之而通其義者卻自是裏面事，如何都喚做外面入來得。必欲盡捨詩書而別求道理，異端之說也。」（一二一）

讀書明理，己心正從外面識得。餓着肚子，不向外面求討食物，而務求之內，終不得飽。凡欲隔別內外者，皆朱子所謂異端。

文集卷四十七答呂子約有云：

聖賢所言為學之序例如此，須先自外面分明有形象處把捉扶竪起來，不如今人動便說正心誠意，卻打入無形影無稽考處去也。

語類又一則云：

陳叔向所見詫異。他說：「目視己色，耳聽己聲，口言己事，足循己行。」有目固當視天下之色，有耳固當聽天下之聲，有口固當言天下之事，有足固當循天下之行。他卻如此說。看他意思是如此，只要默然靜坐是，不看眼前物事，不聽別人說話，不說別人是非，不管別人事。又如說「言忠信行篤敬」一章，便說道：「緊要只在『立則見其參於前，在輿則見其倚於衡』。」問道見是見箇甚麽物事，他便說：「見是見自家身己。」某與說：「『立』是自家身己立在這裏了，『參於前』，又是自家身己。『在輿』，是自家身己坐在這裏了，『倚於衡』，又是自家身己。

卻是有兩箇自家身己。」又說「格物」做「心」，云：「格住這心，方會知得到。」未嘗見人把物做心。與他恁地說，他只是自底是。以此知人最是知見為急。聖人尚說「學之不講是吾憂也」，若只恁地死守得這箇心便了，聖人又須要人講學何故。若只守此心，據自家所見做將去，少間錯處都不知。（一三九）

陳叔向殆即陳正己，初遊象山之門，後而叛之。如其說，亦如慈湖之言「己易」也。循於識心之教，自必達於自守己心以為是，凡此則皆異端也。

朱子論放心

孟子有求放心之說，宋代理學家奉以為進修一重要項目。朱子於此，亦有其獨特之見解。語類云：

自古無放心底聖賢。（一五　一六）

然求放心雖是要事，卻非難事。故又云：

放心不必是走在別處去。但一劄眼間便不見，才覺得又便在面前，不是難收拾。自去提撕，便見得是如此。（一〇四）

孟子云求放心，已是說得緩了。心不待求，只警省處便見。人能知其心不在，則其心已在了，更不待尋。（九）

某嘗說：孟子雞犬之喻也未甚切。雞犬有求而不得，心則無求而不得。纔思便在這裏，更不離步。（一一九）

放心不獨是走作喚做放。才昏睡去也是放，只有些昏惰便是放。（五九）

此心散漫放肆，打一聳動時，便在這裏，能使得多少力。雖云用力，卻不大故用力。（二六）

或問：「求放心，愈求則愈昏亂，如何？」曰：「即求者便是賢心也。知求則心在矣。今以已在之心復求心，即是有兩心矣。雖曰譬之雞犬，雞犬卻須尋求乃得。此心不待宛轉尋求，即覺其失，覺處即心，何更求為。自此更求，自然愈失。此用力甚不多，但只要常知提醒爾。醒則自然光明，不假把捉。今言『操之則存』，亦只是說欲常常惺覺，莫令放失便是。此事只是些子力。然功成後卻應事接物，觀書察理，事事賴他。如推車子，初推卻用些力。車既行後，自家卻賴他以行。」（五九）

只消說知其為放而求之則不放矣。「而求之」三字亦剩了。（五九）

或問求放心。曰：「適見道人題壁云：『苦海無邊，回頭是岸。』說得極好。五峯知言中或問求放心，答語舉齊王見牛事，某謂不必如此說。不成不見牛時，此心便求不得。」（五九）

因論湖湘學者崇尚知言，曰：「知言固有好處，然亦大有差失。如論齊王愛牛，此良心之苗裔因私欲而見者，以答求放心之問。然雞犬之放，則固有去而不可收之理。人之放心，只知求之，則良心在此矣。何必等待天理發見於物欲之間然後求之，如此則中間空闕多少去處。正如屋下失物，直待去城外求也。愛牛之事，孟子只就齊王身上說，若施之他人則不可。況操存涵養皆是平日工夫，豈有等待發見，然後操存之理。」（一〇一）

「求放心」，非以一心求一心，只求底便是已收之心。「操則存」，非以一心操一心，只操底便是已存之心。心雖放千百里之遠，只一收便在此，他本無去來也。（五九）

求放心，也不是在外面求得箇放心來，只是求時便在。「我欲仁，斯仁至矣。」只是欲仁，便是仁了。（五九）

求放心，不是別有一物在外，旋去收拾回來。只是此心頻要省察，才覺不在，便收之爾。只操便存，只求便是不放。（五九）

那失底自是失了，這後底又在。節節求，節節在。只恐段段恁地失去，便不得。今日這段失去了，明日那段又失，一向失卻，便不是。（五九）

問「我欲仁」。曰：「才欲便是仁在這裏。胡子知言上或問放心如何求，胡子說一大段。某說都不消恁地。如孟子以鷄犬知求為喻，固是。但鷄犬有時出去，被人打殺煑喫了，也求不得。又其求時，也須遣人去求。這箇心，則所係至大而不可不求，求之易得而又必得。蓋人心只是有箇出入。不出則入。出乎此則入乎彼。只是出去時人都不知不覺。才覺得此心放，便是歸在這裏了。如戒慎恐懼，纔恁地，便是心在這裏了。」又問：「程子『以心使心』如何？」曰：「只是一箇心，被他說得來卻似有兩箇。子細看來，只是這一箇心。」（三四）

以我此心來求放心，又以我此心操持我心使不放，此皆「以心使心」，把心說成了兩箇。「我欲仁，斯仁至」，此心欲仁，即已是此心之仁。以我當下此心之仁來求仁道仁行，則何仁道之不明，仁行之不立。若當下此心不仁，更何從去明得仁道，完得仁行。若謂以我此當下不仁之心來另求一仁心，此亦無處可求。當時學者把孟子「求放心」一語過於張大其辭，若謂學問之道莫要於此，不悟此心一求便在。此心在，始有學問可言。若心既不在，又恁地做學問，又恁地去求此心。此正騎驢覓驢之謂矣。

> 問：「嘗讀孟子『求放心』章，今每覺心中有三病。籠統不專一，看義理每覺有一重似簾幙遮蔽，又多有苦心不舒快之意。」曰：「若論求此心放失，有千般萬樣病，何止於三。然亦別無道理醫治，只在專一。果能專一則靜，靜則明，明則自無遮蔽。既無遮蔽，須自有舒泰寬展處。」（一〇四）

觀此條，知「求放心」三字，在當時已成學者間一大事，卻又因此引生起許多病痛。朱子力言心不待求，又言專一即在，皆是對病發藥。又曰：

看來須是先理會箇安着處。譬如人治生，也須先理會箇屋子安着身己，方始如何經營，如何積累，漸漸須做成家計。若先未有安着身己處，雖然經營，畢竟不濟事。為學者不先存此心，雖說要去理會，東東西西，都自無安着處。孟子所以云收放心，亦不是說只收放心便了。收放心，且收歛得箇根基，方可以做工夫。若但知收放心，不做工夫，則如近日江西所說，則是守箇死物事。故大學之書須教人格物、致知以至於誠意、正心、修身、齊家、治國、平天下，節節有工夫。（二〇四）

求放心並不成為一工夫，只是格物、致知、誠意、正心以下乃是節節有工夫。遇事到處專一在此等工夫上，此心即存，更何待先有一番求放心工夫。然若心不專一，則又何能從事此節節工夫乎？

以上引語類說明朱子說孟子「求放心」一語之大義，茲再引文集以相證。

文集卷四十七答呂子約有云：

操舍存亡之說，諸人皆謂人心私欲之為，乃舍之而亡所致。卻不知所謂存者，亦操此而已矣。子約又謂存亡出入，皆神明不測之妙，而於其間區別眞妄，又不分明，兩者蓋胥失之。要之存亡出入，固皆神明不測之所為，而其眞妄邪正，始終動靜，又不可不辨耳。

此書前云「陸子靜全是禪學，恨不識之，不得深扣其說，因獻所疑」，則此書尚在淳熙乙未朱陸鵝湖相會以前。其時朱子論操存舍亡，已有定見，惟下語似不如以後之暢切。

卷五十六答鄭子上有云：

孟子云：「學問之道無他，求其放心而已。」豈是此事之外更無他事。只是此本不立，即無可下手處。此本既立，即自然尋得路逕，進進不已耳。

又卷五十四答郭希呂有云：

所謂收心正心，不是要得漠然無思念，只是要得常自惺覺，思所當思，而不悖於義理耳。

卷四十八答呂子約有云：

示喻日用工夫，如此甚善。然亦且要見得一大頭腦分明，便於操舍之間有用力處。如實有一物把住放行在自家手裏，不是謾說求其放心，實卻茫茫無把捉處也。

卷五十二答李叔文有云：

求放心不須注解，只日用十二時中，常切照管，不令放出，即久久自見功效，義理自明，持守自固，不費氣力也。

此皆朱子自抒己見，與孟子本文原意實並不相洽。故既曰「心不待求」，又曰「鷄犬之喻也未甚切」。又曰：「學問之道，豈是此事之外更無他事。」此皆是朱子對孟子放心章所持之異辭。其實皆為針對當時時病而發。

孟子集注云：

學問之事，固非一端，然其道則在於求其放心而已。蓋能如是，則志氣清明，義理昭著，而可以上達。不然，則昏昧放逸，雖曰從事於學，而終不能有所發明矣。故程子曰：「聖賢千言萬語，只是欲人將已放之心約之使反復入身來，自能尋向上去，下學而上達也。」此乃孟子開示切要之言，程子又發明之曲盡其指，學者宜服膺而勿失也。

此條說「學問之道無他」一語，大義與上引答鄭子上書相似。語類又云：

「學問之道無他，求其放心而已。」又曰：「有是四端於我者，知皆擴而充之。」孟子說得最好。人之一心，在外者又要收入來，在內者又要推出去。孟子一部書，皆是此意。（一九）

心在外既須收，心在內又須推，則「學問之道無他」六字，亦未可拘守。

又文集卷五十四答周叔謹有云：

熹近日亦覺向來說話有太支離處，反身以求，正坐自己用功亦未切耳。因此減去文字工夫，覺得閑中氣象甚適。每勸學者亦且看孟子「道性善」、「求放心」兩章，著實體察收拾為要。其餘文字，且大概諷誦涵養，未須大段著力考索也。

此書主張把孟子「道性善」、「求放心」兩章合參，又見語類一〇四，可知學問之事，不是只收放心便了。

問「操則存，舍則亡」。曰：「若不先明得性善，有興起必為之志，恐其所謂操存之時，乃舍亡之時也。」（五九）

此與答周叔謹書同旨。上引答呂子約書所謂「且要見得一大頭腦分明」，亦是此意。總見學問之道，非「收放心」三字即可說盡。

問：「孟子只說學問之道在求放心而已，不曾欲他為。」曰：「說得太緊切則便有病。孟子此說太緊切，便有病。」（五九）

此條甘節記，在朱子六十四以後。又曰：

孟子說「學問之道無他，求其放心而已矣」，可煞是說得切。子細看來，卻反是說得寬了。孔子只云「居處恭，執事敬，與人忠」，「出門如見大賓，使民如承大祭」，若能如此，則此心自無去處，自不容不存。此孟子所以不及孔子。（五九）

此條李季札記，朱子年六十六。見朱子於孟子此章自有不愜意處。惟據孟子本章原文，開始即稱「仁，人心也，義，人路也，舍其路而弗由，放其心而不知求，哀哉！」則所謂放心，應指此仁心而言。下言求放心，則兼指此心之仁義而言。若謂學問之道無他，求復其仁義之心而已。如此說來，本是無病。其上章亦云：「非獨賢者有是心也，人皆有之，賢者能勿喪耳。」喪即放失義。又曰：「此之謂失其本心。」求放心，即求其所失仁義之本心也。又前一章云：「雖存乎人者，豈無仁義之心哉！其所以放其良心者，亦猶斧斤之於木也。」然則求放心，即是求仁義之良心。三章相證互足，孟子本意甚為顯白。宋代理學家，以仁義歸之性，而心性有別，故朱子注本章「仁，人心也」謂：「仁者心之德，程子所謂心如穀種，仁則其生之性。」此與孟子原語顯已微有區別。程子又謂「聖賢千言萬語，只是欲人將已放之心約之使反復入身來」，但孟子原義只謂人有鷄犬放則知求之，心放則不知求，並無把放失在外之心重使他回復到自己身內來之意。此等處，實乃宋儒自受當時佛家影響，把孟子求放心一語原義走失，乃相率以低眉合眼，徒守空寂（此兩語皆取自語類）認為是求放心工夫。朱子針對當時學風流弊發言，又為其自所主張之心性分說所拘束，遂於孟子本章原義亦復未能扣緊作解。讀者於此等處，惟當分別求之，不必混并為說。

語類又云：

「『學問之道無他，求其放心而已』，舊看此只云但求其放心，心正則自定。近看儘有道理。須是看此心果如何。須是心中明盡萬理方可。不然，只欲空守此心，如何用得。如平常一件事合放重，今乃放輕，此心不樂。放重則心樂。此可見此處乃與大學致知、格物、正心、誠意相表裏。」可學謂：「若不於窮理上作工夫，遽謂心正，乃是告子不動心，如何守得？」曰：

「然。」又問：「舊看『放心』一段，第一次看，謂不過求放心而已。第二次看，謂放心既求，儘當窮理。今聞此說，乃知前日第二說已是隔作兩段，須是窮理而後求得放心，不是求放心而後窮理。」曰：「然。」（五九）

此條鄭可學記，朱子年六十二。所辨最近孟子原文本義，乃始恰合「學問之道無他」六字之語意。至明道「千言萬語」一條，乃謂求得放心，自可尋向上去，則與孟子原文「無他」二字已有歧違。朱子似仍不免索縛於明道此語。觀上引答甘節、李季札兩條，尚在告鄭可學一條後，則朱子於孟子此章，乃始終未能直探孟子本意立言也。但朱子於明道「聖賢千言萬語」一條，後來亦多加辨訂，別詳孟子程朱異解篇，讀者當取合看。仍當分別孟子、明道、朱子三人意見之各不同處而一一觀之，勿混并為說可也。

語類又一條云：

王荆公氣習，自是一箇要遺形骸、離世俗底模樣。喫物不知饑飽。嘗記一書載公於飲食絕無所嗜，惟近者必盡。左右疑其為好也，明日易以他物，而置此品於遠，則不食矣。往往於食未嘗知味也。至如食鈞餌，當時以為詐，其實自不知了。近世呂伯恭亦然。面垢身污，似所不卹。飲食亦不知多寡。要之即此便是放心。（一三〇）

心不在焉，即是不敬，亦即是心有所放失也。荊公、東萊皆一世大賢，惟其用心偏有所主，即多有所忽。雖曰衣食小節，終是存養有欠，亦足害事，不可不戒。以此說放心之義，甚為微至。

繼此當兼論心有出入。語類云：

范淳夫之女，謂：「心豈有出入？」伊川曰：「此女雖不識孟子，卻能識心。」此一段說話，正要人看。孟子舉孔子之言曰：「出入無時，莫知其向」，此別有說。伊川言淳夫女卻能識心，心卻易識，只是不識孟子之意。（五九）

問：「淳夫女子『雖不識孟子，卻識心』，如何？」曰：「試且看程子當初如何說。」及再問，方曰：「人心自是有出入。然亦有資稟好底，自然純粹。想此女子自覺得他箇心常湛然無出入，故如此說。只是他一箇如此。然孟子之說卻大，乃是為天下人說。蓋心是箇走作底物。伊川之意，只謂女子識心，卻不是孟子所引夫子之言耳。」（五九）

人心緣境，出入無時。如看一物，心便在外，看了即便在此。隨物者是浮念，此是本心。浮念斷，便在此，其實不是出入，但欲人知出入之故耳。無出入是一種人，有出入是一種人。所以云淳夫女知心而不知孟子，此女當是完實，不勞攘，故云無出入。而不知人有出入者多，猶無病者不知人之疾痛也。（五九）

人心緣境而有出入。如看一物，心便在外。看完即便在此。是有出入，而只此一心也。若一向隨物，浮念作主，則出而不反，是謂之放失。但覺其失，便又在此，並未失也。故又曰：

言有出入，也是一箇意思。言無出入，也是一箇意思。但今以夫子之言求之，他分明道「出入無時」。且看自家，今汩汩沒沒在這裏，非出入而何。惟其神明不測，所以有出入。惟其能出入，所以神明不測。（五九）

正為此心神明，所以能有出入。亦正為能有出入，故見此心之神明。何嘗要硬捉此心在內，只入不出，則更何神明之有。語類又云：

孟子說：「學問之道無他，求其放心而已矣。」此最為學第一義也。故程子云：「聖賢千言萬語，只是欲人將已放之心約之使反復入身來，自能尋向上去。」某近因病中兀坐存息，遂覺有進步處。大抵人心流濫四極，何有定止。一日十二時中，有幾時在軀殼內。與其四散閑走，無所歸着，何不收拾令在腔子中。且今縱其營營思慮，假饒求有所得，譬如無家之商，營求得錢雖多，若無處安頓，亦是徒費心力耳。（五九）

此條余大雅記，在朱子四十九以後。朱子平常作此等語者非一，治陸學者每喜摘取以為話柄。然豈除卻病中存息，朱子乃自認此數十年來之學問著述，盡為心放而不知求，此心常出在外，更無安頓歸着乎？伊川云：「范淳夫女雖不識孟子，卻能識心」，朱子則倒轉言之，謂此女能識心，卻不識孟子之意。其於孟子論放心章，亦復多有糾挽。此乃朱子針對當時學弊，尤具苦心，學者不可不深察。

或問：「正心章說忿懥、恐懼、好樂、憂患，脩身章說親愛、賤惡、畏敬、哀矜、敖惰，如何？」曰：「是心卓然立乎此數者之外，則平正而不偏僻。自外來者，必不能以動其中。自內出者，必不至於溺於彼。」（一六）

心須卓立在八九者之外，而不陷於八九者之中，方得其正。聖人之心，周流應變而不窮。只為在內而外物入不得。及其出而應接，又不陷於彼。（一六）

是則聖人之心亦有出入，只能卓立自在，不為外物所陷溺。若求閉心不出，隔絕外物以求吾心之定，以為此乃吾心之安頓歸着處，則大誤矣。

文集卷三十九答許順之書有云：

人心是活物，當動而動，當靜而靜，動靜不失其時，則其道光明矣。是乃本心全體大用，如何須要棲之淡泊，然後為得。且此心是箇什麼，又如何其可棲耶？聖賢之言，無精粗巨細，無非本心天理之妙。若眞看得破，便成己成物，更無二致，內外本末，一以貫之，豈獨為資吾神養吾眞者而設哉？吾友若信得及，且做年歲工夫，屏除舊習，案上只看六經語孟及程氏文字，開擴心胸，向一切事物上理會。第一不得喚作塵事昏心，方知「體用一源，顯微無間」，是眞實語。不但做兩句好言語說，為資神養眞胡荼自己之說而已也。

又一書云：

人皆本有仁義之心，但為物欲所害，恰似都無了。然及其夜中休息之時，不與物接，其氣稍清，自然仁義之良心卻存得些子。所以平旦起來，未與物接之際，好惡皆合於理。然才方如此，旦晝之所為便來梏亡之，此仁義之心便依前都不見了。至其甚也，夜間雖得休息，氣亦不清，存此仁義之心不得，便與禽獸不遠。學者正當於旦晝之所為處理會。克己復禮，懲忿窒慾，令此氣常清，則仁義之心常存。非是必待夜間萬慮澄寂然後用功也。

又一書云：

孟子「操則存，舍則亡，出入無時，莫知其嚮」此四句，只是說人心是箇活物，須是操守，不要放舍。心一也，操而存，則義理明而謂之道心。舍而亡，則物欲肆而謂之人心。亡不是無，只是走出逐物去了。自人心收回，便是道心。自道心放出，便是人心。頃刻之間，恍惚萬狀，所謂「出入無時，莫知其嚮」也。

此三書，本末精粗，指陳昭晰。朱子論心要旨，謂此心之全體大用，無分動靜內外，一以貫之者，亦賅舉無遺矣。誠學者所當細玩也。

又文集卷四十二答石子重書，亦論心之出入，其言曰：

孔子言：「操則存，舍則亡，出入無時，莫知其嚮」四句，而以「惟心之謂與」一句結之，正是直指心之體用，而言其周流變化神明不測之妙也。若謂以其舍之而亡，致得如此走作，則是孔子所以言心體者，乃只說得心之病矣。聖人立言命物之意恐不如此。兼出入兩字，有善有惡，不可皆謂舍之而亡之所致也。因此偶憶胡文定公所謂「不起不滅心之體，方起方滅心之用，能常操而存，則雖一日之間百起百滅，而固自若」者，自是好語。但當知所謂不起不滅者，非是塊然不動，無所知覺也。又非百起百滅之中，別有一物不起不滅也。但此心瑩然，全無私意，是則寂然不動之本體。其順理而起，順理而滅，斯乃所以感而遂通天下之故者云爾。向來疑其言之太過，自今觀之，卻是自家看得有病，非立言者之失也。

又卷四十五答游誠之有云：

心體固本靜，然亦不能不動。其用固本善，然亦能流而入於不善。其動而流於不善者，固不可謂心體之本然，然亦不可不謂之心也。但其誘於物而然耳。故先聖只說「操則存，舍則亡，出入無時，莫知其嚮」，只此四句，說得心之體用始終，眞妄邪正，無所不備。又見得此心不操即舍，不出則入，別無閑處可安頓。若如所論，出入有時者為心之正，則孔子所謂出入無時者乃心之病矣，不應卻以「惟心之謂與」一句直指而總結之也。

時人感染佛學，其言心，率好入而惡出。此兩書開示正義，鍼砭時病，可謂切至。然乃闡釋孔子語，與孟子本文原義則不全恰符，讀者分別觀之可也。又卷四十五答楊子直有云：

大抵身心內外，初無間隔。所謂心者固主乎內，而凡視聽言動出處語默之見於外者，亦即此心之用而未嘗離也。今於其空虛不用之處則操而存之，於其流行運用之實則棄而不省。此於心之全體，雖得其半，而失其半矣。然其所得之半，又必待有所安排布置，然後能存。故存則有揠苗助長之患，否則有舍而不芸之失。是則其所得之半，又將不足以自存而失之。孰若一主於敬，而此心卓然內外動靜之間，無一毫之隙，一息之停哉。

此書謂一主於敬，使此心內外動靜之間，無一毫之隙，一息之停，與答許順之書大意相同。此諸書皆在朱子中年，其論此心體用與此下意見亦頗少變動。

茲再引其集注一條如次。集注曰：

孔子言心，操之則在此，舍之則失去。其出入無定時，亦無定處，如此。孟子引之，以明心之神明不測，得失之易，而保守之難，不可頃刻失其養。學者當無時而不用其力，使神清氣定，常如平旦之時，則此心常存，無適而非仁義矣。程子曰：「心豈有出入，亦以操舍而言耳。操之之道，敬以直內而已。」

此條兼釋孔孟語義，重要在「得失之易而保守之難」九字。語類又曰：

操存舍亡，皆兼動靜而言，非塊然默守之謂。（五九）

操存舍亡，只在瞬息之間，不可不常常着精采。（五九）

須是常存得，造次顚沛必於是，不可有一息間斷。（五九）

不須講量，不須論辨，只去操存克復便了。只今眼下便是用功處，何待擬議思量。與辨論是非、講究道理不同。若此等處，只下著頭做便是，不待問人。（五九）

人更不知去操舍上做工夫，只去出入上做工夫。（五九）

問「操則存」。曰：「心不是死物，須把做活物看。不爾則是釋氏入定坐禪。操存只是於應事接物之時事事中理便是存。若處事不是當，便是心不在。若只管兀然守在這裏，驀忽有事至於吾前，操底便散了，卻是『舍則亡』也。」問：「未應接之時如何？」曰：「也須是持。但不是硬捉在這裏，只要提教他醒，便是操，不是塊然自守。」（五九）

「誠者物之終始，不誠無物。」只至誠處便有始有末，才間斷處以後便皆無物，又須到再接續處方有終始。惟天地聖人，未嘗有一息間斷。「維天之命，於穆不已。」何嘗間斷。間斷，造化便死了。（二一）

此見朱子言操存要旨。

文集卷四十六答潘叔度又云：

人心至靈，主宰萬變，而非物所能宰。故纔有執持之意，即是此心先自動了。此程夫子所以每言「坐忘即是坐馳」。又因默數倉柱發明其說。而其指示學者操存之道，則必曰「敬以直內」，而又有「以敬直內便不直矣」之云也。蓋惟整齊嚴肅，則中有主而心自存，非是別有以操存乎此，而後以敬名其理也。此類初若名言小失，不足深辨，然欲放過，則恐於日用之功不能無害，故輒言之。

此辨操存非執持，而敬字工夫之體段，亦可於此體會，其詳別見論敬篇。

文集卷三十與張敬夫別紙有云：

謂用心非所以言聖人，則孟子、易傳中言聖人之用心者多矣。蓋人之用處無不是心，自聖人至於下愚一也。但所以用之者，有精粗邪正之不同，故有聖賢下愚之別。不可謂聖人全不用心，又不可謂聖人無心可用。但其用也妙，異乎常人之用耳。然又須知即心即用，非有是心而又有用之者也。

凡朱子發明心學，眾靄四塞，一陽獨照，即大賢至交如南軒，亦未免朱子之糾彈也。

朱子論靜

因辨已發、未發，涵養、省察，而有主靜、主敬之爭，此尤為宋明理學家相傳一大問題，不可不詳論。

朱子深不喜偏重主靜，故於李延平默坐澄心之教頗未相契。語類：

或問：「延平先生何故驗於喜怒哀樂未發之前而求所謂中？」曰：「只是要見氣象。」或曰：「持守良久，亦可見未發氣象。」曰：「延平即是此意。若一向這裏，又差從釋氏去。」（一〇三）

問：「延平欲於未發之前觀其氣象，此與楊氏體驗於未發之前者異同如何？」曰：「這箇亦有些病。那體驗字是有箇思量了，便是已發。若觀時恁着意看，便也是已發。」問：「此體驗是着意，觀只恁平常否？」曰：「此亦是以不觀觀之。」（一〇三）

問：「先生所作李先生行狀云：『終日危坐以驗夫喜怒哀樂未發之前氣象為如何，而求所謂中者』，與伊川之說若不相似。」曰：「這處是舊日下得語太重。今以伊川之語格之，則其下工夫處亦是有些子偏。只是被李先生靜得極了，便自見得是有箇覺處，不似別人。今終日危坐，只是且收斂在此，勝如奔馳。若一向如此，又似坐禪入定。」（一〇三）

問：「前承先生書云：『李先生云：「賴天之靈，常在目前。」如此安得不進。』蓋李先生為默坐澄心之學，持守得固。後來南軒深以默坐澄心為非，自此學者工夫愈見散漫，反不如默坐澄心之專。」先生曰：「只為李先生不出仕，做得此工夫。若是仕宦，須出來理會事。向見吳公濟為此學，時方授徒，終日在裏默坐，諸生在外，都不成模樣。蓋一向如此不得。」（一一三）

此為朱子對延平說之斟酌解釋。其有所不滿之意，亦自可見。即二程教人靜坐，朱子亦有矯挽。

問：「養得志完全時，只在持守否？」曰：「持守體察，講學考索，凡聖人所說底皆着去做。」問：「須有一箇本領。」曰：「貫通處只是敬。」問：「南軒云：『敬字通貫動靜，而以靜為本。』」曰：「那是就那主靜上說。閑時若靜坐些小也不妨。」因舉：「明道教上蔡且靜坐，彼時卻在扶溝縣學中。明道言：『賢只是聽某說話，更不去行。』上蔡對以無可行處，明道教他且靜坐。若是在家，有父母合當奉養，有事務合當應接，不成只管靜坐休。」（二六）

此見朱子對二程教人靜坐，亦費解釋，不全贊同也。故曰：

「聖人每就用處教人，亦不是先有靜而後動。」問：「看來主靜是做工夫處。」曰：「雖說主靜，亦不是棄事物以求靜。既為人，亦須着事君親，交朋友，綏妻子，御僮僕。不成捐棄了閉門靜坐，事物來時也不去應接，云且待我去靜坐，不要應。又不可只茫茫隨他事物中走。二者中須有箇商量倒斷始得。這處正要着力做工夫。」又曰：「動靜亦不是截然動，截然靜。動時靜便在這裏。如人來相問，自家去答他，便是動，才答了便靜。這裏既靜，到事物來，便着去應接。不是靜坐時守在這裏，到應接時便散亂了去。動靜不出是一箇理。知這事當做，便順理做去，便見動而靜底意思。事物之來，若不順理而應，則雖塊然不交於物，心亦不能得靜。惟動時能順理，則無事時始能靜。靜而能存養，則應接處始得力。須動時做工夫，靜時也做工夫，兩莫相靠，莫使工夫間斷始得。若無間斷，靜時固靜，動時心亦不動。若無工夫，動時固動，靜時雖欲求靜，亦不可得而靜矣。動靜恰似船一般，須隨他潮去始得。浪頭恁地高，船也隨他上。浪頭恁地低，船也隨他下。動靜只是隨他去。當靜還他靜，當動隨他動。又如與兩人同事相似，這人做得不是，那人便着救他。那人做得不是，這人便着去救他。終不成兩人相推，這人做不是，卻推說不干我事，是那人做得如此。那人做不是，推說不干我事，是他做得如此。便不是相為底道理。」（四五）

已發未發篇引楊方錄一條，謂「靜而理感亦有動，動而理安亦有靜，故須動靜兼做工夫」，與此條同一見解。又曰：

人在世上，無無事底時節。要無事時，除是死也。隨事來，便着應他。有事無事，自家之敬元未嘗間斷也。若事至面前，而自家卻自主靜，頑然不應，便是心死矣。（一一八）

問：「『不違仁』，是此心純然天理，其所得在內。『得一善則服膺而弗失』，恐是所得在外。」曰：「得一善則服膺弗失，便是『三月不違仁』處。」又問：「是如何？」曰：「所謂善者，即是收拾此心之理。顏子三月不違仁，豈直恁虛空湛然，常閉門合眼靜坐，不應事，不接物，然後為不違仁也。顏子有事亦須應，須飲食，須接賓客，但只是無一毫私欲耳。」（三一）

問：「『不遷怒，不貳過』，顏子多是靜處做工夫。」曰：「不然。此正是交滾頭。顏子此處無他，只是看得道理分明。且如當怒而怒，到不當怒處，要遷自不得。不是處便見得，自是不會貳。」又問：「顏子深潛純粹，所謂不遷不貳，特其應事之陳迹。」曰：「若如此說，當這時節，此心須別有一處安頓着。看公意，只道是不應事接物方存得此心。不知聖人教人，多是於動處說。如云：『出門如見大賓，使民如承大祭』，又如告顏子『克己復禮為仁』，正是於視聽言動處理會。公意思只是要靜，將心頓於黑淬淬地，說道只於此處做工夫，這不成道理；此卻是佛家之說。佛家高底也不如此，此是一等低下底如此。這道理不是如此。人固有初學未有執守，應事紛雜，暫於靜處少息，也只是略如此。然做箇人，事至便着應，如何事至且說道待自家去靜處。當怒即怒，當喜即喜，更無定時。只當於此警省，如何是合理，如何是不合理。如何要將心頓放在閑處得。事父母便有事父母許多酬酢，出外應接便有出外許多酬酢。」（三〇）

問：「顏子不遷怒，不貳過，莫只是靜後能如此否？」曰：「聖賢之意不如此。如今卒然有箇可怒底事在眼前，不成說且教我去靜。蓋顏子只是見得箇道理透，故怒於甲時，雖欲遷於乙，亦不可得而遷也。見得道理透，則既知有過，自不復然。如人錯喫烏喙，才覺了，自不復喫。若專守虛靜，此乃釋老之繆學，將來和怒也無了，此成甚道理。聖賢當怒自怒，但不遷耳。見得道理透，自不遷不貳。」因問：「明道云：『能於怒時遽忘其怒，而觀理之是非』，又是怎生？」曰：「此是明道為學者理未甚明底說。言於怒時且權停閣這怒，而觀理之是非，少間自然見得當怒不當怒。蓋怒氣易發難制，如水之澎漲，能權停閣這怒，則如水漸漸歸港。若顏子分上不消恁地說，只見得理明，自不遷不貳矣。」（三〇）

此條分辨明道語並未說中在顏子分上。又曰：

游氏「守靜以復其本」，此語有病。守靜之說，近於佛老，吾聖人卻無此說。（六〇）

未發是中是體，已發是和是用，只管夾雜相滾。若以為截然有一時是未發時，一時是已發時，

亦不成道理。今學者或謂每日將半日來靜坐做工夫，即是有此病也。（六二）

顏習齋譏朱子教人半日靜坐，不知朱子正不喜此。

或言靜中常用存養。曰：「說得有病。一動一靜，無時不養。」（一二）

問：「或人自言，終日無思慮，有寂然不動之意。」曰：「只問他還能感而遂通天下之故否？」

問：「如此則或人之靜未是至？」曰：「固是。」（一二）

然朱子只是反對時人偏重在靜字一邊做工夫，亦非謂靜時更不須工夫。語類又一條云：

問「乾者天之性情」。曰：「此只是論其性體之健。靜專是性，動直是情。大抵乾健雖靜時亦專，到動時便行之以直。坤主順，只是翕闢。謂如一個剛健底人，雖在此靜坐，亦專一，而有箇作用底意思，只待去作用。到得動時，其直可知。若一柔順人坐時，便只恁地靜坐收斂，全無箇營為底意思，其動也只是闢而已。」又問：「如此則乾雖靜時亦有動意否？」曰：「然。」（六八）

此條據易理論靜坐，謂一箇剛健底人，雖靜坐時亦有箇作用底意思。一箇柔順人坐，則一主於收歛，只是翕，待其動則只是闢，與靜專動直不同。如此論靜坐，極有深趣，大可玩味。

問：「心本是箇動物，不審未發之前全是寂然而靜，還是靜中有動意？」曰：「不是靜中有動意。周子謂『靜無而動有』，靜不是無，以其未形而謂之無。非因動而後有，以其可見而謂之有耳。橫渠『心統性情』之說甚善。性是靜，情是動，心則兼動靜而言。或指體，或指用，隨人所看。方其靜時，動之理只在。」（六二）

此條與上條合看，意更顯。不是靜中有動意，乃是靜時而動之理只在。若由靜求無，則大誤。濂溪「靜無動有」之說，經朱子如此解釋，自無病。

語類又曰：

須靜中含動意始得。（七一）

靜中涵動意，與靜中有動意語不同，當細參。

辨姦論謂：「事之不近人情者，鮮不為大姦慝。」每嘗嫌此句過當，今見得亦有此樣人。某向年過江西，與子壽對語，而劉淳叟堯夫獨去後面角頭坐，都不管，學道家打坐。被某罵云：「便是某與陸丈言不足聽，亦有數年之長，何故恁地作怪。」（一二〇）

又曰：

先生見劉淳叟閉目坐，曰：「淳叟待要遺物，物本不可遺。」（一二〇）

朱子力斥劉淳叟輩求靜作怪，而謂物不可遺，不近人情，義淺而理當。

問：「夢周公，恐涉於心動否？」曰：「心本是箇動物，怎教他不動。夜之夢，猶寤之思也。思亦是心之動處，但無邪思可矣。」或舉莊子言「至人無夢」。曰：「清淨者愛恁地說。佛老家亦說一般無夢底話。」（三四）

心不能教他無動，然亦不謂心不當有靜時。此須兩面參入。濂溪太極圖有「主靜立人極」之說，朱子釋之曰：

濂溪云：「定之以中正仁義而主靜。」中與仁是發動處，正是當然定理處，義是截斷處。常要主靜，豈可只管放出，不收歛。截斷二字最緊要。（一一三）

只理之定體便是。（九四）

只是那一箇定理在此中，截然不相侵犯。然其中又各有動靜。如惻隱是動，仁是靜。羞惡是動，義是靜。（九四）

靜是那箇定理，是那理之定體，主靜即主在那定理上，重要工夫在能截斷。

問：「又言『無欲故靜』，何也？」曰：「欲動情勝則不能靜。」（九四）

所謂截斷，即是截斷此情欲之動而過勝者。又曰：

濂溪言「主靜」，靜字只好作敬字看，故又言「無欲故靜」。若以為虛靜，則恐入釋老去。（九四）

「聖人定之以中正仁義而主靜」，正是要人靜定其心，自作主宰。程子又恐只管靜去，遂與事物

不相交涉，卻說箇敬，云「敬則自虛靜」。須是如此做工夫。（九四）

能截斷，能靜定其心自作主宰，此是敬而靜。與事物不相交涉，是虛靜。此乃釋老之學，儒者不然。

問「聖人定之以中正仁義」。曰：「本無先後。至於主靜，是以正與義為體，中與仁為用。聖人只是主靜，自有動底道理。譬如人說話，也須是先沉默然後可以說話。蓋沉默中便有箇言語底意思。」（九四）

先有沉默，後有說話，非是沉默了不說話。朱子主理先氣後，靜是定理在先，氣動則在後也。然易卦乾在前，坤在後，則是動先靜後，此詳下引，學者幸勿執一求之。又曰：

「聖人定之以中正仁義」，此四物常在這裏流轉，然常靠着箇靜做本。若無夜，則做得晝不分曉。若無冬，則做得春夏不長茂。如人終日應接，卻歸來這裏空處少歇，便精神較健。如生物而無冬，只管一向生去，元氣也會竭了。中仁是動，正義是靜。通書都是恁地說，如云「禮先而樂後」。（九四）

問：「太極主靜之說，是先靜後動否？」曰：「『動靜無端，陰陽無始。』雖是合下靜，靜而後動，若細推時，未靜時須先動來。所謂『如環無端，互為其根』。謂如在人，人之動作，及其成就，卻只在靜。便如渾淪未判之前，亦須曾明盛一番來。只是這道理，層層流轉，不可窮詰。太極圖中盡之。動極生靜，亦非是又別有一箇靜來繼此動。但動極則自然靜，靜極則自然動。推而上之，沒理會處。」（九四）

朱子雖主理先氣後，但亦不肯定說理先氣後。此處動靜並言則指氣，亦猶鬼神並言也。主靜立極，乃理之定體，猶專言神，乃造化之本體。然固已兼有靜動。理中已包有氣，靜中已涵有動。更上推尋，則無理會。學者細參之。

文集卷六十七太極說有云：

「動靜無端，陰陽無始」，天道也。始於陽，成於陰，本於靜，流於動者，人道也。然陽復本於陰，靜復根於動，其動靜亦無端，其陰陽亦無始，則人蓋未始離乎天，而天亦未始離乎人也。元亨誠之通，動也。利貞誠之復，靜也。元者，動之端也，本乎靜。貞者，靜之質也，著乎動。一動一靜，循環無窮。而貞也者，萬物之所以成終而成始者也。故人雖不能不動，而立人極者必主乎靜，則其著乎動者無不中節，而不失其本然之靜矣。

立人極者主乎靜，而人道固不能無動，故龜山道南一派偏主靜，五峯湖湘一派偏主動，皆為朱子所不許。

文集卷五十四答徐彥章有云：

「純於善而無間斷之謂一」，此語甚善。但論老釋之病，體用之說，則恐未然。外物不接、內欲不萌之際，心體湛然，萬理皆備，是乃所以為純於善而無間斷之本也。老釋說於靜而欲無天下之動，是猶常寐不覺，而棄有用於無用，聖賢固弗為也。今說於動而欲無天下之靜，是猶常行不止，雖勞而不得息，聖賢亦弗能也。其失雖有彼此之殊，其倚於一偏而非天下之正理，則一而已。學者能知一陰一陽一動一靜之可以相勝而不能相無，又知靜者為主而動者為客焉，則庶乎其不昧於道體，而日用之間有以用其力耳。

朱子反對主虛靜，陷於老釋，語已詳前。然不能有動無靜，抑且靜為主而動為客，理之定體為靜，心之寂然湛然，亦其定體，此始為濂溪「主靜立人極」之靜。語類亦云：

問：「前夜說動靜相救，靜可救得動，動如何救得靜？」曰：「須是明得這理使無不盡，直到萬理明徹之後，此心湛然純一，便能如此。如靜，也不是閉門獨坐，塊然自守，事物來都不應。若事物來亦須應。既應了，此心便又靜。心既靜，虛明洞徹，無一毫之累，便從這裏應將去，應得便徹，便是『安而後能慮』。事物之來，須去處置他，這一事合當恁地做，便截然斷定，便是『慮而後能得』。得是靜，慮是動。如『艮其止』，止是靜，所以止之便是動。如『君止於仁，臣止於敬』，仁敬是靜，所以思要止於仁敬便是動。固是靜救動，動救靜，然其本又自此心湛然純一無私始得。心無私，便動靜一齊當理。心若自私，便都差了。」（一一五）

細看此條，有動靜相對之靜，有主靜立極之靜。此心湛然，純一無私，此則靜為主而可以立極之靜也。無事時且閉門坐下，放令此心教靜，此乃動靜相對之靜也。未應事物時之靜乃工夫，湛然純一之靜是本體。有此工夫，漸達此本體，是為下學而上達。然工夫不能偏做在靜一邊。安而後慮，是靜以善其動。慮而後得，是動以善其靜。交互相養，此心始可到湛然純一之境。此心之湛然純一，又是萬理皆備，非排拒萬理而求其湛然也。

文集卷六十三答孫敬甫有云：

所論「才說存養即是動了」，此恐未然。人之一心本自光明，不是死物。所謂存養，非有安排造作，只是不動着他，即此知覺炯然不昧，但無喜怒哀樂之偏，思慮云為之擾耳。當此之時，何嘗不靜。不可必待冥然都無知覺，然後謂之靜也。

此書指示一種心靜時境界，雖不能說已是萬理皆備，卻已是湛然純一，此乃靜之始事，非靜之終極。然終始一貫，本末一致，及其終，亦無以大異乎其始。上引語類一條陳淳所記，與此書皆在朱子晚年，其所指示，可謂深切明白。語類又云：

便是虛靜，也要識得這物事。不虛靜，也要識得這物事。如未識得這物事時，則所謂虛靜，亦是箇黑底虛靜，不是箇白底虛靜。而今須是要打破那黑底虛靜，換做箇白底虛靜，則八窗玲瓏，自無不融通。不然，則守定那黑底虛靜，終身黑淬淬地，莫之通曉也。

「知覺炯然不昧」，此是白底虛靜。「冥然都無知覺」，則是黑底虛靜。未應事物之際，要不去擾動那白底虛靜，不是要排拒隔絕事物之來，以求全此黑底虛靜。朱子辨虛實，又辨黑白，此皆所謂儒釋疆界。

吳公濟云：「逐日應接事物之中，須得一時辰寧靜，以養衞精神，要使事愈繁而心愈暇，彼不足而我有餘。」其言雖出於異說，然試之亦略有驗，豈周夫子所謂主靜者邪？（一二）

吳公濟為靜坐之學，朱子譏之，見前引。此謂應接事物中須得一時寧靜，使事愈繁而心愈暇，非硬守以求靜之比。至濂溪之所謂主靜立極，則須到此心湛然，萬理皆備之境界，始可謂之立極。然初下工夫，則不妨從一時寧靜、事繁心暇處下手。又曰：

被異端說虛靜了後，直使今學者忙得更不敢睡。（一二）

務求靜則心轉忙，甚至連睡也不敢，則由不知動靜相濟務求當理之故。故又曰：

「明道教人靜坐，李先生亦教人靜坐。蓋精神不定，則道理無湊泊處。」又云：「須是靜坐方能收斂。」（一二）

今人皆不肯於根本上理會。如敬字，只是將來說，更不做將去。根本不立，故其他零碎工夫無湊泊處。明道、延平皆教人靜坐，看來須是靜坐。（一二）

靜坐無閑雜思慮，則養得來便條暢。（一二）

或問：「疲倦時靜坐少頃，可否？」曰：「也不必要似禪和子樣去坐禪，方為靜坐。但只令放教意思靜，便了。」（一二）

或問：「不拘靜坐與應事，皆要專一否？」曰：「靜坐非是要如坐禪入定，斷絕思慮。只收斂此心，莫令走作、閑思慮，則此心湛然無事，自然專一。及其有事，則隨事而應，事已則復湛然矣。不要因一事而惹出三件兩件，如此則雜然無頭項，何以得它專一。」（一二）

始學工夫須是靜坐。靜坐則本原定。雖不免逐物，及收歸來也有箇安頓處。譬如人居家熟了，便是出外，到家便安。如茫茫在外，不曾下工夫，便要收歛向裏面，也無箇着落處。（一二）

心於未遇事時須是靜。及至臨事方用，便有氣力。如當靜時不靜，思慮散亂。及至臨事，已先倦了。伊川解「靜專」處云：「不專一則不能直遂。」閑時須是收歛定，做得事便有精神。（一二）

心要精一。方靜時，須湛然在此，不得困頓，如鏡樣明，遇事時方好。心要收拾得緊。（一二）

靜便定，熟便透。（一二）

古人唯如此，所以其應事，敏不失機。今人躁擾，卻失機。（一二）

因看「心，生道也」，云：「不可以湖南之偏而廢此意，但當於安靜深固中涵養出來。」（一二）

以靜應。兵家亦言。主靜，點着便有。（一二）

靜為主，動為客。靜如家舍，動如道路。（一二）

人也有靜坐無思念底時節，也有思量道理底時節，豈可畫為兩塗，說靜坐時與讀書時工夫迥然不同。當靜坐涵養時，正要體察思繹道理，只此便是涵養。不是說喚醒提撕，將道理去卻那邪思妄念；只自家思量道理時，自然邪念不作。（一二）

今人之病，正在於靜坐讀書時二者工夫不一，所以差。（一二）

郭德元告行，先生曰：「人若於日間閑言語省得一兩句，閑人客省見得一兩人，也濟事。人若渾身都在鬧場中，如何讀得書。若逐日無事，有現成飯喫，用半日靜坐，半日讀書，如此一二年，何患不進。」（一一六）

語類中只此一條提到「半日靜坐半日讀書」語，然此乃朱子對郭德元一人言之。儻逐日無事，有現成飯喫，在家半日讀書半日靜坐亦無不可，如此一二年，有進步了，到時當自有更進一步之工夫。朱子並不曾教人都閉門在家，半日靜坐，半日讀書。亦未嘗教郭德元常此半日靜坐，半日讀書。陸稼書文集有讀告郭友仁語一篇，謂「友仁曾學禪，所記恐失眞」；又謂以此兩語為朱子教人之法，乃出陳幾亭。今按高景逸困學記自言，在赴揭陽舟中，嚴立規程，以半日靜坐，半日讀書。此乃在旅途中兩月如此。劉蕺山讀書說則云：「朱夫子嘗言，學者半日靜坐，半日讀書，如此三五年，必有進步可觀，今當取以為法。」此皆在晚明時，習齋不深考，乃拈此八字批評朱子，是亦不讀書之過。

語類又曰：

人心惟定則明。所謂定者，非是定於這裏，全不修習，待他自明。惟是定後卻好去學。（一四）

此亦朱子所以告郭德元之意。又曰：

靜則心虛，道理易看得出。（一一）

所謂易看得出，仍須去看，看道理亦有工夫，非謂心虛靜，則道理不待看而自見。文集書札中亦多論及靜字工夫，茲再拈數條如次。卷五十五答潘謙之有云：

所示問目，如伊川亦有時教人靜坐。然孔孟以上卻無此說。要須從上推尋，見得靜坐與觀理兩不相妨，乃為的當爾。

卷四十四答梁文叔有云：

李先生意只是要得學者靜中有箇主宰存養處，然一向如此又不得也。

卷五十答程正思有云：

承喻致知力行，欲以靜敬二字該之。聖賢之學，徹頭徹尾只是一敬字。致知者，以敬而致之也。力行者，以敬而行之也。靜之為言，則亦理明心定，自無紛擾之效耳。苟不從事於學問思辨之間，但欲以靜為主，而待理之自明，則亦沒世窮年而無所獲矣。

朱子亦教人靜，又教人敬，學者當分別而觀，尤當會通而求，始見朱子意所在。

卷五十五答熊夢兆有云：

靜坐而不能遣思慮，便是靜坐時不曾敬。敬則只是敬，更尋甚敬之體。

靜坐時也須敬，此見敬字工夫貫徹動靜。苟不能敬，又何能靜。然既教人敬，則靜字工夫亦已在內。

文集卷三十二答張欽夫兼論靜敬，其書曰：

人之一身，知覺運用，莫非心之所為，則心者，固所以主於身而無動靜語默之間者也。然方其靜也，事物未至，思慮未萌，而一性渾然，道義全具。其所謂中，是乃心之所以為體，而寂然不動者也。及其動也，事物交至，思慮萌焉，則七情迭用，各有攸主。其所謂和，是乃心之所以為用，感而遂通者也。然性之靜也而不能不動，情之動也而必有節焉，是則心之所以寂然感通，周流貫徹，而體用未始相離者也。然人有是心，而或不仁，則無以著此心之妙。人雖欲仁而或不敬，則無以致求仁之功。蓋心主乎一身，而無動靜語默之間，是以君子之於敬，亦無動靜語默而不用其力焉。未發之前，是敬也，固已主乎存養之實。已發之際，是敬也，又常行於省察之間。方其存也，思慮未萌而知覺不昧，是則靜中之動，復之所以「見天地之心」也。及其察也，事物紛糾而品節不差，是則動中之靜，艮之所以「不獲其身，不見其人」也。有以主乎靜中之動，是以寂而未嘗不感。有以察乎動中之靜，是以感而未嘗不寂。寂而常感，感而常寂，此心之所以周流貫徹，而無一息之不仁也。然則君子之所以致中和而天地位萬物育者，在此而已。蓋主於身而無動靜語默之間者心也。仁則心之道，而敬則心之貞也。此徹上徹下之道，聖學之本統。明乎此，則性情之德，中和之妙，可一言而盡矣。

朱子論敬靜，一歸之於心，此書最為涵括，故以具之篇末。

明儒周翠渠不契陳白沙之為學，嘗與友人書辨之，大意謂：

聖人靜有以立天下之大本，動有以行天下之達道。求諸萬殊，而後一本可得。居敬即心存，聰明睿智皆由此出，然後可以窮理，非謂靜守此心而理自見也。一本如穀種，雖自塊然，而根苗花實皆聚於此。又如鷄卵，雖自渾然，而羽毛嘴距皆具於此。及其發見於行事，在聖人，體用一貫。在學者，未免差誤。蓋在己者有所拘蔽，故所發不無偏重之殊。在外者有所搖奪，故所施不無遷就之意。然而既復本原，處善亦安，循理亦樂。至於患難事變，雖以死易生，亦甘心為之。此聖學之大略也。今乃塊然靜坐，求畢體用之學，是釋氏之虛空也。

此書於居敬窮理，動靜虛實，內外本末，一以貫之，可謂得朱子論學之大要。姑附於此，以見綱宗。

朱子論敬

朱子不教人偏作主靜工夫，而謂程門敬字通貫動靜。語類有曰：

橫渠言：「由氣化有道之名，合虛與氣有性之名。」意亦以虛為理。然虛卻不可謂之理，理則虛爾。亦猶「敬則虛靜，不可把虛靜喚作敬」。（七四）

理則虛，卻不可認虛為理。敬則靜，卻不可喚靜作敬。此一分別，極為重要。

問：「『靜中有物』如何？」曰：「有聞見之理在，即是靜中有物。」問：「敬莫是靜否？」曰：「敬則自然靜，不可將靜來喚做敬。」（九六）

靜中有聞見之理在，此即靜而涵動意也。靜涵動意，故靜中亦須敬，卻不可喚靜作敬。又曰：

聖人相傳，只是一箇字。堯曰「欽明」，舜曰「溫恭」，「聖敬日躋」。「君子篤恭而天下平。」（一二）

「堯是初頭出治第一箇聖人，尚書堯典是第一篇典籍，說堯之德，都未下別字，『欽』是第一箇字。如今看聖賢千言萬語，大事小事，莫不本於敬。收拾得自家精神在此，方看得道理盡。看道理不盡，只是不曾專一。」或云：「『主一之謂敬。』敬莫只是主一？」曰：「主一又是敬字註解。要之事無小無大，常令自家精神思慮盡在此。遇事時如此，無事時也如此。」（一二）

因歎敬字工夫之妙，聖學之所以成始成終者皆由此。或曰：「自秦漢以來諸儒皆不識這敬字，直至程子方說得親切，學者知所用力。」曰：「程子說得如此親切了，近世程沙隨猶非之，以謂聖賢無單獨說敬字時，只是敬親、敬君、敬長方着箇敬字。全不成說話。聖人說『修己以敬』，曰『敬而無失』，曰『聖敬日躋』，何嘗不單獨說來。若說有君有親有長時用敬，則無君無親無長之時將不敬乎？」（一二）

因說敬，曰：「聖人言語，當初未曾關聚。如說『出門如見大賓，使民如承大祭』等類，皆是敬之目。到程子始關聚說出一箇敬來教人。然敬有甚物，只如畏字相似。不是塊然兀坐，耳無聞，目無見，全不省事之謂。只收斂身心，整齊純一，不恁地放縱，便是敬。」（一二）

聖賢言語，大約似乎不同，然未始不貫。只如夫子言非禮勿視聽言動，「出門如見大賓，使民如承大祭」，「言忠信，行篤敬」，這是一副當說話。到孟子又卻說求放心，存心養性。大學則又有所謂格物致知，正心誠意。至程先生又專一發明一箇敬字。若只恁看，似乎參錯不齊，千頭萬緒，其實只一理。（一二）

敬不是只恁坐地，舉足動步，常要此心在這裏。（一二）

敬只是收斂來。（一二）

敬是始終一事。（一二）

敬字工夫，乃聖門第一義，徹頭徹尾，不可頃刻間斷。（一二）

敬之一字，眞聖門之綱領，存養之要法。一主乎此，更無內外精粗之間。（一二）

先立乎其大者。（一二）

象山先立乎其大者指心言，朱子先立乎其大者指敬言。言敬則工夫本體具在。只言心，則不知何處下工夫。

文集卷五十一答董叔重亦云：

操則自存，動靜始終，不越敬之一字而已。近方見得伊洛拈出此字，眞是聖學眞的要妙工夫。學者只於此處着實用功，則不患不至聖賢之域矣。

卷四十三答林擇之有云：

熹哀苦之餘，無他外誘，日用之間痛自斂飾，乃知敬字之功親切要妙乃如此。而前日不知於此用力，徒以口耳浪費光陰，人欲橫流，天理幾滅。今而思之，怛然震悚，蓋不知所以措其躬也。

卷三十二答張敬夫問目有云：

「存其心，養其性，所以事天也。」心性皆天之所以與我者，不能存養而梏亡之，則非所以事天也。夫心，主乎性者也。敬以存之，則性得其養而無所害矣。學者將以求盡其心，亦未有不由此而入者。故敬者學之終始，所謂徹上徹下之道，但其意味淺深有不同爾。

語類又云：

程先生所以有功於後學者，最是敬之一字有力。人之心性，敬則常存，不敬則不存。如釋老等人卻是能持敬。但是他只知得那上面一截事，卻沒下面一截事。覺而今恁地做工夫，卻是有下面一截，又怕沒那上面一截。那上面一截，卻是箇根本底。（一二）

儒學自秦漢以下，大率都注意在事上，宋代理學諸儒始看重心地工夫。明道提出敬字，乃為心地工夫之總關聚處。惟此項工夫仍須應用到事上。釋老亦知在心地用功，卻只重心，不重事，故朱子說他知得上一截，沒了下一截。

今再分述朱子論敬字諸涵義如次：

一曰敬略如畏字相似。

語類云：

敬只是一箇畏字。（一二）

問：「中庸戒懼是敬否？」曰：「說着敬已多了一字，但略略收拾來，便在這裏。」（六二）

問：「致中是未動之前，然謂之戒懼，卻是動了。」曰：「公莫看得戒謹恐懼太重了。此只是略省一省，不是恁驚惶震懼。略是箇敬模樣如此。然道着敬字已是重了，只略略收拾來，便在這裏。伊川所謂『道箇敬字，也不大段用得力』。」（六二）

在未發前用戒謹恐懼工夫，略是箇敬的模樣，但云「道着敬字已是重了」，又云「說着敬已多了一字」。今亦可倒言之曰，敬略是箇戒謹恐懼模樣，然道着戒謹恐懼已是重了。用語言文字來指說心理狀態，總嫌隔一層，此在學者之善體。

二曰敬是收斂其心不容一物。

語類云：

敬莫把做一件事看，只是收拾自家精神專一在此。（一二）

敬非是塊然兀坐，耳無所聞，目無所見，心無所思，而後謂之敬。只是有所畏謹，不敢放縱，如此則身心收斂，如有所畏。常常如此，氣象自別。存得此心，乃可以為學。（一二）

敬不是萬事休置之謂，只是隨事專一謹畏，不放逸耳。（一二）

敬是箇扶策人底物事。人當放肆怠惰時，才敬便扶策得此心起。常常會恁地，雖有些放僻邪侈

意思，也退聽。（一二）
為學有大要。程子推出一箇敬字與學者說，要且將箇敬字收斂箇身心放在模匣子裏面，不走作了，然後逐事逐物看道理。常愛古人說得「學有緝熙於光明」。蓋心地本自光明，只被利欲昏了。今所以為學者，要令其光明處轉光明，所以下緝熙字。緝，連緝不已之意。熙則訓明字。心地光明，則此事有此理，此物有此理，自然見得。（一二）
今說此話，卻似險，難說。故周先生只說「一者無欲也」。然這話頭高，卒急難湊泊，尋常人如何便得無欲。故伊川只說箇敬字，教人只就這敬字上捱去，庶幾執捉得定，有箇下手處。縱不得，亦不至失。要之皆只要人於此心上見得分明，自然有得爾。然今之言敬者，乃皆裝點外事，不知直捷於心上求功，遂覺累墜，不快活。不若眼下於求放心處有功，則尤省力也。（一二）

此條余大雅錄，朱子年四十九，似有以孟子求放心三字代替二程敬字意。蓋敬字功夫易使人轉向外面去，求放心則是直捷在心上用功也。

語類又曰：

敬字前輩多輕說過了，惟程子看得重。人只是要求放心，何者為心？只是箇敬。人纔敬時，這

心便在身上了。（一二）

此條黃義剛錄，在朱子六十四以後。至是，直以孟子求放心說敬字。至程門敬字與孟子求放心一語之分合異同，詳放心篇，可參讀。

問和靖說「其心收斂不容一物」。曰：「這心都不着一物，便收斂。他上文云：『今人入神祠，當那時，直是更不着得些子事，只有箇恭敬。』此最親切。今人若能專一，此心便收斂緊密，都無些子空罅。若這事思量未了，又走做那邊去，心便成兩路。」（一七）

問尹氏「其心收斂不容一物」之說。曰：「心主這一事，不為他事所亂，便是不容一物也。」問：「此只是說靜時氣象否？」曰：「然。」又問：「只靜時主敬，便是『必有事』否？」曰：「然。」（一七）

心有有事有無事時。事來，心專在事上。無事時，心專在此一當前之無事上。故曰「靜時主敬，便是必有事」也。若遇這事，心想那事，遇有事，心想無事，遇無事，又想有事，皆是收斂不緊密，心成兩路。此處朱子用一「主」字說不容一物，語始無病。

問正心章云：「人之心要當不容一物」。曰：「這說便是難。纔說不容一物，卻又似一向全無相似。只是這許多好樂、恐懼、忿懥、憂患，只要從無處發出，不可先有在心下。看來非獨是這幾項如此，凡是先安排要恁地便不得。如人立心要恁地嚴毅把捉，少間只管見這意思，到不消恁地處也恁地，便拘逼了。有人立心要恁地慈祥寬厚，少間只管見這意思，到不消恁地處也恁地，便流入於姑息苟且。如有心於好名，遇着近名底事，便愈好之。如有心於為利，遇着近利底事，便貪欲。」（一六）

人心如一箇鏡，先未有一箇影像。有事物來，方始照見妍醜。若先有一箇影像在裏，如何照得。人心本是湛然虛明，事物之來，隨感而應，自然見得高下輕重。事過便當依前恁地虛方得。若事未來，先有一箇忿懥、好樂、恐懼、憂患之心在這裏，及忿懥、好樂、恐懼、憂患之事到來，又以這心相與衮合，便失其正。事了，又只苦留在這裏，如何得正？（一六）

此乃程門論敬「其心收斂不容一物」之正解。從無處發出，無處即是虛處。所謂敬則虛靜，而朱子有時又不喜歡用虛靜字，又謂「不可把虛靜喚作敬」，皆當細參。又謂「說着敬，已多了一字」，則更涉深微，當細參也。又曰：

忿懥、恐懼、好樂、憂患四者，人不能無。只是不要他留而不去，被他為主於內，心反為他

動。（一六）

好樂之類是合有底，只是不可留滯而不消化。無留滯，則此心便虛。（一六）

心不可有一物。喜怒哀樂固欲得其正，然過後須平了。（一六）

如事之可喜者，固須與之喜。然別遇一事，又將此意待之，便不得其正。心無物然後能應物。如一量稱稱物，固自得其平。若先自添着些物在上，而以之稱物，則輕重悉差矣。心不可有一物，亦猶是也。（一六）

問「心有所好樂則不得其正」章。曰：「心不可有一毫偏倚。纔有一毫偏倚，便是私意，便浸淫不已。私意反大似身己，所以『視而不見，聽而不聞』。視聽是就身上說，心不可有一物。外面酬酢萬變，都只是隨其分限應去，都不關自家心事。才係於物，心便為其所動。其所以係於物者有三：或是事未來，自家先有箇期待底心。或事已應去了，又長留在胸中，不能忘。或正應事時，意有偏重，便只見那邊重，這都是為物所係縛。既為物所係縛，便是有這箇物事。到別事來，應之便差了，這如何會得其正。聖人之心瑩然虛明，無纖毫形迹。一看事物之來，若小若大，四方八面，莫不隨物隨應，此心元不曾有這箇物事。且如敬以事君之時，此心極其敬。當時更有親在面前，也須敬其親。終不成說敬君但只敬君，親便不須管得。事事都如此。聖人心體廣大虛明，物物無遺。」（一六）

既曰「心不可有一物」，又曰「物物無遺」。蓋心不可有物，乃指事物未來，不當先有此物事。事物既至，不當更無此物事。有是物則有是理。如此乃是心正，乃是敬。

問：「『視之不見，聽之不聞』處，此是收拾知覺底心？收拾義理底心？」曰：「知覺在，義理便在，只是有深淺。」（一六）

寧有於無知覺處尋義理之可能。收拾精神，即是收拾知覺令其專一在此，即所謂靜中有物，亦即所謂敬也。

三曰敬是隨事專一。又曰主一之謂敬。

問：「有事時應事，無事時心如何？」曰：「無事時只得無事。有事時也如無事時模樣，只要此心常在。所謂『動亦定，靜亦定』也。」問程子言「未有致知而不在敬者」。曰：「心若走作不定，何緣見得道理。如理會這一件事未了，又要去理會那事，少間都成無理會。須是理會這事了，方好去理會那事，須是主一。」問：「思慮難一，如何？」曰：「徒然思慮，濟得甚事。若見得道理分曉，自無閑雜思慮。」問：「程子常教人靜坐，如何？」曰：「亦是他見人要多

慮，且教人收拾此心耳，初學亦當如此。」（一一五）

心須常令有所主。做一事未了，不要做別事。心廣大如天地，虛明如日月。要閑，心卻不閑，隨物走了。不要閑，心卻閑，有所主。（一二）

心有主則自閑定。所謂主，是主於理。心廣大如天地，故無事不可容。虛明如日月，故無理不可照。外面事物紛至，一心主理則此心自一。隨事而應，豈不甚閑。閉門學坐求靜，事來急求排遣，外面儘無事，心下卻甚忙。此乃有主無主之別。

又曰：

心如何解虛得，而今正要將心在那上面。（二）

將心在那上面，即是將心在理上。心有在，即有主。心在理上，自然若無事。心只在事上，則有時而失理。然朱子又時言心主一事，當知心主一事亦是理。心主一事，其心虛明，自能得其理之所在也。

「伊川說『人心有主則實，無主則虛』。又一說卻曰『有主則虛，無主則實』。公且說，看是如何？」或答：「有主則實，謂人具此實然之理，故實。無主則實，謂人心無主，私欲為主，故實。」先生曰：「心虛則理實，心實則理虛。『有主則實』，此實字是好，蓋指理而言也。『無主則實』，此實字是不好，蓋指私欲而言也。以理為主，則此心虛明，一毫私意着不得。譬如一泓清水，有少許砂土便見。」（一一三）

可見主一乃是以理為主，然非憑空在外面覓一理來為此心作主。理必於事上見，心能虛，則自可於事事上見理。一有私欲則心不虛，即見理不得也。

文集卷四十七答呂子約書有云：

所論主一主事之不同，恐亦未然。主一只是專一。無事則湛然安靜而不騖於動，有事則隨事應變而不及乎他。是所謂主事者，乃所以為主一者也。若是有所係戀，則必有事已過而心未忘，身在此而心在彼者，此其支離畔援，與主一無適非但不同，直是相反。惟其不察於此，是以未能專一，而已有固必矜持之戒。身心彼此，實有係戀之病，而反不自知其非。凡前後所言，類皆瞻前顧後，一前一卻，不曾坦然驀直行得數步，此亦一箇大病根株，恐當痛下工夫刊削，不可悠悠。

此謂主於事即主於一，無事即此心主於無事，無事亦即是一事。有事無事，都有一當然之理。主於事，即主於理也。

問：「夫子答子游、子夏問孝，意雖不同，然自今觀之，奉養而無狎恩恃愛之失，主敬而無嚴恭儼恪之偏，儘是難。」曰：「既知二失，則中間須自有箇處之之理。愛而不敬，非眞愛也。敬而不愛，非眞敬也。敬非嚴恭儼恪之謂，以此為敬則誤矣。只把做件事，小心畏謹，便是敬。」（二三）

孝是一事，同時即是一理。孝必本於愛，若無愛便不成孝。敬者，只是一心主於此事，亦是一心主於此理。敬只是一箇心理狀態，只是精神集中，故曰「其心收斂，不容一物」。如孝父母，即此心集中在一愛上。遇無事時，則此心集中在此無事上。外面看來，像是整齊嚴肅，嚴恭儼恪，內面則是心理集中。此心集中在孝在愛，則外面表現出一番和氣愉色婉容。此和氣愉色婉容不得謂其非敬。然亦不得謂敬即是和氣愉色婉容。在無事時，其外面表現只是整齊嚴肅嚴恭儼恪，此亦是敬也。

語類又曰：

人之為學，千頭萬緒，豈可無本領。此程先生所以有持敬之語。只是提撕此心教它光明，則於事無不見，久之自然剛健有力。（一二）

常使截斷嚴整之時多，膠膠擾擾之時少，方好。（八）

膠膠擾擾，是心不閑而無主也。主一則自能截斷。

問「體信達順」。曰：「信只是實理，順只是和氣。體信是致中底意思。達順是致和底意思。此是禮記中語。言能恭敬，則能『體信達順』。『聰明睿智由此出』者，言能恭敬，自然心便開明。」（四四）

恭敬則能截斷，無膠擾，心只在一事上，自能見此一事之理。心只在一理上，自能應此一理之事。故曰「心便開明」也。

又曰：

「此心常常要惺覺，莫令頃刻悠悠憒憒。」或云：「此只是持敬為要。」曰：「敬不是閉眼默坐便為敬，須是隨事致敬。要有行程去處。今之言持敬者，只是說敬，非是持敬。若此心常在軀殼中為主，便須常如烈火在身，有不可犯之色。事物之來，便成兩畔去，又何至如是纏繞。」（一三）

事有是非，心能燭理，事來理應，是者是，非者非，便成兩畔去，何事能犯此心，更何纏繞可言。如是則覺心閑無事，更覺此心剛健有力。故曰：

敬則萬理具在。(一二)

問「敬者德之聚」。曰：「敬則德聚，不敬則都散了。」(一二)

敬勝百邪。(一二)

只敬則心便一。(一二)

一者，其心湛然，只在這裏。(一二)

敬只是此心自做主宰處。(一二)

萬理具於心，此心自作主宰，非別有一理來主宰此心。

四曰敬須隨事檢點。

文集卷五十答周舜弼有云：

所諭敬字工夫，於應事處用力為難，此亦常理。但看聖賢說「行篤敬」，「執事敬」，則敬字本不為默然無為時設。須向難處力加持守，庶幾動靜如一耳。

又卷四十五答廖子晦亦云：

二先生所論敬字，須該貫動靜看方得。夫方其無事而存主不懈者，固敬也。及其應物而酬酢不亂者，亦敬也。故曰「毋不敬，儼若思」。又曰「事思敬」，「執事敬」。豈必以攝心坐禪而謂之敬哉。禮樂固必相須，然所謂樂者，亦不過謂胸中無事而自和樂耳。非是着意放開一路而欲其和樂也。然欲胸中無事，非敬不能。故程子曰：「敬則自然和樂。」而周子亦以為禮先而樂後，此可見也。「既得後須放開，不然卻只是守」者，此言既自得之後，則自然心與理會，不為禮法所拘而自中節也。若未能如此，則是未有所自得，纔方是守禮法之人爾。亦非謂既自得之，又卻須放教開也。克己復禮，固非易事，然顏子用力，乃在於視聽言動禮與非禮之間，未敢便道是得其本心而了無一事也。此其所謂「先難而後獲」歟。

此隨子晦來書而逐項答之如此。若不止於論敬，然所說道理貫注融通，即謂之全在說敬，亦無不可。

敬非專為無事時設，臨事應物亦有敬。雖臨事而心中如無事，非無事，乃是只此一事，故謂之無事也。胸中無事則自然和樂，非是守得敬後又須放開教其和樂。此當用力在視聽言動禮與非禮之間，卻非謂得其本心而了無一事。分析明白，指點親切，敬字工夫，此書可謂已盡之矣。

語類亦云：

敬亦不可混淪說，須是每事上檢點。論其大要，只是不放過耳。（八）

敬有死敬，有活敬。若只守著主一之敬，遇事不濟之以義，辨其是非，則不活。若熟後，敬便有義，義便有敬。靜則察其敬與不敬，動則察其義與不義。如「出門如見大賓，使民如承大祭」，不敬時如何。「坐如尸，立如齊」，不敬時如何。須敬義夾持，循環無端，則內外透徹。（一二）

敬義只是一事。如兩脚，立定是敬，才行是義。合目是敬，開眼見物便是義。（一二）

文集卷五十答潘恭叔，謂「學問根本在日用間持敬集義工夫，直是要得念念省察」。念念省察，即是隨事檢點，即是敬義一致用功也。

人能存得敬，則吾心湛然，天理粲然。無一分着力處，亦無一分不着力處。（一二）

莫把敬做一事看，故說無一分着力處。每事檢點不放過，故說亦無一分不着力處也。

文集卷四十一答馮作肅有云：

居敬窮理二者不可偏廢。有所偏廢，則德孤而無所利矣。

居敬窮理不偏廢，即猶謂敬義夾持也。敬義雖只是一事，而窮理集義則須有進學致知工夫，此當另有討論，此不詳。

五曰敬是常惺惺法。

語類云：

敬只是常惺惺法。所謂靜中有箇覺處，只是常惺惺在這裏。靜不是睡著了。（六二）

惺惺，醒覺義。此心操則存，舍則亡。心存自醒覺，心亡則憒憒。故須時加喚醒之功。用常惺惺字說敬，始於謝上蔡。文集卷四十五答游誠之謂：

工夫用力處在敬，不在覺。上蔡云：「敬是常惺惺法。」此言得之。但不免有便以惺惺為仁之意，此則未穩當耳。窮理涵養要當並進，非稍有所知，無以致涵養之功。非深有所存，無以盡義理之奧。正當交相為用，而各致其功耳。

常惺惺只是喚醒此心使不昏昧，繼此須有窮理工夫。語類云：

學者常用提省此心，使如日之升，則羣邪自息。它本自光明廣大，自家只着些子力去提省照管它便了。不要苦着力。着力則反不是。（一二）

問謝子「惺惺」之說。曰：「惺惺乃心不昏昧之謂，只此便是敬。今人說敬，卻只以整齊嚴肅言之。此固是敬，然心若昏昧，燭理不明，雖強把捉，豈得為敬。（一七）

孔子所謂「克己復禮」，中庸所謂「致中和」、「尊德性」、「道問學」，大學所謂「明明德」，書曰「人心惟危，道心惟微，惟精惟一，允執厥中」。聖賢千言萬語，只是教人明天理、滅人欲。天理明，自不消講學。人性本明，如寶珠沉溷水中，明不可見。去了溷水，依舊自明。自家若知是人欲蔽了，便是明處。只是這上便緊緊著力主定，一面格物。今日格一物，明日格一物，正如游兵攻圍拔守，人欲自消爍去。所以程先生說敬字，只是謂我自有一箇明底物事在這裏，把箇敬字抵敵。常常存箇敬在這裏，則人欲自然來不得。子曰：「為仁由己，而由人乎哉。」緊要處正在這裏。（一二）

此條把從來聖賢幾許重要教訓都歸納在一敬字上。敬字工夫，只在保持此心之明。一切工夫，皆從此心之明出發。若此心不明，工夫無下手處。一切工夫，亦皆歸宿到此心。心明即天理明，心與理一，非屬兩事。有此境界，始有此工夫。亦以有此工夫，始到此境界。敬字在工夫方面，亦可謂是境界方面。如云常惺惺，工夫在此，境界亦即在此。

或謂：「每為念慮攪擾，頗妨工夫。」曰：「只是不敬。敬是常惺惺底法。以敬為主，則百事皆從此做去。今人都不理會我底，自不知心所在，都要理會他事，又要齊家治國平天下。心者身之主也。撐船須用篙，喫飲須使匙。不理會心，是不用篙、不使匙之謂也。攝心只是敬，才敬，看做甚麼事，登山亦只這箇心，入水亦只這箇心。」（一一八）

又曰：

心須主在一事，事事須主在一心。眞能做敬字工夫，則自然心與事一，心與理一。

敬是箇瑩徹底物事。今人卻塊坐了相似。昏倦要須提撕著。提撕便敬，昏倦便是肆，肆便不敬。（一四）

只一箇持敬，也易得做病。若只持敬，不時時提撕著，亦易以昏困。須是提撕，才見有私欲底意思來，便屏去。且謹守著，到得復來，又屏去。時時提撕，私意自當去也。（一八）

時時提撕，使其心瑩徹，無私欲，始是常惺惺。昏困則肆，私欲來而不知，只是不敬。若不知提撕此心，只說一箇持敬，也須做得病。

或問：「謝氏常惺惺之說，佛氏亦有此語。」曰：「其喚醒此心則同，而其為道則異。吾儒喚醒此心，欲他照管許多道理。佛氏則空喚醒在此，無所作為。其異處在此。」（一七）

僅言提撕，不知提撕此心要它照管許多道理，此則陷入釋氏，亦是病。又曰：

孟子說「存其心」，雖是緊切，卻似添事。蓋聖人只為學者立下規矩，守得規矩定，便心也自定。如言「居處恭，執事敬，與人忠」，人能如是存守，則心有不存者乎？今又說存其心，則

與此為四矣。如此處要人理會。（六〇）

能「居處恭，執事敬，與人忠」，如是即是此心常惺惺，能照管許多道理也。常惺惺乃在事上，非捨卻事求惺惺。持敬亦是在事上，非捨卻事求持敬。

文集卷四十答何叔京有云：

愚意竊謂且當就此覺處敬以操之，使之常存而常覺，是乃乾坤易簡交相為用之妙。若便以覺為存，而不加持敬之功，則恐一日之間，存者無幾何，而不存者十八九矣。

心有明覺，當敬以存之。此乃以敬操覺，非指覺為敬。稱為「乾坤易簡交相為用之妙」者，乾以易知，此心覺處是也。坤以簡能，敬以守覺是也。敬中有覺，覺中有敬，天人合一，是交相為用也。此心有覺而不能敬以存之，則必失此覺矣。徒言操存而不知操存箇什麼，冥頑不靈，則是所謂死敬也。

問：「持敬易散漫，如何？」曰：「只喚着便在此。」（一二）

問：「持敬易間斷，如何？」曰：「常要自省得，才省得便在此。」或以為此事最難。曰：「患不省察爾。覺得間斷，便已接續，何難之有！『操則存，舍則亡』，只在操舍兩字之間。要之只消一箇操字。到緊要處，全不消許多文字言語。若此意成熟，雖操字亦不須用。『習矣不察』，人多錯看此一語。習是用功夫處，察是知識處。今人多於察字用功，反輕了習字。才欲作一事，卻又分一心去察一心。胸中擾擾，轉覺多事。如張子韶說論語，謂『察其事親從兄之心，靄然如春則為仁，肅然似秋則為義』，只要自察其心，反不知其事親從兄為如何也。故夫子教人只說習，如『克己復禮』是說習也。『視聽言動』亦是習，『請事斯語』亦是習。孟子恐人不識，方說出察字，而察字最輕，習字最重。」（一二）

習在事，察在心，心須在事上。說存心似添事，說察心更是添事，說操心亦猶似添事。須知「必有事焉」則心自存。故曰「習字最重」也。能知「必有事焉」之為敬，則知徒言覺字之不遽為敬矣。

文集卷四十二答石子重謂：

敬中須有體察工夫，方能行著習察。不然，兀然持敬，又無進步處。

常惺惺，便是此心虛明能省察，既非昏昧不覺，亦非兀然無事。故曰以敬操覺，覺中有敬，敬中有覺也。凡此工夫處皆須習，「習字最重，察字最輕」，然又曰「敬中須有體察工夫」。朱子言學，皆如此迴環周匝，滴水不漏。學者當善體。

文集卷四十五答廖子晦有云：

二先生所論敬字，須該貫動靜看方得。夫方其無事而存主不懈者，固敬也。及其應物而酬酢不亂者，亦敬也。故曰「毋不敬，儼若思」。又曰「事思敬」，「執事敬」。豈必以攝心坐禪而謂之敬哉。

欲其應物不亂，則須有省察。若僅知喚醒而兀然無事，則是攝心坐禪之類也。

或問：「一向把捉，待放下，便覺衰颯，不知當如何？」曰：「這箇也不須只管恁地把捉。若要去把捉，又添一箇要把捉底心，是生許多事。若知得放下便提掇起來，便是敬。」（一二）

知得放下便提掇起，此亦是常惺惺，即察即存。然此即察即存之工夫亦是習。參透到此，乃知惺惺之上必下一常字。即察即存，則如無事。須常此察存，即是必有事。

或問：「先持敬，令此心惺惺了，方可應接事物，何如？」曰：「不然。」又問：「須是去事物上求？」曰：「亦不然。若無事物時，不成須去求箇事物來理會。且無事物之時，要你做甚

麼？」（一二）

此條兩答，所辨甚微，極當細會。明道曾云：「某寫字時甚敬，非是要字好，只此是學。」或問：「作字忽忽，則不成字，是忘也。或作意令好，則愈不好，是助也。以此知持敬者正勿忘勿助之間。」朱子答曰：「如此說，則只是要字好，非明道先生之意。」持敬則此心自惺惺，今謂惺惺了方可應接事物，此已是兩心了。無事物時仍當惺惺，亦非要求箇事物來令此心惺惺。既不當捨事求惺惺，亦不當覓事求惺惺，此則所謂勿忘勿助也。

問：「嘗學持敬，讀書心在書，為事心在事。如此頗覺有力。只是瞑目靜坐時，支遣思慮不去。或云只瞑目時已是生妄想之端。讀書心在書，為事心在事，只是收聚得心，未見敬之體。」曰：「靜坐而不能遣思慮，便是靜坐時不曾敬。敬只是敬，更尋甚敬之體。似此支離，病痛愈多，更不曾做得工夫，只了得安排杜撰也。」（一二）

敬只是敬，惺惺只是惺惺，非是要於敬時更尋敬之體，於惺惺上更尋此惺惺之體，此只是支離病痛而已。朱子常教人勿安排杜撰，當於此等處細會。

文集卷四十五答游誠之有云：

心一而已，所謂覺者亦心也。今以覺求心，以覺用心，紛拏迫切，恐其為病，不但揠苗而已。不若日用之間以敬為主而勿忘焉，則自然本心不昧，隨物感通，不待致覺而無不覺矣。

覺即是惺惺。能敬自覺，自能常惺惺，不煩別有工夫。

問敬。曰：「一念不存，也是間斷。一事有差，也是間斷。」（一二）

心常存，事無差，能至於不間斷，此即是常惺惺，是敬。

或問：「知至以後，善惡既判，何由意有未誠處？」曰：「『惟聖罔念作狂，惟狂克念作聖。』一念才放下，便是失其正。自古無放心底聖賢。然一念之微，所當深謹。才說知至後不用誠意便不是。『人心惟危，道心惟微。』毫釐間不可不子細理會。才說太快，便失卻此項工夫也。」（一五）

然則知至尚不可靠，仍須主敬。惺惺亦不可靠，須使其常惺惺。心是活物，故須時時念念用功。

六曰敬是整齊嚴肅。

語類云：

書有合講處，有不必講處。如主一處定是如此了，不用講。只是便去下工夫。不要放肆，不要戲慢，整齊嚴肅，便是主一。（一一六）

此謂整齊嚴肅即是持敬主一功夫。

問敬。曰：「不用解說，只整齊嚴肅便是。」（一二）

又曰：

持敬之說，不必多言。但熟味「整齊嚴肅」，「嚴威儼恪」，「動容貌，整思慮」，「正衣冠，尊瞻視」此等數語，而實加功焉，則所謂直內，所謂主一，自然不費安排，而身心肅然，表裏如

一矣。（一二）

問：「主敬只存之於心，少寬四體，亦無害否？」曰：「心無不敬，則四體自然收斂，不待十分着意安排而四體自然舒適。着意安排，則難久而生病矣。」（一二）

問敬何以用功。曰：「只是內無妄思，外無妄動。」（一二）

無妄動，即是整齊嚴肅也。整齊嚴肅，須到四體自然舒適處。若待安排一整齊嚴肅，則亦難久而生病。

又曰：

人心常炯炯在此，則四體不待羈束而自入規矩。只為人心有散緩時，故立許多規矩來維持之。但常常提警，教身入規矩內，則此心不放逸而炯然在矣。心既常惺惺，又以規矩繩檢之，此內外交相養之道也。

從內言則常惺惺，從外言則以規矩繩檢，整齊嚴肅。內外交相養，即見心與事一。既不放心，亦不厭事。又曰：

不要窮高極遠，只於言行上點檢。今人論道，只論理，不論事。只說心，不說身。其說至高，而蕩然無守，流於空虛異端之說。人能制其外，則可以養其中。固是內是本，外是末，但偏說存於中，不說制於外，則無下手腳處，此心便不實。

說心兼須說身，論理兼須論事，內外本末一貫，此朱子論學大宗旨。所以能一歸於實，而不落空虛。

問：「『申申、夭夭』，聖人得於天之自然。若學者有心要收束，則入於嚴厲，有心要舒泰，則入於放肆。惟理義以養其氣，養之久，則自然到此否？」曰：「亦須稍嚴肅則可，不然則無下手處。」又曰：「但得身心收斂，則自然和樂。」又曰：「不是別有一箇和樂，才整肅則自和樂。」（三四）

亦須稍嚴肅，否則無下手處。又曰「但得身心收斂，則自然和樂」。此皆朱子切實教人語。平易之至，亦自然之至。畏規矩，樂放肆，窮高極遠，蕩然無守，則何益矣。

文別集卷四答何叔京有云：

持敬之說甚善。但如所喻，則須是天資儘高底人，不甚假修為之力，方能如此。若顏、曾以下，尤須就視聽言動、容貌辭氣上做工夫。蓋人心無形，出入不定，須就規矩繩墨上守定，便自內外帖然。豈曰放僻邪侈於內，而姑正容謹節於外乎？且放僻邪侈正與莊整齊肅相反。誠能莊整齊肅，則放僻邪侈決知其無所容矣。既無放僻邪侈，然後到得自然莊整齊肅地位。豈容易可及哉？此日用工夫至要約處，亦不能多談。但請尊兄以一事驗之。儼然端莊執事恭恪時，此心如何？怠惰頹靡渙然不收時，此心如何？試於此審之，則知內外未始相離。而所謂莊整齊肅者，正所以存其心也。

此書發明內外未始相離之義，最為明白扼要。於此可知洗心不洗身，論理不論事之病。

文集卷四十答何叔京亦有云：

「必有事焉」者，敬之謂也。若曰其心儼然，常若有所事云爾。夫其心儼然肅然，常若有所事，則雖事物紛至而沓來，豈足以亂吾之知思，而宜不宜可不可之幾，已判然於胸中矣。

此云「其心儼然常若有所事」，又曰「儼然肅然常若有所事」，此皆內外合一，身心理事不相離，亦即以整齊嚴肅言敬之精旨所在。

文集卷四十三答林擇之有云：

比因朋友講論，深究近世學者之病，只是合下欠卻持敬工夫，所以事事滅裂。其言敬者，又只說能存此心，自然中理，至於容貌詞氣，往往全不加工。設使眞能如此存得，亦與釋老何異。上蔡說便有此病了。又況心慮荒忽，未必眞能存得耶。程子言敬，必以整齊嚴肅，正衣冠，尊瞻視為先。又言「未有箕踞而心不慢者」，如此乃是至論。而先聖說「克己復禮」，尋常講說，於禮字每不快意，必訓作理字然後已。今乃知其精微縝密，非常情所及耳。

朱子教人做心地工夫，必身心並重，內外交修，俾勿陷入於空寂。朱子又極重言禮，清儒如焦循輩，每譏宋儒好言理，輕言禮，橫渠設教固無此弊，朱子尤常以理字禮字並提，力矯時人重理輕禮之非。清儒每蔽於門戶，不肯平心細求，亦其病也。

今再會合上述六端：在內若有所畏，在外能整齊嚴肅，時時收斂此心，專主於一，隨事檢點，務使此心常惺惺，此即是敬。無內外，無動靜，徹頭徹尾，徹始徹終，自初學以至於達聖域，皆須此敬字工夫。然亦並不謂只此一箇敬字便可單提直入也。

問：「敬，諸先生之說各不同。然總而言之，常令此心常存，是否？」曰：「其實只一般。若

是敬時，自然主一無適，自然整齊嚴肅，自然常惺惺，其心收斂不容一物。」（一七）

問：「先生說敬處，舉伊川主一與整齊嚴肅之說，與謝氏常惺惺之說。就其中看，謝氏尤切當。」曰：「如某所見，伊川說得切當。且如整齊嚴肅，此心便存，便能惺惺。若無整齊嚴肅，卻要惺惺，恐無捉摸，不能常惺惺矣。」（一七）

朱子兼舉眾義，而謂伊川尤較上蔡切當。上蔡之說，上承明道，下開橫浦、象山，朱子於此更取伊川，此乃當時學脈分歧處也。

文集卷四十五答楊子直有云：

身心內外，初無間隔。所謂心者，固主乎內，而凡視聽言動出處語默之見於外者，亦即此心之用而未嘗離也。今於其空虛不用之處，則操而存之，於其流行運用之實，則棄而不省。此於心之全體，得其半而失其半矣。孰若一主於敬，而此心卓然內外動靜之間，無一毫之隙、一息之停哉！

身心內外，虛實動靜，一以貫之，細玩於此而有得焉，則上引諸端皆可相通相合，無待於多生孰主孰從、孰先孰後之疑矣。

明道開始提出敬字，伊川增成「涵養須用敬，進學則在致知」兩語。朱子教人養心修學方法，乃緊承伊川此兩語來。此下當引述朱子敬與窮理致知交養並進之說。語類云：

初投先生書，以此心不放動為主敬之說。先生曰：「主敬二字只恁地做不得，須是內外交相養。蓋人心活物，吾學非比釋氏，須是窮理。」（一一九）

問：「居常持敬，於靜時最好，及臨事則厭倦；或於臨事時着力，則覺紛擾；不然則於正存敬時忽忽為思慮引去。是三者將何以勝之？」曰：「今人將敬來別做一事，所以有厭倦，為思慮引去。敬只是自家一箇心常惺惺便是，不可將來別做一事。又豈可指擎跽曲拳塊然在此而後為敬。」又曰：「今人將敬、致知來做兩事。持敬時只塊然獨坐，更不去思量。卻是今日持敬，明日去思量道理也。豈可如此。但一面自持敬，一面去思量道理，二者本不相妨。」（一一五）

敬則自是聰明。人之所以不聰不明，止緣身心惰慢，便昏塞了。敬則虛靜，自然通達。（四四）

聰明睿智，如何不由敬出。睿智皆出於心，心既無主，則應事接物之間，其何以思慮而得其宜。所以此心常要肅然虛明，然後物不能蔽。敬字不可只把做一箇敬字說過，須於日用間體認是如何。須提掇精神，莫令頽塌放倒，方可看得義理分明。看公多恁地困漫漫地，則不敬莫大

乎是。（四四）

程子言：「未有致知而不在敬者。」又言：「涵養當用敬，進學則在致知。」若不能以敬養在這裏，如何會去致得知。若不能致知，又如何成得這敬。（四五）

若是閑時不能操而存之，這箇道理自是間斷。及臨事方要窮理，從那裏捉起。惟是平時常操得存，自然熟了，將這箇去窮理，自是分明。事已，此心依前自在。（五九）

人能操存此心，卓然而不亂，亦自可與入道。況加之學問探討之功，豈易量耶。（一二）

心麄一事，學者之通病。橫渠云：「顏子未至聖人，猶是心麄。」一息不存，即為麄病。要在精思明辨，使理明義精，而操存涵養無須臾離，無毫髮間，則天理常存，人欲消去，其庶幾矣哉。（一二）

敬且定下，此為根本。東西南北各有去處，然後可明。若與萬物並流，則如眯目播糠，上下四方易位矣。（一二）

主敬窮理雖二端，其實一本。（九）

持敬是窮理之本。窮得理明，又是養心之助。（九）

持敬觀理，如病人相似，自將息固是好，也要討些藥來服。（九）

上引諸條，可與涵養篇相參，其義自明，不煩加釋。

又文集卷五十四答項平父有云：

聖人指示為學之方，周遍詳密，不靠一邊，故曰「敬義立而德不孤」。若只恃一箇敬字，更不做集義工夫，其德亦孤立而易窮矣。須是精粗本末，隨處照管，不令工夫少有空闕不到之處，乃為善學。伊川先生云：「涵養須用敬，進學則在致知。」此兩句與從上聖賢相傳指訣如合符契。

此處明言專恃一箇敬字不得，顯與初拈出程門敬字來時意境有別。實則只是據伊川補明道也。

朱子說敬，尚多碎義，茲再略鈔如次：

一曰敬與公與直

問「修己以敬」。曰：「敬者非但是外面恭敬而已，須是要裏面無一毫不直處。」（四四）

問「修己以敬，修己以安人，修己以安百姓」。曰：「須看『敬以直內』氣象。敬時內面一齊直，徹上徹下，更無些子私曲。若不敬，則內面百般計較，做出來皆是私心。欲利甲，必害

乙，利乙必害丙。如何得安。」（四四）

此心常卓然公正，無有私意，便是敬。有些子計較，有些子放慢意思，便是不敬。故曰「敬以直內」，要得無些子偏邪。（四四）

二曰敬與和

問：「『禮樂之道異用同體』，如何？」曰：「禮主於敬，樂主於和，此異用也。皆本之於一心，是同體也。然敬與和亦只是一事。敬則和，和則自然敬。」問：「敬固能和，和如何能敬？」曰：「和是碎底敬，敬是合聚底和。蓋發出來無不中節，便是和處。敬與和，猶『小德川流，大德敦化』。」（二二）

「敬與和同出於一心。謂一理亦說得，然言心卻親切。敬與和皆是心做。」曰：「和是在事否？」曰：「和亦不是在事，在心而見於事。」（二二）

自心而言，則心為體，敬、和為用。以敬對和而言，則敬為體，和為用。（二二）

但敬存於此，則氤氳磅礴，自然而和。（二二）

前引文集卷四十五答廖子晦亦云：「樂者，胸中無事而自和樂，非是着意放開一路而欲其和樂。欲胸中無事，非敬不能。故程子曰：『敬則自然和樂』，而周子亦以為禮先而樂後。」謂敬則自然和，此義較易知，朱子又足之以「和則自然敬」，則義蘊益深入。此當體會自得，非辨解所能達。

三曰敬與生意

文集卷六十一答林德久有云：

別紙所論，敬為求仁之要，此論甚善。所謂「心無私欲即是仁之全體」，亦是也。但須識得此處便有本來生意，融融洩洩氣象，乃為得之耳。顏子不改其樂，是他工夫到後自有樂處，與貧富貴賤了不相關。仁智壽樂，亦是功夫到此，自然有此效驗。

此以敬為求仁之要，又謂心無私欲處，便有本來生意融融洩洩氣象，尤為指點深微。若無私欲，然亦並無生意，則如冷灰枯木，在高禪亦所不取，何論於儒者求仁之學乎？持敬者須能使此心和樂，有生意，有融融洩洩氣象，此與以整齊嚴肅嚴威儼恪言敬，各得此心敬之一體段，誠學者所當深玩。

四曰敬與專與定

問：「敬如何持？」曰：「只是要莫走作。若看見外面風吹草動，去看覷他，那得許多心去應他，便也是不收斂。」問：「莫是『主一之謂敬』？」曰：「主一是敬表德，只是要收斂。處宗廟只是敬，處朝廷只是嚴，處閨門只是和，便是持敬。」（一一八）

問：「不知敬如何持？」曰：「只是要收斂此心，莫令走失而已。今人精神自不曾定，讀書安得精專。凡看山看水，風驚草動，此心便自走失，視聽便自眩惑，此何以為學。」（一一八）

問南軒所謂「敬者通貫動靜內外而言」。曰：「無事時固是敬，有事時敬便在事上。程子說：『學問到專一時方好。』蓋專一則有事無事皆是如此。」（一一八）

先生語以為學須要專一，用功不可雜亂。因舉異教數語云：「用志不分，乃凝於神。置之一處，無事不辦。」（一一八）

五曰敬與篤厚

問「行篤敬」。曰：「篤者，有重厚深沉之意。敬而不篤，則恐有拘迫之患。」（四五）

六曰敬與恕

語類云：

世有敬而不能恕底人，便只理會自守，卻無溫厚愛人氣象。若恕而無敬，則無以行其恕。（四二）

敬而不能恕，此如敬而不能和，不能篤厚，此心不能有生意，不能溫厚愛人有融融洩洩氣象，此皆貌敬，虛敬，非真敬也。

七曰敬與活潑潑地

問：「程先生論『鳶飛魚躍』處，曰：『與「必有事焉而勿正」之意同，活潑潑地。』某詳先生舊說，蓋謂程子所引『必有事焉』與『活潑潑地』兩語，皆是指其實體，而形容其流行發見，無所滯礙倚著之意。今說則謂『必有事焉而勿正心』者，乃指此心之存主處。『活潑潑地』云者，方是形容天理流行無所滯礙之妙。蓋以道之體用，流行發見，雖無間息。然在人而見諸日用者，初不外乎此心。故必此心之存，然後方見得其全體呈露，妙用顯行，活潑潑地略無滯礙耳。所謂『必有事而勿正心』者，若有所事而不為所累云爾，此乃存主之要法。蓋必如此，方見得此理流行無礙耳。某見得此說似無可疑，而朋友間多主舊說。」先生答云：「舊說固好，似涉安排。今說若見得破，則此須臾之頃，此體便已洞然，不待說盡下句矣。可更猛著精彩，稍似遲慢，便蹉過也。」

此條雖未明白提出敬字，然曰「必有事焉」，曰「此存主之要法」，是即言敬也。此心能如此存主即便是敬。而此須臾之頃，即便見天理流行，活潑潑地無所滯礙也。此與和樂與生意與篤厚，與恕與公與直，皆一意相生。學為持敬工夫者，不僅當知專知定，又貴能知此諸義，則敬字工夫始為圓滿而深至。

朱子論克己

明道單提「敬」字教人，伊川增之以「致知」，又曰「敬義夾持」，朱子謂其如車兩輪，如鳥兩翼，不可偏缺。朱子又自提「克己」二字，以與二程言敬字比論其異同得失，初則若鼎足之三，繼則為一枝獨秀。此在兩宋理學思想中乃一甚值注意研討之問題，惜乎言程朱理學者，於此多未觸及，置不一言，此實一至可扼腕之事。爰拈此題，詳著諸篇，備學者之參究。

文集卷七十七有克齋記，其文曰：

性情之德無所不備，而一言足以盡其妙，曰仁而已。所以求仁者蓋亦多術，而一言足以舉其要，曰克己復禮而已。蓋仁也者，天地所以生物之心，而人物之所得以為心者也。惟其得夫天地生物之心以為心，是以未發之前，四德具焉，曰仁義禮智，而仁無不統。已發之際，四端著焉，曰惻隱羞惡辭讓是非，而惻隱之心無所不通。此仁之體用所以涵育渾全，周流貫徹，專一心之妙，而為眾善之長也。然人有是身，則有耳目鼻口四肢之欲，而或不能無害夫仁。人既不仁，則其所以滅天理而窮人欲者，將益無所不至。此君子之學，所以汲汲於求仁，而求仁之要，亦曰去其所以害仁者而已。蓋非禮而視，人欲之害仁也。非禮而聽，人欲之害仁也。非禮而言且動焉，人欲之害仁也。知人欲之所以害仁者在是，於是乎有以拔其本，塞其源，克之克之而又克之，以至於一旦豁然欲盡而理純，則其胸中之所存者，豈不粹然天地生物之心，而藹然其若春陽之溫哉。默而成之，固無一理之不具，而無一物之不該也。感而通焉，則無事之不得於理，而無物之不被其愛矣。嗚呼！此仁之為德，所以一言而可以盡性情之妙，而其所以求之之要，則夫子之所以告顏淵者，亦可謂一言而舉也與。吾友會稽石君子重嘗以克名齋而屬予記之。予惟克復之云，雖若各為一事，其實天理人欲相為消長，故克己者乃所以復禮，而非克己之外別有復禮之功也。今子重以克名室，其於所以求仁，又可謂知其要矣，尚奚以予言為哉。

此文成於乾道壬辰，朱子年四十三。雖因石子重之囑而為此文，又若一本於論語顏淵問仁之章而為之發揮。然朱子平日論學大綱要旨，則固備揭於此而無餘蘊之遺矣。朱子四十歲時，為討究中庸未發已發始拈出程子敬字，以為學者修德進業之主要法門。至是又提出克己一語，謂求仁之要可於此一言而舉。然則克己之與敬，異同何在，孰輕孰重，而朱子之最後歸向又如何，此宜不可不一深究。語類關於此問題，甚多曲折層次，可以分別指出，茲略依先後而扼要敍述之如下。

語類云：

「克己復禮」，不可將理字來訓禮字。克去己私，固即能復天理，不成克己後便都沒事。惟是克去己私了，到這裏恰好着精細底工夫，故必又復禮，方是仁。聖人卻不只說克己為仁，須說克己復禮為仁。見得禮，便事事有箇自然底規矩準則。（四一）

此條金去僞記，朱子年四十六。克己、復禮分作兩項說，又謂克去己私了，正好着精細工夫，則克己工夫只是初步。此項意見，顯與克齋記不同。殆此時朱子仍遵程說也。

語類又云：

致知、敬、克己，此三事，以一家譬之，敬是守門戶之人，克己則是拒盜，致知卻是去推察自家與外來底事。伊川言「涵養須用敬，進學則在致知」，不言克己，蓋「敬勝百邪」，便自有克，如「誠則便不消言閑邪」之意。猶善守門戶，則與拒盜便是一等事，不消更言別有拒盜底。若以涵養對克己言之，則各作一事亦可。涵養則譬如將息，克己則譬如服藥去病。蓋將息不到，然後服藥。將息到則自無病，何消服藥。能純於敬，則自無邪僻，何用克己。若有邪僻，只是敬心不純，只可責敬。故「敬則無己可克」，乃敬之效。若初學則須是功夫都到，無

所不用其極。（九）

此條程端蒙記，在朱子五十以後。朱子凡遇自己意見與二程有出入，必委曲緩言之，絕不見有衝突凌駕之迹。此非故作掩隱。「述而不作，信而好古」，朱子學從二程入，亦從二程出，必求於二程所言可通，乃覺心安而理得，此種深摯篤厚之心情，乃學者之盛德，固非淺薄囂張足己自滿者所能驟窺此境也。此條以克己與敬與致知並列為三，而必先言伊川所以只言涵養不言克己之意，然後始言涵養克己亦可各作一事。在朱子心中，固不見自己有與伊川相歧處。又謂涵養如將息，克己如服藥去病，服藥固是去病之主要條件，然人在病中，及其服藥前後，固宜有將息，故將息乃是去病之必須條件。抑且將息得宜，自可無病，則不消服藥。故人日常可以不服藥，但不能不將息。惟為初學言，則應兼用敬與克己工夫。及其持敬工深，則不煩再言克己。所謂「敬則無己可克」，此亦二程語。則朱子此條雖提出克己二字，其意中固不覺與二程有異，亦似此時對克己二字尚不甚鄭重視之。

語類又曰：

敬如治田而灌溉之功，克己則是去其惡草也。（一二）

此亦程端蒙記己亥以後新聞，與前條同時。敬如養息，克己如服藥，敬如治田灌溉，克己如去惡草，皆見克己工夫雖不可忽，要之不如持敬工夫之更要。又云：

克己亦別無巧法，譬如孤軍猝遇強敵，只得盡力舍死向前而已，尚何問哉。（四一）

此條周謨記己亥以後所聞，與程端蒙所記略同時。病來不得不服藥，惡草生不得不除去，克己亦是所不必為而又不可不為之事，此乃朱子當時對克己工夫之看法。然考論語集注成在朱子四十八歲，尚在此諸條前兩年，集注固甚重克己工夫，顯與此諸條說法有不同。其重視敬，乃承接自二程。其重視克己，則朱子所自發。集注此章語，當係此下有改定，非自始即爾也。

問夫子答顏子、仲弓問仁之異。曰：「此是各就它資質上說。然持敬行恕便自能克己，克己便自能持敬行恕，亦不必大段分別。」（四二）

此條萬人傑記，朱子年五十一以後。當較前引程端蒙、周謨所記或稍後。專就論語，謂因顏子、仲弓兩人資質而所答有異，則克己工夫顯在主敬之上。而朱子又會通言之，首尾迴環，謂能此即能彼，能彼便能此，不必大段分別。則朱子此時尚是意存調停，與此後意態大不同。

語類又曰：

顏子生平，只是受用「克己復禮」四箇字。（四一）

此條楊道夫記，朱子年六十以後。乃始於克己工夫表出其十分重視之意。程氏遺書卷十一：「子曰：『語之而不惰者，其回也與。』顏子之不惰者敬也。」此謂顏子工夫主要在能敬，今朱子則謂顏子工夫主要在能克己，顯不是因襲程意。又曰：

顏子克己，如紅鑪上一點雪。（四一）

又曰：

「克己復禮」，間不容髮，無私便是仁。（四一）

以上亦皆楊道夫記。朱子常以無私曲說敬，克己便無私，正即是敬，此與程子謂敬則無己可克各說一邊，而輕重顯不同。又曰：

克己復禮，「如火烈烈，則莫我敢遏」。（四一）

此條楊若海記，朱子年五十九。又曰：

聖人所以下箇克字，譬如相殺相似，定要克勝得他。大率克己工夫是自着力做底事，與他人殊不相干。（四一）

此條周明作記，朱子年六十三以後。當時理學家言，往往怕犯手腳，頗似不主張教人着力做，而朱子論克己則正與一般時風相反。其謂與他人不相干，乃闡釋論語本文「為仁由己」之意。又一條云：

因說：「克己，如剝百合，須去了一重方始去那第二重。今且將義利兩字分箇界限，緊緊走從這邊來。其間細碎工夫，又一面理會。如做屋柱一般，且去了一重粗皮，又慢慢出細。今人不曾做得第一重，便要做第二重工夫去。如中庸說：『戒謹乎其所不睹，恐懼乎其所不聞。莫見乎隱，莫顯乎微，故君子謹其獨。』此是尋常工夫都做了，故又說出向上一層工夫，以見義理之無窮耳。不成『十目所視、十手所指』處不謹，便只去謹獨，無此理也。」（四二）

此條吳雉記，朱子年六十三以後。朱子言敬，總教人莫太着力，莫當做一件事看，此皆承二程之說。但言克己，要人如上戰場殺敵，須大着力做去。一層工夫了又一層，層層深進，層層入細。不似主敬，只常如此般持守着。則是克己工夫斷不只限在初學時，亦非只在外面顯見處用力。進學愈深，則克己工夫愈細。若不能於顯見處自克己私，則又何論於戒謹恐懼，又何從深入到獨處。此條言克己，乃是由顯至隱，由粗入微，徹頭徹尾，逐層向裏，與前引程端蒙記一條看法，可謂大異其趣。

或問：「『克者勝也』，不如以克訓治較穩。」曰：「治字緩了。且如捱得一分也是治，捱得二分也是治。勝便是打疊殺了他。」（四一）

此條林學蒙記，朱子年六十五以後。或人不欲訓克字作勝字，正為怕犯手腳，不願着力做。遺書卷二韓持國問明道，「克卻不是道」，又言「道則不須克」，可見此一意見遠有淵源。朱子則謂克己務要徹底，把來打疊殺了他，不作絲毫含糊容藏。與明道答韓持國，謂「克便是克之道」者，亦逈然有別。

語類又曰：

所以克己，是要得復此禮。若是佛家，儘有能克己者，謂之無己私可也。然卻不曾復得禮。聖人之教，所以以復禮為主。若但知克己，則下梢必墮於空寂，如釋氏之為矣。（四一）

此條葉賀孫記，朱子年六十二以後。僅知克己私，只是在反面消極做工夫，必要知復禮，始是正面積極的。儒家克己以復禮為歸，釋氏則僅克己而無禮可復，於是遂落於空寂。此謂儒釋克己有辨，非謂克己與復禮有辨。故又曰：

克己則禮自復，閑邪則誠自存。非克己外別有復禮，閑邪外別有存誠。（四一）

此條亦葉賀孫記。克己復禮本屬一項工夫，不得分作兩項說，朱子遠在作克齋記時已明言之。但明道有時說作兩截，如其告韓持國，謂「須克得己，便然後復禮」之類。語類此條下有小注云：「此非定說。」此條始見於李道傳之池錄，乃語類之最先結集，潘時舉、葉賀孫參預讎校，削其重複，正其訛謬。此小注或出於賀孫。上引葉記前條，謂克己以復禮為主，克齋記云：「克己乃所以復禮」，皆以克己復禮為一項工夫。此云「克己則禮自復」，若承明道克己自能復禮之意，嫌於分克己復禮為兩截。雖下面即云「非克己外別有復禮」，要之謂克己則禮自復，則與明道說有混。故曰「非定說」，小注之意或如此。則程、朱在此方面意見有歧，當時朱子門人亦所曉知。

語類又曰：

「世間卻有能克己而不能復禮者，佛老是也。佛老不可謂之有私欲，只是他原無這禮，克己私了，卻空蕩蕩地。他是見得這理原不是當。克己了，無歸着處。」又曰：「只說理，卻空去了。這箇禮，是那天理節文，教人有準則處。佛老只為原無這禮，克來克去，空了。」又曰：「早間與亞夫說得那克己復禮，是克己便是復禮，不是克己了方待復禮，不是做兩截工夫。就這裏克將去，這上面便復得來。明道說那『克己則私心去，自能復禮，雖不學禮文，而禮意已得』，這箇說得不相似。」又曰：「克己復禮是合掌說底。」（四一）

此條潘植記，朱子年六十四。與上引葉賀孫記同時。明言明道之說說得不相似，主要在辨克己復禮不當分兩截說。

問：「『克己復禮』，疑若克己後便已是仁，不知復禮還又是一重工夫否？」曰：「己與禮對立。克去己後，必復於禮，然後為仁。若克去己私便無一事，則克之後須落空去了。且如坐當如尸，立當如齊，此禮也。坐而倨傲，立而跛倚，此己私也。克去己私，則不容倨傲而跛倚，然必使之如尸如齊方合禮。」又問「克己復禮」與「主敬行恕」之別。曰：「仲弓方始是養在這裏，中間未見得如何。顏子克己復禮，便規模大，精粗本末，一齊該貫在這裏。佛氏之學，超出世故，無足以累其心，不可謂之有私意。然只見他空底，不見實理，所以都無規矩準繩。」

曰：「先生向所作克齋記，云：『克己者所以復禮，非克己之外別有所謂復禮之功。』是如何？」曰：「便是當時也說得忒快了。明道謂『克己則私心去，自能復禮，雖不學禮文而禮意已得』。如此等語，也說忒高了。孔子說克己復禮便都是實。」曰：「如此則克己復禮分明是兩節工夫。」曰：「也不用做兩節看。但不會做工夫底，克己了猶未能復禮。會做工夫底，才克己便復禮也。」（四一）

此條潘時舉記，朱子年六十四，與上引葉賀孫、潘植兩條，下鄭南升一條皆同時。此條亦云克己復禮不用做兩節看，但工夫自有高下深淺，故謂只克己便復禮，則說得忒快。如謂克己了自能復禮，則又說得忒高。克齋記謂「克己者所以復禮，非克己之外別有所謂復禮之功」，似乎語意明確，今謂之說得忒快者，蓋因恐人因克己外非別有所謂復禮之語，而誤入釋氏之空，故有此條之云云也。

問「克己復禮」章。曰：「今人但說克己，更不說復禮。夫子言非禮勿視聽言動，即是克己復禮之目也。己字與禮字正相對。說禮便有規矩準繩。」又曰：「克己是大做工夫，復禮是事事皆落腔窠。克己便能復禮，步步皆合規矩準繩，非是克己之外別有復禮工夫也。釋氏之學，只是克己，更無復禮工夫，所以不中節文。吾儒克己便復禮，見得工夫精細。聖人說得來本末精粗具舉。下面四箇『勿』字，便是克與復工夫，皆以禮為準也。『克己復禮』，便是捉得病根，對證下藥。仲弓主敬行恕，是且涵養將去，是非猶未定。涵養得到一步，又進一步，方添得許多見識。『克己復禮』，便剛決克除將去。」（四一）

此條鄭南升記，朱子年六十四。與前三條皆同一時語。有小注謂「疑是聞同錄異」。竊疑此諸條皆在光宗紹熙四年癸丑，又皆以晏淵亞夫之問開始。潘時舉記一條有「時舉曰」云云，潘植所記一條有「早間與亞夫說得那克己復禮」云云，疑是晏淵問在前，潘時舉、潘植諸人繼問在後。或不盡為同在一時之所聞。惟其中有一共同點，即克己復禮乃是一項工夫。鄭南升記謂「四箇勿字，便是克與復工夫皆以禮為準」，潘植記「就這裏克將去，這上面便復得來」，此皆記得甚為扼要明白。克己復禮顯見不是兩截，待克了方去復也。鄭南升記又云：「釋氏之學只是克己，更無復禮工夫。吾儒克己便復禮。」此一分別更清晰。明道往往援用古人字句發揮自己意見，其例非一。朱子作克齋記時，已謂克己復禮工夫是一，但後來又依違於明道之說，分作兩截說之，如前引金去僞記一條是也。厥後如葉賀孫，已知此等語非朱子定說。朱子答潘植，又明言明道說得不相似，則朱子當時顯有定見，潘時舉記一條，容有走失朱子原意處。故語類小注謂是聞同記異也。讀語類，須能通覽大體，而善加審別，此處即是一例。

又據鄭南升、潘時舉所記，朱子以顏淵克己復禮與仲弓敬恕相較，顯然更看重前者。乃後人必謂朱子教人居敬，直承二程，而頗少着眼於其對克己與主敬兩項工夫之比較。此因朱子生平論學，於二程備致崇重。凡有異辭，皆若在古經典之義解訓釋方面，不曾直接提到自己意見有與二程相異，故後人亦少在此方面着眼也。

問：「『克己復禮』章，外書有曰：『不能克己，是為楊氏之為我。不能復禮，是為墨氏之兼愛。故曰「親親而仁民，仁民而愛物」。』」曰：「克己復禮只是一事，外書所載，殊覺支離，此必記錄之誤。向來所以別為一編而目之曰外書，蓋多類此故也。伊川嘗曰：『非禮處便是私意，既是私意如何得仁，須是克盡己私皆歸於禮，方始是仁。』此說最為的確。」（四一）

此條周謨記己亥以後所聞，在朱子五十以後。論語集注即采入伊川此條，而於上引明道語「克己自能復禮」一條，則未加采錄。可見朱子不主克己復禮分作兩截看，中間偶有分作兩項說者，此乃依違於明道之說而未達十分之定見也。

語類又一條云：

子壽言：「孔子答羣弟子所問，隨其材答之，不使聞其不能行之說，故所成就多。如『克己復禮為仁』，唯以分付與顏子，其餘弟子不得與聞。今教學者，說着便令克己復禮，幾乎以顏子望之矣。今釋子接人，猶能分上中下三根，云『我則隨其根器接之』，吾輩卻無這箇。」先生曰：「此說固是。如克己之說，卻緣衆人皆有此病，須克之乃可進，使肯相從，卻不誤他錯行了路。今若教他釋子輩來相問，吾人使之克己復禮，他還相從否？」子壽云：「他不從矣。」曰：「然則彼所謂根器接人者，又如何見得是與不是。邂逅卻錯了不可知。」（四一）

此條余大雅記戊申以後所聞，朱子年四十九。其時論語集注初稿已成，陸子壽再訪朱子於鉛山，當朱子之五十歲，此條記當時二人相問答語。朱子主張教人克己復禮，謂衆人皆有此病，須克之乃可進。二陸兄弟主張心即理，不喜言克己，故復齋以此規朱子，而朱子以此答之。但尚未辨到克己復禮工夫是一是二，蓋朱子當時於此亦似尚未臻定見也。

黃達才問：「顏子如何尚要克己？」先生厲聲曰：「公而今去何處勘驗顏子不用克己！既是夫子與他說時，便是他要這箇工夫，卻如何硬道他不用克己。這只是公那象山先生好恁地說，道顏子不似他人樣有偏處要克，只是心有所思便不是了。嘗見他與某人一書說道，才是要克己時便不是了。這正是禪家之說，如杲老說『不可說，不可思』之類。他說到那險處時，又卻不說破，卻又將那虛處說起來。如某所說克己，便是說外障，如他說，是說裏障。他所以嫌某時，只緣是某捉着他緊處。別人不曉禪，便被他謾。某卻曉得禪，所以被某看破了。」（四一）

此條黃義剛記，朱子年六十四以後。象山卒於朱子六十三歲時。其時二人講學已決裂，故此條記朱子語氣極峻厲。亦可證朱子晚年好提克己工夫，然恐不僅為象山一派所不喜，即一般學者，殆亦多抱顏子地位何待克己之疑，亦不得專怪黃達才。明道識仁篇有云：「識得此理，以誠敬存之而已，不須防檢，不須窮索。若心懈則有防，心苟不懈，何防之有。理有未得，故須窮索，存久自明，何待窮索。」防檢尚是多了，更何有於克治？故曰「能敬則無己可克」。此言朱子亦常引用。然終不能謂顏子不能純於敬，故待克己。亦不能說孔子教顏子以克己粗事，而教仲弓以持敬大道理。二程語實多有說得忒快或忒高之病。朱子在四十歲時始拈出敬字。至四十六歲編集近思錄，明道識仁篇即未收入。及其年過六十，乃始明白以克己工夫放在持敬工夫之上。此見朱子學問之與年俱進，而程、朱立論相歧處亦即此可見。誠學者所當深細玩索也。

問：「集注云：『事斯語而有得，則固無己之可克矣。』此固分明，下云『學者審己而自擇焉可也』，未審此意如何？」曰：「看自家資質如何。夫子告顏淵之言，非大段剛明者不足以當之。苟惟不然，只且就告仲弓處着力，告仲弓之言，只是淳和底人皆可守。這兩節，一似易之乾，一似易之坤。聖人於乾，說『忠信所以進德也，脩辭立其誠所以居業也』。說得煞廣闊。於坤，只說『敬以直內，義以方外』。止緣乾是純剛健之德，坤是純和柔之德。」又云：「看集義，聚許多說話，除程先生外，更要揀幾句在集注裏，都拈不起。」（四一）

此條葉賀孫記，在朱子六十二以後。論孟集注成於朱子四十八歲，前後相差已過十四年。但今集注與賀孫引以為問者復不同，故知必在此番問答後，集注又續有改定。

王白田年譜考異有云：

丙辰答孫敬甫云：「南康語孟，是後來所定本，然比讀之，尚有合改定處未及下手。」按集注成於丁酉，在南康時已亥、庚子，距丁酉二三年耳。後來所定本必在其後，而刊於南康，非在南康時也。此書丙辰，距丁酉二十年矣，尚云合有改定。而諸家問語所舉集注，往往與今本不同。考其年，則在乙卯、丙辰後。是其修改，直至沒身而後已也。

又曰：

文集答歐陽希遜問語，孟子「四體不言而喻」句，凡數改方定。今說、前說，皆不如今本之的當，可知朱子之苦心矣。嘗謂此等處，皆宜抄出，以示學者。

王氏此條指出甚重要。李性傳饒州刊朱子語續錄後序已云：

語孟中庸大學四書，後多更定。是四書者，覃思最久，訓釋最精，明道傳世，無復遺蘊。至其他書，蓋未及有所筆削。獨見於疑難答問之際多所異同。故愚謂語錄與四書異者，當以書為正，而論難往復，書所未及者，當以語為助。與詩易諸書異者，在成書之前，亦當以書為正。而在成書之後者，當以語為是。學者類而求之，斯得之矣。（語類序目）

李氏此辨甚審。然即在四書，亦有朱子晚年意見見於語錄，而集注章句未經改定，亦未可一概論。此處有關顏淵、仲弓克己主敬一節，則正可為李氏乃至王氏說作證。集注「顏淵問仁」章有云：

愚按：此章問答，乃傳授心法切要之言，非至明不能察其幾，非至健不能致其決。故惟顏子得聞之。而凡學者亦不可不勉也。

其「仲弓問仁」章下則云：

愚按：克己復禮，乾道也。主敬行恕，坤道也。顏冉之學，其高下淺深，於此可見。然學者誠能從事於敬恕之間而有得焉，亦將無己之可克矣。

上引葉賀孫問，與仲弓章下云云無大異。惟「固無己之可克」，改作「將無己之可克」，「固」屬當然之辭，「將」則未必然之辭，語氣間已大有斟酌。而葉氏所見本下有「學者審己而自擇焉可也」一語，今本已删去。由此推之，今本顏淵章下「而凡學者亦不可以不勉也」一語必是後來加入，即以替換「學者審己自擇」之一語也。朱子較前意見，可舉上引程端蒙所記為證。更以前，則可舉上引金去僞記一條為證。最先只用二程語，謂敬則無己可克。其次乃謂初學亦須兼用克己工夫，又其後始謂克己復禮工夫乃在主敬行恕之上，顏冉兩人之高下深淺由此可見。然人既限於資質，非至明至健如顏子，不易為克己之學。而主敬行恕，亦可至於無己可克，故欲人審己而自擇。此當是其時集注之意，即此處所引葉賀孫記可證。更其後，始有今本集注之改定。主敬行恕而有得，雖亦將無己可克，至明至健之資，雖不能人人如顏子，然克己工夫，則凡為學者亦不可以不勉。朱子自四十後，始悟得明道一敬字而服膺弗失。六十二以後，始自己提出此一克己工夫，而謂其重要猶在守敬行恕工夫之上。伊川嘗言中庸乃孔門傳授心法，今集注乃謂「顏淵問仁」一章之問答，「乃傳授心法切要之言」。此乃朱子明白欲以克己工夫替代二程敬字，舉以為聖學主要綱宗也。然朱子此意，求之前人遺言，實無為此說者。故其告葉賀孫又曰：「集義聚許多說話，除程先生外，更要揀幾句在集注裏，都拈不起。」何為突然於此提起此話，蓋此處即程先生語亦無從揀得，故不得不自用「愚按」字提出己見。然朱子終亦未以此明白告葉賀孫。今於八百年後，憑其門人所記之一鱗片爪，以之揣測朱子當年前後意見之轉變，與其用心隱微之所在，事若渺茫，果不知其當否，姑誌所疑，待後之君子續有所詳定焉。

又按語類葉賀孫記問集注云「仲弓未及顏子，故特告以操存之要」云云，此語今集注亦無之。蓋因集注今本此意已顯，故此語不須復存也。

問：「克復工夫全在克字上，蓋是就發動處克將去，必因有動而後天理人欲之幾始分，方知所抉擇而用力也。」曰：「如此則未動以前不消得用力，只消動處用力便得。如此得否？且更子細。」次早問看得如何，林安卿舉注中程子所言「克己復禮乾道，主敬行恕坤道」為對。曰：「這箇也只是微有些如此分。若論敬，則自是徹頭徹尾要底。如公昨夜之說，只是發動方用克，則未發時不成只在這裏打瞌睡，懵憧，等有私欲來時旋捉來克，如此得否？」又曰：「若待發見而後克，不亦晚乎？發時固是用克，未發時也須致其精明，如烈火之不可犯，始得。」（四一）

此條林安卿問，沈僩記，朱子年六十七。朱子嘗言持敬須使此心常如烈火不可犯，此條亦云然。蓋朱子意，克己工夫入細，則敬字工夫亦包在內也。今本集注云：

非禮者，己之私也。勿者，禁止之辭。是人心之所以為主，而勝私復禮之幾也。私勝則動容周旋無不中禮，而日用之間莫非天理之流行矣。

又曰：

非至明不能察其幾，非至健不能致其決。

沈僩所記致其精明，即所以察其幾也。勝私復禮工夫之入細，必至於是而後得，故克己工夫不是只在動處。林安卿經一夜思索，乃以「克己復禮乾道，主敬行恕坤道」為對，而朱子未加首肯，只謂「微有些如此分」者，蓋克己工夫須至明至健，已發未發渾然一體，敬字工夫即已在內。若誤會以為必先主敬而後能克己，則恐於朱子對此一問題之精意所在，仍有走失。又沈僩此條更有頗可疑者，「克己復禮乾道，主敬行恕坤道」，此乃朱子自下語，故上加「愚按」二字。「忠信所以進德，脩辭立其誠所以居業，為乾道；敬以直內，義以方外，為坤道」，見遺書，始是程子語。今乃以「愚按」云云為程子所言，何以粗疏如此，誠不解。

問持敬與克己工夫。曰：「敬是涵養操持不走作，克己則和根打併了，教他盡淨。」（一二）

此條亦沈僩記，朱子年六十七以後。此謂克己工夫較持敬更積極，更徹底也。

又云：

伊川云：「敬則無己可克。」其說高矣。然夫子當時只告顏子以「克己復禮」而已。蓋敬是常常存養底道理，克己是私欲發時便與克除去，兩不相妨。孔子告顏子克己之論下面，又有「為仁由己而由人乎哉」之語在。（九七）

此條滕璘記，朱子年六十六。與上條語意大同。克己持敬，事不相妨，必謂敬則無己可克，偏落一邊，要之有過高之病。其他比較持敬與克己之條文尚多，備錄如次。

「克己復禮」，是剛健勇決，一上便做了。若所以告仲弓者，是教他平穩做去，慢慢地消磨了。譬如服藥，克己者要一服便見效。敬恕者漸漸服藥磨去其病也。（四二）

此條萬人傑記，朱子五十一以後。

問：「克己工夫與主敬行恕如何？」曰：「克己復禮是截然分別箇天理人欲，是則行之，非則去之。敬恕則猶是保養在這裏，未能保它無人欲在。若將來保養得至，亦全是天理矣。克己復

禮如撥亂反正，主敬行恕如持盈守成。二者自有優劣。」（四二）

此條吳雉記，朱子年六十三以後。

「『克己復禮』，如內修政事，外攘夷狄。『出門、使民』，如上策莫如自治。」問：「程先生說學，『質美者明得盡，渣滓便渾化。其次惟莊敬持養。及其成功一也。』此可以分顏子、仲弓否？」曰：「不必如此說。」（四二）

此條葉賀孫記，朱子年六十二以後。「明得盡，渣滓便渾化」，則是全無事，更不要工夫，則豈是顏子未為質美，未為明得盡？朱子頗不欲明言己見與明道不同，故以「不必如此說」遣賀孫之問。又曰：

仲弓「出門如見大賓」為仁，如把截江淮。顏子「克己」為仁，便如欲復中原。（四二）

此條呂燾記，朱子年七十一。又曰：

告仲弓底是防賊工夫，告顏淵底是殺賊工夫。告顏子底意思是本領已自堅固了，未免有些私意，須一向克除教盡。告仲弓底意思是本領未甚周備，只是教他防捍疆土，為自守計。（四二）

此條葉賀孫記。又曰：

答顏子處是就心上說工夫，較深密為難。（四二）

此條陳淳記，朱子六十一或七十時。心上下工夫，即「非至明無以察其幾，非至健無以致其決」也，其事較之主敬更深密為難。又曰：

顏子如將百萬之兵，操縱在我，拱揖指揮如意。仲弓且守本分。敬之至，固無己可克。克己之至，亦不消言敬。「敬則無己可克」者，是無所不敬，故不用克己，此是大敬，如「聖敬日躋」、「於緝熙敬止」之敬也。（四二）

此條童伯羽記，朱子年六十一。敬之至固無己可克，然此須聖敬大敬始可到此境界，故學者終不得不以克己自勉。

問「克己復禮乾道，主敬行恕坤道」。曰：「乾道者，是見得善惡精粗分明，便一刀兩段斬截了。坤道便順這一邊做將去，更不犯着那一邊。」又曰：「乾道是創業之君，坤道是繼體守成之君。」（四二）

此條呂燾記。又曰：

乾道奮發而有為，坤道靜重而持守。（四二）

此條潘時舉記。又曰：

顏子高明強毅，夫子故就其資質而教以克己復禮之學。冉子溫厚靜重，故以持敬行恕教之。（四二）

此條吳必大記，朱子年五十九、六十時，又曰：

「顏子之於仁，剛健果決，如天旋地轉，雷動風行做將去。仲弓則斂藏嚴謹做將去。顏子如漢高祖，仲弓如漢文帝。伊川曰：『質美者明得盡，渣滓便渾化，卻與天地同體，其次惟莊敬以持養。』顏子則是明得盡者也。仲弓則是莊敬以持養之者也。及其成功一也。」潛夫曰：「舊曾聞先生說：顏冉二子之於仁，譬如捉賊，顏子便赤手擒那賊出。仲弓則先去外面關防，然後方敢下手去捉他。」（四二）

此條輔廣記，朱子年六十五以後。伊川語乃明道語之誤。以前葉賀孫曾以明道此語比擬顏、冉兩人，朱子答曰「不必如此說」。此條徑以「質美明得盡，渣滓渾化」說顏子。然朱子與明道二人心中所想像之顏子，要自不同。大抵朱子心中所想像之顏子，乃與東漢以下至北宋如明道諸人所想像者皆異。此乃朱子心中所想像追求之儒家氣象亦與自來諸儒心中所想像追求者有別也。此層尤為重要，學者當精詳體察。

又曰：

乾卦自「君子進德修業」以至於「知至至之，可與幾也；知終終之，可與存義也」，從知處說來。如坤則但說「敬以直內，義以方外」，只就持守處說，只說得一截。如顏子克己復禮工夫，卻是從頭做起來，是先要見得，見得後卻做去，大要着手腳。仲弓卻只是據見成本子做，只是依本畫葫蘆，都不問着那前一截了。仲弓也是和粹，但精神有所不及。顏子是大故通曉。向時陸子靜嘗說顏子不如仲弓，而今看着，似乎是克己復禮底較不如那持敬行恕底較無事。但克己復禮工夫較大。顏子似創業之君，仲弓似守成之君。仲弓不解做得那前一截，只據見在底道理持守將去。（四二）

此條黃義剛記，朱子年六十四以後。所辨析極重要。秦漢以下諸儒，大率言之，皆所謂無頭坤道也。不去問那前一截，只據見成本子，依樣畫葫蘆，僅有志於守成，更無力於創業。朱子所欲振興之儒學，卻是乾道，要教人從頭做起，能開創，要大着手腳做前一截，做較大底，則非據見在底道理持守即已，須從知處見處做來。此朱子格物窮理之學所為於秦漢以下諸儒中為獨出而無偶也。

問：「看來仲弓才質勝似顏子。」曰：「陸子靜向來也道仲弓勝似顏子，然卻不是。」曰：「雖是如此，然仲弓好做中人一箇準繩。至如顏子，學者力量打不到，不如且學仲弓。」曰：「不可如此立志，推第一等與別人做。」（四二）

此條曾祖道記，朱子年六十八。

繼此續記朱子論克己與克伐怨欲之不行。論語原憲問：「克伐怨欲不行焉，可以為仁矣。」子曰：「可以為難矣，仁則吾不知也。」集注曰：

或曰：「四者不行，固不得為仁矣，然亦豈非所謂克己之事，求仁之方乎？」曰：「克去己私以復乎禮，則私欲不留，而天理之本然者得矣。若但制而不行，則是未有拔去病根之意，而容其潛藏隱伏於胸中也。豈克己求仁之謂哉。學者察於二者之間，則其所以求仁之功，益親切無滲漏矣。」

語類云：

克伐怨欲，須從根上除治。（四四）

李閎祖記，朱子年五十九。又曰：

「克伐怨欲不行」，只是遏殺得在，此心不問存亡。須是克己。（四四）

曾祖道記，朱子年六十八。

問：「『克伐怨欲不行』，如何？」曰：「此譬如停賊在家，豈不為害。若便趕將出去，則禍根絶矣。今人非是不能克去此害，卻有與它打做一片者。」（四四）

萬人傑記，朱子年五十一。

問「克伐怨欲不行」。曰：「須是克己，涵養以敬，於其方萌即絶之。若但欲不行，只是遏得住。一旦決裂，大可憂。」（四四）

鄭可學記，朱子年六十六。

問：「克伐怨欲須要無。」曰：「夫子告顏子，只是教他克己復禮，能恁地，則許多病痛一齊退聽。『出門如見大賓，使民如承大祭』，這是防賊工夫。『克己復禮』，這是殺賊工夫。」（四四）

葉賀孫記，朱子年六十二。克己是殺賊，敬是防賊，克伐怨欲不行只是容藏停賊在家。陽明有云：「去山中賊易，去心中賊難。」若謂心即理，不認心中有賊，則危害莫大焉。又曰：

「克己」底是一刀兩段而無克伐怨欲了。「克伐怨欲不行」底則是忍着在內，但不放出耳。（四四）

呂燾記，朱子年七十一。又曰：

「克己」者，一似家中捉出箇賊，打殺了便沒事。若有克伐怨欲而但禁制之使不發出來，猶關閉所謂賊者在家中，只是不放出去外頭作過，畢竟窩藏。（四四）

吳必大記，朱子年六十。又曰：

「克己」是拔去病根，「不行」是捺在這裏。譬如捉賊，「克己」便是開門趕出去，索性與它打殺了，便是一頭事了。「不行」是閉了門藏在裏面，教它且不得出來作過。（四四）

歐陽謙之記，朱子年六十四。又曰：

「克己」如誓不與賊俱生。「克伐怨欲不行」如「薄伐玁狁，至于太原」，但逐出境而已。（四四）

此條沈僩記，朱子年六十九。所記字句，似欠恰切。逐出境與窩藏在裏不同。

朱子論立志

朱子上承二程言居敬，嗣又言克己復禮，又言立志，每進則更平實切近。言居敬，終是不脫理學家氣味，並須許多言語分疏。言克己立志，則盡人可知可能，言下便可持守奉行，徹上徹下，淺深本末，隨人自得，實更為教人之達道。語類云：

「從前朋友來此，某將謂不遠千里而來，須知箇趣向了，只是隨分為他說箇為學大概去。看來都不得力，此某之罪。今日思之，學者須以立志為本。如昨日所說為學大端在於求復性命之本然，求造聖賢之極致，須是便立志如此，便做去，始得。若曰我之志只是要做箇好人，識些道理便休，宜乎工夫不進，日夕漸漸消靡。今須思量天之所以與我者，必須是光明正大，必不應只如此而止。就自家性分上儘做得去，不到聖賢地位不休。如此立志，自是歇不住，自是儘有工夫可做。如顏子之欲罷不能，如小人之孳孳為利，念念自不忘。若不立志，終不得力。」因舉程子云：「學者為氣所勝，習所奪，只可責志。」又舉云：「『立志以定其本，居敬以持其志』，此是五峯議論好處。」又云：「『士尚志』，何謂尚志？曰仁義而已矣。」又舉「舜為法於天下，可傳於後世，我猶未免為鄉人也，是則可憂也。憂之如何？如舜而已矣」。又舉「三軍可奪帥，匹夫不可奪志也」。「如孔門亦有不能立志者，如冉求『非不說子之道，力不足也』是也。所以其後志於聚斂，無足怪。」（一一八）

又曰：

「人以眇然之身，與天地並立而為三。常思我以血氣之身，如何配得天地。且天地之所以與我者，色色周備，人自汚壞了。」因舉「萬物皆備於我，反身而誠樂莫大焉」一章：「今之為學，須是求復其初，求全天之所以與我者始得。若要全天之所以與我者，便須以聖賢為標準，直做到聖賢地位，方是全得本來之物而不失。如此則功夫自然勇猛，臨事觀書常有此意，自然接續。若無求復其初之志，無必為聖賢之心，只見因循荒廢了。」（一一八）

此兩條滕璘錄辛亥所聞，朱子年六十二。語類又云：

「看今世學者病痛，皆在志不立。嘗見學者不遠千里來此講學，將謂眞以此為事。後來觀之，往往只要做二三分人，識些道理便是。不是看他不破，不曾以此語之。夫人與天地並立為三，自家當思量天如此高，地如此厚，自家一箇七尺血氣之軀，如何會並立為三。只為自家此性元善，同是一處出來。一出一入，若存若亡，元來固有之性不曾見得，則雖具人衣冠，其實與庶物不爭多。伊川曰：『學者為氣所奪，習所勝，只可責志。』顏淵曰：『仰之彌高，鑽之彌堅，瞻之在前，忽焉在後，既竭吾才，如有所立卓爾。』在顏子分明見此物，須要做得。如人在戰陣，雷鼓一鳴，不殺賊則為賊所殺，又安得不向前。又如學者應舉覓官，從早起來，念念在此，終被他做得。但移此心向學，何所不至。孔子曰：『吾十有五而志於學』，至『三十而立』以上，節節推去。五峯曰：『為學在立志，居敬（以持其志）』，此言甚佳。夫一陰一陽相對，志纔立，則已在陽處立，雖時失脚入陰，然一覺悟，則又在於陽。今之學者，皆曰他是堯舜，我是衆人，何以為堯舜。為是言者，曾不如佛家善財童子，曰：『我已發菩提心，行何行而作佛？』渠卻辦作佛，自家卻不辦作堯舜。」某因問：「立志固是，然志何以立？」曰：「自端本立。以身而參天地，以匹夫而安天下，實有此理。」方伯謨問：「使齊王用孟子，還可以安天下否？」曰：「孟子分明往見齊王，以道可行。只是他計些小利害，愛些小便宜，一齊昏了。自家只立得大者定，其他物欲一齊走退。」有舉中庸一段：「曰德性，曰高明，曰廣大，皆是元來底。問學、中庸、精微，所以接續此也。」某問：「孔門弟子問仁問智皆從一事上做去。」曰：「只為他志已立，故求所以趨向之路。然孔門學者亦有志不立底，如宰予、冉求是也。顏子固不待說，如『子路有聞，未之能行，惟恐有聞』，豈不是有志。至如漆雕開、曾點皆有志。孔子在陳，思魯之狂士，狂士何足思？蓋取其有志。得聖人而師之，皆足為君子。」（一一八）

此條鄭可學錄，與滕璘一條聞同錄異。可見朱子當時特提立志二字訓其門人，而引胡五峯「立志以定其本，居敬以持其志」二語，特稱好，稱其甚佳。蓋若非有志，則敬字工夫亦無所施。此見朱子教人遞後遞切之致。

問：「『立志以定其本』，莫是言學便以道為志，人便以聖為志之意否？」曰：「固是。但凡事須當立志，不可謂今日做些子，明日便休。」又問「敬行乎事物之內」。曰：「這箇便是細密處，事事要這些子在。立志便要卓然在這事物之上，看是什麼都不能奪得他，又不恁地細細碎碎，這便是『志立乎事物之表』。所以今江西諸公多說甚大志，開口便要說聖說賢，說天說地，傲睨萬物，目視霄漢，更不肯下人。」問：「如此則『居敬以持其志』都無了。」曰：「豈復有此。據他才說甚敬，便壞了那箇。」又曰：「五峯說得這數句甚好。但只不是正格物時工夫，卻是格物已前事。而今卻須恁地。」（一一八）

此條楊道夫錄己酉以後所聞，未定在何年，恐當與前引兩條同時相先後。言敬是細密工夫，行乎事物之內，立志則卓然在事物之上，分辨極為精切。程門重言敬，象山講學則重言立志。朱子晚年拈出立志二字為教，亦所謂兼采他家之長也。然徒言立志而不知居敬以持之，則流於傲睨自大。又謂胡五峯言「居敬以持其志」乃在格物前，不是正格物時，所辨皆甚精到。

或問「十五志學」章：「心有所之謂之志，志學則其心專一向這箇道理上去。」曰：「說文義，大概也只如此說，然更有意思在。世間千歧萬路，聖人為甚不向別路去，只向這一路來。志是心之深處，故醫家謂志屬腎。如今學者誰不為學，只是不可謂之志於學。能志於學，自住不得。『學而時習之』，到得說後，自然一步趲一步去。如人當寒月，自然向有火處去。暑月，自然向有風處去。事君便從敬上去，事親便從孝上去。雖中間有難行處，亦不憚其難，直做教徹。」廣曰：「人不志學有兩種，一是全未有知了不肯為學者。一是雖已知得，又卻說道但得本，莫愁末了，遂不肯學者。」曰：「後一種古無此，只是近年方有之。」（二三）

此條輔廣錄甲寅朱子六十五以後所聞，亦晚年語也。謂「後一種古無此，只是近年方有」者，即指陸學言。是朱子晚年雖屢告學者以立志，終不得謂是轉從陸學。

語類又曰：

大學「在明明德，在新民，在止於至善」，此三箇是大綱，做工夫全在此三句內。但後面又分析開八件，「致知」至「修身」五件是「明明德」事，「齊家」至「平天下」三件是「新民」事。「至善」只是做得恰好。大抵閑時喫緊去理會，須要把做一件事看，橫在胸中，不要放下。若理會得透徹，到臨事時一一有用處。而今人多是閑時不喫緊理會，及到臨事時，又不肯下心推究道理，只說且放過一次亦不妨。只是安於淺陋，所以不能長進，終於無成。大抵是不曾立得志，枉過日子。且如「知止」，只是閑時窮究得道理分曉，臨事時方得其所止。若閑時不曾知得，臨事如何了得。（一五）

此條周明作錄壬子朱子年六十三以後語。象山教人立志，似只重當下行處。朱子謂人不立志則不肯閑時喫緊理會，則偏重知一邊說。此兩家同言立志而意趣有別也。此處亦見居敬則必兼窮理之意。

語類又云：

如今人也須先立箇志趣始得。還當自家要做甚麼人，是要做聖賢，是只要苟簡做箇人。天教自家做人，閑時也須思量着，聖賢還是元與自家一般，還是有兩般？天地交付許多與人，不獨厚於聖賢，而薄於自家。自家是有這四端，是無這四端？只管在塵俗裏面滾，還曾見四端頭面，

還不曾見四端頭面？且自去看。最難說是意趣卑下，都不見上面許多道理。（一二一）

此條葉賀孫錄辛亥以後所聞，亦朱子晚年教人語。

問：「為學工夫以何為先？」曰：「亦不過如前所說，專在人自立志。既知這道理，辨得堅固心，一味向前，何患不進。只患立志不堅，只恁聽人言語，看人文字，終是無得於己。」（一一六）

此條廖謙錄甲寅所聞，朱子年六十五，已在象山卒後。皆見朱子晚年教人每提立志為先。

又曰：

人之血氣固有強弱，然志氣則無時而衰。苟常持得這志，縱血氣衰極，也不由他。如某而今如此老病衰極，非不知每日且放晚起以養病。但自是心裏不穩，只交到五更初，便自睡不着了。雖欲勉強睡，然此心已自是箇起來底人，不肯就枕了。以此知人若能持得這箇志氣，定不會被血氣奪。凡為血氣所移者，皆是自暴自棄之人耳。（一〇四）

此條沈僩錄戊午以後所聞，朱子年六十九、七十，乃朱子晚年現身說法勉人立志也。

文集卷五十二答李叔文有云：

向來所說性善，只是且要人識得本來固有，元無少欠。做到聖人，方是恰好。纔不到此，即是自棄。故孟子下文再引成覵、顏淵、公明儀之言，要得人人立得此志，勇猛向前，如服瞑眩之藥，以除深痼之病，直是不可悠悠耳。

此書不詳在何年。朱子初識李叔文在南康時，此書則在提舉兩浙東路之後，當在癸卯居武夷精舍時。時朱子年五十四歲。此下朱子教人立志，大意已具此書。惟作此書時，似尚未正式明白提出立志二字為教人宗旨。

又文集卷五十五答陳超宗有云：

示喻向來鄙論有未盡者，甚善甚善。但為學雖有階漸，然合下立志，亦須略見義理大概規模。於自己方寸間若有箇惕然愧懼奮然勇決之志，然後可以加之討論玩索之功，存養省察之力，而期於有得。夫子所謂志學，所謂發憤，政為此也。若但悠悠泛泛，無箇發端下手處，而便謂可以如此平做將去，則恐所謂莊敬持養、「必有事焉」者，亦且若存若亡，徒勞把捉，而無精明的確親切至到之效也。但如彼中誠是偏頗，向日之言，正為渠輩之病，卻是賢者之藥，恐可資以為益耳。以今觀之，政不必爾。但要將聖賢之言事理，就己心上作一處看，隨得隨守，則久之須自有開明處也。

此書亦未定在何年，當略與答李叔文書相先後。書中所謂渠輩，即指象山陸門言。象山教人立志，所欠者下面細密工夫，是其為學無階漸也。超宗來書，當提及莊敬持養云云，然徒知主敬而不知立志，亦復有病，故朱子以此告之。象山語錄有云：「學者須是有志，讀書只理會文義，便是無志。」此書末節教超宗但將聖賢言事理反之己心作一處看，則無象山所謂只理會文義之病矣。彼中之病，正是賢者之藥，此即兼采陸學長處教人。

又文集卷五十答周舜弼有云：

所示別紙，條目雖多，然其大概，只是不曾實持得敬，不曾實窮得理，不曾實信得性善，不曾實求得放心，而乃緣文生義，虛費說詞，其說愈長，其失愈遠，此是莫大之病。且須虛心涵泳，未要生說，卻且就日用間實下持敬工夫，求取放心，然後卻看自家本性元是善與不善，自家與堯舜元是同與不同。若信得及，意思自然開明，持守亦不費力矣。

此書亦不定在何年。語類有周謨錄己亥以後所聞，是舜弼始遊朱門，正在朱子守南康時。此書所云「卻看自家本性元是善與不善，自家與堯舜元是同與不同」云云，與上引葉賀孫一條語意大致相同。但此書教人欲實持得敬，實窮得理，實求得放心，實信得性善，而未見有立志字樣。苟其人志趣卑下，如何能眞做得此工夫。又或易入歧途，緣文生義，只在書本冊子上虛費辭說，如上引告陳超宗，所謂「悠悠泛泛無箇發端下手處」。此蓋舜弼來書論持敬窮理云云，故以此砭之。要之書中未提及立志二字，則與答李叔文、陳超宗兩書有別，或恐尚在答李、陳兩書之前。

語類又云：

先生問正淳：「曾聞陸子壽『志於道』之說否？」正淳謂子壽先令人立志。曰：「只做立志便虛了，聖人之說不如此，直是有用力處。且如孝於親，忠於君，信於朋友之類，便是道。所謂志，只是如此知之而已，未有得於己也。及其行之盡於孝，盡於忠，盡於信，有以自得於己，則是孝之德，忠之德，信之德，如此然後可據。然只志道據德，而有一息之不仁，便間斷了，二者皆不能有。卻須據於德後而又依於仁。」正淳謂：「這箇仁是據發見說。」曰：「既見於德，亦是發見處。然仁之在此，卻無隱顯，皆貫通，不可專指為發見。」（三四）

此條黃螢錄戊申所聞，朱子年五十九。復齋、象山以立志教人，萬正淳遊其門，或是朱子更欲有以進之，故謂只做立志便虛。然亦證朱子在五十九歲時，尚未明白提出立志教人。

問：「曾見陸子壽志道據德說否？」曰：「未也。其說如何？」曰：「大概亦好。」（一二四）

此條吳必大錄戊申、己酉所聞，朱子年五十九、六十。參之黃𠷎一條，此條或亦在戊申。其時復齋卒已八年，朱子乃屢以見其志道說否問門人，是必朱子於其說特有會心也。惜復齋此說已不可考，而朱子之好學不倦，博取兼采之意，此亦可為一例。惟此後朱子教人立志，喜舉孟子道性善人皆可以為堯舜之說，於此章則少及。

又文集卷七十四滄洲精舍又諭學者云：

書不記，熟讀可記。義不精，細思可精。唯有志不立，直是無着力處。只如而今，貪利祿而不貪道義，要作貴人而不要作好人，皆是志不立之病。直須反復思量，究見病痛起處，勇猛奮躍，不復作此等人，一躍躍出，見得聖賢所說千言萬語，都無一事不是實語，方始立得此志。就此積累工夫，迤邐向上去，大有事在。諸君勉旃，不是小事。

滄洲精舍成於紹熙五年甲寅十二月，朱子年六十五。此眞朱子晚年教人語。志不立無着力處，可謂一語道盡。然又曰立得此志，積累工夫迤邐向上，大有事在，則固不謂只立得志便可無事，可與上引輔廣一條同看。滄洲精舍諭學者，又取老蘇學文為例，教人讀四書、詩、書、禮記、程、張諸書，皆懇切指導初學入門語。

又文集卷四十九答林伯和有云：

> 示諭「前此蓋嘗博求師友，而至今未能有得」，足見求道懇切之意。以熹觀之，此殆師友之間所以相告者，未必盡循聖門學者入德之序，使賢者未有親切用力之處而然耳。大抵聖人之教，博之以文，然後約之以禮。而大學之道，以明明德為先，新民為後。近世語道者務為高妙直截，既無博文之功，而所以約之者又非有復禮之實。其工於記誦文詞之習者，則又未嘗反求諸身，而囂然遽以判斷古今，高談治體自任。是皆使人迷於入德之序，而陷於空虛博雜之中。其資質敦篤慤實可以為善，而智識或不逮人者，往往尤被其害。此不可不察也。為老兄今日之計，莫若且以持敬為先，而加以講學省察之助。蓋人心之病，不放縱即昏惰。如賢者必無放縱之患，但恐不免有昏惰處。若日用之間，務以整齊嚴肅自持，常加警策，即不至昏惰矣。講學莫先於語孟，而讀論孟者又須逐章熟讀，切己深思。不通，然後考諸先儒之說以發明之。如二程先生說得親切處，直須看得爛熟，與經文一般，成誦在心，乃可加省察之功。蓋與講學互相發明。但日用應接思慮隱微之間，每每加察。其善端之發，慊於吾心而合於聖賢之言，則勉勵

而力行之。其邪志之萌，愧於吾心而戾於聖賢之訓，則果決而速去之。大抵見善必為，聞惡必去，不使有頃刻悠悠意態，則為學之本立矣。異時漸有餘力，然後以次漸讀諸書，旁通當世之務，蓋亦未晚。今不須預為過計之憂，以失先後之序也。若不務此，而但欲為依本分無過惡人，則不惟無以自進於日新，正恐無本可據，亦未必果能依本分無過惡也。無由面諭，姑此布萬一，幸試留意焉。

此書不定在何年。其指示學者入德之序，可謂親切詳明。層次曲折，先後輕重之間，無不具是。然曰持敬，曰講學，曰省察，獨不言立志。或因林伯和求道懇切，不復須以立志為言。然後幅戒其勿徒欲為一依本分無過惡人，則正立志要義所在。書末戒其勿以視人，又參讀其答林叔和書，疑或皆在朱陸門戶爭鬭正烈之際。朱子用心，可謂無微不至。或此書尚在滄洲精舍諭學者兩文之前，時朱子尚未拈出立志兩字為教人入德之要。則朱子答林叔和所謂「公聽並觀，兼取眾長以為己善」者，其語可謂益信有證矣。答林叔和書引入朱陸異同篇，當參讀。

語類又曰：

為學雖是立志，然書亦不可不讀，須將經傳本文熟復。如仲思早來所說，專一靜坐，如浮屠氏塊然獨處，更無酬酢，然後為得，吾徒之學正不如此。遇無事時則靜坐，有書則讀書，以至接

物處事，常教此心光晗晗地，便是存心。（一一五）

此條亦楊道夫錄。朱子譏陸學有首無尾，正為其專言立志，不重讀書，故朱子鄭重言立得此志大有事在也。又曰：「常教此心光晗晗地。」因讀書同時即是一種心地工夫，固非徒務書冊，不知有心，如陸學所疑也。

因論「心統性情」，問：「意者心之所發，與情性何如？」曰：「意也與情相近。」問：「志如何？」曰：「志也與情相近。只是心寂然不動，方發出便喚做意。橫渠云：『志公而意私。』看這自說得好。志便清，意便濁。志便剛，意便柔。志便有立作意思，意便有潛竊意思。公自子細看，自見得意多是說私意，志便說『匹夫不可奪志』。」（九八）

此條葉賀孫錄。根據橫渠，分辨意、志兩字異同。所下訓詁，皆從日常生活中親修密證而來，非後來清儒言訓詁之比。意屬私，故須誠意。志屬公，故曰立志即得。凡言心學，當知心之活動，其態不一。如性與情，意與志，皆各有路頭，各有界分。一處見解不透切，便一處有缺，亦即從此缺處引生出種種毛病，非只說得存心盡心即為了事也。

朱子論知與行

語類云：

大凡持敬，程子所謂敬如有箇宅舍，講學如遊騎，不可便相離遠去。須是於知處求行，行處求知，斯可矣。(二三)

又曰：

知與行工夫須着並到。知之愈明，則行之愈篤。行之愈篤，則知之益明。二者皆不可偏廢。如人兩足相先後行，便會漸漸行得到。若一邊軟了，便一步也進不得。然又須先知得方行得。(一四)

知行常相須。如目無足不行，足無目不見。論先後，知為先。論輕重，行為重。(九)

義理不明，如何踐履。如人行路，不見便如何行。（九）

教人之道，自外約入向裏去，故先文後行。而忠信者，又立行之方也。（三四）

「文行忠信」，如說事親是如此，事兄是如此，雖是行之事，也只是說話在，須是自家體此而行之方是行。蘊之於心，無一毫不實處，方是忠信。可傳者只是這文。若行、忠、信，乃是在人自用力始得。雖然，若不理會得這箇道理，不知是行箇甚麼，忠信箇甚麼，所以文為先。（三四）

而今人只管說治心修身，若不見這箇理，心是如何地治，身是如何地修。（九）

學聚問辨，明善擇善，盡心知性，此皆是知，皆始學之功也。（九）

只爭箇知與不知，爭箇知得切與不切。且如人要做好事，到得見不好事，也似乎可做。方要做好事，又似乎有箇做不好事底心從後面牽轉去，這只是知不切。（九）

人知烏喙之殺人不可食，斷然不食，是眞知之也。知不善之不當為而猶或為之，是特未能眞知也。所以未能眞知者，緣於道理上只就外面理會得許多，裏面卻未理會得十分瑩淨，所以有此一點黑。這不是外面理會不得，只是裏面骨子有些見未破。（四六）

見得分明，則行之自有力。乃是知之未至，所以為之不力。（二四）

知至，則當做底事自然做將去。

如一事，只知得三分，這三分知得者是眞實，那七分不知者是虛僞。為善須十分知善之可好。

若知得九分，而一分未盡，只此一分未盡，便是鶻突苟且之根。少間說便為惡也不妨，便是意不誠。所以貴致知。窮到極處謂之致。（一五）

知有至未至，意有誠未誠。知至矣，雖驅使為不善，亦不為。知未至，雖軋勒使不為，此意終迸出來。故貴於見得透，則心意勉勉循循，自不能已矣。（三一）

知之而不肯為，亦只是未嘗知。（二三）

文集卷七十二雜學辨亦云：

知而未能行，乃未能得之於己，此所謂知者亦非真知也。眞知則未有不能行者。

語類又云：

某嘗謂學者須是信，又須不信，久之卻自尋得箇可信底道理，則是眞信也。（二〇）

尋得箇眞信底道理，有眞信，亦即是眞知矣。又曰：

聖人之意，儘有高遠處，轉窮究，轉有深義。大抵看聖人語言，須徐徐俟之，待其可疑而後疑之。（二〇）

朱子教人信，又教人不信，教人疑，實皆教人求知。語類又曰：

格物者知之始，誠意者行之始。（一五）

又曰：

致知知之始，誠意行之始。（一五）

到物格知至後，已是誠意八九分了。（一六）

大學物格知至處，便是凡聖之關。須是物格知至，方能循循不已而入於聖賢之域。縱有敏鈍遲速之不同，頭勢也都自向那邊去。（一五）

物既格，知既至，到這裏，方可着手下工夫。（一六）

知至意誠，是凡聖界分關隘。未過此關，雖有小善，猶是黑中之白。已過此關，雖有小過，亦

是白中之黑。過得此關，正好着力進步也。（一五）

眞箇如此做底，便是知至意誠。（一五）

此皆朱子主知行並重，而又主知尤在先也。然知得行得，過此致知誠意兩關，前面尚有不斷路程，不斷境界，正待向前。又其所謂知，乃重自外約入向裏去，故必以讀書博文為要。

語類又云：

他之所說，非不精明，然所為背馳者，只是不曾在源頭上用力。緣知得不實，故行得無力。此心虛明，萬理具足，外面理會得者，即裏面本來有底。本領上欠了工夫，外面都是閑。大本若立，外面應事接物上道理，都是大本上發出。（一一四）

顏子如何心肯意肯要克己復禮，自家因何不心肯意肯去克己復禮，這處須有病根先要理會。須是識得這病處。須是見得些小功名利達眞箇是輕，克己復禮事眞箇是重，眞箇是不恁地不得。（四一）

某也曾見叢林中有言頓悟者，後來看這人也只尋常。如陸子靜門人，初見他時，常云有所悟。後來所為，卻更顚倒錯亂。看來所謂豁然頓悟者，乃是當時略有所見，覺得果是淨潔快活。然稍久則卻漸漸淡去了，何嘗倚靠得。（一一四）

知在行先，而尤須真知，須能得之於己，在源頭上用力，從大本上發出，須是知到十分。一分知未盡，便為鶻突苟且之根。須見得破，見得透，裏面骨子不留一點黑。所謂豁然頓悟，當時雖似略有所見，後來會漸漸淡去，倚靠不得。可見朱子言知，既曰格物窮理，又須從心源處用功，本末內外交修。

語類又云：

「明道定性書自胸中瀉出，如有物在後面逼逐他相似，皆寫不辦。」或曰：「此正所謂『有造道之言』。」曰：「然。只是一篇之中都不見一箇下手處。」或曰：「『擴然而大公，物來而順應』，這莫是下工夫處否？」曰：「這是說已成處。且如今人私欲萬端，紛紛擾擾，無可奈何，如何得他大公？所見與理皆是背馳，如何便得他順應？」或曰：「這便是先生前日所謂也須存得這箇在。」曰：「也不由你存。此心紛擾，看着甚方法也不能得他住。這須是見得，須是知得，天下之理都着一毫私意不得，方是所謂『知止而後有定』也。不然，只見得他如生龍活虎相似，更把捉不得。」（九五）

此言境界到，則自然如此，不煩用力，即所謂有得於己也。然須工夫真能到此境界始得。如言擴然大公，物來順應，此乃一種境界。如何能使此心大公順應，則須有工夫。如曰存得此心在這裏，此亦一境界。但如何存此心，則仍須有工夫。朱子論學最着精神處，正在其着重在工夫上。為學最要工夫在致知。苟非有眞知眞見，則一切皆虛說。格物窮理乃為求眞知見之必要工夫。格物窮理似向外，然眞知眞見則在內。本末內外，若有辨，實無辨，非眞工夫到則不易知。語類又曰：

須於日用間，令所謂義了然明白。或言心安處便是義，亦有人安其所不當安，豈可以安為義。

（一三）

理與義必由知而得。有不知而心安者，心安豈得便是義。

「如人見赤子入井，皆有怵惕惻隱之心，此其事所當然而不容已者。然其所以如此者何故，必有箇道理之不可易者。今學者如為忠、為孝、為仁、為義，但只據眼前理會得箇皮膚便休，都不曾理會得那徹心徹髓處。以至於天地間造化，固是陽長則生，陰消則死，然其所以然者是如何。又如天下萬事，一事各有一理，須是一一理會教徹。不成只說道：『天吾知其高而已，地吾知其深而已。萬事萬物，吾知其為萬事萬物而已。』明道詩云：『道通天地有形外，思入風雲變態中。』觀他此語，須知有極至之理，非冊子上所能載者。須是自向裏入深去理會此箇道理。才理會到深處，又易得似禪。須是理會到深處，又卻不與禪相似，方是。今之不為禪學者，只是未曾到那深處。才到那深處，定走入禪去也。程門高弟上蔡、龜山也時時去他那下探頭探腦，心下也須疑他那下有箇好處在。大凡為學須是四方八面都理會教通曉，仍更理會向裏來。如喫菓子，先去其皮殼，後食其肉，更和那核子都咬破始得。大學之道，所以在致知格物。格物謂於事物之理各極其至，窮到盡頭。今人於外面天地造化之理都理會得，而中間核子未破，則所理會得者亦未必皆是，終有未極其至處。」因舉：「五峯之言曰：『身親格之以精其知』，雖於致字得向裏之意，卻恐遺了外面許多事。某便不敢如此說。須是內外本末，隱顯精粗，一一周徧，方是儒者之學。」（一八）

此言致知當外窮天地萬物之廣，同時又向內深入理會自己心性之微，如此則本末精粗一一周徧，始是儒家之致知。禪學只理會那深處，卻不理會天地事物之廣處。只向裏，更不向四面八方去格物，所以與儒學異。此條輔廣錄甲寅以後所聞，甲寅朱子年六十五，此亦朱子晚年見解也。

又一條云：

「如今許多道理只恁地說，所以不如古人者，只欠箇古人眞見耳。如曾子說忠恕，是他開眼便見得眞箇可以一貫。忠為體，恕為用，萬事皆可以一貫。如今人須是對冊子上安排對副方始說得近似。少間不說，又都不見了。所以不濟事。」或云：「某雖不曾理會禪，看來釋氏只是空理流行。」曰：「釋氏空底，卻做得實。自家實底，卻做得空。伶利者雖理會文義，卻不曾眞見。質朴者和文義都理會不得。譬如撐船，著淺了，無緣撐得動。須是去源頭決開，放得那水來，則船無大小，無不浮矣。」問：「所謂源頭工夫，莫只是存養修治否？」曰：「存養與窮理工夫皆要到。」（六三）

此條亦輔廣錄。眞見眞知，皆自心源深處流出。釋氏能從心源處來，只是知不至，故曰空理卻做得實。儒家本言實理，但不知反向心源，是做得空也。存養乃心源上事，窮理在外面事物上。二者皆到，始是朱子論學要旨。

語類又曰：

且如這一件物事，我曾見來，他也曾見來，及我說這物事，則他便曉得。若其他人不曾見，則雖說與他，他也不曉。（二四）

此言眞見，即眞知也。

問眞知。曰：「曾被虎傷者，便知得是可畏。未曾被虎傷底，須逐旋思量箇被傷底道理，見得與被傷者一般方是。」（一五）

非親身經驗，用思量工夫，亦可如眞知。

問：「知得須要踐履。」曰：「不眞知得，如何踐履得。若是眞知，自住不得。」（一一六）

問「信而好古」。曰：「今人多是信而不好，或好而不信。信之者，雖知是有箇理恁地，畢竟多欠了箇篤好底意思。」（三四）

篤好始能眞知，亦惟篤好始能踐履。此等處，頗與陽明知行合一之說相近。惟朱子言格物致知，又言既信又好，與陽明言良知自有差異。

或說「志於道」云：「知得這箇道理，從而志之。」曰：「不特是知得時方志，便未知，而有志於求道，也是志。『德』是行其道而有得於心，雖是有得於心而不失，然也須長長執守方不失。如孝，行之已得，則固不至於不孝。若不執守，也有時解走作。如忠，行之已得，則固不至於不忠。若不執守，也有時解有脫落處。這所以下一『據』字。然而所以據此德，又只要存

得這心在。存得這心在時，那德便自在了，所以說『依於仁』。工夫到這裏，又不遺小物而必『游於藝』。」（三四）

知雖未至，已可先有志，亦可先有信，有好，此等皆屬心，又似已屬行的一邊，故朱子又主張知行須是齊頭做，互相發也。

語類又曰：

致知乃本心之知。如一面鏡子，本全體通明，只被昏翳了。而今逐旋磨去，使四邊皆照見，其明無所不到。

此言知雖在外，仍自回歸己心。陽明早年言良知，及後始言致良知，只未言得如朱子周到。

問：「知有『聞見之知』否？」曰：「知只是一樣知，但有眞與不眞，爭這些子。不是後來又別有一項知，亦只是這箇事。如君止於仁、臣止於敬之類，人都知得此，只後來便是眞知。」

程子分別聞見之知與德性之知，朱子似不謂然。徒務聞見以為知固不是，然若別出德性之知而輕外聞見，以為德性自有知，可以不待聞見，似非朱子所許。

論知之與行，曰：「方其知而行未及之，則知尚淺。既親歷其域，則知之益明，非前日之意味。」

人之有知，未有不自聞見，然亦必經行證。親修實踐，其知乃深，始為眞知。故聞見有知而繼以行證，親修實踐，則所知即為德性之知。若德性自有知，而未經行證，則其知尚淺，亦不足貴。

問：「孔子聞韶，學之三月不知肉味，若常人如此，則是『心不在焉』，而聖人如此，何也？」曰：「此其所以為聖人也。衆人如此，則是物欲之私。聖人則是誠一之至，心與理合，不自知其如此。」又問：「聖人存心之切，所以至於忘味？」曰：「也不是存心之切，恁地又說壞了聖人。他亦何嘗切切然要去理會這事。只是心自與那道理契合，只覺得那箇好，自然如此耳。」（三四）

心與理合，亦即德性之知與聞見之知之合一也。切切然要去理會這事，而徒求之於外面聞見者固非，即徒求之於內面之德性，亦復不是，此條舉孔子聞韶為喻，甚為恰切深至。

故曰：

知與行，須是齊頭做，方能互相發。（一一七）

又曰：

「君子深造之以道，欲其自得之也。」道只是道理恁地做，深造是日日恁地做。（五七）

既下工夫，又下工夫，直是深造，便有自得處在其中。（五七）

此只是進為不已。（五七）

如雞伏卵，只管日日伏，自會成。（一九）

譬如喫飯，只管喫去自會飽。（一四）

如喫飯樣，喫了一口又喫一口，喫得滋味後方解生精血。若只恁地吞下去，則不濟事。（一九）

如喫飯相似，若不去喫，只想箇飽，也無益。（四一）

如喫飯，不成一日都要喫得盡，須與分做三頓喫。只恁地頓頓喫去，知一生喫了多少飯。（一一八）

譬如做酒，只是用許多麯。時日到時，便自迸酒出來。（四一）

「欲罷不能」，是住不得處。惟欲罷不能，故竭吾才。如人飲酒，飲得一杯好，只管飲去，不覺醉郎當。（三六）

如人飲酒，酒力到時，一杯深如一杯。（一四）

如一下水船相似，也要舵要楫。（一六）

常見朋友好論聖賢等級。如千里馬也須使四腳行，駑駘也是使四腳行。不成說千里馬都不用動腳，便到千里。只是它行得較快。（六三）

譬如嬰兒學行，今日學步，明日又學步，積習既久，方能行。（一五）

如人行路，行到一處了又行一處。先來固是知其所往了，到各處，又自各有許多行步。若到一處而止不進，則不可。未到一處，而欲踰越頓進一處，亦不可。（一六）

聖人也不是插手掉臂做到那處，也須學始得。所謂「生而知之者」，便只是知得此而已。（一七）

如梓匠輪輿，但能斲削者只是這斧斤規矩，及至削鐻之神、斲輪之妙者，亦只是此斧斤規矩。（三三）

程子曰：「顏子到此地位，工夫尤難，直是峻絕，又大段着力不得。」緣聖人不勉而中，不思而得。賢者若着力要不勉不思，便是思勉了。今日勉之，明日勉之，勉而至於不勉。今日思之，明日思之，思而至於不思。自生而至熟。正如寫字一般，會寫底固是會，不會寫底須學他寫。今日寫，明日寫，自生而至熟，自然寫得。（三六）

綜觀上引，皆見朱子重行之意，又見其行以發知之見解。

問聖、知。曰：「知是知得到，聖是行得到。」（五八）

問：「『智譬則巧，聖譬則力』，此一章智卻重。」曰：「以緩急論，則智居先。若把輕重論，則聖為重。」（五八）

如適臨安府，路頭一正，着起草鞋便會到。未須問所過州縣，那箇在前，那箇在後。那箇是繁盛，那箇是荒索。（一五）

此條語卻似後來顏習齋。然要路頭正，正須格物致知，大有事在。

文集卷五十四答孫季和有云：

明善誠身，正當表裏相助，不可彼此相推。若行之不力而歸咎於知之不明，知之不明而歸咎於行之不力，即因循擔閣，無有進步之期矣。

此言知行當並重也。

或問切磋琢磨之說。曰：「恰似剝了一重又有一重。學者做工夫，須是只管磨礱教十分淨潔。最怕如今於眼前道理略理會得些，便自以為足。」（一六）

非如今人云略見道理了便無工夫可做。（六四）

且只就身上理會，莫只是紙上去討。（一四）

紙上討的只是知，身上理會則是行，行始得知之眞。

所以讀聖賢之書，須當知他下工夫處。今人只據他說一兩字，便認以為聖賢之所以為聖賢者止此而已。都不窮究着實，殊不濟事。（一四）

格物致知，是極粗底事。「天命之謂性」，是極精底事。但致知格物便是那天命之謂性底事。下等事便是上等工夫。（一五）

若專讀聖賢書，亦來論「天命之謂性」云云，便是從紙上去討。言雖極精，但不濟事。格物致知雖極粗，若下等事，然聖賢書上理會極精底皆從此出，故曰「上等工夫」也。又曰：

某看學問之道，只是眼前日用底便是，初無深遠玄妙。（一一八）正如着衣喫飯，其着其喫，雖不是做工夫，然便是做工夫處。此意所爭，只是絲髮之間，要人自認得。（三五）

眼前日用非為要做工夫，而做工夫則正在眼前日用處。故曰：

下學是事，上達是理。理在事中，事不在理外。一物之中皆具一理。就那物中見得箇理，便是上達。如「大而化之之謂聖，聖而不可知之之謂神」。然亦不離乎人倫日用之中。（四四）

聖人所以發用流行處，皆此一理，豈有精粗。正如水相似。田中也是此水，池中也是此水，海中也是此水。不成說海水是精，他處水是粗，豈有此理。緣他見聖人用處皆能隨事精察，力行不過。但見聖人之用不同，而不知實皆此理流行之妙。（二七）

因指靜香堂，言：「今人說屋，只說棟梁要緊，不成其他椽桷事事都不要。」（一一八）

若都不就事上學，只要便如曾點樣快活，將來卻恐狂了人去也。（四〇）

聖人氣象，雖超乎事物之外，而實不離乎事物之中。是箇無事無為底道理，卻做有事有為之功業。天樣大事也做得，針樣小事也做得。（四〇）

行只在外面事上，似粗。知則在內面理上，似精。實則內外精粗須一貫兼盡。由事見理，由粗達精。故雖曰知在先，而必以行為重。所謂行，指工夫，亦指讀書。

或云：「昨日聞先生教誨做工夫底道理，自看得來所以無長進者，政緣不曾如此做工夫，故於看文字時，不失之膚淺，則入於穿鑿。」曰：「此箇道理，問也問不盡，說也說不盡。頭緒儘多，須是自去看。看來看去，則自然一日深似一日，一日分曉似一日，一日簡易似一日，只是要熟。」（一一三）

此處提出熟字，乃為工夫至要境界。又曰：

顏子其初見得聖人之道尚未甚定，所以說彌高、彌堅，在前、在後。及博文約禮工夫既到，則見得「如有所立卓爾」。但到此卻用力不得了，只待他熟後自到那田地。（三六）天下無不可說底道理，只有一箇熟處說不得。除了熟之外，無不可說者。所謂「居之安則資之深，資之深則左右逢其源」。譬如梨柹，生時酸澀喫不得。到熟後，自是一般甘美。相去大遠，只在熟與不熟之間。（一一七）

問持敬致知。曰：「古人言語寫在冊子上，不解錯了，只如此做工夫。譬如他人做得飯熟，盛在碗裏，自是好喫。自家但喫將去，便知滋味。」（一一七）

此言無論讀書修為，必俟工夫到熟處始獲深知也。

讀書如煉丹，初時烈火鍛熬，然後漸漸慢火養。又如煑物，初時烈火煑了，卻須慢火養。直須要熟。工夫自熟中出。（一一四）

顏子工夫到，只是少養。如煉丹，火氣已足，更不添火，只以暖氣養教成就。（三四）

橫渠曰：「大可為也，化不可為也。」在熟之而已。（三四）

「末由也已」，不是到此便休了，不用力。但工夫用得細，不似初間用許多麄氣力，如「博學、審問、謹思、明辨、篤行」之類。這處也只是循循地養將去。顏子與聖人大抵爭些子。只有些子不自在。聖人便「不勉而中，不思而得」。這處如何大段着力得。只恁地養。熟了便忽然落在那窠窟裏。（三六）

以上朱子講熟字，條條皆有味，可玩。

又曰：

只有兩件事，理會、踐行。（九）

學者以玩索、踐履為先。（九）

理會玩索是知一邊，踐履是行一邊。又曰：

某此間，講說時少，踐履時多。事事都用你自去理會，自去體察，自去涵養。書用你自去讀，道理用你自去究索。某只是做得箇引路底人，做得箇證明底人，有疑難處同商量而已。（一三）

這箇事，說只消兩日說了，只是工夫難。（一三）

講論自是講論，須是將來自體驗。體驗是自心裏暗自講量一次。（一一九）

到得義理與踐履處融會，方是自得。（一〇五）

體認是把那聽得底自去心裏重復思繹過。（一一九）

此箇道理，須是用工夫自去體究。講論固不可闕，若只管講，不去體究，濟得甚事。（一一三）

今學者皆是就冊子上鑽，卻不就本原處理會。只成講論文字，與自家身心都無干涉。（一一三）

只就文字理會，不知涵養，如車兩輪，便是一輪轉，一輪不轉。（一一三）

踐履，體驗，涵養，皆言工夫，皆是行一邊。朱子論學重行之意大可見。重行，又當知循定本。因曰：

聖人教人有定本。（八）

大概只是說孝弟忠信日用常行底話。人能就上面做將去，則心之放者自收，性之昏者自著。如心、性等字，到了子思、孟子方說得詳。（八）

聖賢於節文處描畫出這樣子，令人依本子去學。譬如小兒學書，其始如何便寫得好，須是一筆一畫都依他底，久久自然好去。（三六）

「思而不學」，如徒苦思索，不依樣子做。（二四）

思是硬要自去做底，學是依這本子去做。便要小着心，隨順箇事理去做。「勞心以必求，不如遜志而自得。」（四五）

某嘗說，學者只是依先儒注解，逐句逐字與我理會，着實做將去，少間自見。最怕自立說籠罩，此為學者之大病。世間也只有這一箇方法路徑，若纔不從此去，少間便落草，不濟事。只依古人所說底去做，少間行出來，便是我底，何必別生意見。此最是學者之大病，不可不深戒。（四〇）

此條在朱子晚年六十九、七十時。好立說，乃當時學界通病。朱子深感時病，故曰：「聖人有郢書，後世多燕說。」朱子晚歲教人如此。

又曰：

道理只是如此，但今人須要說一般深妙，直以為不可曉處方是道。展轉相承，只將一箇理會不得底物事互相欺謾，如主管假會子相似。如二程說經義，直是平常，多與舊說相似，但意味不同。蓋只是這箇物事，愈說愈明，愈看愈精，非別有箇要妙不容言者也。（一一五）

「如今工夫，須是一刀兩段，所謂一棒一條痕，一摑一掌血。如項羽救趙，既渡，沉舡破釜，持三日糧，示士卒必死，無還心，故能破秦。」因舉：「禪語云：『寸鐵可殺人。』無殺人手段，則載一車槍刀，逐件弄過，畢竟無益。」（一一五）

寸鐵殺人，決非支離。

象山門人包顯道與其諸生來見。先生親下精舍，大會學者。曰：「荷顯道與諸兄遠來，某平日說底便是了，要特地說，又似無可說。而今與公鄉里平日說不同處，只是爭箇讀書與不讀書，講究義理與不講究義理。如某便謂是須當先知得，方始行得。如孟子所謂『詖淫邪遁之辭』，何與自家事，而自家必欲知之，何故？若是不知其病痛所自來，少間自家便落在裏面去了。」

（一一九）

此處明云當先知。凡朱子說知行，迴環往復，非善加體會，不易驟獲其主腦之所在。

問：「『生知安行』為知，『學知利行』為仁，『困知勉行』為勇：此豈以等級言耶？」曰：「固是。蓋生知安行，主於知而言。不知，如何行。安行者，只是安而行之，不用着力。然須是知得，方能行得也。故以生知安行為知。學知利行，主於行而言。雖是學而知得，然須是着意去力行，則所學而知得者不為徒知也。故以學知利行為仁。」銖退思：「所謂三者皆兼知行而言。大知固生知，非生知何以能安而行。至仁固力行，非學知何以能利而行。勇固是知行不可廢。」翌日再問，先生曰：「更須涵養。」（六四）

此條董銖記，乃朱子晚年語。朱子平日所論知行相顧並到諸義，此條均已包括。生知不可以為訓。格物即教人所以為學知。就聖人言，生知固高。就眾人言，力行尤要。格物則是兼學知與力行二者。朱子只就眾人立教也。

問：「中庸以『生知安行』為知，『學知利行』為仁，何也？」曰：「論語說『仁者安仁』，便是說得仁高了；『知者利仁』，便是說得知低了。此處說知，便是仁在知中，說得知大了。蓋既是生知，必能安行。若是學知，便是知得淺，須是力行，方始至仁處。此便是仁在知外。譬如這箇桌子，論語說仁，便是此腳直處，說知便是橫處。中庸說仁，便是橫處，說知便是直處。而今且將諸說錄出來看，看這一邊了，又去看那一邊，便自見得不相礙。」（六四）

此條林夔孫錄，亦朱子晚年語。可見朱子於知行兩者實非有輕重。於論語、中庸諸說，義有相歧，教人須見其不相礙。至如象山心即理，陽明良知，不啻謂人皆生知，既非朱子意，亦與語、庸所說有違。惟陽明晚年言致良知，偏重力行，似與朱子意近。惟朱子不喜言利仁，故曰「說得知低了」。又曰生知，仁在知中。學知，仁在知外。此猶孟子言「性之」、「反之」之別。學知貴能學於外而反之內。「更須涵養」一語，則義更深長，學者其毋忽。

語類又曰：

論語只說仁，中庸只說智，聖人拈起來底便說，不可以例求。（一九）

此條可與前引兩條互參。

或問：「『明明德』是於靜中本心發見，學者因其發見處從而窮究之否？」曰：「不特是靜，雖動中亦發見。孟子將孺子入井處來明這道理。蓋人心至靈，有什麼事不知，有什麼事不曉，有什麼道理不具在這裏。何緣有不明，為是氣稟之偏，又為物欲所亂，所以不明。然而其德本是至明，物事終是遮不得，必有時發見。學者便當因其明處下工夫，一向明將去，致知格物，皆是事也。」（一四）

但要識得這明德是甚物事，便切身做工夫，去其氣稟物欲之蔽，能存得自家箇虛靈不昧之心，足以具眾理，可以應萬事，便是明得自家明德了。若只是解說「虛靈不昧」是如何，「具眾理」是如何，「應萬事」又是如何，卻濟得甚事。（一四）

此兩條與陽明言致良知大意相似。惟朱子着意在「明明德」之前一明字上，王學後人張皇明德，遂有現成良知之誚。

語類又曰：

若須待它自然發了方理會它，一年都能理會得多少。聖賢不是教人去黑淬淬裏守着。而今且大着心胸，大開着門，端身正坐，以觀事物之來，便格它。（一五）

明得此條，乃可以明朱子之言心，內外兼到，知行並重，而畢竟主張先知之義。

文集卷四十二有答吳晦叔書，詳論知行之大小深淺與其先後，此乃朱子教人為學一番綜合之敍述，茲備引其要如下：

伏承示及先知後行之說，反復詳明，引據精密，警發多矣。所未能無疑者，請得而細論之。夫泛論知行之理，而就一事之中以觀之，則知之為先，行之為後，無可疑者。然合夫知之淺深，行之大小而言，則非有以先成乎小，亦將何以馴致乎其大。蓋古人之教，自其孩幼而教之以孝悌誠敬之實。及其少長，而博之以詩書禮樂之文。皆所以使之即夫一事一物之間，各有以知其義理之所在，而致涵養踐履之功也。此小學之事，知之淺而行之小者也。及其十五成童，學於大學，則其灑掃應對之間，禮樂射御之際，所以涵養踐履之者略已小成，於是不離乎此而教之以格物以致其知焉。致知云者，因其所已知者推而致之，以及其所未知者而極其至也。是必至於舉天地萬物之理而一以貫之，然後為知之至。而所謂誠意正心修身齊家治國平天下者，至是而無所不盡其道焉。此大學之道，知之深而行之大者也。今就其一事之中而論之，則先知後行，固各有其序矣。誠欲因夫小學之成以進乎大學之始，則非涵養踐履之有素，亦豈能居然以夫雜亂紛糾之心，而格物以致其知哉？且易之所謂忠信修辭者，聖學之實事，貫始終而言者也。以其淺而小者言之，則自其常視毋誑，男唯女俞之時，固已知而能之矣。「知至至之」，則由行此而又知其所至也。此知之深者也。「知終終之」，則由知至而又進以終之也，此行之大者也。故大學之書，雖以格物致知為用力之始，然非謂初不涵養踐履，而直從事於此也。又非謂物未格，知未至，則意可以不誠，心可以不正，身可以不修，家可以不齊也。但以為必知之至，然後所以治己治人者，始有以盡其道耳。若曰必俟知至而後可行，則夫事親從兄承上接下，乃人生之所不能一日廢者，豈可謂吾知未至，而暫輟以俟其至而後行哉。抑聖賢所謂知者，雖有淺深，然不過如前所論二端而已。至於廓然貫通，則內外精粗，自無二致，非如來教云云也。

此書言知有淺深，行有大小，而分別屬之於小學、大學之兩階層。又以涵養踐履與格物致知分別說之，其義最為周匝圓密。必詳觀朱子論學教人之全體系，而後始可以得其會通之所在。要而言之，則仍不外乎知在行先，與夫知行相須之兩義。陽明言良知，言即知即行，似皆近於小學，而不言知之至，與朱子發揮大學之意自有相異。

先生問：「如何理會致知格物？」曰：「涵養主一，使心地虛明，物來當自知未然之理。」曰：「恁地則兩截了。」（一一四）

先務於涵養主一，使心地光明，是前一截。物來自知，是第二截。當時理學家多抱此觀點。細讀上引語類「大着心胸格物」一條，及此答吳晦叔書，自見其間相異處，學者其細闡。

朱子論狂狷，亦與其論知行相發。語類有曰：

狂者知之過，狷者行之過。（四三）

又曰：

須是氣魄大，剛健有立底人，方做得事成。而今見面前人都恁地衰，做善都做不力，便做惡也做不得那大惡，所以事事不成。人須有些狂狷，方可望。（四三）

謹厚者雖是好人，無益於事，故有取於狂狷。然狂狷者又各墮於一偏。中道之人，有狂者之志，而所為精密。有狷者之節，又不至於過激。此極難得。（四三）

善人只循循自守，據見定，不會勇猛精進。循規蹈矩則有餘，責之以任道則不足。狷者雖非中道，然這些人終是有筋骨。其志孤介，知善之可為而為之，知不善之不可為而不為，直是有節操。狂者志氣激昂。聖人本欲得中道而與之，晚年磨來磨去，難得這般恰好底人。如狂狷，尚可因其有為之資，裁而歸之中道。且如孔門，只一箇顏子如此純粹。到曾子便過於剛，與孟子相似。世衰道微，人欲橫流，若不是剛介有腳跟底人，定立不住。（四三）

聖人不得中行而與之，必求狂狷者，以狂狷者尚可為，若鄉愿則無說矣。今之人纔說這人不識時之類，便須有些好處。纔說這人圓熟識體之類，便無可觀矣。（四三）

若徒斤斤辨知行，而不知聖人求狂狷之意，則人之資稟，既不能如顏子之純粹，循規蹈矩為一善人，末流所趨，其不歸於鄉愿之類者亦鮮矣。行則須力，知則須求其至。若徒主心即理，僅曰即知即行，皆不見力行求至之精神。空言純粹，不能剛健，此皆朱子所謂不濟事也。凡言知行者，於此更不可不知。

朱子論誠

學問修養，應能到達心與理一之境界。朱子論忠恕，謂忠近誠，恕近仁；誠與仁，則心與理一；忠與恕，則猶有力行勉強之痕迹，故為未達一間。語類云：

誠者實有此理。（六）

「誠只是實。」又云：「誠是理。」（六）

誠是實有此理。（一四〇）

文集卷四十三答林擇之有云：

「誠之在物謂之天。」向為此語，乃本「物與無妄」之意，言天命散在萬物，而各為其物之天耳。意雖如此，然窮窘迫切，自覺殊非佳語。

誠即無妄，即天命之在物，即實理也。然謂「窮窘迫切，殊非佳語」者，因其未分別內外言之，幾於謂物即是天，故為迫切，又窮窘也。

又文集卷四十六答曾致虛有云：

誠字在道，則為實有之理。在人，則為實然之心。

此與答林擇之書，皆分誠為內外言之，天人相通而有別。故語類云：

誠，實理也。亦誠慤者。由漢以來，專以誠慤言誠，至程子乃以實理言。後學皆棄誠慤之說。不觀中庸亦有言實理為誠處，亦有言誠慤為誠處。不可只以實理為誠，而以誠慤為非誠也。（六）

實理在物，指在外，誠慤在心，指在內。又曰：

誠是實，心之所思皆實也。（二三）

誠者，合內外之道，便是表裏如一。內實如此，外也實如此。（二三）

表裏如一專指人，指心之所思與表見於外之行為之合一而言，此即誠愨之誠也。亦有指心與理一而言者，兼指天，此則誠之更高一層之境界也。

又曰：

不獨行處要如此，思處亦要如此，表裏如此方是誠。（二三）

此指內心與外行之表裏如一言，即指誠愨之誠言也。

問「反諸身不誠」。曰：「反諸身是反求於心。不誠是不曾實有此心。如事親以孝，須是實有這孝之心。若外面假為孝之事，裏面卻無孝之心，便是不誠矣。」（六四）

問集注「不誠無物」一節。曰：「心無形影，惟誠時方有這物事。今人做事，若初間有誠意，到半截後意思懶散，謾做將去，便只是前半截有物，後半截無了。若做到九分，這一分無誠意，便是這一分無物。」（二一）

「誠者物之終始，不誠無物」，如人做事，只至誠處便有始有末，纔間斷處以後，便皆無物。

（二一）

人只是不要外面有，裏面無。（二一）

才失照管處便無物。到再接續處方有。（二一）

此皆指心之誠慤言。

又曰：

「惟天地聖人，未嘗有一息間斷。『維天之命，於穆不已』，何嘗間斷。間斷，造化便死了。故天生箇人，便是箇人，生出箇物，便是箇物，且不曾生箇假底人物來。」問：「陰陽舛錯，雨暘失時，亦可謂之誠乎？」曰：「只是乖錯，不是假底，依舊是實。」（二一）

此指理之實然言。

又曰：

誠是天理之實然，更無纖豪作為。聖人之生，其稟受渾然，氣質清明純粹，全是此理，更不待修為而自然與天為一。若其餘則須是博學審問謹思明辨篤行，如此不已，直待得仁義禮智與夫

忠孝之道、日用本分事，無非實理，然後為誠。有一豪見得與天理不相合，便於誠有一豪未至。（六四）

問：「『誠者眞實無妄之謂，天之道也。』此言天理至實而無妄。『誠之者，未能眞實無妄而欲其眞實無妄之謂，人之道也。』蓋在天固有眞實之理，在人當有眞實之功。聖人不思不勉，而從容中道，無非眞理之流行，則聖人與天如一，即天之道也。未至於聖人，必擇善然後能實明是善，必固執然後能實得是善，此人事當然，即人之道也。」曰：「如此見得甚善。」（六四）

聖人之誠，人與天一，即是心與理一。眾人則擇善而固執之，乃是誠之工夫也。

文集卷五十五答李時可論「誠者物之終始」章有云：

凡有一物，則其成也必有所始，其壞也必有所終。而其所以始者，實理之至而向於有也。其所以終者，實理之盡而向於無也。若無是理，則亦無是物矣。此誠所以為物之終始。而人心不誠，則雖有所為而皆如無有也。蓋始而無誠，則事之始非始，而誠至之後其事方始。終而不誠，則事之終非終，而誠盡之時其事已終。若自始至終皆無誠心，則徹頭徹尾皆為虛僞，又豈復有物之可言哉。

實理在外，誠心在內。天行之實理，仍待人心之誠與之契合表見而始完成也。

語類又曰：

誠者，實有之理，「體物」言以物為體，有是物則有是誠。（六三）

是人與天合，心與理合，仍必待於知與物合，而始達於完成。

或問：「意者聽命於心，今曰『欲正其心，先誠其意』，意乃在心之先矣。」曰：「心字卒難摸索。心譬如水，水之體本澄湛，卻為風濤不停，故水亦搖動。必須風濤既息，然後水之體靜。人之無狀汚穢，皆在意之不誠。必須去此，然後能正其心。及心既正後，所謂好惡哀矜與脩身齊家中所說者，皆是合有底事，但當時時省察其固滯偏勝之私耳。」（一五）

誠可分為誠愨與實理言。意之所發，其為實理與否，知有未至，容或未能遽判。然斯意之誠愨與否，則在人自無不知。能確然去其不誠而存其誠，復能時自省察，勿有所固滯偏勝，則心體之正，自可保持而日進。

又曰：

「『知至而後意誠』，須是眞知了方能誠意。知苟未至，雖欲誠意，固不得其門而入。惟其胸中了然，知得路徑如此，知善之當好，惡之當惡，然後自然意不得不誠，心不得不正。」因指燭曰：「如點一條蠟燭在中間，光明洞達，無處不照。雖欲將不好物事來，亦沒安頓處，自然着他不得。若是知未至，譬如一盞燈用罩子蓋住，則光之所及者固可見，光之所不及處則皆黑暗無所見。雖有不好物事安頓在後面，固不得而知也。所以貴格物。如佛老之學，他非無長處，但他只知得一路。其知之所及者，則路徑甚明，無有差錯。其知所不及處，則皆顚倒錯亂，無有是處，緣無格物工夫也。」（一五）

此條言必須格物致知而後意可誠，心可正，此固合於大學之本文，亦實有符於事理之當然。陽明提倡良知之學，抹去大學格物致知工夫，而徑以誠意標宗，言誠意與致良知只是一事，更無分別。則如佛老所講論持守者，亦不得謂其意有不誠。知到此，誠亦到此。知所不到，則縱是誠愨，卻背實理，此大不可。陽明又云：「見父自然知孝，見兄自然知弟。」一若知與誠本是合一。但卻不得云見國與天下自然知得治平之道。此皆只看重誠愨之誠，忽略了實理之誠，非合內外之道也。

然所謂誠愨之誠與實理之誠，工夫所到，實應是一非二。語類有云：

天下只是一箇善惡，不善即惡，不惡即善。人人有此道，只是人自遠其道，非道遠人也。人人本自有許多道理，只是不曾依得這道理，卻做從不是道理處去。今欲治之，不是別討箇道理治他，只是將他元自有底道理還以治其人。如人之孝，他本有此孝，他卻不曾行得這孝，卻亂行從不孝處去。君子治之，非是別討箇孝去治他，只是與他說：你這箇不是，你本有此孝，卻如何錯行從不孝處去。其人能改，即是孝矣。不是將他人底道理去治他，又不是分我底道理與他，他本有此道理，我但因其自有者還以治之而已。及我自治其身，亦不是將他人底道理來治我，亦只是將我自思量得底道理自治我之身而已。（六三）

此條雖未說到誠字，然實是孟子「萬物皆備於我，反身而誠」之說。可見實理之誠與誠慤之誠之是一非二。

又曰：

「萬物皆備於我」，橫渠一段將來說得甚實。所謂萬事皆在我者，便只是君臣本來有義，父子本來有親，夫婦本來有別之類，皆是本來在我者。若事君有不足於敬，事親有不足於孝，以至夫婦無別，兄弟不友，朋友不信，便是我不能盡之。反身則是不誠。（六）

此條正說孟子「萬物皆備於我」，以闡誠慤之誠即應是實理之誠也。語類又曰：

誠者，圓成無欠闕者也。（一四〇）

此必誠慤與實理相合一，始是圓成無欠闕。

問：「『思無邪』，伊川說作誠，是否？」曰：「誠是在思上發出。詩人之思皆情性也。情性本出於正，豈有假僞得來底。思便是情性，無邪便是正。」（二三）

情性出自天賦，思則出於情性，是皆實理之誠，同時亦即是誠慤之誠也。然情性有乖，思有邪，則實理與誠慤離而為二矣。故必求思之無邪，而情性一出於正，則內外天人始合一。

文集卷七十二雜學辨辨張無垢中庸解：

張云：「世之行誠者，類皆不知變通，至於誦孝經以禦賊，讀仁王以消災。」

辨曰：聖賢惟言存誠、思誠，未嘗言行誠。思之既得，存之既著，則其誠在己，而見於行事者，無一不出於誠。謂之行誠，則是己與誠為二，而自我以行彼。誠之為道，不如是也。如此者，不但不知變通而已。若曰所行既出於誠，則又不可謂之行誠，而亦無不知變通之理。張氏之言，進退無所據矣。至於誦孝經以禦賊，蓋不知明理，而有迂愚之蔽，以是為行誠而不知變通，然則張氏之所謂誠，亦無以異於專矣。讀仁王經者，其溺於邪僻又甚，不得與誦孝經者同科。

此亦發明誠愨必求與實理合一，則又豈有不知變通之理。至於不知明理，愚而好自專者，則不得與於誠之列。

朱子又論及祭祀之誠與神，語類：

問：「『祭神如神在』，何神也？」曰：「如天地、山川、社稷、五祀之類。」曰：「范氏謂『有其誠則有其神，無其誠則無其神』，只是心誠，則能禮得鬼神出否？」曰：「誠者實也。有誠則凡事都有，無誠則凡事都無。如祭祀有誠意，則幽明便交。無誠意，便都不相接了。」曰：「如非所當祭而祭，則為無是理矣。若有是誠心，還亦有神否？」曰：「神之有無也不可必，然此處是以當祭者而言。若非所當祭底，便待有誠意，然這箇都已錯了。」（二五）

此條言神之有無不可必，而祭則必以誠。若非所當祭，則縱有誠亦錯了。苟非有實理之誠，則誠愨之誠亦不足以為誠也。

語類有朱子與其門人李燔敬子諸人辨析大學誠意章凡四長段，幷錄如下。

問：「誠意章『自欺』注，今改本恐不如舊注好？」曰：「何也？」曰：「今注云：『心之所發，陽善陰惡，則其好善惡惡皆為自欺，而意不誠矣。』恐初讀者不曉。又此句或問中已言之，卻不如舊注云：『人莫不知善之當為，然知之不切，則其心之所發，必有陰在於惡而陽為善以自欺者。故欲誠其意者無他，亦曰禁止乎此而已矣。』此言明白而易曉。」曰：「不然。本經正文只說『所謂誠其意者毋自欺也』，初不曾引致知兼說。今若引致知在中間，則相牽不了，卻非解經之法。又況經文『誠其意者毋自欺也』這說話極細。蓋言為善之意稍有不實，照管少有不到處，便為自欺。未便說到『心之所發必有陰在於惡而陽為善以自欺』處。若如此，則大故無狀，有意於惡，非經文之本意也。所謂『心之所發，陽善陰惡』，乃是見理不實，不知不覺地陷於自欺，非是陰有心於為惡，而詐為善以自欺也。如公之言，須是鑄私錢假官會，方為自欺。大故是無狀小人，此豈自欺之謂邪？此處工夫極細，未便說到那麄處，所以前後學者多說差了。蓋為賺連下文『小人閒居為不善』一段看了，所以差也。」又問：「今改注下文云：『則無待於自欺而意無不誠也。』據經文方說『毋自欺』，毋者禁止之辭。若說無待於自欺，恐語意太快，未易到此。」曰：「既能禁止其心之所發，皆有善而無惡，實知其理之當然，便無待於自欺。非勉強禁止，而猶有時而發也。若好善惡惡之意有一毫之未實，則其發於外也必不能掩。既是打疊得盡，實於為善，便無待於自欺矣。如人腹痛，畢竟是腹中有些冷積，須用藥驅除去這冷積，則其痛自止。不先除去冷積，而但欲痛之自止，豈有此理。」（一六）

此條沈僩記戊午以後所聞，在寧宗慶元四年朱子年六十九以後，蓋在朱子卒前兩年。朱子學庸章句定著已久，六十始為之序。此後又有改定。如誠意章，據此條，先有舊注，後有改本。改本謂心之所發，陽善陰惡，見理不實者，心以為善而實有惡。見理不實，則是心與理有出入而為二也。其意若誠而於理非誠，是自欺也。然大學已言之，曰「欲誠其意，先致其知」，此乃知之未至，應仍在致知上做工夫，不關誠意事。且大學本文明言「毋自欺」，毋乃禁止辭，而改本以「無待於自欺」說之，其失大學本意可知。朱子所以必改舊注，乃因舊注云「心之所發有陰在於惡而陽為善」，則若有意於惡，大故無狀，始改為新注。而沈僩則謂改本不如舊注，乃有此一番問答。沈氏有關於此之記載又有第二條。

敬子問：「『所謂誠其意者，毋自欺也。』注云：『外為善而中實未能免於不善之雜。』某意欲改作『外為善而中實容其不善之雜』，如何？蓋所謂不善之雜，非是不知，是知得了又容着在這裏，此之謂自欺。」曰：「不是知得了容着在這裏，是不奈他何了，不能不自欺。公合下認錯了。只管說箇容字，不是如此。容字又是第二節，緣不柰他何，所以容在這裏。此一段文意，公不曾識得它源頭在，只要硬去捺他，所以錯了。自欺只是自欠了分數，恰如淡底金，不可不謂之金，只是欠了分數。如為善有八分欲為，有兩分不為，此便是自欺。是自欠了這分數。」或云：「如此則自欺卻是自欠。」曰：「公且去看。荀子曰：『心臥則夢，偷則自行，使之則謀。』某自十六七讀時便曉得此意。蓋偷心是不知不覺自走去底，不由自家使底，倒要自家去捉它。『使之則謀』，這卻是好底心，由自家使底。」李云：「某每常多是去捉他。如在此坐，心忽散亂，又用去捉他。」曰：「公又說錯了。公心麄，都看這說話不出。所以說格物致知而後意誠，裏面也要知得透徹，外面也要知得透徹，便自是無那箇物事。譬如果子爛熟後，皮核自脫落離去，不用人去咬得了。如公之說，這裏面一重不曾透徹在。只是認得箇容着，硬遏捺將去，不知得源頭工夫在。『所謂誠其意者，毋自欺也』，此是聖人言語之最精處，如箇尖銳底物事。如公所說，只似箇樁，頭子都麄了。公只是硬要去強捺。如水恁地滾出來，卻硬要將泥去塞他，如何塞得住。」又引中庸論誠處，而曰：「一則誠，雜則偽。只是一箇心，便是誠。纔有兩箇心，便是自欺。好善如好好色，惡惡如惡惡臭，他徹底只是這一箇心，所以謂之自慊。若纔有些子間雜，便是兩箇心，便是自欺。如自家欲為善，後面又有箇人在這裏拗你莫去為善。欲惡惡，又似有箇人在這裏拗你莫去惡惡。此便是自欺。如人說十句話，九句實，一句脫空，那九句實底被這一句脫空底都壞了。如十分金徹底好，方謂之真金。若有三分銀，便和那七分底也壞了。」又曰：「佛家看此亦甚精，被他分析得項數多，如云有十二因緣，只是一心之發，便被他推尋得許多，察得來極精微。又有所謂『流注想』，他最怕這箇，所以潙山禪師云：『某參禪幾年了，至今不曾斷得這流注想。』此即荀子所謂『偷則自行』之心也。」（一六）

此條亦沈僩所記，問者乃李燔敬子。敬子問注云「外為善而中實未能免於不善之雜」，此與前條沈僩問改本今注，「心之所發，陽善陰惡」，實是一義，疑即同條中語。此與未改前舊注「心之所發，必有陰在於惡而陽為善以自欺」語不同。敬子意，外為善而中雜不善，乃其人之自容藏此不善在心也。此仍與未改前舊注意相同。朱子則謂中雜不善，乃其人自不奈此不善何，非是知其不善而加容藏，非是此不善從內心源頭處來，自欺只是欠了分數。一心以為善，一心又以為不善，此心之雜，乃是天理人欲若有兩心交戰於中。然則中雜不善，仍與陰在於惡有別。沈僩又記第三條云：

次早，又曰：「昨夜思量，敬子之言自是，但傷雜耳。某之言，卻即說得那箇自欺之根，自欺卻是敬子『容』字之意。『容』字卻說得是。蓋知其為不善之雜，而又蓋庇以為之，此方是自欺。謂如人有一石米，卻只有九斗，欠了一斗，此欠者便是自欺之根。自家卻自蓋庇了嚇人說是一石，此便是自欺。謂如人為善，他心下也自知有箇不滿處，他卻不說是他有不滿處，卻遮蓋了，硬說我做得是，這便是自欺。卻將那虛假之善來蓋覆這眞實之惡。某之說卻說高了，移了這位次了，所以人難曉。大率人難曉處，不是道理有錯處時，便是語言有病。不是語言有病時，便是移了這步位了。今若只恁地說時，便與那『小人閒居為不善』處都說得貼了。」（一六）

此條記朱子與李燔答辯之後，夜而思之，乃謂李燔用容藏字說自欺是對，而朱子自己所說欠了分數乃是自欺之根，則說得高了，移了位次。蓋朱子意，物格知至以後，不應仍有為小人之自欺者，故說誠意仍從知之末至處說去。然知在心，意則心之發，亦有知雖至而所發不誠者。知行自可分兩番工夫以求互相發，不當專靠一邊，謂知既至則意自誠。朱子前兩條所論，不是道理有錯，亦不是語言有病，乃是移了部位，從致知說誠意，與大學本文有牴牾。此下仍有沈僩所記第四條，云：

> 次日，又曰：「夜來說得也未盡。夜來歸去又思，看來『如好好色，如惡惡臭』一段，便是連那『毋自欺也』說。言人之毋自欺時，便要『如好好色、如惡惡臭』樣方得。若好善不如好好色，惡惡不如惡惡臭，此便是自欺。毋自欺者，謂如為善，若有些子不善而自欺時，便當斬根去之，眞箇是如惡惡臭始得。如『小人閒居為不善』底一段，便是自欺底，只是反說。『閒居為不善』，便是惡惡不如惡惡臭。『見君子而後厭然，揜其不善而著其善』，便是好善不如好

好色。若只如此看，此一篇文義都貼實平易，坦然無許多屈曲。某舊說忒說闊了，高了，深了。然又自有一樣人如舊說者，欲節去之，又可惜，但終非本文之意耳。」（一六）

此一段說得更明白。後來陽明專以「如好好色，如惡惡臭」說誠意，固是易使人曉，然亦仍有在知上欠了分數，不得專主誠意，忽去致知工夫。故朱子謂欲去舊說又覺可惜也。

上引四條，語繁不殺，乃以見朱子為大學章句之一字不苟，至老而屢改不輟，與夫學之講而益明，義理之究而益細。前一年蔡元定赴貶所，黨禁益譁，或勸朱子謝絕生徒，儉德避難。朱子拒之，精舍講學不輟。關於此章之問辨，則正在其時。

今節錄大學章句此一章之兩節如下，此乃經此問辨後之最後定注也。

誠其意者，自修之首也。毋者，禁止之辭。自欺云者，知為善以去惡，而心之所發有未實也。慊，快也，足也。獨者，人所不知而己所獨知之地也。言欲自修者，知為善以去其惡，則當實用其力，而禁止其自欺，使其惡惡則如惡惡臭，好善則如好好色，皆務決去而求必得之，以自快足於己，不可徒茍且以徇外而為人也。然其實與不實，蓋有他人所不及知而己獨知之者，故必謹之於此以審其幾焉。

又一條云：

經曰：「欲誠其意，先致其知。」又曰：「知至而後意誠。」蓋心體之明有所未盡，則其所發，必有不能實用其力而苟焉以自欺者。然或已明而不謹乎此，則其所明又非己有，而無以為進德之基。故此章之指，必承上章而通考之，然後有以見其用力之始終，其序不可亂，而功不可闕，如此云。

此引上一條，乃經沈僩、李燔兩人問辨後所改定。而朱子自所主張欠了分數為自欺之根之說，雖非大學本文之意，而節去之終為可惜，乃移置於此。是亦經沈、李兩人問辨後所增改而移置也。陽明抹去大學格物工夫，又改致知為致良知，專提誠意兩字，劉蕺山又從而彌縫其缺，轉以慎獨為宗。若以發揮大學之一章一節一語一義，亦不得謂其無見。然朱子之說，終始本末一以貫之，兼顧並到，互發相足，則遙為細密而圓滿，可遵而無病。有志之士所當明辨審擇也。

又文集卷六十三答孫敬甫有云：

論誠意一節，極為精密。但如所論，則是不自欺後方能自慊，恐非文意。蓋自欺自慊，兩事正相抵背。纔不自欺，即其好惡眞如好好色惡惡臭，只為求其自快自足。如寒而思衣以自溫，飢而思食以自飽，非有牽強苟且姑以為人之意。纔不如此，即其好惡皆是為人而然，非有自求快足之意也。故其文曰：「所謂誠其意者，毋自欺也。」而繼之曰「如惡惡臭，如好好色」，即是正言不自欺之實。而其下句乃云「此之謂自慊」，即是言如惡惡臭好好色便是自慊，非謂必如此而後能自慊也。所論謹獨一節，亦似太說開了。須知即此念慮之間，便當審其自欺自慊之向背，以存誠而去僞，不必待其作姦行詐，干名蹈利，然後謂之自欺也。「小人閒居」以下，則是極言其弊必至於此，以為痛切之戒，非謂到此方是差了路頭處也。

此書又在上引沈僩、李燔四條問答之後。若專為解釋大學誠意一章，則凡朱子此所闡說，可謂與此下陽明所論先後若合符節矣。凡辨學術異同，貴能見其同，又復求其異。後之學者，誤以程朱為理學，象山為心學，於朱子言心精微處，每易忽略，而專從其論理氣處著眼，則不能見朱陸之眞異同所在。又如論朱學，僅注重其論大學之格物，而不知其論大學之誠意，實與此下陽明之說如合符節也。

又年譜慶元六年三月，改大學誠意章，謂：

初、先生病已甚，猶修書不輟。夜為諸生講論，多至夜分。且曰：「為學之要，惟在事事審求其是，決去其非。積累久之，心與理一，自然所發皆無私曲。聖人應萬事，天地生萬物，直而已矣。」是日改大學誠意章。午後暴下不能興，隨入室堂。自此不復能出樓下。

此蓋易簀前三日也。江永近思錄集注考訂朱子世家說之云：

儀禮經傳通解大學篇誠意章注與今本同。惟經一章注，原本「一於善」，今本作「必自慊」，是所改者此三字耳。

今按章句經一章注：

誠，實也。意者，心之所發也。實其心之所發，欲其必自慊而無自欺也。

此見朱子最後所改，並非大學誠意章，當云改大學「誠意」二字最先見處之注為允。其所以易「一於善」三字為「必自慊」三字者，意亦可說。大學本文云：「欲誠其意者先致其知。」蓋必知至而後能一於善，而後意誠也。否則見理不實，欠了分數，終不能達於誠之實境。然亦不可謂我知未至，且不做誠意工夫。於此而求誠意，惟有求其表裏如一，必自慊而無自欺，是亦可謂之誠意。前引答孫敬甫書正發此意。此即陽明所說今日知到這裏，即今日行到這裏也。蓋「一於善」之誠，乃實理之誠。「必自慊」之誠，乃誠慤之誠。人之自修，當本吾誠慤之誠以達於實理之誠。人之為學，則必求知於實理之誠以完吾誠慤之誠。朱子易簀前三日改此「一於善」三字為「必自慊」三字，乃與下文注語「誠意者自修之首」一句義指相足，工夫始無滲漏。此其用意，可謂精到之至。然非參看語類，則有不能明其隱微曲折之所在者。是豈單標孤義，杜塞旁門，所謂易簡工夫者之所能相比擬乎？

又按蔡沈夢奠記：「初六日辛酉，改大學誠意章，令詹淳謄寫，又改數字。」李果齋年譜於「改誠意章」下注云：「戊午歲與廖德明書云：『大學又修得一番，簡易平實，次第可以絕筆。』」此書文集未載。云是戊午歲，覈之上引語類各條，殆即指改誠意章而言。然則夢奠記所云令詹淳謄寫者，或即是戊午歲之所改。因改定僅在前兩年，傳播未廣，是日精舍諸生羣集，朱子臟腑已患微利，故令詹淳謄寫舊改文字傳示諸生，而仲默所記未清晰，故果齋特引戊午與廖德明一書附注於下。至仲默云「又改數字」，則是江慎修所考乃改「一於善」三字為「必自慊」三字也。江氏根據禮書，其言確可依信。朱子易簀前一夕癸亥，作書與黃榦，令收禮書底稿。又一書與范念德，託寫禮書。若黃范二人此後又據辛酉所改大學誠意章改寫禮書之底稿，則何為「一於善」三字獨不加以改定。故知此事乃是蔡仲默所記未清晰也。特識所疑，以待讀者之再定。

又按通志堂經解有趙順孫四書纂疏一書，於大學「誠意」二字最先見下之註文，仍用「一於善」三字，是不知朱子在易簀前三日已改此三字為「必自慊」三字也。此書前有洪天錫序，又順孫自序，皆未著年月。又有牟子才中庸章句疏序，著在寶祐四年十一月，上距朱子卒已五十六年。當時朱門後學尚多不知朱子易簀前有此三字之改定。或亦誤於蔡沈之記，以為所改即是大學誠意章，乃於又改數字之語忽略未加追究也。

夏炘述朱質疑卷十六附考改大學誠意章，又為江永所考覓得新證。謂：「朱子紹興五年冬十月辛丑，受詔講大學，大全集經筵講義中大學聖經注，亦作「一於善」，與今本「必自慊」異，而與儀禮通解同，則所改者必此三字，又何疑乎？」今按紹興五年乃紹熙五年之誤。是年朱子年六十五。文集卷十五經筵講義釋所謂「誠其意者毋自欺也」云：

> 臣熹曰：毋者，禁止之辭也。人心本善，故其所發亦無不善，但以物欲之私雜乎其間，是以為善之意有所不實而為自欺耳。能去其欲則無自欺，而意無不誠矣。

此謂人心本善，故其所發亦無不善，是即陽明「見父自然知孝，見兄自然知弟」，亦即象山心即理之說。朱子本不贊許此說。大概「心之所發無不善」八字，尚在語類李敬子問所引舊注之前，乃紹熙五年以前語。雖毫釐之差，亦在所必爭。後乃改為「人莫不知善之當為，然知之不切，則心之所發有陰在於惡而陽為善以自欺者」。此在朱子六十五歲後。較前語已大進。後又改為「心之所發，陽善陰惡，則其好善惡惡皆為自欺而意不誠」。則在朱子六十九以前。六十九以後，始改成今注。今可考見者，已有此四番更定也。

朱子論思

朱子於心地工夫，又特重一思字。語類云：

思在人最深，思主心上。（二三）

程子曰：「思無邪，誠也。」誠是實。心之所思，皆實也。（二三）

思在言與行之先，「思無邪」，則所言所行皆無邪矣。惟其表裏皆然，故謂之誠。（二三）

又曰：

行無邪，也未見得是實。惟思無邪，則見得透底是實。（二三）

人之踐履處，可以無過失，若思慮亦至於無邪，則是徹底誠實，安得不謂之誠。（二三）

又曰：

誠是在思上發出。（二三）

因言「思無邪」與「意誠」，曰：「有此種則此物方生。無此種，生箇甚麼。所謂種者，實然也。如水之必濕，火之必燒，自是住不得。『思無邪』，表裏皆誠也。若外為善而所思有不善，則不誠矣。為善而不終，今日為之而明日廢忘，則不誠矣。中間微有些核子消化不破，則不誠矣。」又曰：「『思無邪』有兩般，伊川『誠也』之說也麤。」（二三）

謂「思無邪」有兩般者，如說思與言行表裏如一是一般。如說心下有種定會生，住不得，誠在思上發出，是又一般。伊川似只指其前一般，故謂其說麤。誠者須表裏如一，又須終始如一。苟心之所思實在此，則不僅能表裏如一，自亦能終始如一矣。

問：「『哲人知幾，誠之於思，志士勵行，守之於為。』此是兩般人否？」曰：「非也。只是『誠之於思』底卻覺得速。『守之於為』者，及其形於事為，早是見得遲了。此卻是覺得有遲速，不可道有兩般，卻兩腳做功夫去。」（四一）

「哲人」四句，乃伊川四箴中語。朱子說之曰：「『誠之於思』是動於心。『守之於為』是動於身。」又曰：「思是動之微，為是動之著。思是動於內，為是動於外。專誠於思不守於為不可。專守於為不誠於思亦不可。」皆見語類。朱子意，亦非要專落在思之一邊下工夫，必思而達於為，非有兩般事，卻須兩腳做工夫也。

康節曰：「思慮未起，鬼神莫知。不由乎我，更由乎誰。」此間有術者，人來問事，心下默念，則他說相應。有人故意思別事，不念及此，則其說便不應。問姓幾畫，口中默數，則他說便着。不數者，說不着。（一〇〇）

此可見人心有思，雖若隱藏，實是「誠之不可掩」，未有思而不達於外也。又曰：

人心苟正，表裏洞達，無纖毫私意，可以對越上帝，則鬼神焉得不服。故曰：「思慮未起，鬼神莫知。」又曰：「一心定而鬼神服。」（八七）

可見人與天合，心與理合，正當在思上下工夫。

問「思無邪」、「毋不敬」。曰：「禮言『毋不敬』，是正心誠意之事。詩言『思無邪』，是心正意誠之事。」（二三）

「毋不敬」是渾然底，「思」是已萌。此處只爭些子。（二三）

「思無邪」有辨別，「毋不敬」卻是渾然好底意思。大凡持敬，程子所謂敬如有箇宅舍，講學如遊騎，不可便相離遠去。須是於知處求行，行處求知，斯可矣。（二三）

敬只是持守，能在思處下工夫，正是持敬好消息也。

文集卷七十記疑有云：

心之有思，乃體之有用，所以知來藏往，周流貫徹，而無一物之不該也。但能敬以操之，則常得其正而無紛擾之患。今患其紛擾而告以本無，則固不盡乎心之體用。且夫本無之說，又惡能止其紛擾之已然哉。

「本來無一物，何處惹塵埃」，此禪宗語。朱子謂心自有體，心之有思即心之大用，貴能操之以敬，使其常得於正而無邪，則修學進德皆賴之，自無紛擾之患。斷無所謂本無思慮之心體。且其說亦並不能止此心之紛擾。文集卷五十九答吳斗南有云：

所云「禪學悟入，乃是心思路絶，天理盡見」，此尤不然。心思之正，便是天理，流行運用，無非天理之發見，豈待心思路絶而後天理乃見耶？且所謂天理復是何物？仁義禮智豈不是天理？君臣、父子、兄弟、夫婦、朋友豈不是天理？若使釋氏果見天理，則亦何必如此悖亂，殄滅一切，昏迷其本心而不自知耶！此皆近世淪陷邪說之大病，不謂明者亦未能免俗而有此言也。

是則有思之與無思，亦可謂是儒釋之疆界。

又文集卷五十二答吳伯豐有云：

學是放傚見成底事，故讀誦咨問躬行皆可名之，非若思之專主乎探索也。

學為放傚，思為探索，若套用朱子別處說話，則學乃坤道，而思則乾道也。

卷三十一答張敬夫孟子說疑義有云：

本文「耳目之官不思而蔽於物，心之官則思」，此兩節分別小體大體。下文云「先立乎其大者，則小者不能奪」。今全不曾提掇著立字，而只以思為主。心不立而徒思，吾未見其可也。

「先立乎其大者」謂心，心之所同然者曰理義。此為心之體。心不立而徒思，則不免為蔽於物之思，物交物，引之而思，終將不能由思以達夫心與理一之境界。不立此體，則無此用也。

文集卷四十四答蔡季通有云：

大抵思索義理，到紛亂窒塞處，須是一切掃去，放教胸中空蕩蕩地了，卻舉起一看，便自覺得有下落處。此說向見李先生曾說來，今日方眞實驗得如此，非虛語也。

「一切掃去，放教胸中空蕩蕩地」，善運思者亦有此一法，然非禪家之所謂「心思路絕本無一物」也。一切掃去乃體立，心思路絕乃無體，此在學者善會。

語類又云：

「某舊見李先生云：『且靜坐體認。』」問：「體認莫用思否？」曰：「固是。且如四端雖固有，孟子亦言『思則得之，不思則不得也』。」又曰：「此箇道理，大則包括乾坤，提挈造化，細則

入豪釐絲忽裏去。無遠不周，無微不到，但須是見得箇周到底是何物。」（二三）

是則靜坐體認實皆須思。忽略了思，徒曰靜坐體認，則鮮不落入空虛幻妄中去。

又曰：

公今只看一箇身心，是自家底，是別人底。是自家底時，今纔挈轉，便都是天理。挈不轉，便都是人欲。要識許多道理，是為自家，是為別人。看許多善端，是自家本來固有，是如今方從外面強取來附在身上。只恁地看，便灑然分明。「未之思也，夫何遠之有？」纔思便在這裏。（一一九）

此乃思之最先緊要處，亦所謂誠在思上發出也。又曰：

昨夜說「思則得之」，纔思便在這裏。這失底已自過去了，自家纔思，這道理便自生。認得着，莫令斷，始得。一節斷一節，便不是。今日恁地一節斷了，明日又恁地一節斷，只管斷了，一向失去。（一一九）

此兩條，指說心體，思即在，斷即失。有指自己心體言者，思即在是也。有指外面道理言者，「思之弗得弗措」是也。故既說思即是誠，亦可說思即誠之工夫。此後陽明良知學一派單提誠意，不言思，亦似於本體工夫上落於一偏。

羅整菴困知記有云：

所貴乎先立其大者何，以其能思者。孟子喫緊為人處，不去乎思之一言。故他日又曰：「弗思耳矣。」象山教學者，以為此心但存，此理自明。當惻隱處自惻隱，當羞惡處自羞惡。又云：「當寬裕溫柔，自寬裕溫柔。當發強剛毅，自發強剛毅。」若然，則無所用乎思矣，非孟子先立乎其大者之本旨也。

此一分辨甚是。先立乎其大，當先立乎此心而能思。苟非先立此心則不能思，當與朱子答張敬夫孟子說疑義一條合參。

或問誠敬二字。曰：「不去做工夫，徒說得，不濟事。且如公一日間曾有幾多時節去體察理會來。若不曾如此下工夫，只據冊上寫底把來口頭說，雖說得是，何益。蓋此義理儘廣大，無窮盡，不入思慮，則何緣會通。」（一一三）

體察理會皆思也。不入思慮，則義理無緣得進，故誠敬皆須在思上用功夫。

因言及釋氏，曰：「釋子之心卻有用處。朝夕汲汲不捨，所以無有不得之理。今公等學道，安得似他。此心原不曾有所用，逐日流蕩放逐，如無家之人，悠悠漾漾，似做不做。從生至死，忽然無得而已。有謹飭不妄作者，亦資稟如此，其心亦無所用，只是閑慢過日。若是汲汲用功底人自別。他那得工夫說閑話。精專懇切，無一時一息不在裏許思量一件道理。直是思量得徹底透熟，無一毫不盡。今公等思量這一件道理，到半間不界，便掉了。少間又看那一件。如此，沒世不濟事。若眞箇看得這一件道理透，入得這箇門路，以之推他道理，也只一般。公等每日只在門外走，所以都無入頭處，不濟事。」又曰：「學道做工夫，須是奮厲警發，悵然如有所失，不尋得則不休。如自家有一大光明寶藏，被人偷去，此心還肯放捨否？定是追尋得了方休。做工夫亦須如此。」（一二一）

此見心工夫之最喫緊處正是思。求立心，尤貴能思。又曰：

某舊時看文字極難，諸家說盡用記。且如毛詩，那時未似如今說得如此條暢，古今諸家說盡用記取，閑時將起思量。這一家說得那字是，那字不是。那一家說得那字不是，那字是。那家說得全是，那家說得全非。所以是者是如何，所以非者是如何。只管思量，少間這正當道理自然光明燦爛，在心目間，如指諸掌。今公們紐捏巴攬來說，都記得不熟，所以這道理收拾他不住，自家也使他不動。（一二一）

此條朱子舉出自己平日用思實例。所謂思，非憑空探索，求之溟漠虛無之謂。必有實事實物以為運思之地，此即朱子格物致知之教也。此心能思，思能有得，始漸達心與理一之境。謂收拾不住這道理，也使他不動，此即心不能與理為一也。若認此為務外，為支離，則將置心於無思，無思則不見心體，即無心矣，此烏可。

問：「恕字古人所說有不同處，如『己所不欲勿施於人』，便與大學之『絜矩』，程子所謂『推己』，都相似。如程子所引『乾道變化，各正性命』，及大學中說『有諸己而後求諸人』，卻兼通不得。如何？」曰：「也只是一般，子細看便可見。某當初似此類都逐項寫出，一字對一字看，少間紙上底通，心中底亦脫然。」（二七）

此亦朱子平日用思一實例，可與上引「或問誠敬」一條合看。朱子一面戒人不要只據冊子上寫底把來口頭說，一面卻把冊子上底逐項寫出，一字對一字看。看似相反，實皆是教人用思。今人皆知看重思想，卻不知思想應重在躬行實踐中探索。又重思想卻不重讀書，不知在博聞多學中去思，此皆失之。驟看朱子書，似只在教人躬行與讀書，不在教人思，因此誤認朱子乃一篤行大賢，或博涉之學者，而不能認識其眞實為一大思想家。不知朱子之篤行、博學與其思之三者，融合成為一體，其所思若不可見，而只見於其行與學，此其思之所以為誠為大為通為深也。

又曰：

讀書之法，只要落窠槽。今公們讀書，盡不曾落得那窠槽，只是走向外去思量，所以都說差去。（一二一）

要落窠槽，先貴能思，思不是走向外去。讀書如此，一切格物窮理無不如此。全要向裏落窠槽。若儘向外去，則落不得窠巢，非所謂思。又曰：

只守得塊然底虛靜，裏面黑漫漫地，濟得甚事。所謂虛靜者，須是將那黑底打開，成箇白底。教他裏面東西南北，玲瓏透徹，虛明顯敞，如此方喚做虛靜。（一二一）

有「黑底虛靜」，有「白底虛靜」，此乃一大分辨。打開黑底，教成白底，非此心能用思不可。心能思，則自通明也。

或自述：「向嘗讀伊洛書，妄謂人當隨事而思，視時便思明，聽時便思聰，視聽不接時，皆不可有所思，所謂『思不出其位』。若無事而思，則是紛紜妄想。」曰：「若閑時不思量義理，到臨事而思，已無及。若只塊然守自家箇軀殼，直到有事方思，閑時都莫思量，這卻甚易。只守此一句足矣。以孔子之聖，也只是好學，『我非生而知之者，好古敏以求之者也』。『文武之道未墜於地，在人。賢者識其大者，不賢者識其小者，莫不有文武之道焉。夫子焉不學，而亦何常師之有。』若說閑時都莫思，則世上大事小事都莫理會。何故中庸卻不先說篤行之，先說博學之、審問之、謹思之、明辨之？大學何故卻不先說正心誠意，卻先說致知？孟子卻說道『詖辭知其所蔽，淫辭知其所陷，邪辭知其所離，遁辭知其所窮』？若如公說，閑時都不消思量，只要理會自家心在裏面，事至方思，外面事都不要思量理會。」或云：「若不理會得世上許多事，自家裏面底也怕理會不得。」先生曰：「只據他所見，自守一箇小小偏枯底物事，無緣知得大體。」因曰：「陳叔向正是如此。如他說格物，云『物是心，須是格住這心。致知如了了的當，常常知覺』。他所見既如彼，便將聖賢說話都入他腔裏面。這都是不曾平心讀聖賢之書，只把自家心下先頓放在這裏，卻捉聖賢說話壓在裏面。如說隨事而思，無事不消思，聖賢也自有如此說時節，又自就他地頭說。只如公說『思不出其位』，這位字卻不是只守得這軀殼。這位字煞大。若見得這意思，天下甚麼事不關自家身己。極而至於參天地，贊化育，也只是這箇心，都只是自家分內事。」（一二〇）

此條極見朱子論學精神。朱子平常教人格物致知，皆須思。明儒論格物，則亦有如陳叔向之所說者。徒尚躬行，不教人讀書，總是偏枯了一邊。亦有一意博學，不務躬行，則同是偏枯了一邊。然非心之能思，如何使躬行博學相顧兼到，博大而閎通，篤實而光輝，如朱子所成就，則誠曠代巨儒也。

問思慮紛擾。曰：「公不思慮時，不識箇心是何物。須是思慮時知道這心如此紛擾。漸漸見得，卻有下工夫處。」（一一八）

問：「每日暇時，略靜坐以養心，但覺意自然紛起，要靜越不靜。」曰：「程子謂『心自是活底物事，如何窒定教他不思。只是不可胡亂思。』纔着箇要靜底意思，便是添了多少思慮。且不要恁地拘迫他，須自有寧息時。」（一一八）

問：「如何用工？」曰：「且學靜坐，痛抑思慮。」曰：「痛抑也不得，只是放退可也。若全閉眼而坐，卻有思慮矣。」又言：「也不可全無思慮，無邪思耳。」（一一八）

又曰：

學者博學、審問、謹思、明辨等，多有事在。然初學且須先打疊去雜思慮，作得基址，方可下手。如起屋須有基址，許多梁柱方有頓處。（一一八）

又曰：

人須打疊了心下閑思雜慮。如心中紛擾，雖求得道理也沒頓處。須打疊了後，得一件方是一件，兩件方是兩件。（一一八）

或問：「靜時多為思慮紛擾。」曰：「此只為不主一。人心皆有此病。不如且將讀書程課繫縛此心，逐旋行去。到節目處，自見功效淺深。」（一一八）

文集卷四十九答王子合有云：

示喻思慮不一，胸次凝滯，此學者之通患。然難驟革。莫若移此心以窮理，使向於彼者專，則繫於此者不解而自釋矣。

語類又曰：

或問：「人之思慮有邪有正。若是大段邪僻之思，卻容易制。惟是許多無頭面不緊要底思慮，不知何以制之。」曰：「此亦無他，只是覺得不當思量底便莫要思，便從腳下做將去，久久純熟，自然無此等思慮矣。前輩有欲澄治思慮者，於坐處置兩器，每起一善念，則投白豆一粒於器中。每起一惡念，則投黑豆一粒於器中。初時黑豆多，白豆少。後白豆多，黑豆少。後來遂不復有黑豆，最後則雖白豆亦無之矣。然此只是箇死法。若更加以讀書窮理底工夫，則去那般不正當底思慮何難之有。又如人有喜做不要緊事，如寫字作詩之屬，初時念念要做，更遏捺不得。若能將聖賢言語來玩味，見得義理分曉，則漸漸覺得此重彼輕，久久不知不覺自然剝落消殞去。何必橫生一念，要得別尋一捷徑，盡去了意見，然後能如此。」前夜嘗有為「去意見」之說者，先生曰：「此皆是不柰煩去修治他一箇身心了，作此見解。學者但當就意見上分眞妄，存其眞者，去其妄者而已。若不問眞妄，盡欲除之，所以游游蕩蕩，虛度光陰，都無下工夫處。」因舉中庸「喜怒哀樂未發謂之中，發而皆中節謂之和」：「喜怒哀樂，皆人之所不能無者，如何要去得。只是要發而中節爾。今卻不柰煩去做這樣工夫，只管要求捷徑，去意見，只恐所謂去意見者，正未免為意見也。聖人教人，如一條大路，平平正正，自此直去，可以到聖

賢地位。只是要人做得徹。做得徹時，也不大驚小怪，只是私意剝落淨盡，純是天理融明爾。」（一一三）

此條因教人祛除閑思慮而縱論及於做工夫處。教人不要不奈煩，要做得徹，莫要別尋捷徑，更要在加以讀書窮理工夫。凡欲此心無思，皆是不奈煩。凡能讀書窮理，則自知如何用思也。

語類又曰：

中庸言謹思之。思之粗，復不及，固是不謹。到思之過時，亦是不謹。所以聖人不說深思，不說別樣思，卻說箇謹思。（六四）

深思往往是思之過，謹思始是思之正，此亦一大分辨，當加體會。又曰：

「顏子明睿所照，子貢推測而知」，此兩句當玩味，見得優劣處。顏子是眞箇見得徹頭徹尾，子貢只是暗度想像。恰似將一物來比並相似，只能聞一知二。顏子雖是資質純粹，亦得學力，所以見得道理分明。（二八）

又曰：

「明睿所照」，如箇明鏡在此，物來畢照。「推測而知」，如將些子火光，逐些子照去推尋。（二八）

問「思曰睿」。曰：「『視曰明』，是視而便見之謂明。『聽曰聰』，是聽而便聞之謂聰。『思曰睿』，是思而便通謂之睿。」（五八）

此處朱子依據程子語，提出睿照與推測之辨。睿照者，思而便通，此須姿質，亦貴學力。心如明鏡，釋道皆有此想，儒家亦然。惟所用方法與所達境界則各不同。此非深究三家及於深處，不易知。

問知與思。曰：「二者只是一事。知如手，思是使那手去做事。思所以用夫知也。」（一七）

知與思一即是明睿，不知而摸索，此是推測。

又說易之「極深研幾」，曰：

研幾是不待他顯著，只在那茫昧時都處置了。深是幽深，通是開通。所以閉塞，只為他淺。若是深後，便能開通人志。道理若淺，如何開通得人？所謂「通天下之志」，亦只似說「開物」相似。所以下一句也說箇「成務」。（七五）

又曰：

深就心上說，幾就事上說。幾便是有那事了，雖是微，畢竟有件事。深在心，甚玄奧。幾在事，半微半顯。「通天下之志」，猶言「開物」，故其下對「成務」。（七五）

又曰：

極出那深，故能「通天下之志」。研出那幾，故能「成天下之務」。（七五）

此處所論，雖未明白提出思字，然極與研皆是思字工夫也。參讀下論幾篇。

因言前輩諸賢，多只是略綽見得箇道理便休，少有苦心理會者。（一一三）

苦心理會，即是用思研極也，須使到深處。又曰：

格物如何一頓便要格得恁地！且要見得大綱，且看箇大胚模是恁地，方就裏面旋旋做細。如樹，初間且先斫倒在這裏，逐旋去皮，方始出細。但不失了大綱，理會一重了，裏面又見一重。以事之詳略言，理會一件又一件。以理之淺深言，理會一重又一重。只管理會，須有極盡時。「博學之，審問之，謹思之，明辨之」，成四節次第，恁地方是。（一五）

故朱子教人用思，即是教人格物窮理。窮理則須一重進一重到極盡處。又曰：

博學是箇大規模，近思是漸進工夫。（四九）

只是傍易曉底挨將去。（四九）

又曰：

越去許多節次，要到至處，無是理。（四四）

問：「程子曰：『近思以類推。』」曰：「此語道得好。不要跳越望遠，亦不是縱橫陡頓，只是

就這裏近傍那曉得處挨將去。只管見易，不見其難。前面遠處，只管會近。」（四九）

近思亦猶言謹思也。惟其謹而近，故能達於深與遠。思當極於深，而非深思之謂，此朱子教人運思方法一重大要點。

問「思入風雲變態中」。曰：「窮理精深，雖風雲變態之理思亦到。」（九七）

思無不到，精處深處皆須能到。然其所以能無不到者，亦只是從近傍那曉得處挨去。此處當與朱子論格物篇參看。

朱子論幾

文集卷三十五答劉子澄有云：

歲前看通書，極力說箇幾字，儘有警發人處。近則公私邪正，遠則廢興存亡，只於此處看破，便幹轉了。此是日用第一親切工夫，精粗隱顯，一時穿透。堯舜所謂「惟精惟一」，孔子所謂「克己復禮」，便是此事。食芹而美，甚欲獻之吾君也。

書中云「去歲作高彥先祠堂記」，在丁未。此書應在戊申。又卷四十四答蔡季通有云：

所喻「以禮為先」之說，又「似識造化」之云，不免倚於一物，未是親切工夫耳。大抵濂溪先生說得的當。通書中數數拈出幾字，要當如此瞥地，即自然有箇省力處。無規矩中卻有規矩，未造化時已有造化。然後本隱之顯，推見至隱，無處不脗合也。

又書云：

通書注修改甚精。原來誠幾德便是太極二五，此老些子活計，盡在裏許也。前後知他讀了幾過，都不曾見此意思，於此益知讀書之難。

又卷五十九答余正叔有云：

敬義工夫不可偏廢。彼專務集義而不知主敬者，固有虛驕急迫之病，而所謂義者或非其義。然專言主敬，而不知就日用間念慮起處分別其公私義利之所在而決取舍之幾焉，則恐亦未免於昏憒雜擾，而所謂敬者有非其敬矣。且所謂集義，正是要得看破那邊物欲之私，卻來這下認得天理之正。事事物物，頭頭處處，無不如此體察，觸手便作兩片，則天理日見分明，所謂物欲之誘，亦不待痛加遏絶而自然破矣。鄙意不是舍敬談義，去本逐末，正欲兩處用功，交相為助，正如程子所謂「敬義夾持，直上達天德」耳。

此書不知在何年。集中答余正叔凡三書，似皆一時語，相距必不遠。其第三書云：「熹一出無補，幸已還家，又幸奉祠遂請，且得杜門休息」，應指淳熙十五年戊申，孝宗召對延和殿之事，時朱子年五十九。又曰：「熹歸家只看得大學與易，修改頗多。」年譜易學啟蒙成在十三年丙午，大學章句序在十六年己酉，答正叔三書似當在戊申。此數年間，正朱子用心易與大學之年。其答蔡季通論通書「誠幾德」一札，內有「近得林黃中書大罵康節數學、橫渠西銘，袁機仲亦來攻邵氏甚急」云云，此亦皆在戊申。然則上引答子澄、正叔、季通四札，皆應約略同時，在戊申一年間也。是時朱子心地工夫益臻純熟，體悟所及，拈出濂溪通書一幾字，所謂「於日用間念慮起處分別其公私義利之所在而決取舍之幾」者，實已將伊川居敬集義兩項工夫渾通合一，不復見有彼此之分隔矣。雖曰兩處用功，交相為助，其實在朱子心中，已只見為是一項工夫，故曰「日用第一親切工夫也」。又曰：「無規矩中有規矩，未造化時有造化」，只此一斡轉，精粗隱顯，一時滲透，語極深微，又極平實。非實下工夫，久遠純熟，亦未易見其意義之所蘊蓄。朱子自四十悟未發，遂拈出程門一敬字，又進而轉到伊川居敬集義夾持並進之說，此後復重提克己二字，最後又拈出濂溪通書一幾字，前後相去，亦已二十年工夫矣。

語類又一條云：

舉誠幾德一章說云：「『誠無為』，只是自然有實理恁地，不是人做底，都不曾犯手勢。『幾善惡』，便是心之所發處有善有惡了。德便是善底，為聖為賢，只是這材料做。」（一一六）

此條分別誠、幾、德三字，誠屬天地境界，德屬人文境界，德與誠一，即是天人相合，其關鍵則在幾字上。幾是一心動處，善惡由此歧，天人由此分。雖曰隱微難覩，而工力易施。中庸以「自明誠」為「人道」，為聖為賢，皆由此發。

語類又云：

看易須是看他卦爻未畫以前是怎模樣，卻就這上見得他許多卦爻象數是自然如此，不是杜撰。且詩則因風俗世變而作，書則因帝王政事而作。易初未有物，只是懸空說出。當其未有卦畫，則渾然一太極。在人則是喜怒哀樂未發之中。一旦發出，則陰陽吉凶事事都有在裏面。人須就至虛靜中見得這道理周遮通瓏方好。若先靠定一事說，則滯泥不通了。此所謂「潔淨精微，易之教也」。（六七）

又曰：

未畫之前，在易只是渾然一理，在人只是湛然一心，都未有一物在，便是寂然不動，喜怒哀樂未發之中也。忽然在這至虛至靜之中有箇象，方發出許多象數吉凶道理來，所以靈。所以說潔

靜精微之謂易。（六七）

此兩條，前條林學履錄，後條沈僩錄，同在戊午朱子年六十九以後。雖言讀易方法，實亦是言養心之道。象山門下楊慈湖有「己易」說，與朱子此處以易與心相擬，大體頗有似處。惟慈湖侈言境界，朱子則扣緊在工夫上，此其異耳。心地工夫，必求能使此心湛然未有一物，至虛至靜，寂然不動，莫定在一事一理上，而後萬事之理皆由此出。然儘向此處去，又易入禪。朱子以心擬太極，而謂心上忽然有一箇象，正即是「誠幾德」之幾字。此乃朱子晚年指陳心學，雖未直接提到周子誠幾德一章，然可謂朱子此時論易論心，皆由徹悟誠幾德一章來。

朱子通書解有云：

「誠無為」，實理自然，何為之有，即太極也。「幾善惡」，幾者，動之微，善惡之所由分也。蓋動於人心之微，則天理固當發見，而人欲亦已萌乎其間矣。此陰陽之象也。

此處下語，精密邃深，包含宏大，非細參朱子論理氣，論陰陽，論善惡，論天人，論道心人心諸端，將無以窺其精義之所在。「動於人心之微，天理固當發見，而人欲已萌乎其間」，此乃朱子與象山論心重要區別。象山只認心即理，不悟人欲之萌亦即在此心。朱子既主理氣兩分，又主氣分陰陽，其所窺於宇宙本體者極邃密，故其心地工夫亦深沉日進，乃於象山立論終不能無所異。象山只內求於一心，更不外究宇宙萬物之變，故其於濂溪，只信其通書，而疑其太極圖說。朱子則主以太極圖說為綱領，以解釋通書之涵義。如此處注誠幾德章，即據太極二五為說。故朱子非不知尊德性，非不知於心地用力，乃其所以尊之用之者，與象山自不合也。

語類又云：

聖人只說「格物」二字，便是要人就事物上理會，且自一念之微，以至事事物物，若靜若動，凡居處、飲食、言語，無不是事，無不各有箇天理人欲，須是逐一驗過。雖在靜處坐，亦須驗箇敬肆。敬便是天理，肆便是人欲。如居處便須驗得恭與不恭，執事便須驗得敬與不敬。有一般人，專要就寂然不動上理會，及其應事，卻七顛八倒，到了又牽動他寂然底。又有人專要理會事，卻於根本上全無工夫。須是徹上徹下，表裏洞徹。如「居仁」便自能「由義」，「由義」便是「居仁」。「敬以直內」，便能「義以方外」。能「義以方外」，便是「敬以直內」。（一五）

此條廖德明錄，乃以訓竇從周，當在丙午以後。雖是論格物，實是論心地工夫也。雖是說「敬以直內，義以方外」，實乃如上引四條，主張自一念之微分別箇天理人欲下手。蓋朱子學問思想發展到此，又已轉進一新境界。讀語類者，有時當分類而求，有時又當分年而求，乃可以進窺朱子學術之眞實境界。又云：

某向時亦曾說，未有事時且涵養，到得有事，卻將此去應物，卻成兩截事。今只如此格物，便只是一事。（一八）

又一條云：

先生問：「如何理會致知格物？」從周曰：「涵養主一，使心地虛明，物來當自知未然之理。」曰：「恁地則兩截了。」（一一四　一八）

此條竇從周錄，在丙午以後。先涵養，乃朱子舊說，今又不然。居敬窮理不當分兩截，即是透悟到濂溪通書「幾」字後境界。惟來學於朱子者，多先從二程語入門，故必曰格物，曰涵養，曰敬義夾持，曰居敬窮理，朱子亦循此誘導。其辨析精微處，則貴學者之會通以求其義，踐履以盡其實也。

朱子泛論心地工夫

朱子論心學，已分篇詳述。猶有未盡，別為泛論篇。語類有云：

有一分心向裏，得一分力。有兩分心向裏，得兩分力。（八）

心向裏，即是下心地工夫也。又曰：

須是要打疊得盡，方有進。（八）

打疊心下淨盡，乃心地工夫之初步。又曰：

「看得道理熟後，只除了這道理是眞實法外，見世間萬事顚倒迷妄，耽嗜戀着，無一不是戲劇，

眞不堪着眼也。」又答人書云：「世間萬事，須臾變滅，皆不足置胸中。惟有窮理修身為究竟法耳。」（八）

又曰：

切須去了外慕之心。（八）

去外慕，世間一切顛倒迷妄不置胸中，則是打叠功夫也。然非不問世事，惟看道理為眞實法究竟法，是心地工夫之進一步境界。

因說索麵，曰：「今人於飲食動使之物，日極其精巧。到得義理，卻不理會。漸漸昏蔽了都不知。」（八）

世情如此，古今一轍，為可慨。然此層釋老方外皆說得，惟釋老方外以去得外慕、孤明一心為究竟，朱子教人，則要把此去得外慕之心來理會義理。故曰：

「學者喫緊，是要理會這一箇心，那紙上說底全然靠不得。」或問「心之體與天地同其大，其用與天地流通」云云。曰：「又不可一向去無形迹處尋。更宜於日用事物、經書指意、史傳得失上做工夫。即精粗表裏，融會貫通，而無一理之不盡矣。」（九）

此條「不可一向去無形迹處尋」以下云云，又見文集卷五十七答陳安卿。安卿從遊在朱子六十一以後，已屬晚年，則此亦是朱子晚年語。紙上說底全靠不得，須要知有心地工夫，然心地工夫亦離不了經史書冊，學者應從此兩面參入，此乃朱子之心學。

問：「向見先生教童蜚卿於心上着工夫。數日來，專一靜坐，澄治此心。」曰：「若如此塊然都無所事，卻如浮屠氏矣。所謂存心者，或讀書以求義理，或分別是非以求至當之歸，只那所求之心，便是已存之心。何俟塊然以處而後為存耶？」（一一五）

此條亦所謂精粗表裏融會貫通之意。當時學者多誤認塊然無事為向裏，讀書應務為粗迹，以此為心地工夫，則宜乎失之愈遠。

問學者曰：「公今在此坐，是主靜？是窮理？」久之未對。曰：「便是公不曾做工夫。若不是主靜，便是窮理，只有此二者。既不主靜，又不窮理，便是心無所用，閑坐而已。如此做工夫，豈有長進之理。佛者曰：『十二時中，除了著衣喫飯，是別用心。』夫子亦云：『造次必於是，顛沛必於是。』須是如此做工夫方得。公等每日只是閑用心，問閑事、說閑話底時節多，問緊要事、究竟自己底事時節少。若是眞箇做工夫底人，他自是無閑工夫說閑話、問閑事。聖人言語，有幾多緊要大節目，都不曾理會。小者固不可不理會，然大者尤緊要。」（一二一）

學者不可無所用心，閑用心，須是十二時中造次顛沛必於是。必於是者，即必在義理上。主靜即主於是，窮理即窮於是。

因建陽士人來請問，先生曰：「公們如此做工夫，大故費日子。覺得今年只似去年，前日只是今日，都無昌大發越底意思。這物事須教看得精透後一日千里始得。而今都只泛泛在那皮毛上理會，都不曾抓着那癢處，濟得甚事。做工夫一似穿井相似，穿到水處，自然流出來不住。而今都乾燥，只是心不在，不曾着心。如何說道出去一日，便不曾做得工夫。某常說，正是出去路上好做工夫。且如出十里外，既無家事炒，又無應接人客，正好提撕思量道理。所以學貴『時習』，到『時習』自然『說』也。如今不敢說時習，須看得見那物事，方能時習。如今都看不見，只是不曾入心。所以在窗下看，才起去，便都忘了。須是心心念念在上，便記不得細註字，也須時時提起經正文在心，也爭事。而今都只在那皮毛上理會，盡不曾抓着癢處。若看得那物事熟時，少間自轉動不得。自家脚才動，自然踏着那物事行。須是得這箇道理入心，不忘了，然後時時以義理澆灌之。而今這種子只在地面上，不曾入地裏去，都不曾與土氣相接著。」（一二一）

此條沈僩記戊午朱子年六十九以後所聞。所謂看見那物事，也可言即是此心，也可言即是此理。此即是去了外慕之心，又須使此理入心來，深着心上，心與理一，始會如穿井相似，穿到水處，那水自然流出。所謂心與理一者，此須一段工夫，始到此境界。所謂如「自家脚才動，自然踏著那物事行」。此乃境界，非工夫。又須懂得到達此境界後仍須有工夫。即讀書亦然。須使書中義理着心，入得心來，如種子入到地裏生根，纔會長枝抽葉。若專在書冊訓詁上用心，亦是泛泛在皮毛上理會也。象山譏朱子不知尊德性，徒務道問學，朱子意則教人道問學即所以教人尊德性。須求精粗表裏，融會貫通。象山力主心即理，則是偏着心一邊。朱子只說一切學問皆須從心地上下工夫，內外本末，當知其分而合，合而分，一以貫之，卻非說一即是貫。

語類又一條云：

某煞有話要與諸公說，只是覺次序未到。而今只是面前小小文義，尚如此理會不透，如何說得到其他事。這箇事，須是四方上下，小大本末，一齊貫穿在這裏，一齊理會過。其操存踐履處，固是緊要，不可間斷。至於道理之大原，固要理會。纖悉委曲處，也要理會。制度文為處，也要理會。古今治亂處，也要理會。精粗大小，無不當理會。四邊一齊合起，工夫無些罅漏。東邊見不得，西邊須見得。這下見不得，那下須見得。既見得一處，則其他處亦可類推。而今只從一處去攻擊他，又不曾着力，濟得甚事。如坐定一箇地頭，而他支脚，也須分布擺陣。如大軍廝殺相似，大軍在此坐以鎮之，游軍依舊去別處邀截。須如此作工夫方得。而今都只是悠悠礙定這一路，略略拂過。今日走來挨一挨，又退去。明日亦是如此。都不曾抓着那癢處，何況更望掐着那痛處。所以五年十年，只是恁地，全不見長進。這箇須是勇猛奮厲，直前不顧去做。四方上下，一齊着到，方有箇入頭。今學者不見有奮發底意思，只是如此悠悠地過。今日見他是如此，明日見他亦是如此。（一二一）

此條亦沈僩記，緊接前一條，兩條蓋同時語。驟看此條，乃是教人治學，其實即是教人治心。若以心學理學分言，則凡朱子論學，皆心學，亦皆理學也。窮理所以明心，養心所以明理，此皆須學。心與理與學，一而三，三而一，一是皆從心根源上流濬培壅，皆從心根源上發生流出。下學上達皆是此心。或欲排棄事物學問以別求一心，或則知有書冊文字、事業功利而不知有此心。內外本末，各不相顧，精粗小大，隔別不合，皆非朱子教人之意。

語類又云：

聖賢說話，許多道理平鋪在那裏。且要闊著心胸，平去看。不是硬捉定一物。也須如僧家行脚，接四方之賢士，察四方之事情，覽山川之形勢，觀古今興亡治亂得失之迹，這道理方見得周徧。（一一七）

此條陳淳記己未所聞，可與前沈僩記兩條合參，此皆朱子晚年語。治學治心，工夫一貫，看此條更易見。

文集卷四十三答李伯諫有云：

承喻及「從事心性之本，以求變化氣質之功」之說，此意甚善。然愚意此理初無內外本末之間。凡日用間涵泳本原酬酢事變，以至講說辯論考究尋繹，一動一靜，無非存心養性變化氣質之實事。學者之病，在於為人而不為己，故見得其間一種稍向外者，皆為外事。若實有為己之心，但於此顯然處嚴立規程，力加持守，日就月將，不令退轉，則便是孟子所謂深造以道者。蓋其所謂深者，乃工夫積累之深。而所謂道者，則不外乎日用顯然之事也。及其眞積力久，內外如一，則心性之妙無不存，而氣質之偏無不化矣。所謂自得之而居安資深也。豈離外而內，惡淺而深，舍學問思辨力行之實，而別有從事心性之妙也哉？至於易之為書，因陰陽之變以形事物之理，大小精粗，無所不備。尤不可以是內非外厭動求靜之心讀之。鄙意如此，故於來喻多所未安。竊恐向來學佛病根有未除者，故敢以告。

與伯諫第一書在甲申，此乃其續書，不在甲申，即在乙酉。伯諫第三書來，即拒謝不復置答。故知此三書相距不遠也。乙酉朱子年三十六，下距與二陸會鵝湖寺尚十年，而所言存心養性變化氣質實下工夫處，乃與晚年告其門弟子者前後若合符轍，非有所大相異也。朱子為學，雖是與年俱進，然亦有早年晚年無甚大相異者。故論朱子學，雖可分年而觀，亦當會通而求。陽明所編朱子晚年定論，多收朱子早年中年語，然其得失固不在此，學者其細辨之。

語類有云：

「君子引而不發，躍如也。」須知得是引箇甚麼，怎生地不發，又是甚麼物事躍在面前。須是聳起這心與他看，教此心精一，無些子夾雜，方見得他那精微妙處。道理散在天下事物之間，聖賢也不是不說，然也全說不得。自是那妙處不容說。然雖不說，只才挑動那頭了時，那箇物事自跌落在面前。如張弓十分滿而不發箭，雖不發箭，然已知得真箇是中這物事了。須是精一其

心，無些子他慮夾雜，方看得出。（六〇）

此條引孟子語闡說心地工夫。引，引弓也。人心有張有弛，引即張也，故曰聳起這心，是即敬也。敬則心主於一，心中無事，故曰其心精一，無他慮夾雜。由此可得心與理一之微妙處。然居敬外仍須加窮理工夫，此則朱子之意。

語類又曰：

邵康節，看這人須極會處置事。被他神閑氣定，不動聲氣，須處置得精明。他氣質本來清明，又養得來純厚，又不曾枉用了心。他用那心時，都在緊要上用。被他靜極了，看得天下事理精明。嘗於百源深山中闢書齋獨處其中，王勝之常乘月訪之，必見其燈下正襟危坐，雖夜深亦如之。若不是養得至靜之極，如何見得道理如此精明。只是他做得出來須差異。（一〇〇）

又曰：

「康節甚喜張子房，以為子房善藏其用。以老子為得易之體，以孟子為得易之用。合二者而用之，想見善處事。」問：「不知眞箇用時如何？」曰：「先時說了，須差異，須有些機權術

數。」（一〇〇）

此兩條引康節故事闡說心地工夫。於山中深夜獨處，正襟危坐，此亦即是能聳起其心，故能養得至靜之極而見事理精明。此亦其心精一無些子他慮夾雜故然。然使康節做出來，終有些權謀術數上底差異，此乃康節在學問上有差異，終是其窮理未精處也。

語類又曰：

若不用躬行，只是說得便了，則七十子之從孔子，只用兩日說便盡，何用許多年隨着孔子不去。不然，則孔門諸子皆是獃無能底人矣，恐不然也。古人只是日夜皇皇汲汲，去理會這箇身心。到得做事業時，只隨自家分量以應之。如由之果、賜之達、冉求之藝，只此便可以從政，不用他求。若是大底功業，便用大聖賢做。小底功業，便用小底賢人做。各隨他分量做出來，如何強得。（一三）

此條把心地工夫與事業並說。所謂「古人日夜皇皇汲汲去理會這箇身心」者，即是認眞下心地工夫也。一切事業成就之高下大小，則隨其心地工夫所得之分量以為定。大底聖賢做出大底功業，小底賢人做出小底功業。朱子論學，畢竟要歸宿到功業上，與明儒端茶童子亦即聖人之說大異，可參讀論聖人篇。

語類又曰：

定如水之初定。靜則定得來久，物不能撓。處山林亦靜，處廛市亦靜。安則靜者廣，無所適而不安。靜固安，動亦安，看處甚事，皆安然不撓。安然後能慮。今人心中搖漾不定疊，還能處得事否？慮者，思之精審也。人之處事，於叢冗急遽之際而不錯亂者，非安不能。（一四）

此條分釋大學定靜安慮四種境界，分作四箇層次，以見心地工夫之遞進遞深，亦見其與處理事業之息息相關。

又曰：

王介甫每得新文字，窮日夜閱之。喜食羊頭𩜴，家人供至，或值看文字，信手撮入口，不暇用筯。過食亦不覺，至於生患。且道將此心應事，安得會不錯。不讀書時常入書院。有外甥懶學，怕他入書院，多方討新文字，得之，只顧看文字，不暇入書院矣。（一〇九）

荆公正為不曾細下心地工夫，乃為一懶學外甥所欺，朱子譏其以此心應事安得不錯。心須能應事，始見工夫也。又有兼論王荊公、呂東萊放心一節，語詳放心篇。

因論王氏之學，而曰：「元澤幼即穎悟，嘗有人籠獐鹿各一以遺介父，元澤時俱未識也。或問之曰：『孰為鹿？孰為獐？』元澤曰：『獐邊者是鹿，鹿邊者是獐。』其後解經，大抵類此。」（一〇九）

荊公父子平日只用心在書本文字上，無養心工夫。事到面前，亦像能說得頭頭是道，只不能在實事實物上做得恰好，此亦不知用心地工夫之影響其事業也。

語類又曰：

凡人多動作，多語笑，做力所不及底事，皆是暴其氣。且如只行得五十里，卻硬要行百里。只舉得五十斤重，卻硬要舉百斤。凡此類，皆能動其氣。學者要須事事節約，莫教過當，此便是養氣之道也。（五二）

此條所論似屬小節，與前引論荊公父子、論呂伯恭，皆可即小以見大。養氣之道，實亦即是養心之道也。

文集卷五十三答胡季隨，論「學者須常令胸中通透灑落」，有云：

大抵此箇地位，乃是見識分明，涵養純熟之效，須從眞實積累功用中來。通透灑落，如何令得？纔有令之之心，則終身只是作意助長，欺己欺人，永不能到得灑落地位矣。

此可與上引論養氣條同看。通透灑落指心言，然須是窮理養氣工夫日積月累，乃能到此境界。非可空事此心以為工夫也。

又一書云：

前書「纔有令之之心，即便終身不能得灑落」者，蓋纔有此意，便不自然。其自謂灑落者，乃是疎略放肆之異名耳，如何能到眞實灑落地位耶？古語云：「反者道之動，謙者德之柄，濁者清之路，昏久則昭明。」願察此語，不要思想準擬融釋灑落底功效，判着且做三五年辛苦不快活底功夫，久遠須自有得力處，所謂「先難而後獲」也。灑落兩字，本是黃太史語，後來延平先生拈出，亦是且要學者識箇深造自得底氣象，以自考其所得之淺深。不謂不一再傳而其弊乃至於此。此古之聖賢所以只教人於下學處用力，至於此等，則未之嘗言也。

宋代理學諸儒，最喜言心。言之最善者，莫過於程明道。然朱子於明道所言多所矯挽。伊洛親炙如謝上蔡諸人，朱子更多非議。其下如張無垢，則大為朱子所抨擊。湖湘學者如胡五峯，亦能言心，朱子甚重視之，而有知言疑義之作。張南軒親受業於五峯，而能折從朱子，遂為最稱莫逆之益友。然湖湘學風流弊終不免。此與胡季隨兩書，皆所以糾湖湘學者之失。此下陸象山亦善言心，為朱子倍所器重。語類有曰：

如今浙東學者，多陸子靜門人，類能卓然自立。相見之次，便毅然有不可犯之色。（一一三）

然朱子於象山，亦時多諍救，惜乎象山之不能受。蓋朱子在理學家中，乃是最善言心者，而尤能時時注重於下學，故獨能無弊也。

語類又云：

某解「顏淵問仁」章畢，先生曰：「克是克去己私。己私既克，天理自復。譬如塵垢既去，則鏡自明。瓦鑠既掃，則室自清。如呂與叔克己銘，則初未嘗說克去己私，大意只說物我對立，須用克之。如此則只是克物，非克己也。」（四一）

克己銘不合以己與物對說。（四一）

克己有兩義，物我亦是己，私欲亦是己。呂與叔作克己銘，只說得一邊。（四一）

夫子說底，是未與物對時。若與物對時方克他，卻是自家己倒了幾多。所謂己，只是自家心上不合理底，不待與物對方是。（四一）

「天下歸仁」，楊氏以為「天下皆在吾之度內」，則是謂見得吾仁之大如此，而天下皆囿於其中，則說得無形影。呂氏克己銘，如「洞然八荒，皆在我闥」之類，同意。（四一）

克己乃心地工夫中一重要項目，上引諸條，辨析入微。如云克己當在未與物對時克，又謂楊龜山、呂與叔皆說得無形影，皆涵深義。佛家主性空理空，故慧能謂「本來無一物」，此言心本體亦是空，朱子對此極所反對，語詳評禪學篇。神秀之偈則曰：「時時勤拂拭，勿使惹塵埃」，此雖頓漸有歧，要其求達此本無一物之心體，則兩固無異。呂與叔以克物說克己，義近神秀。象山說心即理，雖不即如慧能之說本來無物，但卻說成滿心皆理。直言境界，不及功夫，則易陷入頓悟一路。朱子不主張己與物對，而主理與欲對，謂克己是克去私欲。人心何以有此理欲相對，語詳人心道心篇。陽明雖承象山，而時時以存天理去人欲教人，卒亦無以大異於朱子。朱子謂克己有兩義，一是物我之己，一是私欲之己。苟無私欲，則物我不相對立，既不須克物，也不須克己，故曰「克己在未與物對時」。己私既克，天理自復，己與物皆在天理中。此乃有了克己功夫始達此境界。語詳論克己篇。今若謂象山主心即理近慧能，朱子說克己似神秀，則漫失了儒釋疆界，不可不辨。因釋氏終是說到無形影處去，儒家則萬事萬理盡在己心也。

問：「學者講明義理之外，亦須理會時政，凡事當一一講明，使先有一定之說，庶他日臨事不至面牆。」曰：「學者若得胸中義理明，從此去量度事物，自然泛應曲當。人若有堯舜許多聰明，自做得堯舜許多事業。若要一一理會，則事變無窮，難以逆料。隨機應變，不可預定。今世文人才士，開口便說國家利害，把筆便述時政得失，終濟得甚事。只是講明義理以淑人心，使世間識義理之人多，則何患政治之不舉耶？」（一三）

胸中義理，應事聰明，此皆須心地工夫。有此工夫，何患不能從政。縱不從政，亦可以淑人心，於政事有大裨益。朱陸異同篇引答呂子約書論輕內重外，可參觀。

或說浩然之氣。曰：「不須多言，這只是箇有氣魄無氣魄而已。人若有氣魄，方做得事成。於世間禍福得喪利害，方敵得去，不被他恐動。若無氣魄，便做人衰颯慴怯，於世間禍福利害易得恐動。只是如此。他本只是答公孫丑『不動心』，纏來纏去，說出許多養氣、知言、集義，其實只是箇不動心。人若能不動心，何事不可為。然其所謂不動心，不在他求，只在自家知言集義，則此氣自然發生於中。不是只行一兩事合義，便謂可以掩襲於外而得之也。孔子曰：

「不得中行而與之，必也狂狷乎！』看來這道理，須是剛硬立得腳住，方能有所成。只觀孔子晚年方得箇曾子，曾子得子思，子思得孟子。此諸聖賢，都是如此剛果決烈，方能傳得這箇道理。若慈善柔弱底，終不濟事。如曾子之為人，語孟中諸語可見。子思亦是如此。如云：『摽使者出諸大門之外。』又云：『以德，則子事我者也，奚可以與我友。』孟子亦是如此，所以皆做得成。學聖人之道者，須是有膽志，其決烈勇猛，於世間禍福利害得喪，不足以動其心，方能立得腳住。若不如此，都靠不得。況當世衰道微之時，尤用硬着脊梁，無所屈撓方得。然其工夫，只在自反常直，仰不愧天，俯不怍人，則自然如此，不在他求也。如今人多將顏子做箇柔善底人看。殊不知顏子乃是大勇。反是他剛果得來細密不發露，如箇有大氣力底人，都不使出，只是無人抵得他。孟子則攘臂扼腕，盡發於外。論其氣象，則孟子麤似顏子，顏子較小如孔子。孔子則渾然無迹，顏子微有迹，孟子其迹盡見。然學者則須自粗以入細，須先剛硬有所卓立，然後漸漸加功，如顏子、聖人也。」（五二）

此條發揮孟子養氣章，闡說心地工夫與人生事業之關係，為前引一條大功業用大聖賢做之論作實證。人生功業，莫過於發明聖道，傳揚聖學，此事有關其人之氣魄。須能不為世間禍福得喪利害所恐動，須能具浩然之氣而不動其心，須能如曾子、子思、孟子之剛果決烈，有膽志，硬着脊梁，無所屈撓，立得腳住。而顏子更是大勇，剛果得細密不發露，有大氣力不使出，而無人抵得他。自顏子大而化之，始到孔子境界。學者當自孟子由粗入細，以漸企孔顏。知言養氣集義自反則是其工夫。有志聖學者，貴能以心傳心。如此條所言，乃是傳心入聖血脈也。

又曰：

「吾未見剛者」，聖人只是要討這般人。須是有這般資質，方可將來磨治。詩云：「追琢其章，金玉其相。」須是有金玉之質，方始琢磨得出。若是泥土之質，假饒你如何去裝飾，只是箇不好物事。自是你根腳本領不好了。（一二一）

要下心地工夫，須有根腳本領，乃是要剛果，要立得腳住。立論到此，更見深入。若只曰打疊心地，去了外慕心，則釋道靜坐亦能到此，然非朱子意想中之心地工夫也。

問：「『林放問禮之本』一章，看來奢易是務飾於外，儉質是由中。」曰：「也如此說不得。天下事，那一件不由心做。但儉質底發未盡在，奢易底發過去了，然都由心發。譬之於花，只是一箇花心，卻有開而未全開底，有開而將離披底。那儉質底，便猶花之未全開。奢易底，便猶花之離披者。且如人之居喪，其初豈無些哀心，外面裝點得來過當，便埋沒了那哀心。人之行禮，其初豈無些恭敬之心，亦緣他裝點得來過當，便埋沒了那恭敬之心。而今人初以書相與，

莫不有恭敬之心。後來行得禮數重複，使人厭煩，那恭敬之心便埋沒了。」（二五）

朱子論心地工夫，既重剛者，又重儉質之人。說來極平易，但又極深透。蓋惟質者能剛，亦惟剛者能質。人能養得此剛質之心，始能在道理事業上使用。學者只反心自問，可勿在文字上摸索作注解，也莫專在靜虛上用力，便謂已下過了心地工夫。

文集卷四十四答任伯起有云：

熹衰病之軀，飲食起居尚未能如舊。流竄放殛，久已置之度外。諸生遠來，無可遣去之理。朝廷若欲行遣，亦須符到奉行，難以遽自匆匆也。詳觀來諭，似有仰人鼻息以為慘舒之意。若方寸之間日日如此，則與長戚戚者無以異矣。若欲學道，要須先去此心，然後可以語上。上蔡先生言：「透得名利關，方是小歇處。今之士大夫何足道，能言眞如鸚鵡也。」不知曾見此書否？

此書當在慶元二年丙辰冬落職罷祠之後。一時羣攻僞學，蔡元定編管道州，而朱子仍日與諸生講學竹林精舍。有勸以謝遣生徒者，朱子笑而不答。語詳論命篇。此書其一例也。此心能不仰人鼻息以為慘舒，語若平淡；然又謂流竄放殛久置度外，則死生險夷皆已無動於中，又豈止乎慘舒之間而已？書末引上蔡語，教人須透名利關，實則朱子此時已在死生關頭。言辭愈平淡，而其剛果決烈，膽志脊梁，亦庶乎已到細密不發露之境地。試以此書與上引語類發揮孟子論養氣一條合看，乃知學者日用間心地工夫，誠與其事業道業息息相關，不如鸚鵡學言，能在嘴上說得便是也。

問孔子夢周公。曰：「聖人曷嘗無夢，但夢得定耳。須看他與周公契合處如何。不然，又不見別夢一箇人也。聖人之心，自有箇勤懇惻怛不能自已處，自有箇脫然無所繫累處。要亦正是以此卜吾之盛衰也。」（三四）

此條見雖一夢，亦有境界，有工夫。聖人之心，當觀其惻怛不能自已處，與其脫然無所繫累處。學者試從此兩處參入，亦可見聖人出處進退之無不宜，亦皆由其心地工夫之所養而至。

又文集卷六十答曾無疑有云：

人之為學，當知其何所為而為學，又知其何所事而可以為學。然後循其次第，勉勉而用力焉，必使此心之外更無異念，而舊習之能否，世俗之毀譽，身計之通塞，自無一毫入於其心，然後乃可幾耳。顧此迂闊，干觸科禁，恐非賢者進取之利。更冀審處於未動之前，毋使貽後日之悔焉，乃所願也。

此書謂「干觸科禁」，亦在禁僞學後。觀其云「此心之外更無異念，舊習能否，世俗毀譽，身計通塞，無一毫入於其心，然後乃可幾」。則朱子論學，一切以心學始，亦一切以心學終，而心學乃所以立道業，幹人事。故謂「人之為學，當知其何所為而為學，又知其何所事而可以為學」也。

語類有曰：

君子之言，豈可妄發。某嘗說賈誼固有才，文章亦雄偉，只是言語急迫，失進言之序。看有甚事，都一齊說了，宜絳灌之徒不悅，而文帝謙讓未遑也。看他會做事底人便別。如韓信、鄧禹、諸葛孔明輩，無不有一定之規模，漸漸做將去，所以所為皆卓然有成。這樣人方是有定力，會做事。如賈誼，胸次終是鬧着，事不得有些子在心中，盡要迸出來，只管跳躑爆趠不已。如乘生駒相似，制御他未下。所以言語無序，而不能有所為也。易曰：「艮其輔，言有序，悔亡。」聖人之意可見矣。（五八）

此條論賈誼胸次常鬧着，事不得有些子在心中，盡要迸出來，所以言語無序，而不能有所為。賈誼之自處其心，如乘生駒，制御未下，此為心地欠工夫足以害事之一例。從來論賈誼，未見能如此立論者。然則理學大賢之論人論事，其果為迂論乎？抑確論乎？此必有能辨之者。

又曰：

今公掀然有飛揚之心，以為治國平天下如指諸掌。不知自家一箇身心都安頓未有下落，如何說功名事業？怎生治人？古時英雄豪傑不如此。張子房不問着他不說。諸葛孔明甚麽樣端嚴。公浙中一般學，是學為英雄之學，務為跅弛豪縱，全不點檢身心。某這裏須是事事從心上理會起，舉止動步，事事有箇道理。一毫不然，便是欠闕了他道理。固是天下事無不當理會，只是有先後緩急之序。須先立其本，方以次推及其餘。今公們學都倒了。緩其所急，先其所後。少間，使得這身心飛揚悠遠，全無收拾處。而今人不知學底，他心雖放，然猶放得近。今公雖曰知為學，然卻放得遠。少間會失心去，不可不覺。（一一六）

浙學好事功，而忽了心地工夫，此條箴砭極深刻。學英雄亦如學聖賢，同樣須懂得安頓自己身心有箇下落，不然即無法更說功名事業。張子房、諸葛孔明，亦各有一套心地工夫，所以成事。

又曰：

古人紀綱天下，凡措置許多事，都是心法從這裏流出，是多少正大。今若去逐些子搜抉出來評議，恐不得。（一二三）

凡事業皆從心中流出，凡為心地工夫，則仍應發揮在事業上。至若蔑棄事為，而專講究主靜主敬，如何便得認為是心地工夫。不得其心，而輕評其人其事，亦難確當。

語類又曰：

古之名將能立功名者，皆是謹重周密，乃能有成。如吳漢、朱然，終日欽欽，常如對陳，須學這樣底方可。如劉琨恃才傲物，驕恣奢侈，卒至父母妻子皆為人所屠。今率以才自負，自待以英雄，以至恃氣傲物，不能謹嚴。以此臨事，卒至於敗而已。要做大功名底人，越要謹密，未聞麤魯闊略而能有成者。（一三五）

不論事之是非，專論事之成敗，即論軍事，亦莫不需一番心地工夫，以為其成事之基。曰謹重，曰周密，乃為名將心德之要徵。又曰：

諸葛亮臨陣對敵，意思安閑，如不欲戰。而苻堅踴躍不寐而行師，此其敗，不待至淝水而決矣。（一三六）

此即在行軍前之心理狀態，亦可卜其軍之成敗。諸葛亮乃曹操字誤。又一條云：

易未濟之「曳輪濡尾」，是只爭些子時候，是欲到與未到之間。不是不欲濟，是要濟而未敢輕濟。如曹操臨敵，意思安閑如不欲戰。老子所謂「猶兮若冬涉川」之象。涉則畢竟涉，只是畏那寒了，未敢便涉。（七三）

朱子好引曹操此事。安閑非眞安閑，只是一種臨事而懼，謹重周密工夫。

語類又曰：

大抵觀聖人之出處，須看他至誠懇切處，及洒然無累處。文中子說：「天下皆憂，吾獨得不憂。天下皆疑，吾獨得不疑。」又曰：「窮理盡性吾何疑，樂天知命吾何憂。」此說是。（一三七）

此即處事之大本領處也。果是心地功夫修養到家，出則有一番至誠懇切之意，處則有一番洒然無累之致。天下皆疑己不疑，天下皆憂己不憂，此是何等工夫乎！凡治心學，皆當返就實務辨其得失。凡論事，皆當深就其心之發動安頓處求之。此乃朱子論心學之要旨。

因說「子在川上」章，問曰：「今不知吾之心與天地之化是兩箇物事，是一箇物事？公且思量。」良久，乃曰：「今諸公讀書，只是去理會得文義，更不去理會得意。聖人言語，只是發明這箇道理。這箇道理，吾身也在裏面，萬物亦在裏面，天地亦在裏面，通同只是一箇物事，無障蔽，無遮礙。吾之心，即天地之心。聖人即川之流，便見得也是此理，無往而非極致。但天命至正，人心便邪。天命至公，人心便私。天命至大，人心便小。所以與天地不相似。而今講學，便要去得與天地不相似處，要與天地相似。虛空中都是這箇道理，聖人便隨事物上做出來。如今識得箇大原了，便見得事事物物都從本根上發出來。如一箇大樹，有箇根株，便有許多芽蘖枝葉。牽一箇則千百箇皆動。」（三六）

此條推說至於極處。吾心即天地心，與天地之化合一。講學工夫，正要去得此心與天地不相似處，要得與天地相似。然此項工夫，則須隨事物上做出來。要見得事事物物都從此本根上發出。在天地只是一理，在我只是一心。心即理，則吾心即天心矣。重要在不從虛空中求，須能從事事物物上做出來。故又曰：

理是此心之所當知，事是此心之所當為。（二三）

若忽略了事事物物，則此理亦終無由得知。故又曰：

此箇道理，大則包括乾坤，提挈造化。細則入毫釐絲忽裏去。無遠不周，無微不到。（二三）

聖人之心，直是表裏精粗無不昭徹。方其有所思，都從這裏流出。所謂「德盛仁熟」，「從心所欲不踰矩」。莊子所謂「人貌而天」。蓋形骸雖是人，其實是一塊天理。（三一）

此所謂一塊天理，莫認為是迂論，是空論，實乃是人生一片眞實。心地工夫到此，則是心與理一也。主要在其表裏精粗之無不昭徹處。

問：「或言今日之告君者，皆能言修德二字，不知教人君從何處修起，必有其要。」曰：「安得如此說。只看合下心不是私，即轉為天下之大公。將一切私底意盡屏去，所用之人非賢，即別搜求正人用之。」問：「以一人耳目，安能盡知天下之賢？」曰：「只消用一箇好人作相，自然推排出來。有一好臺諫，知他不好人自然住不得。」（一〇八）

此言為人君者之心地工夫。一念公私，即天下治亂所關。然則為政治領袖者，主要還在務心學。

又曰：

天生一世人才，自足一世之用。自古及今，只是這一般人。但是有聖賢之君在上，氣焰大，薰蒸陶冶得別。這箇自爭八九分。只如時節雖不好，但上面意思略轉，下面便轉。況乎聖賢，是甚力量。少間無狀底人自銷鑠改變，不敢做出來。以其平日為己之心為公家辦事，自然修舉。蓋小人多是有才底。（一〇八）

此條言在上者之心術，可以轉移在下者之風氣。人各有才，只心術一轉移間，則無不足以為一世之用。此等議論，其果為迂論空論乎，抑為正論確論乎。必先辨此，乃可以與之論人論政。

與朱子同時，最知重心學者惟陸象山，朱子所以特加欣賞於象山者亦在此。然語類有曰：

從陸子靜者，不問如何，箇箇學得不遜。只纔從他門前過，便學得悖慢無禮，無長少之節，可畏可畏。（一二四）

此條恐是朱子在南康時晤及傅子淵等諸人而發。象山平日似不能指示學者細密做心地工夫，遂為朱子所不滿。

文集卷六十三答孫仁甫書有云：

奉告反復其詞，又知賢者英邁之氣有以過人，而慮其不屑於下學，且將無以為入德之階也。夫人無英氣，固安於卑陋而不足以語上。其或有之，而無以制之，則又反為所使而不肯遜志於學，此學者之通患也。所以古人設教，自洒掃應對進退之節，禮樂射御書數之文，必皆使之抑心下首以從事於其間而不敢忽，然後可以消磨其飛揚倔強之氣，而為入德之階。今既皆無此矣，則惟有讀書一事，尚可為攝伏身心之助。然不循序而致謹焉，則亦未有益也。今為賢者計，且當就日用間致其下學之功，讀書窮理，則細立課程，奈煩著實，而勿求速解。操存持守，則隨時隨處省覺收斂，而毋計近功。如此積累做得三五年工夫，庶幾心意漸馴，根本粗立，而有可據之地。不然，恐徒為此氣所使，而不得有所就也。

此書指示極平實，可為學者從事心地工夫之入門階梯。

先生問某：「近來頗覺得如何？」曰：「自覺此心不實。」曰：「但不要窮高極遠，只於言行上點檢，便自實。今人論道，只論理，不論事。只說心，不說身。其說至高，而蕩然無守，流於空虛異端之說。且如『天下歸仁』，只是天下與其仁，程子云『事事皆仁』是也。今人須要說天下皆歸吾仁之中，其說非不好，但無形無影，全無下手腳處。夫子對顏子克己復禮之目，亦只就視聽言動上理會。凡思慮之類，皆動字上包了，不曾更出非禮勿思一條。蓋人能制其外，則可以養其內。固是內是本，外是末，但偏說存於中，不說制於外，則無下手腳處，此心便不實。外面儘有過言過行更不管，卻云吾正其心，有此理否？浙中王蘋信伯，親見伊川來，後來設教作怪。舒州有語錄之類，專教人以天下歸仁。才見人便說天下歸仁，更不說克己復禮。」（一二〇）

此條教人做心地工夫更平實。朱子深不喜王信伯，而象山則頗采其說。同是一心地工夫，其間儘有界域流派，學者所當深究。黃東發日鈔有云：

心學雖易流於禪，而自有心學之正者焉。

能辨乎此，乃可與語朱子之心學矣。

朱子論心雜掇

朱子論心諸說，已分篇略述如上，茲復雜掇語類論心各條，為上述諸篇所未及，而復與上述諸篇可相發者，為此篇。

問：「天地之心，天地之理，理是道理，心是主宰底意否？」曰：「心固是主宰底意，然所謂主宰者即是理也。不是心外別有箇理，理外別有箇心。」又問：「此心字與帝字相似否？」曰：「人字似天字，心字似帝字。」（一）

理不能自為主，須得心為之主，而此心之能作主宰處即是理。故謂之心即理固可，而心之與理仍不害其有分別。讀理氣篇，可悟其分合異同所在。如言天，不可謂其無主宰，此主宰謂之帝。人亦不可謂其無主宰，此主宰即是心。謂是有天無帝，有人無心，固不可。然謂帝即是天，心即是人，亦有未合。此帝與心則即是理也。

問：「天地之心亦靈否？還只是漠然無為？」曰：「天地之心不可道是不靈，但不如人恁地思慮。伊川曰：『天地無心而成化，聖人有心而無為。』」（一）

所謂天地無心，只是不見其有思，與人心似有不同。然其自然成化，此即天地之心也。人心雖有思，而其所思能無不合理，一順自然，故雖屬有思慮，而若無作為。

語類又曰：

天地若果無心，則須牛生出馬，桃樹上發李花。他又卻自定。（一）

天地自然之化有定，故能有成，此即天地自然中之理，故說天地亦有心也。凡朱子論自然、論人文，其所謂心，具如上引。則所謂天人之際，人之所當致力者，亦自可見。

語類又曰：

道理也是一箇有條理底物事，不是鶻淪一物，如老莊所謂恍惚者。「志於道」，只是存心於所當為之理而求至於所當為之地，非是欲將此心繫在一物之上也。（三四）

此條極關重要。朱子所論心學工夫，其異於老釋者全在此。繫心一物，乃禪家所主。謂此物恍惚不可名狀，乃道家言。朱子則主存心於道，存心於所當為之理，而求至於所當為之地。所以尊德性又必道問學，二者合一，而又必分別說之。故朱子與陸子壽論「志於道」，必曰「直是有用力處」也。

問：「『君子之言也，不下帶而道存焉。』不下帶或作心說。」曰：「所謂心者，是指箇潛天潛地底說，還只是中間一塊肉底是？若作心說，恐未是。」（六一）

心即理也，但必知人心與天地心之分別處，又必知人心與天地心之合一處。心潛天潛地，無往而不在，即猶理之潛天潛地無往而不在也。故當知此心無量之義。

文集卷四十五答廖子晦有云：

鳶飛魚躍，道體無乎不在。當勿忘勿助之間，天理流行，正如是爾。若謂「萬物在吾性分中，如鑑之影」，則性是一物，物是一物，以此照彼，以彼入此也。橫渠先生所謂，「若謂萬象為太虛中所見，則物與虛不相資，形自形性自性」者，正譏此爾。

此亦是一儒釋疆界也。天理流行，無乎不在。此心在勿忘勿助之間，心與理一，將無往而不是，正如鳶飛魚躍之無往而不得其天也。吾心之與鳶飛魚躍，乃是同在此天中，同在此理中。卻非謂性空心空，於此空中照見此一切。

語類亦曰：

「未之思也，夫何遠之有？」纔思便在這裏。莊子云：「其熱焦火，其寒凝冰，其疾俛仰之間，而再撫四海之外。」心之變化如此，只怕人不自求。心體無窮，前做不好，便換了，後面一截生出來，便是良心善性。（一一九）

這失底已自過去了，自家纔思，這道理便自生。認得着，莫令斷，始得。只管斷了，一向失去。（一一九）

俛仰之間而再撫四海之外，是其量無盡也。纔思，道理自生，是其體無窮也。就空間時間言，皆當認取此心之蟠天際地，生生不已。心之在人而無不在，亦猶帝之在天而無不在也。人能知此，則自知用心之方矣。

語類又曰：

「見牛未見羊也」，未字有意味。蓋言其體則無限量，言其用則無終窮，充擴得去，有甚盡時。要都盡，是有限量。（五一）

體無限量就空間言，用無終窮就時間言。朱子言心，可謂充擴之極。又曰：

仁者之心雖無窮，而仁者之事則有限，自是無可了之理。若要就事上說，便儘無下手處。（三三）

心不當就事上說，然亦非空存一心之謂，心學正當在事上致力，學者其細參之。語類又曰：

「王信伯在館中，范伯達問：『人須是天下物物皆歸吾仁？』王指窗櫺問范曰：『此窗還歸仁否？』范默然。某見之，當答曰：『此窗不歸仁，何故不打壞了。』如人處事，但箇箇處得是，便是事事歸仁。且如窗，也要糊得在那裏教好，不成沒巴鼻打壞了。」問：「仁者以萬物為一體，如事至物來，皆有以處之。如事物未至，不可得而體者，如何？」曰：「只是不在這裏，然此理也在這裏。若來時，便以此處之。」（五三）

事物不在這裏，而理則仍在這裏。此條言仁，即是言心體。心體無量，此窗亦歸心體，不然何不竟將此窗打壞。但打壞此窗，卻會於吾心有傷。朱子亦深禪趣，如此等處可見。

問「人之所以異於禽獸者幾希」。曰：「人與萬物都一般者，理也。所以不同者，心也。人心虛靈，包得許多道理過，無有不通。雖間有氣稟昏底，亦可克治使之明。萬物之心，便包許多道理不過，雖其間有稟得氣稍正者，亦止有一兩路明。如禽獸中有父子相愛、雌雄有別之類，只有一兩路明。其他道理便都不通，便推不去。人之心便虛明，便推得去。就大本論之，其理則一。纔稟於氣，便有不同。」（五七）

人心中包得許多道理，能由此通彼，即所謂心之虛明。如此言虛明，自與老釋不同。語類又曰：

事也是心裏做出來，但心是較近裏說。如一間屋相似，說心底是那房裏，說事底是那廳上。（三二）

房與廳皆屬此屋，雖可各別，亦是相通而合一。主人退處宴寢在房，出外應接事物在廳。一切事，主要在人。人之主要在心。心之主要，則在其能應接外面事物。外面事物亦與此心會歸一體。故又曰：

古人只去心上理會，至去治天下，皆自心中流出。今人只去事上理會。（七）

就心上理會，則事事可通。就事上理會，則滯着於事，心不虛明矣。然謂心上理會，乃謂從心上去理會事，非謂捨卻事而理會心。如治天下，豈非一大事。但單從一事一事上理會，不理會到心上，則決不能治天下。

問：「孔子教人就事上做工夫，孟子教人就心上做工夫，何故不同？」曰：「聖賢教人，立箇門戶，各自不同。」（一九）

孟子教人，多言理義大體。孔子則就切實做工夫處教人。（一九）

論語不說心，只說實事。孟子說心，後來遂有求心之病。（一九）

心從事上見，捨事求心，不僅無心之用，抑亦失心之體。如求屋主，不向廳上求，只去房裏覓。縱使覓得，然所覓得者，卻不能眞箇作屋主。但只向廳上求，不去房中覓，亦不得。

語類又曰：

仁言惻隱之端，如水之動處。蓋水平靜而流，則不見其動。流到灘石之地，有以觸之，則其勢必動，動則有可見之端。如仁之體存之於心，若愛親敬兄，皆是此心本然，初無可見。及其發而接物，有所感動，此心惻然，所以可見。如怵惕於孺子入井之類是也。（五三）

此條黃卓所記，凡兩見，皆在同卷，一詳一略，略者蓋有脫誤，茲錄其詳者。端由動處見，動由接事起，此兩語，亦可謂已括盡了朱子論心要旨。再看下引一條，可以補充此條之義。語類曰：

做事只要靠着心，但恐己私未克時，此心亦有時解錯認了。不若日用間只就事上子細思量體認，那箇是天理，那箇是人欲，着力除去了私底不要做，一味就理上做去，次第漸漸見得道理自然純熟，仁亦可見。（四一）

天理人欲同在一心，一心中即兼二者，單從心則不易辨。若從事上思之，則轉易識得此心之孰為天理，孰為人欲也。此心可有錮蔽，主要在氣稟與私欲。故曰：

人須是掃去氣稟私欲，使胸次虛靈洞徹。（一六）

何以氣稟私欲能為人心錮蔽，詳人心道心篇。然掃去氣稟私欲，與排除事物應接不同。故又曰：

日用應接動靜之間，這箇道理從這裏迸將出去。如箇寶塔，那毫光都從四面迸出去。（五三）

問喜怒哀樂未發已發之別。曰：「未發時無形影可見，但於已發時照見。謂如見孺子入井，而有怵惕惻隱之心，便照見得有仁在裏面。見穿窬之類，而有羞惡之心，便照見得有義在裏面。惟是先有這物事在裏面，但隨所感觸，便自是發出來。故見孺子入井，便有惻隱之心。見穿窬之類，便有羞惡之心。從那縫罅裏迸將出來，恰似寶塔裏四面毫光放出。」（五三）

若不接事物，無所感觸，則不見有罅縫放出光彩。故屏去事物，則心光亦闇，並將無心可覓。至於氣稟私欲，則在心不在事物。故曰：

只是去了人欲，天理自然存。（六八）

天理人欲相為消長，克得人欲，乃能復禮。（三〇）

聖人一身，渾然天理。故極天下之至樂，不足以動其事親之心。極天下之至苦，不足以害其事親之心。這道理，非獨舜有之，人人皆有之。非獨舜能為，人人皆可為。所以大學只要窮理。（五八）

明理也。

窮理則在事物上窮，克私欲則在自己心上克。兩途截然，而可以交相為用。理明自可克私，私去自可

語類又曰：

心是把捉人底，人如何去把捉得他。只是以義理養之，久而自熟。（二〇）

為怕與事物相接，硬要把捉此心，則此心終是把捉不得。不如在事物上窮索義理，即以此義理自養己心，即是日常在事物上踐履。久久踐履熟，則此心全是義理，不待把捉也。

語類又曰：

君子之心，如一泓清水，更不起些微波。（二〇）

此非不為事物所動，乃是不為私欲所動耳，乃是義理熟後之境界。

語類又曰：

若無私心，當體便是道理。（四三）

此則指在心上用功，心無私欲，則事物中之義理自見。故又曰：

克去己私，復禮乃見仁。仁禮非是二物。（四一）

仁指心言，禮則必在事物上見。仁禮非二物，即是心物內外成為一體也。故又曰：

克己復禮，當下便是仁，非復禮之外別有仁。（四一）

謂於復禮之外別有仁，則是謂事物踐履之外別有心，此為朱子深所反對。故又曰：

心字卒難摸索。心譬如水，水之體本澄湛，卻為風濤不停，故水亦搖動。必須風濤既息然後水之體靜。人之無狀汚穢，皆在意之不誠，必須去此，然後能正其心。及心既正後，所謂好惡哀矜與修身齊家中所說者皆是合有底事。但當時時省察其固滯偏勝之私耳。（一五）

此條言風濤，當與上引黃卓言流動一條合看。流動是心體，風濤則指心中私欲。心接事物，激起私欲，故當去私窮理。窮得理後，心體澄湛，只是心中無私欲，非是心中無事物。

問：「心如何正？」曰：「只是去其害心者。」（一五）

害心者仍在心，不在外面事物。必欲屏去外物孤守此心，固不可。但若直認心即理，而不知有氣稟私欲之害心，亦不可。因又曰：

其好善也，陰有不好者以拒於內。其惡惡也，陰有不惡者以挽其中。蓋好惡未形時，已有那些子不好、不惡底藏在裏面了。（一六）

形於外者，與藏在裏面者不同，正是天理人欲之分歧對立。又曰：

人固有終身為善而自欺者，須是要打疊得盡。蓋意誠而後心可正，過得這一關後方可進。（一六）

打疊者，打疊私欲，只存天理，非打疊外面事物使不入我心。

問「自慊」。曰：「人之為善，須是十分眞實為善，方是自慊。若有六七分為善，又有兩三分為惡底意思在裏面相牽，便不是自慊。須是『如惡惡臭，如好好色』方是。」（一六）

不是要心無好惡，只是要心好惡到十分眞實，全合於理，此即是至誠無欺。又曰：

自欺只是自欠了分數。恰如淡底金，不可不謂之金，只是欠了分數。所以說格物致知而後意誠，裏面也要知得透徹，外面也要知得透徹。「所謂誠其意者，毋自欺也」，此是聖人言語之最精處。（一六）

此心好惡分數，是足是欠，此心當下自知。即在此心自知處便有工夫可用。然此項工夫，則亦正在心上用。故又曰：

既喚做心，自然知得是非善惡。（一二）

人能操存此心，卓然而不亂，亦自可與入道。況加之學問探討之功，豈易量耶。（一二）

卓然不亂，即是不為私欲所亂。學問探討，指窮理言。不惟窮理以去私，去私後還當窮理，然後此心之全體大用乃可見。

或問：「此心未能把得定，如何？」曰：「且論是不是，未須論定不定。」（一二）

只求此心定而不亂是禪學。求其是，則動亦定，靜亦定。定於是，即是定於理。此是儒學。又曰：

信道篤而又欲執德弘者，人之為心，不可促迫也。人心須令着得一善又着一善，善之來無窮，而吾心受之有餘地，方好。若只着得一善，第二般來，又未便容得，如此無緣心廣而道積。（八）

心量無窮，大用難盡，積得一善又一善，而此心仍有餘地。故須大開心胸，廣納事物也。

又曰：

學問亦無箇一超直入之理，直是銖積寸累做將去。某是如此喫辛苦從漸做來。（一一五）

怕喫辛苦，要一超直入，頓悟心體，當下即是，則此意已甚迫切。語類又曰：

似此迫切，卻生病痛。（一一五）

禪家病痛即在此。他們要當下見性，立地成佛。

問：「向見先生教人於心上着工夫，數日來，專一靜坐，澄治此心。」曰：「若如此，塊然都無所事，卻如浮屠氏矣。所謂存心者，或讀書以求義理，或分別是非以求至當之歸，只那所求之心，便是已存之心，何俟塊然以處而後為存耶？」（一一五）

知求放心心便在，當時學者多捨事求心，要硬捉此心不放出，要塊然無事，遂亦成為當時理學界一大病。朱子深論心學，凡所指摘，固不是為釋氏發，乃是為當時理學界發。語類又曰：

應事得力則心地靜，心地靜，應事分外得力。便是動救靜，靜救動，其本只在湛然純一素無私

心始得。無私心，動靜一齊當理。才有一毫之私，便都差了。（一一五）

應事者即此心，此心本以應事。所當辨者，不在心與事之內外，卻在此心應事之公私。心中無私始是靜，應事無私則雖動亦靜。則所當辨者亦不在動靜。

問：「平時處事，當未接時，見得道理甚分明，及做着又便錯了，不知如何恁地？」曰：「這是難事。但須知得病痛處便去着力。若是易為，則天下有無數聖賢了。」（一一六）

此事若易實難，「仁者先難而後獲」。學者好易，總求一超直入，此是一大病痛。但知得病痛處便去着力，此亦簡易，不得謂難事。

問：「觀書如何？」曰：「常苦於粗率，無精密之功，不知病根何在？」曰：「不要討甚病根。但知道粗率便是病，在這上便更加子細便了。今學者亦多來求病根，某向他說，頭痛炙頭，腳痛炙腳，病在這上，只治這上便了，更別討甚病根。」（一一四）

心病只在心，知病者亦此心，更不要另討病根。朱子精禪學，其所開示教人，簡單直捷，痛快明了，尤有遠超於禪師們之指示者，如此類是也。又曰：

只恐勞心落在無涯可測之處。（一一七）

凡欲屏除外面事物，專向此心求病根，則無不會落在無涯可測之處，如禪家尋父母未生以前本來面目之類是也。故又曰：

早來所說，專一靜坐，如浮屠氏塊然獨處，更無酬酢，然後為得。吾徒之學，正不如此。遇無事則靜坐，有書則讀書，以至接物處事，常教此心光曕曕地，便是存心。豈可凡百放下，祇是靜坐。（一一五）

遇無事則靜坐，與凡百放下祇是靜坐不同。顏習齋反對朱子教人靜坐，而改主習坐，然習齋之習坐，實無異於靜坐。朱子只教人遇無事時且靜坐，不教人凡百放下來習坐。試問無事時不靜坐，又該如何。豈能遇無事，儘找事，教此心只動無靜。

語類又曰：

惟天性剛強之人，不為物欲所屈。如克伐怨欲，亦不要去尋來勝他，如此則胸中隨從者多，反害事。只此便是克伐怨欲。只是虛心看物，物來便知是與非。事事物物皆有箇透徹無隔礙方是。才一事不透，便做病。（一一四）

克伐怨欲皆在心，心本無病，若欲摒除外面一切，不在接物處事上下工夫，專一反向內心搜尋諸病，則不僅把此心落在無涯可測處，亦將見其他諸病隨從而來。蓋此搜尋求勝心，即是克伐怨欲心。因病生病，故曰反礙事。語類又曰：

公前日有些見處，只管守着歡喜則甚？如漢高祖得關中，若見寶貨婦女喜後便住，則敗事矣。又如既取得項羽，只管喜後，不去經畫天下，亦敗事。正如過渡，既已上岸，則當向前，不成只管讚歎渡舡之功。（一一四）

身在此岸，固須渡向彼岸。到彼岸了，仍須覓路向前。專向心上尋病處，此既不是。遇有些見處，只管守着歡喜，此又是病。此等開示，警策深闢之極，卻亦平易之極。宋明理學家言心，實未有如朱子之深愜而精湛。

問：「是非本吾心之固有，而萬物萬事是非之理，莫不各具。所以是非不明者，只緣本心先蔽了。」曰：「固是。若知得事物上是非分明，便是自家心下是非分明。程先生所以說『纔明彼即曉此』。」（三〇）

宋明理學家及禪宗論心，總愛分辨心與事之內外，而不免有重內輕外之意。朱子主張心事內外合一，後來陽明有事上磨練之說，與朱子此等處意見相合。

問：「惻隱之心，固是人心之懿，因物感而發見處。前輩令以此操而存之，充而達之。不知如何要常存得此心。」曰：「此心因物方感得出來，如何強要尋討出此心，常存在這裏？只是因感時識得此體，平時敬以存之，久久會熟，善端發處益見得分曉，則存養之功益有所施矣。」（五三）

只要存養此因事感發之心，不是要在此因事感發之心外再追尋一箇心存養着。此因事感發之心，雖非此心之全體大用，然捨卻此因事感發之心來別尋心之全體，則會落在無涯可測處去。知病不須另尋病根，見心不須另求心體。此一辨別，大可玩味。

語類又曰：

四端中羞惡、辭讓、是非，亦因事而發爾。此心未嘗起羞惡之時，而強要憎惡那人，便不可。如惻隱亦因有感而始見，欲強安排教如此，也不得。如天之四時，亦因發見處見得。欲於冬時要尋討箇春出來，不知如何尋。到那陽氣發生萬物處，方見得是春耳。學者但要識得此心，存主在敬，四端漸會擴充。（五三）

如此解譬，可謂曉暢。心因事而見，亦貴隨事而存。排除一切事，別尋一箇心，求之於空洞，存之於冥漠，則亦無所識無可存而已矣。

語類又云：

「康節詩儘好看。」或問：「舊無垢引心贊云：『廓然心境大無倫，盡此規模有幾人。我性即天天即性，莫於微處起經綸。』不知如何？」曰：「是殆非康節之詩也。林少穎云朱內翰作，次第是子發也。」問：「何以辨？」曰：「若是眞實見得，必不恁地張皇。」曰：「舊看此意，似與『性為萬物之一原而心不可以為限量』同。」曰：「固是。但只是摸空說，無着實處。如康節云：『天向一中分造化，人從心上起經綸』，多少平易！實見得者自別。」問「一中分造化」。曰：「本是一箇，而消息盈虛便生陰陽，事事物物皆恁地，有消便有息，有盈便有虛，有箇面

便有箇背。」曰：「這便是自然，非人力之所能為者。」曰：「這便是生兩儀之理。」（一〇〇）

心無限量，語非不是，然不可以摸空言。天之與造化自然，亦都不可摸空言。實見得則語自別。此條辨康節詩之眞僞，大有意思。學者能辨得言心之摸空處與着實處，此是一番大見識。識到此，乃能言存養。從心上起經綸，則正貴於微處起經綸也。

問「平旦之氣」。曰：「心之存不存，係乎氣之清不清。氣清則良心方存立得。良心既存立得，則事物之來方不惑。如『先立乎其大者，則小者弗能奪也』。」（五九）

若存得此心，則氣常時清，不特平旦時清。若不存得此心，雖歇得些時，氣亦不清，良心亦不長。（五九）

此亦言存心，然乃兼接物處事時存，非屏事去物後存。氣之清濁，心之明暗，此亦一中之造化，此心非可外於造化而臻於獨立自存之地。試問除卻春夏秋冬，又何處去尋陰陽造化。從春夏秋冬之變，即尋得了陰陽造化。若儘從夏秋冬三時中來尋一春，這春又從何尋得。

語類又云：

孟子說：「先立乎其大者，則其小者弗能奪也。」此語最有力。昔汪尚書問焦先生為學之道，焦只說一句，曰：「先立乎其大者。」以此觀之，他之學亦自有要。卓然豎起自心便是立，所謂「敬以直內」也。（五九）

「心之官則思」，固是原有此思。只恃其有此，任他如何，卻不得。須是去思方得之，不思則不得也。此最要緊。下云「先立乎其大者」，即此思也。心原有思，須是人自主張起來。（五九）

朱子亦言孟子之「先立乎其大者」。惟謂孟子意，心官主思，正恐為外面事物牽引而去，故貴先立乎其能思者。若屏去外面事物則無思。只說先立乎其心，豈不是一大落空。

語類又曰：

程子謂：「將這身來放在萬物中一例看，大小大快活。」又謂：「人於天地間，並無窒礙，大小大快活。」此便是顏子樂處。這道理在天地間，須是眞窮到底，至纖至悉，十分透徹，無有不盡，則與萬物為一，無所窒礙。胸中泰然，豈有不樂。（三一）

象山教人先立乎其大者，濂溪、二程教人尋顏子樂處，若必欲舉朱子教人宗旨，則莫如曰格物窮理。此心不能外事物之理以為心，所樂亦不能外於事物之理以為樂。朱子所教，實兼程陸，而更確實指示出一向前道路。

文集卷四十二答吳晦叔有云：

人之形色，莫非天性。如視則有明，聽則有聰，動則有節，是則所謂天性者，初不外乎形色之間也。但常人失其性，故視有不明，聽有不聰，動有不中，是則雖有是形而無以踐之。惟聖人盡性，故視明聽聰而動無不中。是以既有是形，而又可以踐其形也。

性不外乎形色，心不外乎事物。踐形盡性，皆是養心工夫。人能在踐形盡性上善用其心，則庶乎此心可為造化作經綸矣。

問：「常苦志氣怯弱，恐懼太過，心下常若有事，少悅豫底意思，不知此病痛是如何？」曰：「試思自家是有事，是無事？」曰：「本無事，自覺得如此。」曰：「若是無事，便是無事，又恐懼箇甚。只是見理不徹後如此。若見得理徹，自然心下無事。然此亦是心病。」因舉遺書捉虎（此乃獅字之訛）及滿室置尖物事。又曰：「且如今人害淨潔病，那裏有淨潔病？只是疑病，疑後便如此。不知在君父之前，還如此得否？」又因論氣質各有病痛不同，曰：「纔明理後，氣質自然變化，病痛都自不見了。」（一一八）

心不能離氣質，而有見理不見理之別，此乃人人所知不爭之事實。朱子只本此事實，實事求是，不作空論，不作高論，平確無奇，而卓出諸家之上。心能見理，則百病皆消，氣質亦自變化。當時理學家提出許多理論，其實多是尊心抑理，內心外理，總不免為一種高論與空論。朱子落實到格物窮理一語，而當時理學家又多疑其務外支離。讀者細讀此篇，其中得失可辨。

問顏子不遷怒。因云：「怒是箇難克治底。所謂『怒，逆德也。』雖聖人之怒，亦是箇不好底物事，蓋是惡氣感得恁地。某尋常怒多極長，如公性寬怒少，亦是資質好處。」（三〇）

心學貴能變化氣質，其見效則在性情上，即此心之喜怒哀樂上。此四者有易克，有不易克。朱子自言多怒，怒時並極長，不如性寬怒少人好，此亦大賢治心之平實自反語。

語類又曰：

書無所不讀，事無所不能，若作強記多能觀之，誠非所以形容有道之君子。然在先生分上正不妨。書之當讀者無所不讀，欲其無不察也。事之當能者無所不能，以其無不通也。觀其平日，辯異端，闢邪說，如此之詳，是豈不讀其書而以耳剽決之耶？至於鄙賤之事，雖瑣屑，然孰非天理之流行。但此理既得，自然不習而無不能耳。故孔子自謂「多能鄙事」，但以為學者不當自是以求之，故又曰「不多也」。今欲務於強記多能，固非所以為學。然事物之間，分別太甚，則有修飭邊幅，簡忽細故之病，又非所以求盡心也。（九三）

此條何鎬錄，非記朱子語，乃是自說其所窺於朱子也。理學家多於心與事物之間分別太甚，修飭邊幅而簡忽細故，因此遂輕視強記多能，即二程亦所不免。若知強記多能，其根本只在求盡心，則正惟朱子，始可以追步孔子之不多。學者乃以朱子之多，而疑朱子於心學之無當。則叔京此條，正是欲覓解人難得矣。故特以錄於茲篇之末。

朱子論格物

朱子思想，以論格物窮理為最受後人之重視，亦最為後人所爭論。其論此之最該括精要語，則見於大學章句之格物補傳。其言曰：

所謂「致知在格物」者，言欲致吾之知，在即物而窮其理也。蓋人心之靈，莫不有知，而天下之物，莫不有理。惟於理有未窮，故其知有不盡也。是以大學始教，必使學者即凡天下之物，莫不因其已知之理而益窮之，以求至乎其極。至於用力之久，而一旦豁然貫通焉，則眾物之表裏精粗無不到，而吾心之全體大用無不明矣。此謂物格，此謂知之至也。

此處物字兼事物言。章句云：

格，至也。物猶事也。窮至事物之理，欲其極處無不到。

語類亦云：

凡天地之間，眼前所接之事，皆是物。（五七）

何以要即凡天下之物而格？語類云：

理不外物，若以物為道則不可。物只是物，所以為物之理乃道。（五）

格物只是格物中之理，格物中之道。語類又曰：

這道理儘無窮，四方八面無不是，千頭萬緒相貫串。（二二）

千頭萬緒，終歸一理。（四一）

道理星散在事物上，卻無總在一處底。（一二〇）

這箇道理，精粗小大，上下四方，一齊要着到，四邊合圍起理會，莫令有些小走透。少間方從一邊理會得些小，有箇見處，有箇入頭處。若只靠一邊去理會，少間便偏枯了，尋捉那物事不

得。（一一六）

常人之學，多是偏於一理，主於一說，故不見四旁，以起爭辨。聖人則中正和平，無所偏倚。（八）

這道理不是只就一件事上理會見得便了。理會時，卻是逐件上理會去。今只就一線上窺見天理，便說天理只恁地了，便要去通那萬事，不知如何得。萃百物，然後觀化工之神。聚眾材，然後知作室之用。須撤開心胸去理會。（一一七）

萬理雖只是一理，學者且要去萬理中千頭萬緒都理會。四面湊合來，自見得是一理。不去理會那萬理，只管去理會那一理，只是空想像。（一一七）

天下豈有一理通便解萬理皆通，也須積累將去。學問卻有漸，無急迫之理。須是逐旋做將去，不成只用窮究一箇，其他更不用管，便都理會得，豈有此理。為此說者，將謂是天理，不知卻是人欲。（一八）

聖人教人，不是理會一件，其餘自會好，須是逐一做工夫。（四六）

學問不可只理會一端。天下事硬就一箇做，終是做不成。如莊子說：「風之積也不厚，則其負大翼也無力。」須是理會得多，方始襯簟得起。（一一八）

今人動便說一貫。一者，對萬而言。今卻不可去一上尋，須是去萬上理會。（二七）

所謂一貫者，會萬殊於一貫。萬殊皆自此出，雖萬殊卻只一理，所謂貫也。若只見語一貫，便

將許多合做底事都不做，只理會一，不知貫箇甚底。（二七）

聖人未嘗言理一，多只言分殊。能於分殊中事事物物頭頭項項理會得其當然，方知理本一貫。不知萬殊各有一理，而徒言理一，不知理一在何處。（二七）

須是逐件零碎理會。如一箇桶，須是先將木來做成片子，卻將一箇箍來箍斂。若無片子，便把一個箍去箍斂，全然盛水不得。（二七）

不是一本處難認，是萬殊處難認。（二七）

某怕人便說「理一」。（五六）

精粗大小都要格它。久後會通。粗底便是精，小底便是大，這便是理之一本處。（一五）

如「博我以文，約我以禮」，博文便是要一一去用工，何曾說總會處。又如「深造之以道，欲其自得之也」，深造以道，便是要一一用工。到自得，方是總會處。（一一七）

聖賢所謂博學，無所不學也。自吾身所謂大經大本，以至天下之事事物物，甚而一字半字之義，莫不在所當窮，而未始有不消理會者。雖曰不能盡究，然亦只得隨吾聰明力量理會將去，久久須有所至。豈不勝全不理會者乎？若截然不理會者，雖物過乎前，不識其名，彼亦不管，豈窮理之學哉？（六四）

須是內外本末，隱顯精粗，一一周遍。（一八）

理無不窮，而後知方可盡。（一五）

若不博文，只要撮箇尖底，也不解說得親切，也只是大概綽得，終不的當。（四一）

公說道理，只要撮那頭一段尖底，末梢便要到那大而化之極處。中間許多，都把做渣滓，不要理會。相似把箇利刀截斷，中間都不用了，這箇便是大病。（一一七）

「多學而識之」則可說，到「一以貫之」則不可說矣。（四五）

只聞「下學而上達」，不聞上達而下學。（八）

如做塔，且從那低處闊處做起，少間自到合尖處。若只要從頭上做起，卻無着工夫處。（二七）

不去理會下學，只理會上達，即都無事可做。恐孤單枯燥。（一一七）

一底與貫底，都只是一箇道理。如將一貫已穿底錢與人，及將一貫散錢與人，只是一般，都用得。不成道那散底不是錢。（一一七）

此番理論，最値重視。朱子學之最着精神處正在此。朱子於宋明理學中所以特具精采處亦在此。其理氣兩分說之精義，亦於此而見。

所謂格物窮理，若分言之，則兩語亦有辨。語類云：

人多把這道理作一箇懸空底物。大學不說窮理，只說箇格物，便是要人就事物上理會，如此方見得實體。所謂實體，非就事物上見不得。且如作舟以行水，作車以行陸，今試以衆人之力共

推一舟於陸，必不能行，方見得舟果不能以行陸也。此之謂實體。（一五）

問：「道之不明，蓋是後人舍事迹以求道。」曰：「所以古人只道格物，有物便有理。」（一五）

窮理二字，不若格物之為切，便就事物上窮格。（一五）

蓋言理則無可捉摸，物有時而離。言物則理自在，自是離不得。釋氏只說見性，下梢尋得一箇空洞無稽底性，亦由他說，於事上更動不得。（一五）

窮理必就事物上窮，猶言離氣則理無所着也。氣中必寓理，物上必具理，故窮理必在乎格物。既曰「即凡天下之物」而格，則其間應無揀擇。語類云：

「程先生謂：『或讀書講明道義，或論古今人物而別其是非，或應接事物而處其當否』，以至天地之所以高厚，一物之所以然，都逐一理會，不只是箇一便都了。」因問：「下學莫只是就切近處求否？」曰：「也不須恁地揀。事到面前，便與他理會。且如讀書，讀第一章，便與他理會第一章。讀第二章，便與他理會第二章。今日撞着這事，便與他理會這事。明日撞着那事，便理會那事。萬事只是一理，不成只揀大底要底理會，其他都不管。譬如海水，一灣一曲，一洲一渚，無非海水。不成道大底是海水，小底不是。」（一一七）

或問：「格物是學者始入道處，當如何着力？」曰：「遇事接物之間，各須一一去理會始得。

不成是精底去理會，粗底又放過了。大底去理會，小底又不問了。如此終是有欠闕。但隨事遇物皆一一去窮極，自然分明。」（一五）

凡所應接底都是物，事事都有箇極至之理，便要知得到。（一五）

事事物物各自有理，如何硬要揑合得。只是才遇一事，即就一事究竟其理。少間多了，自然會貫通。（一八）

聖賢不是教人去黑淬淬裏守着。而今且大着心胸，大開着門，端身正坐，以觀事物之來，便格它。（一五）

但亦有不盡然者。如云：

鬼神無形影，是難理會底，未消去理會，且就日用緊切處做工夫。子曰：「未能事人，焉能事鬼。未知生，焉知死。」此說盡了。此便是合理會底理會得，將間鬼神自有見處。若合理會底不理會，只管去理會沒緊要底，將間都沒理會了。（三）

鬼神有無，聖人未嘗決言之。如言「之死而致死之，不仁；之死而致生之，不知」，「於彼乎，於此乎」之類，與明道語上蔡「恐賢問某尋」之意同。（六三）

此言鬼神難理會，教人未消去理會。然朱子對鬼神亦復發了許多大理論，可見鬼神之事亦非不理會。惟戒學者莫要只管去理會一等沒緊要而難理會者而已。又曰：

人且從分明處理會去。如誠敬不至，以之事人，則必不能盡其道，況事神乎？不能曉其所以生，則又焉能曉其所以死。（三九）

問：「『理義之悅我心，猶芻豢之悅我口』，顏子『欲罷不能』，便是此意否？」曰：「孟子所說，正是為衆人說，當就人心同處看。我恁地，他人也恁地。只就麄淺處看，自分曉，卻有受用。顏子會恁地，多少年來更無人會恁地。看得細了，卻無受用。」（五九）

問：「理義人心之同然，以顏子之樂見悅意。」曰：「不要高看，只就眼前看，便都是義理，都是衆人公共物事。」（五九）

格物只從粗處、淺處、分明處、衆人公共處格。若要揀擇，則怕先把此等揀去了。

問：「格物莫須用合內外否？」曰：「不須恁地說。物格後，他內外自然合。蓋天下之事皆謂之物，而物之所在莫不有理。且如草木禽獸，雖是至微至賤，亦皆有理。如所謂『仲夏斬陽木，仲冬斬陰木』，自家知得這箇道理，處之而各得其當，便是。且如鳥獸之情，莫不好生而

惡殺，自家知得是恁地，便須『見其生不忍見其死，聞其聲不忍食其肉』方是。要之，今且自近以及遠，由粗以至精。」（一五）

下手且須從近處做去。若幽奧紛拏，卻留向後面做。（一八）

問：「遇在面前底便格否？」曰：「是。但也須是從近處格將去。」（一八）

問：「平日只是於大體處未正。」曰：「大體只是合眾小理會成大體。今不窮理，如何便理會大體。」（一一五）

或問仁之全體。曰：「若論全體，是處可見。須是知得那親切處。」（四一）

格物須是從切己處理會去。待自家者已定疊，然後漸漸推去，這便是能格物。（一五）

且窮實理，令有切己工夫。若只泛窮天下萬物之理，不務切己，即是遺書所謂「遊騎無所歸」矣。（一八）

問：「己分上事已理會，但應變處更望提誨。」曰：「今且當理會常，未要理會變。常底許多道理未能理會得盡，如何便要理會變。聖賢許多道理，平鋪在那裏，且要闊着心胸平去看，通透後自能應變。不是硬捉定一物，便要討常，便要討變。」（一一七）

理有正有權，今學者且須理會正。如娶妻必告父母，學者所當守。至於不告而娶，自是不是。到此處，別理會。（一五）

朱子教人格物，從切己處，近處，小處，粗處，眼前公共處，淺處，分明易理會處，常處，正經處，其言亦若有揀擇，實則是無揀擇。當時學者好求大處遠處，朱子教以從小處近處入，亦非只管小處近處，更不管大處遠處。故曰無揀擇，卻是有一先後。

問：「隨事理會，恐精力短，如何？」曰：「也須用理會。不成精力短後，話便信口開，行便信脚步，冥冥地去，都不管他。」（一八）

問：「陸先生不取伊川格物之說，若以為隨事討論，則精神易弊，不若但求之心，心明則無所不照。其說亦似省力。」曰：「不去隨事討論後，聽他胡做，話便信口說，脚便信步行，冥冥地去，都不管他。」（一八）

隨事理會，隨事討論，此所謂即凡天下之物而格也。惟須「因其已知之理而益窮之」。語類云：

「大學之道，在明明德」，謂人合下便有此明德，雖為物欲掩蔽，然這些明底道理未嘗泯絕。須從明處漸漸推將去，窮到是處，吾心亦自有準則。窮理之初，如攻堅物，必尋其罅隙可入之處，乃從而擊之，則用力為不難矣。（一五）

致知工夫，亦只是且據所已知者玩索推廣將去，具於心者本無不足也。（一五）

人之一心，本自光明。常提撕他起，莫為物欲所蔽，便將這箇做本領，然後去格物致知。（一五）

要於本領上理會。（八）

今人既無本領，只去理會許多閒汩董，百方措置思索，反以害心。（七）

而今便要從那知處推開去。是因其所已知而推之，以至於無所不知也。（一五）

致知不是知那人不知底道理，只是人面前底。（一五）

若只理會正心誠意，卻有局促之病。只說致知格物，又卻似汎濫。古人語言，自是周浹兼賅。

今日學者所謂格物，卻無一箇端緒，只似尋物去格。如齊宣王因見牛而發不忍之心，此蓋端緒也。便就此擴充，直到無一物不被其澤，方是致與格，只是推致窮格到盡處。凡人各有箇見識，不可謂他全不知。如孩提之童知愛其親，長知敬其兄。以至善惡是非之際，亦甚分曉。但不推致充廣，故其見識終只如此。須是因此端緒從而窮格之。未見端倪發見之時，且得恭敬涵養。有箇端倪發見，直是窮格去，亦不是鑿空尋事物去格也。涵養於未發見之前，窮格於已發見之後。（一八）

此條說「因其已知而益窮之」之義更透切。若非心中先已有知，鑿空尋事物去格，則如陽明格庭前竹子。若不因吾心已知之理而益窮之，則如齊宣王僅知不忍一牛之觳觫而不能即推此以保民而王天下。

故徒務於正心誠意，而無致知格物之功，則有局促之病。陽明致良知之教，今日知到這裏，今日即行到這裏，只重知行合一，不求推極其知，乃是獎勵人只為毫釐絲忽之黃金，不教人進為百斤千斤也。徒務於致知格物，而不知於心性根源求端緒，以為推致充廣奠其基而正其本，則有泛濫之病。如近代自然科學突飛猛進，而人文社會病痛百出。惟朱子格物之教，則固不得以向外譏之。

問：「格物最難，日用間應事處，平直者卻易見。如交錯疑似處，要如此則彼礙，要如彼則此礙。不審何以窮之？」曰：「如何一頓便要格得恁地。且要見得大綱，且看箇大胚模是恁地，方就裏面旋旋做細。如樹，初間且先斫倒在這裏，逐旋去皮，方始出細。若難曉易曉底一齊都要理會得，也不解恁地。但不失了大綱，理會一重了，裏面又見一重；一重了又見一重。以事之詳略言，理會一件又一件；以理之淺深言，理會一重又一重。只管理會，須有極盡時。」（一五）

達乎極盡，即所謂「求至乎其極」也。語類云：

人誰無知？為子知孝，為父知慈，只是知不盡。須是要知得透底。且如一穴之光也喚做光。然逐旋開劖得大，則其光愈大。物皆有理，人亦知其理，如當慈孝之類，只是格不盡。但物格於

彼，則知盡於此矣。知得此理盡，則此箇意便實。若有知未透處，這裏面便黑了。（一五）

諸公自家裏來到建陽，直到建陽方休。未到建陽，半路歸去，便是不到建陽。（一五）

格謂至也。如南建人往建寧，須到得郡廳上方是至。若只到建陽境上，即不謂之至也。（一五）

所謂格物者，常人於此理或能知一二分，即其一二分之所知者推之，直要推到十分，窮得來無去處，方是格物。（一八）

致知所以求為眞知，眞知是要徹骨都見得透。（一五）

致知格物，十事格得九事通透，一事未通透，不妨。一事只格得九分，一分不透，最不可。（一五）

要見盡十分，方是格物。既見盡十分，便是知止。（一五）

格物云者，要窮到九分九釐以上，方是格。（一五）

物格者，物理之極處無不到。知至者，吾心之所知無不盡。（六〇）

問：「延平謂『為學之初，且當常存此心，勿為他事所勝。凡遇一事，即當且就此事反復推尋以究其極。待此一事融釋脫落，然後別窮一事，久之自當有洒然處』，與伊川『今日格一件，明日格一件』之語不同。如何？」曰：「這話不如伊川說今日、明日恁地急。這說是教人若遇一事，即且就上理會，教爛熟離析，不待擘開，自然分解，久之自當有洒然處，自是見得快活。」（一八）

問：「延平言窮理工夫，先生以為不若伊川規模之大，條理之密。莫是延平教人窮此一事，必待其融釋脫落，然後別窮一事。設若此事未窮，遂為此事所拘。不若程子『若窮此事未得，且別窮』之言為大否？」曰：「程子之言誠善。窮一事未透，又便別窮一事亦不得。彼謂有甚不通者，不得已而如此耳。不可便執此說容易改換，卻致工夫不專一也。」（一一八）

問：「伊川說若一事窮不得，須別窮一事，與延平之說如何？」曰：「這說自有一項難窮底事，如造化、禮樂、度數等事，是卒急難曉，只得且放住。延平說是窮理之要。若平常遇事，這一件理會未透，又理會第二件；第二件理會未得，又理會第三件。恁地，終身不長進。」（一一八）於此處既理會不得，若專一守在這裏，卻轉昏了。須着別窮一事，又或可以因此而明彼也。（一一八）

以上引延平、伊川兩說相異，乃從事格物所易遇之問題，如何自為斟酌，亦即日常格物一切近之實例。惟格物求能至乎其極，乃可以望一旦之豁然而貫通。苟不然，一知半解，不盡不實，亦終無貫通可言。

語類云：

譬如草木，理會根源，則知千條萬葉各有箇道理。事事物物各有一線相通。（一一四）

於物之理窮得愈多，則我之知愈廣。其實只是一理，才明彼，即曉此。只是這一件理會得透，那一件又理會得透。積累多，便會貫通。（四四）

須是窮得理多，然後有貫通處。（一一五）

「積習既多，自當脫然有貫通處。」乃是零零碎碎湊合將來，不知不覺自然醒悟。其始固須用力，及其得之也，又卻不假用力。（一八）

所以謂格得多後自能貫通者，只為是一理。釋氏云：「一月普現一切水，一切水月一月攝」，這是那釋氏也窺見得這些道理。濂溪通書只是說這一事。（一八）

孔門教人甚寬，今日理會些子，明日又理會些子，久則自貫通。如耕荒田，今日耕些子，明日又耕些子，久則自周匝。雖有不到處，亦不出這理。（一九）

格物須能逐項求至乎其極，積累後乃可豁然而貫通也。

語類又云：

心無限量，如何盡得。物有多少，亦如何窮得盡。但到那貫通處，則纔拈來便曉得，是為盡也。（六〇）

不可盡者心之事，可盡者心之理。理既盡之後，謂如一物，初不曾識，來到面前，便識得此

物。(六〇)

問：「知至若論極盡處，則聖賢亦未可謂之知至。如孔子不能證夏商之禮，孟子未學諸侯喪禮，與未詳周室班爵之制之類否？」曰：「然。如何要一切知得。然知至只是到脫然貫通處。雖未能事事知得，然理會得已極多，萬一有插生一件差異底事來，也都識得他破。只是貫通，便不知底亦通將去。」(一八)

此則格物已到最後境界，所謂「眾物之表裏精粗無不到，吾心之全體大用無不明」也。或疑朱子言「人心之靈莫不有知，而天下之物莫不有理」，乃分心與理而兩言之。然若謂心與理一，心即是理，理在我心，則不復須有格物工夫矣。語類又曰：

格物只是就事上理會，知至便是此心透徹。(一五)

格物是逐物格將去，致知則是推得漸廣。(一五)

格物是物物上窮其至理，致知是吾心無所不知。格物是零細說，致知是全體說。(一五)

格物所以明此心。(一一八)

問：「格物則恐有外馳之病？」曰：「若合做，則雖治國平天下之事亦是己事。『周公思兼三王以施四事，其有不合者，仰而思之，夜以繼日。幸而得之，坐以待旦。』不成也說道外馳？」

（一五）

問致知格物。曰：「此心愛物是我之仁，此心要愛物是我之義，若能分別此事之是、此事之非是我之智，若能別尊卑上下之分是我之禮。以至於萬物萬事，皆不出此四箇道理，其實只是一箇心。一箇根柢出來，抽枝長葉。」（一五）

理雖在物而用實在心。（一八）

理在物，與在吾身只一般。（一八）

那事不自心做出來。如修身，如絜矩，都是心做出來。但正心卻是萌芽上理會。修身與絜矩，卻是各就地頭上理會。（一五）

未知得至時，一似捕龍蛇捉虎豹相似。到知得至了，卻恁地平平做將去。然節次自有許多工夫。到後來絜矩，雖是自家所為，皆足以興起斯民。又須是以天下之心審自家之心，以自家之心審天下之心，使之上下四面都平均齊一而後可。（一五）

細籀上引諸條，合心與理而一言之固無害，分心與理而兩言之亦無害。已詳見論心與理篇。

以上雜引語類以闡大學章句格物補傳一章之義。又大學或問中發明程子論格物，而其門弟子之失其師傳眞義者，茲復引述如下。其論程子則曰：

程子之說，切於己而不遺於物，本於行事之實而不廢文字之功，極其大而不略其小，究其精而不忽其粗。學者循是而用力焉，則既不務博而陷於支離，亦不徑約而流於狂妄。既不舍其積累之漸，而其所謂豁然貫通者，又非見聞思慮之可及也。是於說經之意，入德之方，其亦可謂反復詳備，而無俟於發明矣。若其門人，雖曰祖其師說，然以愚考之，則恐其皆未足以及此也。

以下凡分五說歷辨之。其一曰：

有以「必窮萬物之理同出於一為格物，知萬物同出於一理為知至。如合內外之道，則天人物我為一；通晝夜之道，則死生幽明為一；達哀樂好惡之情，則人與鳥獸魚鱉為一；求屈伸消長之變，則天地山川草木為一」者，似矣。然其欲必窮萬物之理而專指外物，則於理之在己者有不明矣。但求眾物比類之同，而不究一物性情之異，則於理之精微者有不察矣。不欲其異，而不免乎四說之異。必欲其同，而未極乎一原之同。則徒有牽合之勞，而不睹貫通之妙矣。

此評藍田呂氏說。理在物，亦在己。有比類之同，亦有各別之異。語類有曰：

說許多一了，理自無可得窮，又格箇甚麼。固是出於一，只緣散了，千歧萬徑。今曰窮理，所

以要收拾歸於一。（一八＊）

此言格物在從異得同也。

其二曰：

又有以為「窮理只是尋箇是處，然必以恕為本，而又先其大者，則一處理通而觸處皆通」。其曰「尋箇是處」者則得矣。而曰「以恕為本」，則是求仁之方，而非窮理之務也。又曰「先其大者」，則不若先其近者之切也。又曰「一處通而一切通」，則又顏子之所不能及，程子之所不敢言，非若類推積蓄之可以循序而必至也。

此評上蔡謝氏之說。語類亦曰：

「尋箇是處」者，須是於其一二分是處直窮到十分是處方可。（一八）

窮理自是我不曉這道理，所以要窮。如何說得恕字。他當初說恕字，大概只是說要推我之心以窮理，便礙理了。（一八）

窮理如何着得恕字。窮理蓋是合下工夫，恕則在窮理之後。（一八）

其三曰：

又有以為「天下之物不可勝窮，然皆備於我，而非從外得也。所謂格物，亦曰反身而誠，則天下之物無不在我者」，是亦似矣。然反身而誠，乃為物格知至以後之事。言其窮理之至，無所不盡，故凡天下之理，反求諸身，皆有以見其如目視耳聽手持足行之畢具於此，而無毫髮之不實耳。固非以是方為格物之事，亦不謂但務反求諸身，而天下之理自然無不誠也。中庸之言「明善」，即物格知至之事。其言「誠身」，即意誠心正之功。故不明乎善，則有反諸身而不誠者。其功夫地位，固有序而不可誣矣。今為格物之說，又安得遽以是而為言哉！

此評龜山楊氏之說。反身亦是格物中一事，但格物非專是反身。語類亦曰：

須是反身，乃見得道理分明。如孝如弟，須見得孝弟我原有在這裏。若能反身，爭多少事。又卻說「萬物皆備於我，不須外面求」，此卻錯了。（一八）

其四曰：

有以「今日格一物，明日格一物」，為非程子之言者。則諸家所記程子之言此類非一，不容皆誤。且其為說，正中庸學問思辨弗得弗措之事，無所咈於理者，不知何所病而疑之也。豈其習於持敬之約，而厭於觀理之煩耶？抑直以己所未聞，而不信他人之所聞耶？夫持敬觀理，不可偏廢，程子固已言之。又安得遽以一人之所未聞，而盡廢眾人之所共聞者哉！

此評和靖尹氏之說。持敬觀理不可偏廢，語詳論敬篇。

其五曰：

又有以為「物物致察，而宛轉歸己，如察天行以自強，察地勢以厚德」者，亦似矣。然其曰「物物致察」，則是不察程子所謂「不必盡窮天下之物」也。又曰「宛轉歸己」，則是不察程子所謂「物我一理，纔明彼即曉此」之意也。又曰：「察天行以自強，察地勢以厚德」，則是但欲因其已定之名，擬其已著之迹，而未嘗如程子所謂求其所以然與其所以為者之妙也。

此評胡文定說。語類亦曰：

「察天行以自強，察地勢以厚德」，祇因其物之如是而求之耳，初不知天如何而健，地如何而順也。所謂「宛轉歸己」，則是理本非己有，乃強委曲牽合，使他入來，這是隔陌多少。（一八＊）

或問又曰：

獨有所謂「即事即物，不厭不棄，而身親格之以精其知」者，為得「致」字向裏之意。而其曰「格之之道，必立志以定其本，居敬以持其志，志立乎事物之表，敬行乎事物之內，而知乃可精」者，又有以合乎所謂「未有致知而不在敬者」之指。但其語意頗傷急迫，既不能盡其全體規模之大，又無以見其從容潛玩積久貫通之功耳。

此評胡五峯說。語類亦曰：

「身親格之」，說得「親」字急迫，格自是自家格，不成倩人格。（一八）

此段本說得極精，然卻有病者，只說得向裏來，不曾說得外面，所以語意頗傷急迫。蓋致知本是廣大，須用說得表裏內外周徧兼該方得。其曰「知乃可精」，便有局蹙氣象。他便要就這裏便精其知，殊不知致知之道不如此急迫。須是寬其程限，大其度量，久久自然貫通。（一八）

他說「立志」云云，知未到精處方是「可精」，此是說格物以前底事。後面所說又是格物以後底事。中間正好用工曲折處都不說，便是局蹙了。（一八）

於是又繼之以慨嘆曰：

嗚呼！程子之言，其答問反復之詳且明也如彼，而其門人之所以為說者乃如此。雖或僅有一二之合焉，而不免於猶有所未盡也。是亦不待七十子喪而大義已乖矣，尚何望其能有所發而有助於後學哉！

語類亦曰：

諸公說初都見好，後來段段錄出，排在那裏，句句將來比對，逐字稱停過，方見得程子說顛撲不破，諸公說挨着便成粉碎了。（一八）

最後則曰：

間獨惟念，昔聞延平先生之教，以為「為學之初，且當常存此心，勿為他事所勝。凡遇一事，即當就此事反復推尋以究其理。待此一事融釋脫落，然後循序少進，而別窮一事。如此既久，積累之多，胸中自當有灑然處，非文字言語之所及也」。詳味此言，雖其規模之大，條理之密，若不逮於程子，然其功夫之漸次，意味之深切，則有非他說所能及者。惟嘗實用力於此者為能有以識之，未易以口舌爭也。

曰：「然則所謂格物致知之學，與世之所謂博物洽聞者奚以異？」曰：「此以反身窮理為主，而必究其本末是非之極摯。彼以徇外誇多為務，而不覈其表裏眞妄之實然。必究其極，是以知愈博而心愈明。不覈其實，是以識愈多而心愈窒。此正為己為人之所以分，不可不察也。」

以上備引或問討論程門說格物諸說，取以與大學格物補傳並闡，則朱子之所以論格物窮理者，大義具是，殆無遺蘊矣。

或問又引司馬溫公之說而評之曰：

近世大儒，有為格物致知之說者，曰：「格猶扞也，禦也。能扞禦外物，而後能知至道也。」又有推其說者，曰：「人生而靜，其性本無不善，而有為不善者，外物誘之也。所謂格物以致其知者，亦曰扞去外物之誘，而本然之善自明耳。是其為說，不亦善乎？」曰：「『天生烝民，有物有則』，則物之與道，固未始相離也。今曰禦外物而後可以知至道，則是絕父子而後可以知孝慈，離君臣然後可以知仁敬也。是安有此理哉？若曰所謂外物者，不善之誘耳，非指君臣父子而言也。則夫外物之誘人，莫甚於飲食男女之欲，然推其本，則固亦莫非人之所當有而不能無者也。但於其間自有天理人欲之辨，而不可以毫釐差耳。惟其徒有是物，而不能察於吾之所以行乎其間者孰為天理，孰為人欲，是以無以致其克復之功，而物之誘於外者，得以奪乎天理之本然也。今不即物以窮其原，而徒惡物之誘乎己，乃欲一切扞而去之，則是必閉口枵腹，然後可以得飲食之正，絕滅種類，然後可以全夫婦之別也。是雖裔戎無君無父之教，有不能充其說者。況乎聖人大中至正之道，而得以此亂之哉！」

謂心即理，主乎心而理自明。謂事物害心，摒去事物而後心自明。此皆朱子最所反對也。

語類又一條云：

橫渠語曰：「一故神，兩故化。」橫渠此語極精。見李先生說云：「舊理會此段不得，終夜倚上坐，思量，以身去裏面體，方見得平穩。每看道理處皆如此。」某時為學，雖略理會得，有不理會得處，便也恁地過了。及見李先生後，方知得是恁地下工夫。某今見得這物事了，舊時未理會得，是下了多少工夫。而今學者卻恁地泛泛然，都沒緊要，不把當事，只是謾學。理會得

時也好，理會不得時也不妨。恁地，如何得。須是如射箭相似，把着弓，須是射得中，方得。（九八）

此即上引延平論格物，謂凡遇一事，即當就此事反復推尋以究其說，待融釋脫落，然後別窮一事也。此見朱子為學，其有得於延平之啟發者洵不少。此下當再續引文集論格物義者以相發明。

文集卷七十四有策試牓喻，及策問三十三條，乃在朱子初到同安之翌年，紹興二十四年甲戌，遲則在又翌年乙亥，以試同安縣學諸生，是時朱子年二十五六。策問中有一條提及大學格物義，此乃朱子言大學格物之最早可見者。可知朱子言格物，自其涉學最先，即已提及。策問云：

問：大學之序，將欲明明德於天下，必先於正心誠意。而求其所以正心誠意者，則曰致知格物而已。然自秦漢以來，此學絕講，雖躬行君子時或有之，而無曰致知格物云者。不識其心果已正，意果已誠未耶？若以為未也，則行之而篤，化之而從矣。以為已正且誠耶？則不由致知格物以致之，而何以致然耶？願二三子言其所以，而幷以致知格物之所宜用力者，為僕一二陳之。

時相助教督縣學諸生者有柯國材，朱子為之作一經堂記，見文集卷七十七。記文在紹興二十六年，朱子年二十七。有曰：

學始乎知，惟格物足以致之。

此文在臨去同安前。

文集卷三十答汪尙書有云：

物必格而後明，倫必察而後盡。格物只是窮理，物格即是理明。此乃大學工夫之始。潛玩積累，各有淺深，非有頓悟險絕處也。近世儒者語此，似亦太高矣。

此書在隆興二年甲申，朱子年三十五。李延平卒於前年，朱子以弔喪送葬晤汪應辰，遂有書問往還。書中又云：

大抵近世言道學者，失於太高。讀書講義，率常以徑易超絕，不歷階梯為快。曷若循下學上達之序，寧煩毋略，寧下毋高，寧淺毋深，寧拙毋巧，從容潛玩，存久漸明，衆理洞然，次第無隱，然後知大中至正之極，天理人事之全，無不在是，初無迥然超絕不可及者。而幾微之間，毫釐必察。醻酢之際，體用渾然。雖或使之任至重而處所難，亦沛然行其所無事而已矣。

朱子此後闡發格物精義，大體亦無踰於此。蓋朱子特有深契於大學格物之說，乃以藥當時之學病，厭卑近而求超悟，卒之陷於禪而不自知者。朱子生平為學主要在此，而此時已見其確乎不可拔矣。

又一書力辨蘇學，而曰：

區區僭越，辨論不置，實以為古人致知格物之學有在於是。

越二年，乃有雜學辨。此見朱子當時學問日進，實是得力於其所契大學格物致知之教也。

文集卷三十八答江元適有云：

熹之所聞，以為天下之物，無一物不具夫理。是以聖門之學，下學之序，始於格物以致其知。不離乎日用事物之間，別其是非，審其可否，由是精義入神以致其用。其間曲折纖悉，各有次序，而一以貫通，無分段，無時節，無方所。以為精也，而不離乎粗。以為末也，而不離乎本。必也優游潛玩，饜飫而自得之，然後為至。固不可自畫而緩，亦不可欲速而急。譬如草木，自萌芽生長以至於枝葉華實，不待其日至之時而揠焉以助之長，豈不無益而反害之哉！

續集卷六答江隱君，重出。此書亦在隆興二年，所闡大學格物要旨，與後來持論已無大懸殊。

又卷三十九答柯國材有云：

熹自延平逝去，學問無分寸之進，於致知格物之地，全無所發明。

此書亦在同年。知朱子在同安時，必與國材常相討論及於大學致知格物，又同時稱述其所接聞於延平之教，故此書如是云云也。

又同卷答許順之有云：

大學之說，近日多所更定，舊說極陋處不少。大抵本領不是，只管妄作，自悞悞人，深為可懼耳。

又一書云：

聖門之學，以求仁格物為先。所以發處自然見得是非可否不差毫髮，其工夫到與不到卻在人。

此兩書皆在延平卒後，未赴衡嶽訪張南軒之前。可知朱子重視大學格物之教積年有素，蘊蓄深厚，而時時稱道討論及之也。

又同卷答陳齊仲有云：

格物之論，伊川意，雖謂眼前無非是物，然其格之也，亦須有緩急先後之序，豈遽以為存心於一草一木器用之間，而忽然懸悟也哉？今為此學，而不窮天理，明人倫，講聖言，通世故，乃兀然存心於一草一木器用之間，此是何學問？如此而望有所得，是炊沙而欲其成飯也。

若陽明見此書，決不一意去格庭前竹子。

同時有雜學辨，見文集卷七十二，皆在乾道二年丙戌。辨中有云：

致知格物，大學之端，始學之事也。一物格則一知至，其功有漸，積久貫通，然後胸中判然不疑所行，而意誠心正矣。然則所致之知固有淺深，豈遽以為與堯舜同者，一旦忽然而見之也哉。此殆釋氏一聞千悟、一超直入之虛談，非聖門明善誠身之實務也。

然則所謂窮天理，明人倫，講聖言，通世故，亦非一超直入之謂。辨中又曰：

伊川先生嘗言：「凡一物上有一理，物之微者亦有理。」又曰：「大而天地之所以高厚，小而一物之所以然，學者皆當理會。」程子之為是言也，特以明夫理之所在，無間於大小精粗而已。若夫學者之所以用功，則必有先後緩急之序，區別體驗之方，然後積習貫通，馴致其極。豈以為直存心於一草木器用之間，而與堯舜同者，無故忽然自識之哉？此又釋氏聞聲悟道、見色明心之說，殊非孔氏遺經、程氏發明之本意也。吾儒之說，讀書而原其得失，應事而察其是非，乃所以為致知格物之事，蓋無適而非此理者。今乃去文字而專體究，猶患雜事紛擾，不能專一，則是理與事為二，必事盡屏而後理可窮也。終始二道，本末兩端，孰甚於此。

文集卷六十三答孫敬甫有云：

大學所言格物致知，只是說得箇題目。若欲從事於其實，須更博考經史，參稽事變，使吾胸中廓然無毫髮之疑，方到知止有定地位。不然，只是想像箇無所不通底意象，其實未必通也。

此書中以讀書與應事為格物致知兩要項，所謂博考經史，參稽事變，亦豈象山所譏之支離乎？

語類亦云：

讀論語，須將精義看。先看一段，次看第二段。將兩段比較，孰得孰失，孰是孰非。又將第三段比較如前，又總一章之說而盡比較之，其間須有一說合聖人之意。或有兩說有三說有四說五說皆是，又就其中比較疎密。如此便是格物。（一九）

讀書乃格物中一項目，朱子教人如何讀書，亦即是教人如何格物也。若必說最前一句，則曰格物窮理。若必說最後一句，則曰用力既久，而一旦豁然貫通。此則朱子格物窮理之教。

同卷答孫敬甫又一書云：

願且虛心，徐觀古訓，句解章析，使節節通透，段段爛熟，自然見得為學次第，不須別立門庭，固守死法也。

此亦只言讀書，而戒人勿固守死法。讀書格物，皆無死法也。

又文集卷四十二答胡廣仲有云：

古人由小學而進於大學，其於灑掃應對之間，持守堅定，涵養純熟，固已久矣。是以大學之序，特因小學已成之功而以格物致知為始。今人未嘗從事於小學，而曰必先致其知，然後敬有所施，則未知其以何為主，而格物以致其知也。

此書已在辨未發已發特提程門敬字之後。乃始分灑掃應對為小學事，以致知格物為大學事，而以敬字通貫說之，是為朱子四十以後之新說。

又文集卷七十七南劍州尤溪縣學記有云：

熹聞之，天生斯人而予之以仁義禮智之性，而使之有君臣父子兄弟夫婦朋友之倫，所謂民彝者也。惟其氣質之稟，不能一於純秀之會，是以欲動情勝，則或以陷溺而不自知焉。古先聖王為是之故，立學校以教其民。而其為教，必始於灑掃應對進退之間，禮樂射御書數之際，使之敬恭朝夕，脩其孝弟忠信而無違也。然後從而教之格物致知以盡其道。使知所以自身及家，自家及國，而達之天下者，蓋無二理。其正直輔翼優游漸漬，必使天下之人皆有以不失其性，不亂其倫，而後已焉。此二帝三王之盛，所以化行俗美，黎民醇厚，而非後世之所能及也。

此文在乾道九年朱子年四十四。大意略如其答胡廣仲，而於大學格物致知在整體學問中之地位，及其階級層次之意義所在，功效所至，闡發益詳。

語類亦云：

世間之物，無不有理，皆須格過。古人自幼便識其具。且如事親事君之禮，鐘鼓鏗鏘之節，進退揖遜之儀，皆目熟其事，躬親其禮。及其長也，不過只是窮此理，因而漸及於天地鬼神、日月陰陽、草木鳥獸之理。所以用功也易。今人皆無此等禮數可以講習，只靠先聖遺經自去推究，所以要人格物主敬，便將此心去體會古人道理，循而行之。一一須要窮過，自然浹洽貫通。（一五）

此條沈僩錄，乃朱子晚年語，與其答胡廣仲書一意相承。

又孟子或問有云：

呂氏之論明善誠身，皆有所未盡。天下事物之理皆有所謂善，要當明其當然而識其所以然，使吾心曉然眞知善之為善而不可不為，是乃所謂明善者。若曰「知在我者之所從來而已」，則恐其狹而未究於理也。其於誠身，直以為知有是善於吾身而已，是亦未知孟子所謂誠身，正謂心思言行之間，能實踐其所明之善而有諸身也。

或問成書在淳熙四年丁酉，朱子年四十八。此論明善誠身，尤見朱子論大學格物窮理之眞義。物皆有理，格物乃向外格，窮理亦向外窮，非可自限於一身，則必狹而未究於理矣。誠身者，乃實見其善而有之身，非謂於吾身而見其善也。故朱子論格物，乃本吾心以格物理，非謂即以格吾心。所謂兼本末，合內外，自與眾理具備於一心之說有不同。

語類亦曰：

若不格物致知，那箇誠意正心，方是捺在這裏，不是自然。若是格物致知，便自然不用強捺。（一五）

或問：「致知須要誠，既是誠了，如何又說『誠意』？」曰：「致知上本無『誠』字，如何強安排『誠』字在上面？」（一五）

問：「遺書有一段云：『致知在格物，物來則知起，物各付物，不役其知，則意自誠。』比其它說不同，卻不曾下格物工夫。」曰：「不知此一段如何。」又問：「『物來則知起』，似無害，但以下不是。」曰：「亦須格方得。」（九七）

得處。

程氏此條，實即此下陸王意見。朱子只答「不知此一段如何」，此乃緩言之。及又問「『物來則知起』似無害」，則答曰「亦須格方得」，此乃正言之。若不經窮格工夫，此物來知起之知，終是有靠不得處。

又曰：

「物各付物，不役其知」，便是致知。然最難。此語未敢信，恐記者之誤。（九七）

物未格，知便致，既曰「最難」，又曰「恐記者之誤」，朱子之不愜於程氏此條可知。

或問又曰：

「萬物皆備」之說，程子至矣。蓋萬物之生，同乎一本，其所以生此一物者，即其所以生萬物之理也。故一物之中，莫不有萬物之理焉。所謂「萬物皆備」云者，亦曰有其理而已矣。「反身而誠」，則張子「無不慊於心，作德日休，實到實有」之說為實。若不責之處心行事之實，而但欲反心以求眾理，而想像安排，使其備於此焉，則將何所據以為實，而其為心亦已勞矣，尚何樂之可言哉？

格物以明眾理，與反心以求眾理，其間大有辨。朱子常采橫渠以補二程，此等處皆是。

或問又曰：

心之體無所不統，其用無所不周。今窮理而貫通，以至於可以無所不知，則固盡其無所不統之體，無所不周之用矣。所謂盡心者，物格知至之事。

此謂理無不窮而後心無不盡也。故又曰：

由窮理致知，積累其功，以至於盡心，則心之體用在我。不必先事揣量，著意想像，而別求所以盡之也。

上引諸條，剖辨微密。朱子謂古人以小學涵養人心，繼之以大學窮格物理，既非空言心即理，亦非僅以主敬涵養為已足，其意甚顯。

文集卷七十八復齋記有云：

予聞之，古人之學，博文以約禮，明善以誠身。必物格而知至，而後有以誠意而正心焉。此夫子、顏、曾、子思、孟子所相授受，而萬世學者之準程也。

此數語，可以涵括上引孟子或問諸條之義。復齋記作於淳熙三年丙申，朱子年四十七，正是或問成書時。

又文集卷四十四答江德功有云：

不欲就事窮理，而直欲以心會理，故必以格物為心接乎物；不欲以愛親敬長而易其所謂清淨寂滅者，故必以「所厚」為身而不為家。以至「新民」、「知本」、「絜矩」之說，亦反而附之身。蓋惟恐此心之一出而交乎事物之間也。似有獨善自私之意，而無公物我合內外之心。此蓋釋氏之學為主於中，而外欲強為儒者之論，意思終有間隔礙阻不浹洽處。若欲眞見聖賢本意，要當去此心而後可語耳。

又曰：

格物之說，程子論之詳矣。其所謂「格，至也，格物而至於物則物理盡」者，意句俱到，不可移易。熹之謬說，實本其意，然亦非苟同之也。蓋自十五六時知讀是書，而不曉格物之義，往來於心，餘三十年。近歲就實用功處求之，而參以他經傳記，內外本末，反復證驗，乃知此說之的當，恐未易以一朝卒然立說破也。夫「天生烝民，有物有則」，物者形也，則者理也。形者，所謂形而下者也。理者，所謂形而上者也。人之生也，固不能無是物矣，而不明其物之理，則無以順性命之正而處事物之當，故必即是物以求之。知求其理矣，而不至於物之極，則物之理有未窮，而吾之知亦未盡，故必至其極而後已。此所謂「格物而至於物則物理盡」者也。物理皆盡，則吾之知識，廓然貫通，無有蔽礙，而意無不誠，心無不正矣。此大學本經之意，而程子之說然也。今不深考，而必欲訓致知以窮理，則於主賓之分有所未安。知者吾心之知，理者事物之理。以此知彼，自有主賓之辨，不當以此字訓彼字也。訓格物以接物，則於究極之功有所未明。人莫不與物接，但或徒接而不求其理，或粗求而不究其極，是以雖與物接，而不能知其理之所以然，與其所當然也。今曰一與物接而理無不窮，則亦太輕易矣。蓋特出於聞聲悟道見色明心之餘論，而非吾之所謂窮理者，固未可同年而語也。且考之他書，格字亦無訓接者。又謂「老佛之學乃致知而離乎物者」，此尤非是。夫格物所以致知，猶食所以為飽也。今不格物而自謂有知，則其知者妄也。不食而自以為飽，則其飽者病也。若曰老佛之學欲致其知，而不知格物所以致其知，故所知者不免乎蔽陷，則庶乎其可矣。

又一書云：

致知格物，前說已詳。若但以格為法度之稱，而欲執之以齊天下之物，則理既未窮，知既未至，不知如何為法而執之？且但守此一定之法，則亦無復節節推窮以究其極之功矣。此義且當以程子之說為主，而以熹說推之，不必彊立說，徒費力也。

此兩書當在朱子五十歲以前，可與上引孟子或問諸條同參。其辨江德功之說，亦可推之同時及後世他人之說。如云「不欲就事窮理，而直欲以心會理」，此即象山之易簡工夫也。如訓致知以窮理，此即陽明致良知之教也。如訓格物為心接乎物，一與物接而理無不窮，此猶謂見父自然知孝，見兄自然知弟也。訓格為法度之稱，此即謂格其不正以歸於正也。程氏云：「格，至也，格物而至於物則物理盡。」語義亦欠圓愜。朱子大學章句則謂：「格，至也，物猶事也，窮至事物之理，欲其極處無不到也。」後人又謂其增字詁經，於是大學格物二字之訓釋，遂成為此下學術界爭辨獘起，懸而難決一疑案。朱子嘗云：

聖人有郢書，後世多燕說。（七八）

竊謂大學格物二字之本義為何是一事，而朱子說格物，實是千古學問之正軌大法，則無疑也。

文集卷五十一答黃子耕有云：

格物只是就一物上窮盡一物之理，致知便只是窮得物理盡後，我之知識亦無不盡處，若推此知識而致之也。此其文義只是如此，纔認得定，便請依此用功，但能格物則知自至，不是別一事也。

又曰：

格物致知只是窮理。聖賢欲為學者說盡曲折，故又立此名字。今人反為名字所惑，生出重重障礙。添枝接葉，無有了期。要須認取本意，而就中看得許多曲折分明，便依此實下功夫，方見許多名字並皆脫離，而其功夫實處卻無欠闕耳。

此書謂格物只是窮物理，語更簡淨。格有至義，引伸則有窮義。以窮格物理釋格物，實為恰愜。若謂添一理字，即是增字詁經，則古書云「得人者昌，失人者亡」，以人心訓人字，豈不亦是增字詁經乎？此亦所謂為名字所惑也。

又文集卷五十二答吳伯豐有云：

示喻程子格物之說，誠若有未易致力者。然其曰「天地之所以高厚，一物之所以然」，蓋極其大小而言之，以明是理之無不在，而學問之功，不可一物而有遺爾。若其所以用力之地，則亦不過讀書史，應事物，如前之云，豈茫然放其心於汗漫紛綸不可知之域哉？

此書在朱子五十一歲張南軒卒年。朱子自己格物，洵可謂於「天地之所以高厚，一物之所以然」，無不用心，然其教人實下功夫處，則曰：

若欲盡窮天下之理亦甚難，且隨自家規模大小做去。（一二）

然若忽略了「讀書史，應事物」，而曰了得一心，即了得宇宙，則必至於上下不着落矣。

問：「大學次序，在聖人言之，合下便都能如此？還亦須從致知格物做起，但他義理昭明，做得來恐易？」曰：「也如此學。只是聖人合下體段已具，義理都曉得，略略恁地勘驗一過，其實大本處都盡了，不用學，只是學那沒緊要底。如中庸言：『及其至也，雖聖人有所不知不能焉。』人多以『至』為道之精妙處，若是道之精妙處有所不知不能，便與庸人無異，何足以為聖人。這『至』，只是道之盡處。『所不知不能』，是沒緊要底事。他大本大根原無欠缺，只是古今事變、禮樂制度，便也須學。」（一五）

此謂格物窮理，聖人庸人雖有難易之別，而事無二致。即在物格知至以後，如聖人已明治國平天下大道，卻於古今事變禮樂制度，亦當隨地隨事有窮格之工也。

問「思修身不可不事親，思事親不可不知人，思知人不可不知天」。曰：「此處卻是倒看。根本在修身，然修身得力處卻是知天。知天是知至物格，知得箇自然道理。學若不知天，便記得此又忘彼，得其一失其二。未知天，見事頭緒多。既知天了，這裏便都定。這事也定，那事也定。」（六四）

此謂知天，即是窮格物理到豁然貫通處也。欲知天，根本在修身。欲修身，則如上引答吳伯豐書，讀書史，應事物，亦皆修身事。皆是從這一頭說到那一頭。但又云：「修身得力處卻是知天，知天了，這裏便都定」，此又從那一頭說回到這一頭。即是物格知至，仍須格物致知也。則格物工夫，亦可謂無盡境。

又文集卷六十四答江彥謀有云：

道之極致，物我固為一矣，然豈獨物我之間驗之。蓋天地鬼神，幽明隱顯，本末精粗，無不通貫而為一也。於其所謂一者，必銖銖而較之，至於鈞而必合，寸寸而度之，至於丈而不差，然後為得。孟子曰：「博學而詳說之，將以反說約也。」今學之未博，說之未詳，而遽欲一言探其極致，則是銖兩未分而臆料鈞石，分寸不辨而自計丈引，不惟精粗二致，大小殊觀，非所謂一以貫之者。愚恐小差積而大繆生，所謂鈞石丈引者，亦不得其眞矣。此躐等妄意之蔽。世之有志於為己之學而未知其方者，其病每如此也。明道先生行狀云：「先生教人，自致知至於知止，意誠至於平天下，洒掃應對至於窮理盡性，循循有序。病世之學者舍近而趨遠，處下而窺高，所以輕自大而卒無得也。」此言至矣。

此書雖未明提格物二字，其論一貫工夫，皆是言格物精神也。

又文集卷五十三答胡季隨有云：

道理無形影，惟因事物言語，乃可見得是非。理會極子細，即道理極精微。古人所謂物格知至者，不過是就此下功夫。近日學者說得太高了，意思都不確實。不曾見理會得一書一事徹頭徹尾，東邊綽得幾句，西邊綽得幾句，都不曾貫穿浹洽，此是大病。有志之士，尤不可以不深戒也。

此所舉當時學病，實亦古今通病，故朱子格物之教，尤當為學者所深切服膺也。

又文集卷五十六答陳師德有云：

示喻格物持敬之方，持敬正當自此而入。至於格物，則伊川夫子所謂窮理應事，尚論古人之屬，無非用力之地。若舍此平易顯明之功，而必搜索窺伺於無形無迹之境，竊恐陷於思而不學之病。將必神疲力殆，而非所以進於日新矣。

同卷答鄭子上有云：

格物致知，乃是就此等實事功夫上窮究，非謂舍置即今職分之所當為，而泛然以窮事物之理，待其窮盡而後意自誠，心自正，身自脩也。

文集卷六十答汪易直有云：

意不能以自誠，故欲誠其意，必以格物致知為先。蓋仁義之心，人皆有之，但人有此身，便不能無物欲之蔽，故不能以自知。若能隨事講明，令其透徹，精粗巨細，無不貫通，則自然見得義理之悅心猶芻豢之悅口，而無待於自欺。如其不然，而但欲禁制抑遏，使之不敢自欺，便謂所以誠其意者不過如此，則恐徒然為是迫切，而隱微之間終不免為自欺也。

同卷答彭子壽有云：

竊聞之，大學於此，雖若使人戒夫自欺，而推其本，則必其有以用力於格物致知之地，然後理明心一，而所發自然莫非眞實。如其不然，則雖欲防微謹獨，無敢自欺，而正念方萌，私欲隨起，亦非力之所能制矣。

明代陽明學派，有欲棄置格物而一以誠意為入手工夫者，朱子於此，亦先有以正之矣。

同卷答曾無疑有云：

大學之道，必以格物致知為先。而於天下之理，天下之書，無不博學審問謹思明辨，以求造其義理之極。然後因吾日用之間，常行之道，省察踐履，篤志力行，而所謂孝悌之至通於神明，忠恕一以貫之者，乃可言耳。蓋其所謂孝悌忠恕雖只是此一事，然須見得天下義理表裏通透，則此孝悌忠恕方是活物。如其不然，便只是箇死底孝悌忠恕。雖能持守終身，不致失墜，亦不免為鄉曲之常人，婦女之檢柙而已，何足道哉！

此即上引語類知天之根本在修身，修身得力處是知天之意。晚明之際，王學末流，乃有專主孝弟以為即是聖賢之極至、治平之要道者，如潘用微求仁錄之類是也。朱子於此，亦有以先正之矣。

又文集卷五十六答方賓王有云：

大學之序，自格物致知以至於誠意正心，不是兩事。但其內外淺深自有次第耳。非以今日之誠意正心為是，即悔前日之格物致知為非也。

陸王之學，大賢輩出，然就其論學教人處，即是以今日之誠意正心為是，以前日之格物致知為非也。其義別詳朱子論知行篇。

又文集卷四十四答蔡季通有云：

琴說向寄去者，尚有說不透處，今別改定一條錄呈，比舊似差明白，不審盛意以為如何。琴固每絃各有五聲，然亦有一絃自有為一聲之法，故沈存中之說，未可盡以為不然。大抵世間萬事，其間義理精妙無窮，皆未易以一言斷其始終，須看得玲瓏透脫，不相妨礙，方是物格之驗也。

此書已在蔡季通被罪編管道州之後，朱子年六十八。其一生格物精神，老而彌篤，嬰憂患而不衰，於此書可見之。

語類有一條云：

陳才卿說詩，先生曰：「謂公不曉文義則不得，只是不見那好處。正如公適間說窮理，也知事事物物，皆具此理，隨事精察，便是窮理。只是不見所謂好處。所謂『民生日用而不知』，所謂『小曉得而大曉不得』，這箇便是大病（此句厲聲說）。某也只說到此，要公自去會得。」（一一四）

所謂格物窮理，此條陳才卿所說四句十六字，亦已說盡。至於今日，亦已人人能說。只是小曉得而大曉不得，不見那好處。本篇詳述朱子言格物窮理大義，亦備學者之自去會得也。